IMPÉRIO EM DISPUTA

Thiago Krause • Rodrigo Goyena Soares

IMPÉRIO EM DISPUTA

Coroa, oligarquia e povo na
formação do Estado brasiléiro
(1823-1870)

FGV EDITORA

Direitos desta edição reservados à
FGV EDITORA
Rua Jornalista Orlando Dantas, 9
22231-010 | Rio de Janeiro, RJ | Brasil
Tel.: 21-3799-4427
editora@fgv.br | www.editora.fgv.br

Impresso no Brasil | *Printed in Brazil*

1ª edição – 2022; 1ª reimpressão – 2024.

Preparação de originais: Ronald Polito
Projeto gráfico de miolo e diagramação: Mari Taboada
Revisão: Michele Mitie Sudoh
Capa: Estúdio 513
Fontes das fotos: Imagens da capa: mapa: Biblioteca Digital Luso-Brasileira; litografia: Museu Imperial de Petrópolis, Abraham Louis Buvelot e Louis Auguste Moreaux, Litografia Heaton e Rensburg, no Rio de Janeiro, c. 1841; guarda: Senhora na liteira com dois escravos. Anônimo, c. 1860, Instituto Moreira Salles. | Imagens do miolo: p. 46. Fundação Biblioteca Nacional; p. 48. Museu Histórico Nacional; p. 61. Fundação Biblioteca Nacional; p. 107. Fundação Biblioteca Nacional; p. 110. Fundação Biblioteca Nacional; p. 125. Fundação Biblioteca Nacional; p. 141. Fundação Biblioteca Nacional; p. 143. Fundação Biblioteca Nacional; p. 155. Fundação Biblioteca Nacional; p. 165. Fundação Biblioteca Nacional; p. 193. National Museum of American History, Washington, DC. p. 206. Acervo Instituto Moreira Salles; p. 221. Coleção particular; p. 247. Acervo do Museu Histórico do Exército; p. 265. Fundação Joaquim Nabuco; p. 288. Fundação Biblioteca Nacional. Caderno de imagens: Fundação Biblioteca Nacional; Museu Imperial de Petrópolis; Fundação Biblioteca Nacional; Fundação Biblioteca Nacional; Fundação Biblioteca Nacional; Fundação Biblioteca Nacional; Galeria dos Brasileiros Ilustres, 1861; Instituto Moreira Salles; coleção Princesa Isabel; Instituto Moreira Salles; Pinacoteca do Estado de São Paulo; Biblioteca Digital Luso-Brasileira.

Dados Internacionais de Catalogação na Publicação (CIP)
Ficha catalográfica elaborada pelo Sistema de Bibliotecas/FGV

Krause, Thiago Nascimento
    Império em disputa : coroa, oligarquia e povo na formação do Estado brasileiro (1823-1870) / Thiago Krause e Rodrigo Goyena Soares. – Rio de Janeiro : FGV Editora, 2022.
    408 p.: il. (Coleção Uma outra história do Brasil)

    Inclui bibliografia.
    ISBN: 978-65-5652-158-9

    1. Brasil – História – Império, 1822-1889. 2. Brasil – História, 1823-1870. I. Soares, Rodrigo Goyena. II. Fundação Getulio Vargas. III. Título.

                    CDD – 981.04

Elaborada por Rafaela Ramos de Moraes – CRB-7/6625

SUMÁRIO

UMA OUTRA HISTÓRIA DO BRASIL

Este é o segundo volume da coleção "Uma outra história do Brasil", que se iniciou com *Brasil em projetos*, de Jurandir Malerba.

A intenção é apresentar sínteses autorais que focalizem os grandes projetos elaborados por diferentes grupos políticos que atuaram no país ao longo dos últimos 200 anos.

A coleção visa disponibilizar para o grande público a trajetória da construção da nação, com seus conflitos, momentos de conciliação, fracassos, de forma a permitir entender porque somos um país tão excludente e desigual. Esperamos que as publicações contribuam para um melhor entendimento da nossa história e para o fortalecimento das lutas por um país mais justo e democrático .

A coleção tem previsão de publicação de mais 3 volumes, assim organizados com os seguintes títulos provisórios: *Expectativa e frustração: os projetos de uma República malograda*; *Modernização e nacionalismo (1920-1964)*; *Tradições em debate: autoritarismo e neo liberalismo*.

MARIETA DE MORAES FERREIRA

IMPÉRIO EM DISPUTA

Este volume, parte da coleção "Uma outra história do Brasil", da FGV editora, traz uma grande contribuição para a história do Brasil Império. Ele reúne dois jovens historiadores, com trajetórias acadêmicas distintas no que refere aos temas prévios de estudo e às escolas historiográficas em que se formaram, mas cujas respectivas preocupações convergem de maneira clara. A excelência da pesquisa de base, uma escrita da história teoricamente informada e o cuidado permanente em articular perspectivas analíticas em geral tomadas como antagônicas são aspectos que unificam os percursos de Thiago Nascimento Krause e Rodrigo Goyena Soares. Eles se valem desse equipamento para enfrentar o difícil desafio de apresentar uma nova síntese historiográfica sobre o Império do Brasil, voltada tanto aos especialistas como ao público leitor mais amplo.

Exercícios como este, que conjugam pleno domínio do campo, mobilização de fontes primárias, discussões historiográficas de fundo e uma exposição elegante e direta, porém sem simplificações, infelizmente são raros em nosso meio historiográfico. Se, por um lado, o culto à monografia — verificado em teses de doutorado, dissertações de mestrado e artigos publicados em revistas especializadas — foi imprescindível para que a historiografia brasileira desse o salto constatado após a profissionalização do ofício da história em nossas terras (no que já vai meio século...), por outro lado, ele levou a um certo desdém com as obras de síntese. Livros com esse escopo ajudam, e muito, a colocar ordem no campo. Fora do Brasil, eles gozam de um prestígio acadêmico e intelectual que não têm por aqui. Talvez o exemplo máximo do que estou afirmando sejam as quatro *Eras* compostas por Eric Hobsbawm entre 1962 e 1994: malgrado seu enorme sucesso editorial no Brasil, essas obras não estimularam nossos melhores historiadores e historiadoras a produzirem algo semelhante — mesmo que fosse tão somente na forma — relativo à nossa história.

O período imperial brasileiro tem gerado nos últimos anos um sem-número de ótimos trabalhos acadêmicos. Porém, salvo exceções, o que predomina é a fragmentação temática, espacial e cronológica das perspectivas adotadas. Não raro, quem trabalha com escravidão crê que examinar os grupos dirigentes nada lhe acrescentará; quem examina a cultura acredita que a economia constitui um mundo à parte; quem olha para o Rio Grande do Sul não olha para o Vale Amazônico. Os exemplos poderiam ser multiplicados. Acrescenta-se a dificuldade inata em lidar com uma quadra ao longo da qual o Brasil passou por várias convulsões políticas e sociais, cisões profundas entre o Primeiro Reinado e o Segundo Reinado e o maior conflito militar externo já enfrentado por nosso Estado nacional.

Diante de tais desafios, Krause e Goyena Soares realizaram um enorme feito. Eles nos apresentam uma combinação equilibrada de narrativa temporal e descrição analítica que se mostra notavelmente capaz de dar conta da dialética da duração de um arco de tempo que vai da fundação do Império do Brasil à sua crise, a que se seguiu ao término da Guerra do Paraguai e à aprovação da Lei do Ventre Livre. A cada passo, os autores explicitam as articulações de fundo entre a chamada alta política e os movimentos sociais dos subalternos, a política externa e os caminhos tomados pela construção da ordem nacional, a história financeira e seus desdobramentos na reiteração cotidiana das relações sociais.

A síntese interpretativa que eles trazem tem dois pontos de fuga. O primeiro é a centralidade da escravidão negra para nossa formação como um país independente. Mais do que um legado colonial que o Império se encarregaria de encerrar assim que possível, a *escravidão como um projeto nacional*, imposto ao conjunto do país em meio a disputas de toda ordem, foi o que deu a solda para a construção do Estado nacional brasileiro sob a roupagem de uma monarquia constitucional. O segundo é a recusa a uma leitura personalista da história, algo que tem se manifestado na multiplicação recente de biografias. O livro opera, de forma muito sofisticada, com o pressuposto da relativa autonomia do político em relação ao quadro econômico nacional e às ordens regionais e globais mais amplas. Mas, no reverso dessa medalha, os autores tampouco deixam de chamar constantemente a atenção para as articulações dialéticas das diversas esferas de existência da vida social, bem como para as dimensões globais de fenômenos que, no mais das vezes, são tomados como exclusivamente nacionais. Pode-se afirmar, aliás, que o livro, ao descortinar os liames entre a escravidão negra, a estrutura financeira imperial e os ritmos da política externa, não apenas sintetiza trabalhos pioneiros realizados nos últimos anos, mas traz, em si, a proposta de uma agenda renovada de investigação.

Tudo isso vem temperado por uma atitude intelectual fortemente antidogmática, que se mostra aberta às mais variadas matrizes teóricas de interpretação do passado brasileiro. Os especialistas saberão identificar facilmente essas marcas abrangentes de tratamento historiográfico; aos não-especialistas, restará a certeza de estarem diante de uma obra de peso, daquelas que conferem um claro sentido histórico ao mundo em que vivemos.

RAFAEL DE BIVAR MARQUESE
março de 2022

INTRODUÇÃO

Anos depois, quando já no exílio, d. Pedro II voltou a recordar o que considerava seus acertos de meados do século XIX. Um pouco à moda das traições que a memória impõe, porque leal a um sentido honrado que se deseja para a existência, o ex-imperador entendia que havia pacificado o Brasil. Com menos de 15 anos, recebera um Estado conflagrado de Norte a Sul e com uma dupla ameaça externa, a platina e a britânica. Deposto aos 64 anos, entregara um país incólume territorialmente, sem tráfico de escravos e tampouco escravidão, onde primavam o sistema representativo de governo e a liberdade de imprensa. Enquanto remexia com idiossincrática mania de ordem seus relógios e livros, realinhando-os mais uma vez em caixas e prateleiras, d. Pedro II, agora na França, pareceu dar seu último adeus ao Brasil com a redação de sua fé de ofício. Seletiva, sua memória então plasmada em tinta no papel evocava seus projetos de país.

Esforçara-se pela ampliação do eleitorado e queria eleições livres. Pugnara por concursos públicos, para preservar a administração da política, e também por um Código Civil, para resguardar os direitos da população em suas relações privadas. Dera toda a atenção ao desenvolvimento da infraestrutura física do país, desde o Amazonas até o Prata e daí ao São Francisco, da foz para o interior, ligando o conjunto por estradas de ferro. Amparara a estabilidade monetária e o desenvolvimento de instituições bancárias. Confessou igualmente ter protegido as indústrias naturais e robustecido a alfândega, que era via, naquele então, para compor o orçamento público. Admitiu albergar programas migratórios fundados na propriedade e no aproveitamento das terras. "Nunca deixei de estudar um só projeto", sustentava o ex-imperador, entre os quais constavam o progresso das artes — a música, a pintura, a escultura, o desenho e a gravura — e da educação nacional. Quis um povo instruído e aspirou ao estabelecimento de duas universidades, uma setentrional e outra meridional.[1]

Tantas ambições e tantos projetos prestaram-se bem ao espírito do século XIX. A máquina a vapor, os teares, o telégrafo, a nitroglicerina — ou os simples fósforos, os faraônicos cabos submarinos, as mortíferas metralhadoras, as profícuas máquinas de escrever, o sereno fonógrafo ou a industriosa liga de aço — pareciam ter reduzido a distância entre a realidade e a utopia, e tudo pareceu possível, quando o campo de possibilidades assumiu o tamanho das maiores quimeras. Como se fosse factível fazer tábula rasa do passado, as mulheres e os homens daquele tempo desejaram recomeçar do zero. Reinventar o Estado, remodelar o mercado, pautar as formas de trânsito social, redescobrir a classe, fazer a nação ou tão somente criar um país.

Resta que tantas aspirações dificilmente encontraram o som bem arranjado e composto das óperas românticas daquele século. As disputas pelo Estado, pelo mercado ou pela nação e entre nações revelaram, em boa medida, que o recomeçar do zero tinha pontos de partida dissonantes. Um pouco à maneira dos historiadores que entram em rota de colisão para qualificar o início do século XIX — uns sugerindo a Revolução Francesa de 1789, outros o Ato de União britânica de 1800, mais alguns, brasileiros, a transmigração da Coroa em 1808, ou ainda o Congresso de Viena de 1815 para os internacionalistas —, as discórdias entre os que viveram aquela época expressaram diferentes recortes no tempo, para suprimir continuidades em benefício de novas permanências ou para forçar antigas rupturas em detrimento de desconhecidos colapsos.[2]

É que os estratos de tempo e de experiência, como de hábito, haviam-se acumulado desigualmente na passagem do século XVIII para o XIX. Para a elaboração de novos projetos, importou sobremaneira de onde vinham seus formuladores, com quem se relacionavam, onde e como trabalhavam ou consumiam, quanto ganhavam, se negros ou brancos, se homens ou mulheres, se cosmopolitas ou interioranos, se jovens ou velhos. A depender da posição política, econômica e social, os projetos invariavelmente eram outros. No que viria a ser o Brasil, um bocado de estadistas queria contar a partir das reformas do marquês de Pombal, discutidas no primeiro volume desta coleção, mas temperadas com maior dose de autonomia para a antiga colônia. Outros tantos sonharam com um país de feições revolucionárias estadunidenses ou francesas, onde o poder seria tripartido, com maior ou menor grau de descentralização provincial, porém sem a característica republicana. Muitos ansiaram que a entrada em cena do Brasil independente se desse conforme o liberalismo político e econômico tão em voga, mantendo, contudo, a escravidão intocada. Os mais radicais — vistos então como drásticos demais, mas hoje quiçá assim tidos por terem ido à raiz dos problemas fundantes daquele tempo — foram os que negaram o cativeiro, cobiçaram a república e suspiraram pela federação, não necessariamente combinando os três anelos. Apetecia-lhes mais igualdade do que liberdade e, sobretudo quando oriundos de estratos populares, mais fraternidade.[3]

Da ideia originalmente concebida num rincão qualquer do Brasil à sua implementação em todo o território, portanto, havia um mundo de gente. A urgência de uns adaptou-se pouco ao tempo de outros, e as virtudes de um punhado conviveram mal com a oportunidade de suas realizações. Projetos costumam ser a obra de muitos e, quando executados, inevitavelmente, a disputa de todos. Inclusive uma notabilidade tão proeminente quanto a do imperador não logrou fazer o que quis. A hora de ampliar o eleitorado nunca chegou. Pelo contrário, e finalmente com anuência de d. Pedro II, o voto foi restringido no decorrer das décadas. As eleições supostamente livres permaneceram tão turvas e soturnas quanto aqueles que as organizavam. Sua luta pela integração física do país redundou em obras públicas sobremodo concentradas na região cafeeira, assim como a estabilidade monetária e o desenvolvimento bancário fizeram-se a serviço das grandes fortunas. Nisso, o imperador correspondeu às ambições das oligarquias triunfantes. Fantoche apenas para os maiores críticos, a Coroa tendeu no longo prazo a colaborar com as classes dominantes. No mesmo tom contrastado, a ilha muitas vezes maçônica de letrados encastelados no poder destoou do mar de analfabetos negros e brancos, ativamente excluídos de todas as esferas de poder. A nostalgia imperial recentemente reabilitada no século XXI mira no país dos sonhos de d. Pedro II, mas acaba por exaltar uma monarquia que reiterou o quanto pôde a desigualdade.[4]

Num século em que a economia política açambarcou todas as formas de socialização — inclusive a religiosa, que interessará menos no decorrer dos capítulos a seguir —, os donos do poder tenderam a confundir-se, explícita ou implicitamente, com os grandes cofres. Não à toa, os projetos vitoriosos emergiram dessa conjunção político-econômica, o que certamente não significou um triunfo sempre consentido ou nunca concorrido. Afora os embates nas instituições políticas, que muitas vezes resvalaram em conflitos armados entre tendências facciosas ou partidárias, o pêndulo do poder era também ritmado pela força dos subalternos. Seus projetos, palpáveis com todos os dedos, eram formulados de maneira diferente: por momentos na desorganização do calor da hora, por outros, meditados em função dos constrangimentos caracteristicamente impostos a seus meios de ação. De recuperação historiográfica mais tortuosa, pois ativamente ocultada pelas relações de poder vigentes ontem e hoje, a subjetividade dos dominados importa tanto quanto a dos dominantes: o que pretendiam ao resistir? O silêncio ruidoso dos arquivos dificulta a tarefa de oferecer respostas, porém é preciso ao menos formular a questão. Fragmentados e ao fim ofuscados, embora constantemente à espreita de oportunidades para afirmar sua dignidade e autonomia, os projetos subalternos ressoaram mais quando os vácuos de poder se tornaram mais largos e tenderam a esmorecer com a hegemonização de uma nova classe dirigente. Ainda assim, tal como os radicais igualmente derrotados, os subalternos repetidamente falaram do desamparo político, econômico e social, frequentemente questionando a escravidão. E não poderia deixar de ser diferente, considerando quão basilar foi a senzala nos projetos vitoriosos.[5]

Largo e plástico, o cativeiro moldou nossas relações econômicas, nossas tramas políticas e nossas regras de convivência. Onipresente em todos os projetos, naturalmente também nos contrários aos grilhões, o escravo tornou-se ao longo do tempo, mas finalmente a um só tempo, mão de obra, mercadoria, insumo e derivativo financeiro. Fez das classes latifundiárias uma barreira instransponível para as dirigentes, quando não as forjou em simbiose. Regeu a vida social a ponto de definir quem era quem, aliviando apenas superficialmente os menos prósperos das misérias hierárquicas próprias a uma sociedade, igualmente por causa da escravidão, formada a partir de desigualdades. O cativo também delimitou o padrão de inserção internacional do país, posicionando o Brasil em certo lugar nas cadeias internacionais de produção e distribuição de mercadorias. Condicionou, portanto, a realização de projetos nacionais às obstruções ou às permissividades globais.

A ordem externa foi tão estrutural quanto a nacional para a formulação e a implementação dos projetos imperiais. Do centro à periferia, contaram os entendimentos e as desavenças em relação à primeira potência da época, a Grã-Bretanha, mas também as alianças e as distâncias que situacionistas e oposicionistas, aí incluídos os subalternos, assumiram em relação a nossos vizinhos mediatos e imediatos. Em suma, a América preocupou tanto quanto a Europa. Interessou ao Império e a seus projetistas o que os Estados Unidos entenderam do Brasil ou o que a Argentina, o Uruguai e o Paraguai queriam da única monarquia americana. Determinou-a também à África, malgrado os olhares desdenhosos, porque de lá ainda migravam, forçados, os membros que compunham o corpo civilizatório do país. Decididamente, *no man is an island* — na fórmula de um poeta inglês —, aí incluídos os altaneiros letrados do Oitocentos e os Estados nacionais que forjavam de Oriente a Ocidente. Daí a atenção que as próximas páginas conferem aos contrapontos internacionais e muito especialmente às correspondências entre os projetos que se tornaram hegemônicos.

O caso do Império parece ter instituído uma espécie de padrão nacional, repetido com ajustes inevitáveis, porque a história não é matemática, nos séculos XX e XXI. Nossos tempos de relativa estabilidade raramente duraram mais de uma década. Seja a saquarema de 1850, a paulista de 1900, a varguista de 1937 a 1945 ou a militar de 1964 a 1974, a calma foi costumeiramente mais exceção do que a regra, infestada de crises, revoltas, motins ou, ao fim e apesar de teimarmos o contrário, de guerras civis. Isso, em boa medida, porque a episódica estabilidade brasileira — como a *pax escravocrata* que nos importará neste livro — foi reiteradamente um acerto violento pelo alto, uma conservação mais do que uma transformação, um consenso oligárquico, que carregou e perpetuou consigo as desigualdades que até hoje são nossa principal e lúgubre característica.[6]

O entender dessa história começa especialmente pelo século XIX — ou um pouco antes, como ratifica o primeiro volume desta coleção. O acelerado crescimento econômico e demográfico no Setecentos dinamizou o mercado interno da América portuguesa, enquanto a turbulenta conjuntura internacional da Era das Revoluções prejudicou a produção caribenha e impulsionou as exportações brasileiras, nomeadamente de açúcar e algodão. O Império português era, ao menos em termos materiais, cada vez mais luso-brasileiro: baseava-se ainda no monopólio colonial, porém as ameaças militares na Europa e a prosperidade americana tornavam cada vez mais evidente que a parte mais promissora da monarquia era o Brasil. Aqui, influentes oligarquias latifundiárias e mercantis exerciam o poder local, colaboravam com oficiais régios e enviavam seus filhos para estudar em Coimbra. Lá, homens como o paulista José Bonifácio de Andrada e Silva discutiam os autores em voga e, mais importante, incorporavam o *éthos* de serviço à monarquia dos reformistas ilustrados, trazendo-o consigo ao cruzar o Atlântico de volta para o Brasil. Eram os coimbrãos. O novo horizonte de expectativas aberto pela Revolução Americana, em 1776, e ampliado por sua contraparte francesa de 1789 acrescentava um tempero inédito ao caldeirão tradicional de insatisfações coloniais. Não obstante, os desejos de transformação profunda ainda eram relativamente circunscritos, porque inconcebíveis — ou ao menos indizíveis — para a maior parte da população.[7]

A invasão napoleônica à metrópole, em 1807, acabaria por precipitar a transmigração da Corte para o Rio de Janeiro, transformando-o em nova capital imperial no ano seguinte. Com Portugal ocupado pelos franceses, sob pressão dos britânicos desejosos de algodão e da ampliação do mercado consumidor global, obrigado tanto a estender a arrecadação de impostos para sustentar o aparato administrativo e cortesão quanto a atender aos interesses das oligarquias luso-americanas, o príncipe regente d. João promulgou a abertura dos portos em 1808. Acabava assim o monopólio colonial, mas surgiam duas dinâmicas que teriam grande impacto na política brasileira ao longo do século XIX: no âmbito internacional, Londres impôs os tratados de Aliança e Amizade e Comércio e Navegação em 1810, que estabeleciam taxas reduzidas para os produtos britânicos no mercado brasileiro e direitos extraterritoriais para os súditos do rei George. Afirmou-se assim a preeminência britânica sobre o comércio externo brasileiro. Igualmente grave, pelo menos para a Coroa transmigrada, o Império português era coagido a findar o tráfico transatlântico de africanos escravizados, após a Grã-Bretanha proibir esse comércio em seu próprio Império. Iniciada em 1810, a pressão se intensificaria entre 1815 e 1817, no contexto do Congresso de Viena, e os estadistas lusitanos esgrimiriam o argumento da soberania para resistir. Na esfera doméstica, ascendia a preeminência carioca, vórtice a sugar os impostos do restante do país. A necessidade de sustentar a Corte tornava-se especialmente pesada e injuriosa para as regiões mais distantes, que arcavam com os custos sem obter uma influência política comensurável. Nasceu daí a revolta liberal de 1817 em Pernambuco, a qual evidenciou o potencial contestatório das localidades.[8]

O levante no Norte tornou a queda do Antigo Regime luso ainda mais palpável nesse final da Era das Revoluções, especialmente se vislumbrada à luz das rebeliões e guerras civis em curso na América hispânica. Os eventos da América do Sul não só reverberavam no Brasil por meio da circulação de notícias, mas também via o interesse do Rio de Janeiro pelo rio da Prata, área contestada desde finais do Seiscentos entre os impérios ibéricos. Em meio às revoluções platinas e valendo-se das reivindicações bourbônicas relativas a Carlota Joaquina, a Coroa portuguesa reconquistou a Banda Oriental em 1817, transformada posteriormente em província Cisplatina.[9]

O estopim para a entrada tardia do mundo luso-brasileiro na Era das Revoluções foi, porém, o Velho Mundo. A insatisfação grassava em Portugal, devido à decisão do agora rei d. João VI de permanecer no Brasil mesmo após a derrota de Napoleão. Devastada por anos de guerra e prejudicada pela gradual perda do mercado americano, a antiga metrópole revoltou-se, guiada por uma ideologia liberal moderada, antibrasileira e antibritânica, ressentida pela perda do monopólio colonial. Em razão do enfraquecimento da censura, surgiu uma esfera pública em que diversos projetos foram debatidos em jornais e panfletos dos dois lados do Atlântico — ainda que praticamente todos defendessem a monarquia e a Igreja Católica. Ideias antes debatidas em privado, inclusive nas lojas maçônicas que se disseminavam desde inícios do século e que tiveram papel decisivo em 1817, passaram a ser discutidas em público, com especial ênfase para a defesa da soberania popular e da constitucionalização do sistema político.[10]

Convocadas para escrever uma constituição, as Cortes portuguesas ganharam a adesão de diversas províncias no Brasil e acabaram por reunir representantes eleitos em todo o Império. Elas representaram um importante espaço de discussão, revelando fraturas ideológicas e regionais entre os deputados brasileiros. Evidenciou-se principalmente a rivalidade entre o Rio de Janeiro e as províncias do atual Nordeste. Cedo, porém, as tentativas de restaurar a primazia europeia sobre o Império impulsionaram o rompimento político. Demandas reinóis e a agitação das tropas na Corte ultramarina forçaram d. João a retornar para Lisboa em abril de 1821, mas o monarca deixou seu filho e herdeiro d. Pedro como regente. As tensões entre as capitais concorrentes nas duas margens do Atlântico avolumavam-se, pois o jovem príncipe servia de ponto focal em torno do qual oficiais régios, comerciantes e grandes proprietários do Centro-Sul mobilizavam-se para defender a autonomia e preeminência das quais gozavam desde 1808. A ruptura afirmou-se progressivamente ao longo de 1822, confirmando-se entre agosto e outubro. Contra a suposição de uma independência pacífica, estalaram sangrentos conflitos em diversas províncias entre tropas fiéis a Portugal e grupos favoráveis à independência.[11]

Em meio a esse contexto de politização acelerada, a mobilização popular foi significativa: a palavra liberdade estava na boca de todos, com consequências imprevisíveis em uma sociedade fundada na escravidão. De acordo com as estimativas mais aceitas, a população brasileira era composta por cerca de 1,1 milhão de escravizados, enquanto os 2,5 milhões de livres dividiam-se igualmente entre brancos e negros, estes em sua maioria saídos há apenas uma ou duas gerações do cativeiro. Haveria ainda cerca de 800 mil indígenas, que mantinham graus variáveis de autonomia.[12]

A Bahia, por exemplo, foi palco de um ciclo inédito no Brasil de revoltas servis iniciado em 1807 e de grande mobilização dos livres de cor entre 1822 e 1823. Havia grande xenofobia contra os portugueses que controlavam o comércio local e discriminavam os locais no Exército, empurrando assim a açucarocracia para o conflito. A ação subalterna contribuiu para a radicalização política, dificultando os acordos entre Portugal e Brasil, porém igualmente para o conservadorismo social, pois impulsionou o temor das oligarquias.[13]

Nosso volume inicia-se com a fundação do Império do Brasil. Está ordenado cronologicamente e dividido em duas partes. A primeira perpassa o período de 1823 a 1848 para analisar o processo de estruturação política do Império e as múltiplas contestações sofridas até sua consolidação, em simbiose com o café. Longe de ser uma marcha gloriosa para uma monarquia centralizada, liderada por políticos eruditos enquanto o povo a tudo assistia bestializado, foi este um período de intenso conflitos, em que constrangimentos materiais, pendores ideológicos, pressões internacionais, divisões regionais e mobilizações subalternas empurraram o país em direções diferentes, até que um projeto saísse vitorioso.

O primeiro capítulo investiga como a intensa politização dos anos da independência transbordou para o Primeiro Reinado. Havia um país no papel, mas ainda não se sabia qual seria sua real feição. Temáticas sensíveis nos anos anteriores continuaram a suscitar apaixonados debates e embates, como a relação entre a Corte e as províncias, o futuro da escravidão, a inserção geopolítica do Brasil e o poder pessoal do monarca. Se d. Pedro I saiu inicialmente vitorioso com a dissolução da Assembleia Constituinte em 1823 e a repressão da Confederação do Equador em 1824, acabou por ser forçado a abdicar na chamada Revolução do 7 de abril de 1831 por uma combinação de insucessos na política externa, na ordem econômica, nas relações com as oligarquias e com os estratos populares.

Sem um monarca — pois d. Pedro II não passava de uma criança —, o cenário era propício à experimentação, como veremos no segundo capítulo. Oligarquias regionais, pobres urbanos, livres de cor, camponeses, indígenas, escravizados, todos se fizeram ouvir, em busca de objetivos imediatos, pontuais, abstratos ou concretos. O Brasil parecia estar a um passo da fragmentação, como ocorreria na década de 1830 com diversas entidades políticas hoje esquecidas, como a Grã-Colômbia e a República Federal da América Central. Ao mesmo tempo, a fértil discussão política na Câmara dos Deputados, porém acima de tudo na imprensa e nas ruas, parecia a alguns formar uma nova realidade capaz de efetivar as esperanças do 7 do abril. Queriam uma verdadeira transformação social. A proibição do tráfico transatlântico de africanos e da escravidão indígena assim como a aprovação de maior autonomia provincial com o Ato Adicional de 1834 aparentavam ser apenas o início das mudanças.

Entretanto, a ação oligárquica em defesa da ordem social e a demanda por trabalhadores escravizados no Vale do Paraíba cafeeiro produziram uma violenta reação centralizadora e repressiva que esmagou os movimentos contestatórios entre 1837 e 1849. Assim, o terceiro capítulo delineia a vitória da propriedade sobre a liberdade, a consolidação do Estado brasileiro e a garantia da unidade territorial, fundadas na escravidão, na exclusão e no concerto das oligarquias. Com este regresso conservador, encerrou-se então uma fase da história do Império e, com ela, a primeira parte deste livro.

Ao longo dessas três primeiras décadas de nossa história independente, as pressões antitráfico britânicas e as disputas pela hegemonia na bacia do rio da Prata foram constitutivas de nossa política interna, que não se opôs, senão pela antinomia das palavras, à externa. A partir de 1845, porém, ganhariam ainda mais saliência. Em face das pressões militares da marinha britânica, as oligarquias no poder, alicerçadas no café, aboliram defensivamente o tráfico, escorando-se na legitimação nacional e na preservação das forças militares perante as renovadas tensões no Prata. A vitória contra Buenos Aires e seus aliados uruguaios permitiu ao Império refundar uma balança platina de poder na qual se afirmou a hegemonia brasileira. Era apenas uma parte do projeto dos conservadores, os saquaremas agora no poder, que tiveram rapidamente de articular os setores produtivos que mais dependiam do tráfico de escravos, valendo-se inclusive das oportunidades abertas por uma nova dinâmica na economia internacional, uma Segunda Revolução Industrial, na qual a circulação de capitais globais ganharia volume e intensidade.

Neste quarto capítulo, a *pax escravocrata*, que abre a segunda parte do livro, realizou-se com uma refundação da política fundiária e financeira, buscando garantir a preservação dos interesses agrícolas. A Lei de Terras almejou uma alocação restritiva das terras públicas e, mediante ela, recompor eventuais desabastecimentos, cativos ou livres, da mão de obra nacional. Paralelamente, promulgou-se o Código Comercial como mecanismo de canalização dos recursos liberados pelo fim do tráfico em proveito de instituições bancárias vinculadas à lavoura cafeeira. O Banco do Brasil, baluarte monetário do projeto saquarema, cumpriria papel basilar na sustentação, após o fim do tráfico, da cafeicultura fluminense. Combinadas as ambições públicas, foi um tempo de formação, embora lenta e sempre desigual, dos mercados brasileiros: o de capitais, o de terras e o de trabalho.

Todavia, no período do auge saquarema, o projeto centralizador — ao fim e ao cabo, o vitorioso por excelência à época do Império — teve de lidar com as ambições provinciais, especialmente num quadro de intensificação do tráfico inter e intraprovincial. As oligarquias regionais pressionaram pela desconcentração bancária, pela redistribuição do orçamento imperial e pela garantia de uma melhor representação eleitoral. O consenso hegemônico saquarema perdeu força no final da década de 1850, não apenas devido a oposições provinciais ou por cisões internas ao bloco oligárquico, mas também em decorrência de um cenário financeiro global menos auspicioso. A economia imperial, de franca tração agrária e envolvida dos pés à cabeça com a economia internacional, sentiria os efeitos de uma primeira crise financeira global. Não sem razão, revoltas, rebeliões e greves voltariam a estourar, sinalizando o esgotamento de um tempo.

A crise da ordem, nosso quinto e último capítulo, entabulou-se pelo retorno dos liberais ao poder — quando rapidamente compuseram o partido progressista, assim chamado em oposição ao regressista da década de 1830. Aprofundou-se com a eclosão da guerra contra o Paraguai, que não apenas desmantelou a ordem platina desejada pelos saquaremas, como também causou severos impactos à ordem financeira que lhes era cara. Mais grave, a nova guerra no Prata, a reboque do término da escravidão nos Estados Unidos após a Guerra de Secessão, adensou a constituição de blocos parlamentares ansiosos pelo fim pelo menos progressivo da escravidão, um gradualismo especialmente defendido por d. Pedro II.

Nítida expressão de uma fratura internalizada a partir de um contexto abolicionista internacional, a Lei do Ventre Livre, promulgada em 1871, terminou de desmanchar a *pax escravocrata*. Sequer os conservadores eram agora uníssonos na defesa do cativeiro. O momento também se caracterizou por um progressivo deslocamento do principal eixo produtivo nacional para São Paulo, onde se formou o bloco campineiro, que teve entre seus correligionários futuros presidentes da República. O grupo não tardou em apadrinhar o ideário republicano, porque visto como forma de alcançar maior expressão na política nacional ou, ainda, como maneira de ajustar as contas nacionais em seu proveito. A centralização no Rio de Janeiro, orçamentária e bancária, foi compreendida como tolhimento à expansão dos cafezais paulistas, que buscaram compor-se tanto com o republicanismo dos radicais cariocas quanto com as forças militares engrandecidas com a vitória contra o Paraguai e descontentes, ao fim, com um Império oligárquico. Era o começo do fim, e o início do século XX brasileiro, pelo menos na perspectiva dos projetos políticos que se fariam com vistas a moldar uma nova estabilidade nacional.

CAPÍTULO 1

O MONARCA E AS OLIGARQUIAS — MAS E O POVO?
(1823-31)

A vinda da Corte em 1808 e a transformação do Rio de Janeiro em capital do Império português criaram instituições públicas e um corpo administrativo experiente, que serviriam de base para o Brasil independente. Em que pesem as continuidades, os embates entre 1820 e 1822 culminaram na ruptura com Lisboa e foram marcados por uma retórica liberal e por uma politização profunda da sociedade, manifestada nas ruas, na imprensa e nas lojas maçônicas. Foi nesse período que o Brasil ingressou no mundo da política moderna, caracterizada pela ampliação da esfera pública e pela importância — ao menos retórica — do voto como elemento central de legitimação do poder.[14]

A disputa política também era um elemento essencial desse novo regime, pois diferentes projetos de nação passaram a ser debatidos no espaço público. Assim, se a independência havia sido, segundo Sérgio Buarque de Holanda, uma "guerra civil de portugueses", a grande questão das décadas que se seguiram era como evitar que os embates derivados da montagem institucional do novo Império se transformassem em uma guerra civil entre brasileiros. A tradição monárquica e a inovação liberal-constitucionalista digladiaram-se com especial vigor, tendo sido instrumentalizadas por facções com interesses específicos, e moldaram as instituições imperiais, repercutindo por todo o período tratado neste livro.[15]

O primeiro embate ocorreu já na Assembleia Constituinte de 1823, em que os limites do poder régio, a relação entre a Corte e as províncias, a extensão da cidadania aos grupos subalternos e o futuro da escravidão suscitaram polêmicas acaloradas: havia vários projetos políticos em disputa, reflexo de clivagens sociais, regionais, políticas e ideológicas. Entretanto, o imperador interrompeu violentamente os debates e outorgou uma Carta Magna mais centralista, menos reformista e que preservava o poder monárquico. Pernambuco resistiu com armas nas mãos em defesa do federalismo e da preponderância do Poder Legislativo sobre a Coroa, mas o centralismo carioca saiu vitorioso.

Para além da consolidação interna, era preciso ainda conquistar uma posição entre as potências da Terra. A tensão entre as ambições dinásticas de d. Pedro I (ainda interessado no trono português) e a lusofobia brasileira, assim como entre as pressões britânicas contra o tráfico de africanos e a demanda escravista por trabalhadores, exigiu compromissos instáveis que feriram tanto os brios da nação em formação quanto interesses econômicos. Em acréscimo, os elevados custos humanos e financeiros do fracasso ao Sul na Guerra Cisplatina e a crise econômica enfraqueceram progressivamente o imperador em benefício de uma oposição liberal cada vez mais aguerrida.

Como em seu início, os últimos anos do Primeiro Reinado caracterizaram-se por uma politização generalizada que abriu espaço inclusive para a participação de radicais na esfera pública: poucos ocuparam cargos eletivos, porém conseguiram manifestar ideias democratizantes por meio de jornais e mobilizações populares. A oposição na Assembleia Geral do Império e nas ruas da Corte cresceu a ponto de forçar a renúncia do imperador: abria-se um novo tempo, e os projetos políticos em disputa teriam que se enfrentar sem a mediação monárquica.

A CONSTITUIÇÃO DE 1824 E AS INSTITUIÇÕES IMPERIAIS

Em 1815, o ex-presidente dos Estados Unidos da América John Adams qualificou os 40 anos que se haviam passado desde a Declaração de Independência em 1776 como a "Era das Revoluções e das Constituições". De acordo com o ranzinza político de Massachusetts, os norte-americanos haviam traçado o caminho que viria a ser seguido nas décadas seguintes tanto no Novo como no Velho Mundo, ainda que nem todos (e certamente não aqueles da América do Sul católica) tivessem, em sua opinião, capacidade para fazê-lo.[16]

Como quase todas as novas nações que surgiram nesse período, o Brasil seguiria o modelo delineado por Adams: uma transformação política súbita seguida da estruturação de um novo modelo de Estado, que viria a ser instituído por meio de um dos símbolos centrais da política moderna — uma Constituição escrita, garantidora de direitos e deveres em um pacto social.[17]

Consequentemente, a Assembleia Constituinte foi um momento privilegiado de debate sobre os projetos para a nação que nascia, demonstrando que o Brasil poderia ter seguido diversos caminhos. A Carta outorgada — e não promulgada — por d. Pedro I em 1824 acabaria por ser a mais duradoura da história brasileira, sobrevivendo por mais de seis décadas. Entender esse debate — e as visões divergentes que emergiram — é, portanto, o ponto de partida essencial para o estudo do Império do Brasil.

Definindo as regras do jogo

A convocação de uma assembleia para redigir uma Carta Magna em 3 de junho de 1822 foi um lance do então príncipe d. Pedro durante o processo de independência, mas esteve longe de ser consensual. Mesmo os ditos liberais como José Bonifácio de Andrada e Silva temiam as "desordens das assembleias constituintes", evidenciando os limites de seu apego à soberania popular como princípio legitimador do corpo político. Para atores mais radicais como frei Caneca e o velho agitador Cipriano Barata, porém, somente um documento produzido pela reunião dos representantes da nação garantiria a união entre a Corte e as províncias, e entre o povo e o imperador. Ao menos no primeiro momento, tal perspectiva foi bem-sucedida, pois a efervescência constitucionalista despertada pela Revolução do Porto em 1820 e, em menor escala, pelas revoluções ibero-americanas não poderia ser facilmente ignorada, sob pena de reverberar violentamente por todo o recém-nascido Império do Brasil.[18]

A Assembleia Legislativa e Constituinte somente foi instalada em 3 de maio de 1823 com pouco mais da metade dos seus deputados, já que os demais demorariam a chegar ou sequer o fariam, em razão das guerras de independência ainda em curso (era o caso da Cisplatina — atual Uruguai —, do Maranhão, do Pará e do Piauí). Os 49 *coimbrãos* (letrados formados na universidade portuguesa e atuantes na alta burocracia luso-brasileira) predominavam entre os 88 representantes presentes, contando-se ainda 17 padres e sete oficiais militares. Suas posições políticas variavam: em meio a uma maioria de moderados preocupados em erigir uma ordem constitucional que mantivesse a ordem social, havia tradicionalistas saudosos do mundo pré-revolucionário e o que o embaixador austríaco — um observador atento da Constituinte — chamou de "partido democrático composto de 10 ou 11 membros, que gritam muito, atacam todos os atos do governo, o acusam de despotismo e professam princípios desorganizadores". No entanto, não passavam de uma minoria barulhenta. De maneira geral, os constituintes representavam (ainda que de maneiras diferentes) os interesses da reduzida oligarquia que dominava o país e que tinha suas bases de poder na agricultura, no comércio ou no oficialato régio, debatendo pela primeira vez seus projetos para o Estado em formação e começando a constituir uma esfera pública nacional.[19]

Como em todo momento de (re)fundação de uma comunidade política, um tema essencial foi a definição dos seus membros, isto é, a cidadania. Não era simples definir quem seria brasileiro, quando menos porque parte considerável da população livre era oriunda da antiga metrópole. Muitos destes estavam estabelecidos na América há décadas e muito bem representados entre as elites locais, especialmente os comerciantes de grosso trato, que dominavam a importação e exportação de todo tipo de produto, inclusive — e principalmente — seres humanos escravizados. Tanto radicais quanto moderados desconfiavam dos nascidos do outro lado do Atlântico; apenas os deputados mais conservadores defendiam que a independência havia igualado lusos e naturais. A posição vencedora demandava que os portugueses se ligassem "expressa ou tacitamente" ao Brasil, mas não os excluiu. Como geralmente é o caso, a construção de uma identidade exigia a demarcação do outro, isto é, daquele que não faz parte do grupo: os portugueses encaixavam-se nesse papel, porém sua profunda inserção na sociedade brasileira impedia que a diferença fosse marcada de forma absoluta.[20]

Ainda mais importante era definir quem entre os habitantes da nova nação teria direito a exercer os direitos políticos, pois o Brasil havia sido construído a partir da expropriação, exploração e extermínio da população autóctone e da recepção de mais de 4 milhões de africanos escravizados. Em consequência, cerca de 1/3 da sua população estava no cativeiro, negros livres representavam uma porcentagem ligeiramente maior, e crescente, enquanto brancos estavam em minoria. O deputado Manuel José de Sousa França (filho de um proeminente comerciante de Santa Catarina) foi muito explícito quanto ao caráter excludente da cidadania no novo Império:

Os filhos dos negros, crioulos cativos, são nascidos no território do Brasil, mas, [...] não são brasileiros. Devemos fazer esta diferença: brasileiro é o que nasce no Brasil, e cidadão é aquele que tem direitos cívicos. Os índios que vivem nos bosques são brasileiros, e, contudo, não são cidadãos brasileiros enquanto não abraçarem a nossa civilização.[21]

O coimbrão baiano Francisco Carneiro de Campos seguiu na mesma toada: "os escravos crioulos, os indígenas, etc. [...] não entram no pacto social: vivem no meio da sociedade civil, mas rigorosamente não são partes integrantes dela, e os indígenas nos bosques nem nela vivem. [... Eles] não têm direitos se não os de mera proteção".[22] Até deputados como o diácono José Martiniano de Alencar, maçom, liberal e veterano de 1817 — e que, diferente de seu filho romancista quase 50 anos depois, era a favor de acelerar o desaparecimento da escravidão —, reconheciam os limites impostos aos constituintes pela estrutura socioeconômica vigente:

> Ainda que pareça que deveríamos fazer cidadãos brasileiros a todos os habitantes do território do Brasil, todavia não podemos seguir rigorosamente essa regra, porque temos entre nós muitos que não podemos incluir nesta regra sem ofender a suprema lei da salvação do Estado. É esta lei que nos inibe de fazer cidadãos aos escravos, porque além de serem propriedade de outros, e de se ofender por isso este direito se os tirássemos do patrimônio dos indivíduos a que pertencem, amorteceríamos a agricultura, um dos primeiros mananciais de riqueza da nação, e abriríamos um foco de desordens na sociedade, introduzindo nela de repente um bando de homens que saídos do cativeiro mal poderiam guiar-se por princípios de bem entendida liberdade.[23]

Havia, portanto, uns poucos membros das oligarquias brasileiras (a família Alencar dominava a vila cearense de Crato) que admitiam ser moralmente correto estender a cidadania a todos os naturais do país, mas a preocupação com a ordem social e o direito de propriedade garantiram que jamais atuassem nesse sentido. Se era ponto pacífico que os escravizados não podiam exercer direitos políticos, o que aconteceria com os libertos? Sousa França era a favor de conceder a cidadania aos nascidos do país, excluindo os africanos por serem estrangeiros. Opunha-se, assim, ao projeto de Constituição que havia sido apresentado pela comissão encarregada de rascunhá-lo e que tinha entre seus membros José Bonifácio, pois este defendia a extensão dos direitos políticos a todos os libertos. Alencar e o coimbrão José da Silva Lisboa (o futuro visconde de Cairu) deixaram claro durante o debate que o objetivo dessa medida era caminhar muito gradualmente para o fim do comércio de escravizados e até para a abolição do "cancro do cativeiro, [que] está entranhado nas partes vitais do corpo civil". Era um antiescravismo moderado, fundado na convicção de que a existência do elemento servil prejudicava a construção da nação nascente ao impedir a formação de um povo homogêneo, mas também na crença liberal na superioridade do trabalho livre. Sua defesa da propriedade privada impediria, porém, a proposição de qualquer medida mais drástica.[24]

O coimbrão João Severiano Maciel da Costa, egresso de uma tradicional família mineira, opôs-se à ampliação dos direitos políticos, trazendo o exemplo dos Estados Unidos para reforçar seu argumento:

> Não queiramos ser mais filantropos que os Americanos do Norte com os africanos: eles procuram, como sabemos, acabar com a escravidão, mas não querem nada deles para os negócios da sociedade americana, antes desejam desembaraçar-se deles, e nisso trabalham. É o caso que levam sua repugnância ao ponto de nem admitirem os homens de cor livres à participação dos direitos políticos nem de empregos, coisa em que são sem dúvida desarrazoados, e nisso lhes levamos vantagem.[25]

A história era mais complexa do que pensava "o líder da ala escravista na Constituinte": poucos estados norte-americanos haviam restringido explicitamente o voto afro-americano imediatamente após a fundação da nação, porque a limitação era vista como um ataque aos princípios revolucionários. Entretanto, a restrição espalhou-se por todo o país após o início da Revolução Haitiana, a expansão da escravatura no Sul e a consolidação de coalizões nacionais que exigiam a colaboração entre nortistas e sulistas. Já o projeto de "desembaraçar-se" dos livres de cor — leia-se: enviá-los para a África, embora sua quase totalidade houvesse nascido na América — abarcou apenas uma pequena proporção da população-alvo.[26]

Seja como for, o relevante é que o deputado buscava apresentar sua posição — apenas libertos nascidos no Brasil poderiam ser cidadãos — como benevolente pelo contraste com o caso estadunidense, e foi além, buscando isentar os escravocratas de qualquer responsabilidade moral:

> Que nós devamos aos africanos a admissão à nossa família como compensação pelos males que lhes temos feito é coisa nova para mim. Nós não somos hoje culpados dessa introdução do comércio de homens: recebemos os escravos que pagamos, tiramos deles o trabalho que dos homens livres também tiramos, e damos-lhes o sustento e a proteção compatível com o seu estado; está fechado o contrato.[27]

O tráfico atlântico como uma relação comercial idêntica a qualquer outra e a violência e exploração da escravidão representadas como um "contrato" (no que apenas se reproduzia o que constava do artigo 265 do projeto de constituição: "a Constituição reconhece os contratos e senhores e escravos e o governo vigiará sobre a sua manutenção") são uma boa síntese dos artifícios utilizados pelos grupos dominantes para travestir de liberalismo seu escravismo. Seu fundamento residia na construção de uma inferioridade civilizatória: a África era representada como bárbara e culpada por seus próprios infortúnios.[28]

A posição de Maciel da Costa foi derrotada pela Assembleia, e decidiu-se que todo liberto (inclusive o africano) seria um cidadão.

Apesar de este haver sido um sucesso de curta duração, pois a Constituição outorgada pelo imperador em 1824 adotou a posição contrária, não deixa de ser notável que posições críticas à escravidão tenham sido expressas abertamente por homens plenamente inseridos numa sociedade escravista. Tais inquietações relacionavam-se a uma pergunta fundamental: como fundar um Estado que excluiria radicalmente grande parte de seus habitantes? O cativeiro negro era ao mesmo tempo condição para fazer o Império e ameaça intestina, pois tanto garantia a inserção do Brasil nos fluxos econômicos internacionais quanto implicava a existência de "uma multidão imensa de escravos brutais e inimigos", no dizer de Bonifácio. Conscientes desse fato, mesmo os inimigos declarados da instituição adotavam um gradualismo cauteloso, com referências frequentes ao temor de uma repetição dos "desgraçados sucessos da ilha de São Domingos": o Haiti, palco do mais radical movimento da Era das Revoluções ao abolir a escravidão, romper com o colonialismo e instituir um Estado negro soberano no Novo Mundo.[29]

Como nos Estados Unidos, porém, e parcialmente por inspiração direta de seu exemplo, a retórica da independência recorreu frequentemente à ideia de que a dominação colonial e o despotismo eram formas de escravidão a que Portugal tentara submeter o Brasil. A escravidão metafórica da nação (pensada do ponto de vista das oligarquias) era representada como negativa e a liberdade como positiva, ao mesmo tempo que a abolição da escravatura real a que os africanos, indígenas e seus descendentes permaneciam submetidos era, quando muito, enunciada como um desejo distante, a ser buscado com bastante gradualismo.[30]

Esse era, parafraseando o historiador norte-americano Edmund Morgan, o paradoxo constituinte do liberalismo oligárquico: como escreveu o coimbrão e senhor de engenho baiano Miguel Calmon du Pin e Almeida, futuro marquês de Abrantes, "o amor da liberdade sempre é mais ardente nos países onde há escravos [...]; aqueles que vivem entre escravos olham para a liberdade não só como uma fruição comum a todos, mas como uma espécie de privilégio e de hierarquia". Essa concepção excludente e desigual de liberdade colocava a preservação da estabilidade em primeiro lugar, em oposição aos "horrores" revolucionários e republicanos exemplificados por França, Haiti e América hispânica. No dizer de Bonifácio, "queremos uma constituição que nos dê aquela liberdade de que somos capazes, aquela liberdade que faz a felicidade do Estado, e não a liberdade que dura momentos e que é sempre a causa e o fim de terríveis desordens". Ou, como discursou o coimbrão baiano Luís José de Carvalho e Melo,

> faz tudo o legislador que une na lei fundamental a máxima liberdade com a máxima segurança. Sacrifica à falsa Deusa quem adora a liberdade ilimitada mãe das desordens e da anarquia. [...] Só a ordem e a segurança pública faz[em] a prosperidade individual e segura[m] a estabilidade dos impérios.[31]

Havia discordâncias entre os coimbrãos, de cujas opiniões o imperador largamente compartilhava, que diziam ver a escravidão como um mal, e os brasilienses diretamente dependentes da lavoura escravista; estas eram, entretanto, minimizadas pela convicção partilhada de que o mais importante era a manutenção da ordem social. Paradoxalmente, é possível que a extensão da cidadania aos egressos do cativeiro nascidos no Brasil tenha contribuído para a estabilidade social. O padre pernambucano Venâncio Henriques de Resende disse-o explicitamente: considerando quão numerosos eram os libertos, "era, pois, necessário curar essa aversão que eles nos deviam ter se os tratássemos com desprezo; era necessário fazer que eles tivessem interesse em ligar-se a nós pelos foros de cidadão, e neutralizar assim o veneno". Portanto, ao assimilar (ainda que em posição subalterna) os forros nascidos no território na ordem política, pelo resto escravocrata, o regime constitucional buscou criar um povo para a nação em constituição. Dessa forma, o Estado brasileiro poderia apoiar-se na população livre para melhor proteger-se contra o elemento servil. Exclusão e inclusão caminhavam juntas, traçando um caminho estreito que buscava ao mesmo tempo atender (ao menos retoricamente) às demandas populares surgidas desde 1820 e preservar as desigualdades herdadas do período colonial.[32]

A retórica da liberdade não ampliou a já elevada (em termos comparativos) frequência de alforrias no Brasil, diferentemente de Virgínia e Maryland nas duas décadas após a Revolução Americana, quando alguns escravocratas se convenceram da ilegitimidade do cativeiro, nem impulsionou o abolicionismo em certas áreas do país, como viria a ocorrer nos estados do norte dos Estados Unidos. A diferença explica-se pelo enraizamento muito mais profundo da retórica da liberdade no mundo anglo-americano, no qual a ideia do "inglês nascido livre" desempenhava um forte papel desde o século XVII, e principalmente porque a escravidão estava disseminada por todo o território brasileiro e plenamente integrada em sua estrutura socioeconômica.[33]

Mesmo assim, as discussões sobre o significado da liberdade reverberaram para além dos salões legislativos: muitos acompanhavam os debates presencialmente e tantos mais por intermédio dos periódicos que brotavam por todo o Império, influenciando a maneira como se relacionaram com o Estado nos anos e nas décadas seguintes. A preocupação do intendente de polícia do Rio de Janeiro em reprimir papéis incendiários que circulavam em ajuntamentos de negros sugere a amplitude da disseminação desses debates, assim como a participação afro-brasileira na luta pela independência da Bahia, que se prolongou até 2 de julho de 1823 e deu origem a rebeliões escravas, inspiradas pela retórica da liberdade e encorajadas pela divisão entre os senhores — um fenômeno hemisférico na Era das Revoluções.[34]

Como se vê nas intervenções de Sousa França e Carneiro de Campos, a Constituinte também debateu — ainda que com mais brevidade — o papel dos povos originários na nova nação. Bonifácio, sempre ele, almejava "a civilização dos índios bravos", isto é, ensiná-los a trabalhar, consumir, morar e comportar-se como brancos. A intenção era, assim como em suas elucubrações antiescravistas, homogenei-zar a nova nação: para se tornarem cidadãos, os indígenas deveriam abandonar completamente sua cultura. Tratava-se, novamente, de construir um povo para a nação brasileira. No entanto, como não se instituiu qualquer política de incorporação, os indígenas permane-ceram excluídos do corpo político imperial: na prática, sua situação em muito se aproximava dos africanos. Como nos Estados Unidos, a reduzida expressão demográfica da população autóctone permitiu ignorá-la nos debates sobre a estruturação do Estado — em oposição a sua importância em grande parte da América espanhola, a exemplo do México e Peru, onde os indígenas obtiveram o direito de voto.[35]

Em teoria, porém, indígenas podiam tornar-se cidadãos brasilei-ros e exercer seus direitos políticos. Seus efeitos práticos podem ter sido limitados, mas existiram, graças à iniciativa indígena: em 1824, uma portaria ordenada pelo imperador sobre a aldeia de Itaguaí o reconheceu: "achando-se os índios presentes gozando do benefício que lhes trouxe a nossa constituição, [...] no qual são considerados cidadãos e portanto livres de tutelas, e convindo que sejam igualados em tudo a estes", passariam a ser considerados foreiros da Imperial Fazenda de Santa Cruz, dentro de cujo imenso território residiam. Os aldeados reproduziriam esse argumento dois anos depois para defender-se das tentativas de seu "ex-capitão-mor" de forçá-los a tra-balhar, "como se fosse fantástica ou falsa aquela prestigiada graça da liberdade". Outros líderes indígenas, como Inocêncio Gonçalves de Abreu da etnia maxacali, do sertão nordeste de Minas Gerais, conti-nuaram a adotar estratégias típicas do Antigo Regime: viajaram até o Rio de Janeiro para requerer benesses do imperador, estabeleceram alianças com autoridades locais e alistaram-se no Exército. Seus ob-jetivos eram a defesa de seus territórios e sua liberdade, a obtenção de armas e ferramentas, a preeminência sobre grupos rivais e a ma-nutenção de sua identidade indígena. Muitas etnias, contudo, não conseguiram alcançá-los, foram submetidas ao trabalho compulsório com pouca ou nenhuma remuneração e tiveram seus filhos sequestrados ou foram escravizados nas chamadas "guerras justas" contra os povos considerados "bárbaros".[36]

Além das discriminações ligadas ao gênero e à escravidão, havia ainda outro obstáculo para a participação eleitoral: a exigência de uma renda mínima, pois o sufrágio não só era masculino como também era censitário. O projeto de Constituição previa um rendimento equivalente a 150 alqueires de mandioca para votar nas assembleias primárias que elegeriam os eleitores que escolheriam os políticos: o voto era, portanto, indireto. Os eleitores deveriam possuir um rendimento de 250 alqueires, não poderiam ser libertos e, caso nascidos em Portugal, deveriam residir há 12 anos no Brasil ou estar casados com mulheres brasileiras; de candidatos a deputado exigia-se 500 alqueires (além da propriedade de bens móveis ou imóveis); a senador, 1.000. A Constituição de 1824 monetizou o pré-requisito, transformando-o em 100$000, 200$000, 400$000 e 800$00 réis, respectivamente, sem fazer menção aos nascidos na antiga metrópole. O requisito para votante de primeiro grau era relativamente baixo (ainda que circulassem na imprensa da época propostas ainda mais inclusivas), mas sua comprovação dependeria em grande medida da ação discricionária das autoridades. A participação eleitoral alargada seria, portanto, concebível, porém não estava assegurada.[37]

O Império do Brasil inseria-se no que Pierre Rosanvallon denominou de "ordem capacitária", isto é, a limitação do exercício de direitos políticos àqueles supostamente mais habilitados para tal, pois sua extensão a todos produziria a anarquia (vista, à época, como consequência inevitável da democracia). Predominava, portanto, uma visão hierárquica e não igualitária do sufrágio, numa tradução política da elevada desigualdade socioeconômica europeia. Entretanto, os requisitos brasileiros eram mais suaves do que nas monarquias europeias na década de 1820, como a França escaldada pela Revolução ou a persistentemente aristocrática Grã-Bretanha.[38]

Por outro lado, a conclusão seria oposta se realizarmos a mesma comparação com as repúblicas do Novo Mundo. Nos Estados Unidos, na década de 1820 assistiu-se à expansão da franquia eleitoral, a qual passou a abarcar quase todos os brancos adultos nascidos no país ao mesmo tempo que excluía escravizados, livres de cor e os indígenas: era a "República do Homem Branco". Onde era possível encontrar a definição mais abrangente de cidadania era na América espanhola, cujos Estados nascentes instituíram um sufrágio masculino (quase) universal, excluindo apenas escravizados e outros indivíduos dependentes como criados, soldados e religiosos, que representavam apenas uma pequena parcela dos homens adultos. Escravista e americana, a monarquia brasileira ocupou um papel intermediário no *continuum* atlântico: uma definição de cidadania relativamente alargada baseava-se na exclusão profunda dos escravizados, indígenas e africanos libertos. Estes grupos compunham mais de 1/3 da população, porém até seu direito a ter direitos era contestado (e usualmente negado) por não pertencerem à comunidade política. Eram cidadãos de lugar nenhum.[39]

A questão central numa monarquia constitucional é, no entanto, o limite do poder régio. Desde o início, evidenciou-se a tensão entre a casa legislativa e a Coroa. Já em seu discurso de abertura dos trabalhos, o "Imperador Constitucional", apesar de passagens pretensamente liberais ("é hoje o dia maior que o Brasil tem tido: dia em que ele pela primeira vez começa a mostrar ao Mundo que é Império, e Império livre"), repetiu o que havia dito quando de sua coroação: "que com a minha espada defenderia a pátria e a nação, e a Constituição, *se fosse digna do Brasil e de mim*", acrescentando ainda esperar "que a Constituição que façais mereça minha imperial aceitação".[40]

O jovem e impetuoso imperador, criado em uma monarquia pré-constitucional do Antigo Regime (ainda que o espectro da Revolução nunca estivesse longe), tomava emprestado uma frase de Luís XVIII — o Bourbon que retornara ao trono francês após a queda de Napoleão — e abria o caminho para derrubar unilateralmente a Carta aprovada pelos representantes da nação, por acreditar ser o principal defensor do Brasil. Se aceitava a necessidade de instituições representativas, fazia-o apenas por entendê-las como subordinadas ao trono.[41]

Tal ameaça não passou despercebida: o padre-deputado pernambucano Luís Inácio de Andrade Lima, maçom e participante da Revolução de 1817, reagiu à insinuação de que a Constituinte poderia produzir um documento indigno da nação e do monarca, mas não conseguiu convencer seus pares a responderem à ameaça — mesmo porque a maioria decidiu fingir que a Fala do Trono não era uma tentativa de intimidação. Vozes nas províncias também se levantaram contra a arrogância do imperador e de seus ministros, nomeadamente em Pernambuco, onde frei Caneca defendia que a soberania estava unicamente na nação e que as pretensões imperiais eram "uma guarda avançada do despotismo".[42]

Esse foi apenas o primeiro de muitos embates na Assembleia e na imprensa sobre os limites do poder monárquico. Discutiu-se desde o cerimonial — por sua significação simbólica, que indicava quem teria preeminência, se o imperador ou os representantes eleitos da nação — até questões muito práticas: teria a Coroa o poder de vetar ou propor leis? Quem controlaria as Forças Armadas? Como, enfim, o Legislativo contrabalançaria o Executivo?

Um dos debates mais candentes foi sobre o caráter dos governos provinciais e da relação entre a Corte e as províncias, no qual o peso do passado colonial fez com que muitos temessem a centralização do poder no Rio de Janeiro, potencializado pelo fato de que a experiência política das oligarquias coloniais havia sido profundamente localista até o frenesi detonado pela Revolução do Porto: cada uma relacionava-se diretamente com a Coroa em Lisboa, com pouca ou nenhuma interação entre si. No imediato pós-independência, a identificação mais intensa dos grupos dominantes era, portanto, com a "pequena pátria" provincial: passaram-se décadas até que introjetassem plenamente o pertencimento a uma nação brasileira. Como na época moderna, havia uma pluralidade de pertencimentos: a nação brasileira seria uma invenção artificial, mas necessária para o projeto de construção do Estado Imperial.[43]

Com o decreto de 29 de setembro de 1821 das Cortes portuguesas, juntas provisórias haviam surgido para governar cada província: a

Constituinte precisava decidir se as substituía e se o Poder Executivo provincial seria controlado regionalmente ou pelo imperador. O controle sobre as forças militares também era uma temática importante, pois dela dependeria a capacidade de intervenção nas localidades. Depois de múltiplas votações, garantiu-se a prerrogativa imperial de nomear presidentes das províncias com atribuições referentes à fiscalidade, à ordem social, aos serviços públicos, aconselhado por homens eleitos localmente, mas cuja influência seria limitada. Apesar das polêmicas, a maioria dos deputados parecia comungar da opinião depreciativa do coimbrão baiano José Joaquim Carneiro de Campos (irmão do supracitado Francisco), que criticava a possibilidade de eleger o Poder Executivo "porque o povo, que é sempre falto de luzes, vai na boa fé do que lhe pregam os mal-intencionados que o desencaminham para seus fins particulares". O desprezo pela capacidade de autodeterminação popular perpassava quase todos — sem atentar para o fato de que havia sido este mesmo povo que os escolhera para a augusta posição que ocupavam. Ainda mais importante, muitos acreditavam que apenas um centro político forte poderia garantir a unidade nacional e, portanto, a ordem. O espectro das guerras revolucionárias na Europa e nas Américas continuava a pairar sobre o Rio de Janeiro. Apesar dessas concordâncias, as acerbas polêmicas na Assembleia e na imprensa demonstram que um número considerável de deputados — especialmente, ainda que não só, aqueles que representavam as províncias do atual Nordeste — era favorável à autonomia regional, prenunciando alguns dos conflitos que estourariam entre 1824 e 1848.[44]

Debates homólogos ocorreram na América espanhola, e o resultado foi similar ao que acabou por ocorrer no Império: "em muitos países os federalistas foram suplantados por aqueles que receavam que o sistema federativo gerasse [...] a anarquia".[45] A excepcionalidade do caso brasileiro reside no fato de que o unitarismo ganhou força imediatamente após a independência, sem a passagem por um breve período federalista. A legitimidade monárquica de d. Pedro, a inexistência de um período de vácuo de poder durante a guerra de independência, como havia ocorrido no mundo hispânico após a abdicação forçada do rei Fernando VII em 1808, e o aparato administrativo herdado do período joanino e situado no Rio de Janeiro certamente contribuíram para a precoce força do unitarismo no Brasil. Tratava-se de uma solução de continuidade, sem paralelos com outros processos de independência.

Essa disputa inseria-se em um debate mais amplo entre os que valorizavam o papel dos representantes eleitos e o que enfatizam a autoridade imperial, que já teria sido reconhecida pela nação ao aclamá-lo. Henriques de Resende, veterano de 1817, foi enfático ao afirmar que "tudo procede dos interesses dos povos", que os haviam incumbido de escrever a Constituição; seriam, portanto, os deputados como representantes da nação a decidirem se o monarca deveria ou não ter poder de veto — e a resposta de Resende era, claro, peremptoriamente negativa. Sua posição acabou por ter sucesso, ainda que somente na terceira votação. O tema provocava divisão na Assembleia: alguns constituintes representavam o imperador como um "ente metafísico" (no dizer do irmão de José Bonifácio, Antônio Carlos Ribeiro de Andrada Machado), mas outros, liderados por Resende, viam nele um "homem como nós; e demais tem maiores entraves; para ver a verdade, mais incentivo de paixões". Por isso, seus poderes deveriam ser limitados.[46]

O padre pernambucano estava respondendo a José Joaquim Carneiro de Campos, um dos maiores defensores da centralização e do poder monárquico na Assembleia, pois considerava que o Estado tinha um papel central na garantia da unidade territorial e da ordem pública. Dele é a primeira formulação sobre o Poder Moderador, que viria a ser a chave da Constituição outorgada de 1824 (largamente redigida por ele próprio): sua atribuição essencial no sistema de governo seria o exercício "do poder vigilante, ou moderador, que nas monarquias representativas só o monarca pode exercer". Seguia assim o exemplo de Benjamin Constant, em sua interpretação da Constituição francesa de 1814, que havia restaurado os Bourbon no trono. O autoritarismo inerente a essa divisão de poderes lhe valeria, por sinal, uma menção elogiosa em 1931 por parte do jurista alemão Carl Schmitt, o qual pouco depois utilizaria sua obra para dar um verniz de legalidade à ditadura nazista.[47]

Havia, porém, diferenças sutis entre os defensores de uma monarquia forte: Carneiro de Campos estava mais confortável com o protagonismo imperial e com a manutenção das hierarquias sociais, porque a ordem era seu valor maior; já Bonifácio, herdeiro que era do reformismo iluminista, propunha adoção de políticas transformadoras, ainda que graduais e moderadas, e talvez favorecesse mais freios ao Poder Executivo. Entretanto, seu liberalismo tinha muitos limites: os Andrada haviam utilizado sua influência como ministros do imperador e membros de destaque na Assembleia para perseguir oponentes e críticos na imprensa. O espancamento de Luís Augusto May, um periodista crítico aos Andrada e ao imperador, exaltou os ânimos entre os membros do "partido democrático" da Constituinte, como o veterano de 1817 Joaquim Manuel Carneiro da Cunha (membro da oligarquia paraibana e senhor de engenho), que tomou a tribuna para denunciar "o funesto e trágico insulto praticado contra o redator do *Malagueta*", o "primeiro que pegou na pena para defender nossos direitos".[48]

Não se sabe se o atentado foi ordenado pelos Andrada ou d. Pedro I, mas os primeiros acabaram por levar a culpa, inclusive porque apontar o dedo para o monarca teria um efeito desestabilizador em uma monarquia constitucional recém-instituída, que pressupunha a inimputabilidade do imperador. O desagrado talvez não tivesse sido suficiente para apeá-los metaforicamente do poder caso d. Pedro I não tivesse sido antes literalmente derrubado do cavalo: uma queda fez com que quebrasse as costelas e ficasse de cama por duas semanas. Nesse período, recebeu quase todos os deputados e ouviu suas reclamações. Uma combinação de insatisfações comezinhas com a preeminência de Bonifácio, rejeição ao seu autoritarismo na relação com membros oposicionistas das oligarquias e desconfiança ante seu programa emancipacionista tornou a posição do reformador paulista insustentável. O imperador, então, transformou seus conselheiros em bodes expiatórios para preservar sua posição: libertou prisioneiros políticos, anulou ordens de deportação e anistiou os investigados por sedição em São Paulo, o que provocou uma briga com José Bonifácio e sua saída do ministério em 16 de julho de 1823.

José Joaquim Carneiro de Campos foi chamado por d. Pedro para comandar o ministério, mas os Andrada passaram a lhe fazer oposição implacável, ampliando os atritos entre a Assembleia e a Coroa. Até o título do jornal fundado pelos irmãos — o *Tamoyo*, referência à etnia que havia lutado contra a colonização portuguesa no Rio de Janeiro quinhentista — sugeria sua intenção de utilizar a xenofobia antilusitana como arma política, ameaçando até mesmo o imperador, nascido na Europa, herdeiro do trono português e rodeado de conselheiros lusitanos. Tal estratégia fazia sentido em um contexto de recrudescimento, na segunda metade de 1823, do temor de um golpe pró-absolutista (como os que estavam em curso na península ibérica) e de uma reconquista portuguesa.

A decisão de não conceder ao imperador a prerrogativa de dissolver a Assembleia e a possibilidade de que esta revogasse vetos imperiais indicava que o Legislativo estava mais forte do que a Coroa no projeto de Constituição. Como diversos reis europeus, d. Pedro I tinha dificuldade em aceitar essa situação ou de aguardar pacientemente a conclusão dos longos debates parlamentares. Nos dois lados do Atlântico, o "constitucionalismo monárquico" foi marcado por tensões recorrentes entre soberano e Legislativo, pois a coabitação durante a transição do Antigo Regime para a política moderna exigia a construção de inéditos e frágeis acordos. A gota d'água foi quando a Assembleia tomou o partido de um boticário espancado por soldados portugueses por ter sido erradamente apontado como responsável por um artigo de jornal anônimo. Em reação, o monarca fechou a Constituinte em 12 de novembro de 1823, exilou os Andrada e alguns

N. 1

O TAMOYO.

TERÇA FEIRA 12 DE AGOSTO DE 1823.

Tu vois de ces tirans la fureur despotique ;
Ils pensent que pour eux le Ciel fit l' Amerique.

Volt. Alzire.

Segundo as relações de todos os Viajantes Nacionaes ou Estrangeiros o vasto Continente Brasilico era, ao tempo da sua descoberta, habitado por pequenas Tribus ou Nações que vivendo concentradas em densas, e magestosas matas, ou derramadas por huma extensa campina, não tinhão outras necessidades senão as da natureza. O mar, os rios, e lagoas, de que estavão cercadas, bem como os seus immensos bosques .... lhes por meio da caça ou da pesca o necessario sustento. A sua agricultura por extremo acanhada limitava-se quando muito a certos grãos, e raizes, que reduzião a farinha, ou de que extraião o succo para as suas bebidas. As suas cazas consistião em pequenas choupanas armadas sobre esteios, e cobertas de folhas, ou de palmas, e duravão tanto, quanto o rigor da estação ou a necessidade de existirem no mesmo terreno. As suas instituições sociaes participavão da instabilidade da sua vida, e da simplicidade de suas precizões ; unidos quando convinha resistir ao inimigo commum, e não conhecendo o direito da propriedade não reconhecião tãobem entre si outra distinção, se não a que nascia do valor ou da experiencia ; e essa mesma só durava nas crises, em que era mister fazer uso de taes qualidades; fora disso todas erão igualmente livres, todas independentes ; e a convicção intima da sua liberdade era tão forte nelles, que muitos preferião a morte á barbara escravidão Européa.

Eis aqui o estado deste Paiz, e de seus primeiros habitantes, quando por uma casualidade veio aportar ás suas praias Pedro Alvares Cabral ; recebido pelos innocentes indigenas com todas as mostras de prazer, e de amizade mandou cautelozamente examinar o terreno, e convencido da sua grandeza,

e importancia, deu-lhe o nome de Santa Cruz, (que depois se converteu no de Brasil,) e passou immediatamente a tomar posse delle para a Coroa de Portugal, para onde mandou a noticia da sua descoberta. Esta novidade certificada com a remessa de alguns dos fructos do Paiz, e de um dos seus habitantes despertou a curiosidade dos Reys Portuguezes. Por ordem delles, e debaixo dos seus auspicios partirão successivamente differentes Esquadras a explorar as costas, rios, e enseadas do novo Continente, que logo depois foi distribuido por varios Donatarios em diversas porções, e com direitos, e regalias consideraveis.

Não é do nosso intento seguir aqui passo a passo a marcha da povoação das differentes Colonias, o seu progresso mais ou menos lento, e a historia das causas que para isso influirão. Esta tarefa, que só pertence ao historiador imparcial, levar-nos-ia mui longe do nosso fim. E depois, que ganhariamos nisso ? O quadro que debuxassemos por mais favorecido que fosse, não seria por certo lisongeiro a nossos progenitores. Debalde pertenderiamos corar com o zelo da Religião, e a felicidade dos povos os seus primeiros esforços nestas regiões ; apesar de tudo deixaria enterver-se nos aventureiros, que as pizarão, a sêde insaciavel do oiro, o roubo, a violencia, e atrocidade levadas ao seu cumulo ; a sincera hospitalidade dos innocentes indigenas remunerada por elles com a mais negra perfidia ; o seu sangue derramado com frivolos pretextos ; os seus cadaveres servindo de alicerse aos novos estabelecimentos ; a sua liberdade impunemente atacada, e não achando abrigo nem nas proprias brenhas, que a natureza lhes dera por azilo, porque de lá mesmo os ia arrancar a cobiça Europea á titulo de resgate para serem

---

Primeira edição do jornal dos Andrada, cuja epígrafe retirada da peça de Voltaire *Alzira, ou os americanos* (1736) é uma crítica ao Imperador: "Tu vês a fúria despótica desses tiranos; eles pensam que para eles o Céu fez a América". *O Tamoyo*, n. 1, 12 ago. 1823.

de seus apoiadores e prometeu uma Carta "duplicadamente mais liberal" do que o projeto em debate. O episódio ficaria conhecido como a "Noite da Agonia".[49]

Nossa primeira e mais duradoura Constituição nasceu de um golpe: nosso 18 Brumário, como bem colocou frei Caneca em referência ao dia em que Napoleão tomou violentamente o poder na França. Mesmo assim, ela muito devia à Assembleia. Sete dos 10 redatores haviam sido deputados, de modo que, tendo pouco tempo para elaborar o novo documento, não surpreende que tomassem o antigo como base. O Conselho de Estado criado em 1824 era em tudo semelhante ao Conselho Privado do projeto de 1823. Composto por conselheiros escolhidos pelo monarca, deveria ser consultado — embora sem efeito vinculante — em todas as questões graves relativas à política externa e à administração pública interna. A religião católica permanecia como oficial e submetida à Coroa graças ao padroado herdado da monarquia portuguesa, mas o culto doméstico de outras religiões passava a ser explicitamente tolerado — o que ainda não ocorria na América espanhola, onde a Igreja manteve mais poder e influência até a segunda metade do Oitocentos. O documento definitivo diferenciava-se ao enfatizar a unidade do Império (ainda que concedesse mais atribuições às províncias) e reforçar a posição do monarca por meio do Poder Moderador, "chave de toda a organização política". Ao conceder ao soberano os poderes de dissolver a Câmara dos Deputados, de selecionar senadores vitalícios eleitos para uma lista tríplice e de suspender magistrados alvos de queixas e nomear presidentes de província, evidenciava a centralidade régia no edifício imperial. Entretanto, o Legislativo preservava atribuições suficientes para interpor freios ao Executivo, nomeadamente a faculdade legislatória, a aprovação do orçamento imperial e a responsabilização criminal dos ministros. Mais enxuta, a Carta outorgada não atentou para a catequese e "civilização" de indígenas e muito menos projetou a "emancipação lenta dos negros" enunciada no projeto de 1823. A Constituição de 1824 silenciou até mesmo sobre a existência da escravidão (como ha-

O resgate de uma mulher branca fantasiada de indígena das garras de um monstro das profundezas por parte do imperador busca representar a salvação da Constituição e do Brasil das garras da anarquia, prenunciando uma união amorosa entre soberano e nação. Tratava-se de um esforço propagandístico para reconstruir a imagem de d. Pedro como um soberano liberal. Giuseppe Gianni, *Alegoria do Juramento da Constituição*.

via feito, aliás, sua contraparte norte-americana), em um prenúncio do longo período de negligência a essas questões.[50]

Afirmando contar com o apoio da maioria dos brasileiros graças ao aceite de muitas Câmaras Municipais (especialmente no Centro-Sul), o imperador impediu o debate e outorgou a Constituição em 25 de março de 1824. O contraste com o longo, negociado e conflituoso processo de ratificação da Constituição de 1787 nos EUA não poderia ser maior, mas lentidão era, nesse caso, uma virtude, pois tornou possível granjear apoios suficientes de modo a dar-lhe sustentação política, especialmente entre as elites. Aqui, por outro lado, a adesão não foi unânime. Houve uma rejeição violenta nas províncias do Norte, visto que seus projetos de país eram distintos daquele que emanava do Rio de Janeiro.[51]

O federalismo do Norte

Narrar a história política de um país a partir da sua capital é quase inevitável, pois é lá que se montam e se movem as altas engrenagens do Estado. Entretanto, quanto maior e menos integrada for a nação, mais perigosa torna-se essa opção, pois arrisca cegar leitores (e autores) para uma realidade mais complexa do que por vezes se reconhece. Poucos historiadores enfatizaram esse ponto mais do que Evaldo Cabral de Mello em seus estudos sobre Pernambuco, para onde nos deslocaremos agora.[52]

O resto do Brasil não ficou paralisado à espera da conclusão dos debates na Constituinte. Os conflitos de independência (da Cisplatina ao Maranhão, passando pela Bahia) só seriam resolvidos ao longo do segundo semestre de 1823, e por toda parte os potentados locais exerciam o poder e disputavam-no entre si. Em lugar nenhum estava-se mais perto da temperatura de ebulição do que em Pernambuco, que experimentara o autogoverno por um par de meses quando da Revolução de 1817 e que se percebia como mais capacitada e merecedora do que suas irmãs desde a expulsão dos holandeses em 1654, supostamente sem auxílio régio. Não importa que não fosse bem assim: a imaginação histórica não precisa ser correta para ser efetiva, e talvez seja até mais potente quando parcialmente falsa. A Revolução do Porto havia permitido que a oligarquia pernambucana gozasse novamente de autonomia, de modo que não lhe seria fácil aceitar uma Constituição outorgada pelo Rio de Janeiro que incorporara muitos elementos contra os quais os representantes pernambucanos se haviam batido nos meses anteriores. Em acréscimo, a politização da população (especialmente no meio urbano) em razão dos embates dos últimos anos produzia pressões vindas de baixo com as quais era preciso lidar.

O federalismo estava longe, entretanto, de ser unânime na província: os latifundiários frequentemente pendiam para o unitarismo, porque viam o Rio de Janeiro como um baluarte na defesa da ordem socioeconômica exportadora e escravocrata, enquanto para grande parte da população rural o monarca tinha um apelo simbólico como um possível protetor contra as arbitrariedades dos poderosos locais. O trauma da Pedrosada — quando o militar pardo Pedro da Silva Pedroso presidiu uma insurreição da tropa de cor que controlou a cidade por uma semana em fevereiro de 1823, prendeu quase 200 portugueses e ameaçou todos os brancos com cânticos que exaltavam a Revolução Haitiana — fez com que muitos membros da oligarquia ficassem ainda mais refratários a qualquer tipo de contestação política.

Deste modo, a disputa entre unitários e federalistas dava-se não só entre a Corte e Pernambuco, mas também dentro da própria província. As notícias que chegavam do Rio de Janeiro durante a Constituinte renovaram o embate ao longo do segundo semestre de 1823, agitando cada vez mais os federalistas. A insatisfação do Exército, cujos oficiais se sentiam negligenciados pela Corte em razão do atraso de promoções, facilitava que fossem cooptados pelos autonomistas. A notícia do golpe que dissolvera a Constituinte foi o estopim necessário para que os federalistas tomassem o poder no Recife em 13 de dezembro de 1823, apoiados até por unitaristas furiosos com o logro imperial.

O presidente do governo provisório foi Manuel de Carvalho Pais de Andrade, comerciante e senhor de engenho, filho de um oficial régio reinol e aparentado das melhores famílias da terra. Revolucionário de 1817, refugiara-se nos Estados Unidos, mergulhando de cabeça no constitucionalismo norte-americano. Se Pais de Andrade era um republicano de coração, sua heterogênea aliança incluía federalistas moderados, unitários insatisfeitos com o golpe de Estado e parte da população livre de cor urbana, obrigando-o a afirmar sua lealdade à monarquia constitucional. Procurou, assim, atender aos diversos grupos de interesse: anistiou os militares, expulsou e prendeu portugueses e confirmou como seu secretário o dr. José da Natividade Saldanha. Este era um poeta pardo formado em Coimbra, filho sacrílego de um padre e de uma lavadeira negra, cuja heterodoxia radical pode ser percebida em seus escritos em favor do divórcio e da tolerância religiosa publicados durante seu posterior exílio na Grã-Colômbia. Saldanha atuou ativamente na imprensa, porém o principal porta-voz do movimento foi o erudito carmelita frei Caneca, filho de artesão português e mãe pernambucana. Os dois homens que melhor articularam as demandas do movimento eram, assim, de extração popular, o que é tanto mais excepcional quando os comparamos aos deputados da Assembleia Constituinte ou aos redatores da Constituição de 1824, todos membros da elite burocrática, latifundiária ou comercial.[53]

As tensões intensificaram-se ao longo de 1824: a Corte não tinha dúvida que lidava com criminosos culpados de lesa-majestade, enquanto os federalistas pernambucanos (que logo vieram a contar com o apoio do Ceará e do Rio Grande do Norte) sabiam que do Rio de Janeiro nada viria senão autoritarismo e repressão. Como afirmou Caneca em 6 de junho, "o Poder Moderador da nova invenção maquiavélica é a chave mestra da opressão da nação brasileira e o garrote mais forte da liberdade dos povos". O embate não era, portanto, apenas ou sequer principalmente entre unitarismo e federalismo, mas entre projetos de nação distintos: um que colocava o protagonismo político nas mãos do imperador e seus ministros; outro em que a soberania residiria na nação, o Executivo seria limitado por um Legislativo forte e as províncias gozariam de autonomia. Nesse sentido, os pernambucanos não faziam mais que defender por outros meios ideias que já haviam sido debatidas na Assembleia Constituinte.[54]

Os federalistas passaram a primeira metade do ano protestando serem leais à Coroa, utilizando para tal a ficção típica do Antigo Regime de que os culpados eram os ministros e que o monarca havia sido manipulado. Seu objetivo confesso era forçar o imperador a reconvocar a Constituinte, e seu temor declarado era de uma recolonização absolutista. Por sua vez, o Rio enviou uma pequena frota para bloquear o porto do Recife, a qual não obteve pleno sucesso e acabou sendo retirada para proteger a capital contra a ameaça de uma suposta armada lusitana. Como escreveu Frei Caneca:

nós queremos uma Constituição que afiance e sustente a nossa independência, a união das províncias, a integridade do império, a liberdade política, a igualdade civil, e todos os direitos inalienáveis do homem em sociedade; o ministério quer que à força das armas aceitemos um fantasma ilusório e irrisório de nossa segurança e felicidade, e mesmo indecoroso ao Brasil.[55]

Foi após o levantamento do bloqueio que, em 2 de julho, Pais de Andrade finalmente proclamou a Confederação do Equador como última alternativa contra o despotismo carioca. Não assumido, o republicanismo já estava implícito, visto que o manifesto revolucionário proclamava: "tratemos de constituirmos de um modo análogo às luzes do século em que vivemos; o sistema americano deve ser idêntico; desprezemos instituições oligárquicas, só cabidas na encanecida Europa". Era uma referência à mensagem ao Congresso do presidente norte-americano James Monroe em 1823, que teve certos trechos traduzidos por frei Caneca em seu periódico, "por estarem em relação com os nossos negócios": mais conhecido pela promulgação da doutrina de que a Europa não deveria se intrometer nas novas nações americanas, o documento também proclamava a diferença política entre a Europa e o "sistema das Américas". Enquanto os defensores do poder régio inspiravam-se em Benjamin Constant e na restauração bourbônica do Velho Mundo, os Estados Unidos serviam de modelo para os federalistas pernambucanos. Não sem razão, solicitou-se a Washington o envio de esquadras para garantir, na esteira da Doutrina Monroe, a não ingerência de embarcações Britânicas e francesas ancoradas a poucas milhas do Recife.[56]

Não era, porém, uma declaração separatista: a Confederação reuniu primeiro as províncias do Norte, mas poderia depois se estender para todo o país. É, afinal, aos brasileiros a quem Pais de Andrade se dirigia do primeiro ao último parágrafo do documento, conclamando-os a seguirem o valoroso exemplo dos seus irmãos, amigos e compatriotas pernambucanos. O separatismo seria, portanto, uma consequência da defesa do federalismo liberal e constitucional por parte dos confederados, não seu objetivo central. Ainda mais notável foi o decreto do dia seguinte:

> Convindo não somente aos interesses da humanidade, porém, ainda mesmo aos desta província que se extinga de todo um comércio que está em completa oposição com os princípios do direito natural e as luzes do presente século, tenho resolvido que fica suspenso o tráfico da escravatura para este porto até que a soberana Assembleia Constituinte e Legislativa resolva este negócio afinal.[57]

Este pode ter sido um estratagema para tentar obter apoio britânico (já há uma década interessado na proibição do tráfico transatlântico), mas a rapidez da medida — em oposição aos vagos sentimentos expressados na Constituinte — sugere que seu antiescravismo tinha substância, ainda que não tenha sido central no movimento. Leves indícios de antirracismo aparecem também em Frei Caneca quando este escreveu que "já está à porta o tempo de muito nos honrarmos do sangue africano". Para isso, deve ter contribuído a ampla participação da gente de cor, a exemplo do capitão pardo e maçom Emiliano Mundrucu, que adotou como sobrenome uma etnia indígena para afirmar seu patriotismo e invocou o então recém-falecido revolucionário afro-haitiano Henri Christophe durante os embates com as forças imperiais. Após a derrota, escapou para os Estados Unidos, circulou brevemente no Haiti, Venezuela e Colômbia, retornou ao Brasil (onde foi suspeito de "haitianismo") e estabeleceu-se definitivamente em Boston. Na capital de Massachusetts, Mundrucu foi parte integrante do nascente movimento abolicionista, chegando até a comemorar no final de sua vida a Proclamação de Emancipação, em 1863, junto ao maior abolicionista norte-americano, o ex-escravo Frederick Douglass.[58]

Não surprende, então, que os pernambucanos tenham servido de inspiração para livres de cor, nomeadamente na Bahia, onde conspiradores (entre os quais o cirurgião pardo Francisco Sabino, a quem encontraremos mais à frente) foram presos em junho de 1824, e onde um batalhão soteropolitano, composto majoritariamente por pretos e pardos, revoltou-se em outubro do mesmo ano, assassinando o detestado governador das armas da província. Em ambos os casos, a defesa da Constituição, da autonomia provincial e da expansão da cidadania entre os homens livres foram motivações centrais dos rebeldes.[59]

Não à toa, o mercenário britânico lorde Cochrane temia que Pais de Andrade adotasse "a desesperada medida de emancipar os escravos que se unirem ao seu partido. Se isto fizer" dizia, "sou de opinião que a guerra civil continuar-se-á por muito tempo." Não se chegou a tanto e, com limitado apoio entre a população rural e os potentados locais (especialmente na poderosa açucarocracia estabelecida há séculos na região), o movimento foi rapidamente debelado por tropas imperiais — parcialmente graças ao auxílio indígena, pois vários aldeamentos viam na distante monarquia um aliado na defesa de suas terras e sua autonomia da agressão dos potentados locais. Raciocínio análogo informou a ação de outros povos originários na América britânica e nos Andes, porque as ameaças eram similares por todo o continente. Frei Caneca e 15 de seus camaradas foram fuzilados, e com eles a possibilidade de outro caminho para o nosso Oitocentos. Seja como for, a Confederação demonstra que outros projetos de Brasil existiram desde nossa formação como país independente, ainda que tenham sido derrotados.[60]

ENTRE AS POTÊNCIAS DA TERRA

Desde a Declaração de Independência das Treze Colônias, em 4 de julho de 1776, todos os novos países sabiam que uma de suas tarefas mais urgentes era obter reconhecimento internacional. O Brasil não poderia se tornar a nação que os brasileiros imaginavam sem o consentimento de outros Estados, e para obtê-lo deveria construir um governo dotado de uma estrutura política capaz de estabelecer e cumprir tratados internacionais, de acordo com modelos europeus preestabelecidos.[61] Nesse sentido, se a política externa sempre deve ser entendida em função dos projetos de país defendidos internamente, isso é especialmente verdade em um momento de constituição estatal. No caso do Império brasileiro, as questões mais prementes estavam todas interligadas: o reconhecimento internacional da independência, a relação com a antiga metrópole e o tráfico transatlântico de africanos escravizados. A elas somou-se a crise militar no Prata em torno do estatuto da Província Cisplatina. Todos esses temas tornaram-se ainda mais explosivos, porque eram indissociáveis da questão que havia já causado tanta controvérsia em 1823 e 1824: o equilíbrio de poderes entre os representantes da nação e a Coroa.

Braganças dos dois lados do Atlântico – e a Grã-Bretanha

Antes mesmo de sua aclamação, o então príncipe regente d. Pedro encarregou, em 12 de agosto de 1822, o militar, fidalgo, negociante e senhor de engenho Felisberto Caldeira Brant de buscar o reconhecimento de Londres. As primeiras instruções de José Bonifácio indicavam um desejo que não desapareceria enquanto d. Pedro fosse vivo, com grandes consequências para seu governo: "manter toda a grande família portuguesa reunida politicamente debaixo de um só chefe". O projeto monárquico era, portanto, mais dinástico do que nacional: a prioridade era antes a Casa da Bragança do que o Brasil.[62]

Se esse era um desejo formulado em segredo, publicamente Bonifácio e d. Pedro assumiam um tom distinto, evidenciando uma tensão que perpassaria todo o Primeiro Reinado. Publicado na semana anterior, o *Manifesto aos governos e às nações amigas* já expunha as possíveis intenções colonialistas da antiga metrópole. Não era um Reino Unido o que se pretendia consolidar na proposta das Cortes portuguesas, porém uma unipolaridade que submeteria o Brasil a uma posição secundária. Em meados de 1823, Buenos

Aires reconheceu a independência do Brasil. No ano seguinte, os Estados Unidos passaram também a vislumbrar no Brasil um Estado independente, e logo em seguida os reinos africanos de Benim e Onim adensaram o coro, implicitamente sugerindo a manutenção do fluxo de cativos no Atlântico Sul.

No entanto, o apoio britânico era essencial para assegurar a legitimidade internacional do Império do Brasil, tanto pela posição dominante da Grã-Bretanha no sistema mundial após a derrota de Napoleão quanto por sua secular ascendência sobre a monarquia portuguesa. As pretensões antitráfico e comercialmente hegemônicas da Grã-Bretanha opunham Londres ao Rio de Janeiro desde os tempos de Bonifácio a ante os Negócios Estrangeiros. George Canning, secretário de Estado para o *Foreign Office*, estava disposto a reconhecer a independência caso o Brasil prorrogasse os tratados assinados por d. João em 1810 e desse fim ao tráfico de escravos, o que Londres fizera para suas colônias em 1807.

As razões para a longa e intensa mobilização antinegreira da sociedade civil britânica e sua adoção como política de Estado são tema de debate há pelo menos 75 anos, mas, como geralmente ocorre em história, o mais seguro é reconhecer que não houve uma única causa. É possível que o avanço do capitalismo tenha gradualmente deslegitimado a coerção física como parte do lento processo de consolidação do trabalho assalariado, ao mesmo tempo que artesãos e assalariados ameaçados pela transformação das relações de produção desenvolviam empatia para com os sofrimentos dos africanos escravizados em razão de suas próprias atribulações. Não havia incompatibilidade econômica entre escravidão e capitalismo, como a conexão entre fábricas britânicas e algodão cultivado nas *plantations* sulistas dos EUA revela, mas sim uma dissonância cognitiva com a identidade de "ingleses nascidos livres" que incomodava uma parcela crescente da população britânica.

Um movimento interclassista provavelmente só se tornou possível, porém, porque a diversificação trazida pela Revolução Industrial diminuiu a importância relativa da produção escravista em suas colônias para a economia britânica. O *lobby* dos escravocratas caribenhos também pode ter contribuído, pois os produtores de *commodities* das Antilhas reclamavam da competição desleal de áreas que ainda podiam importar escravizados, nomeadamente o Brasil e Cuba — os quais o faziam em quantidades cada vez maiores para atender à demanda crescente de populações mais urbanizadas e inseridas no mercado capitalista como assalariados e consumidores. Por último, a política externa antitráfico cumpria a função de afirmar a hegemonia — moral e política — da Grã-Bretanha sobre o mundo atlântico e ampliava seu domínio sobre as rotas comerciais no Atlântico Sul. A interligada teia de tratados de proibição do tráfico atlântico criou uma estrutura legal para as relações entre Estados soberanos e justificou a atuação britânica como uma espécie de polícia dos mares, capaz de utilizar a coerção para obter consentimento.[63]

D. Pedro e seus conselheiros eram favoráveis à abolição do comércio negreiro para se conformarem às expectativas atlânticas sobre o que caracterizava uma nação civilizada — "manter as aparências", no dizer do historiador Matthew Mason. Entretanto, tinham consciência que os grandes senhores necessitavam de um influxo constante de novos africanos escravizados para repor a hemorragia causada em seus plantéis pela elevada mortalidade e baixa natalidade, de modo que estavam obrigados a procrastinar, especialmente em um momento de baixa dos preços de *commodities* e pressão sobre as margens de lucro dos grandes produtores.[64]

Consequentemente, a diplomacia brasileira ficou paralisada até o final de 1825 entre a força (quase) irresistível da pressão britânica e a rocha (praticamente) inamovível das demandas senhoriais. O único caminho disponível para a Coroa era postergar ao máximo o fim do tráfico atlântico, na tentativa de não descontentar em excesso nenhum dos polos interessados. Enquanto isso, as negociações entre Brasil e Portugal pouco evoluíam, devido à fragilidade da posição do imperador, que não podia ser visto como excessivamente pró-

-português, e a recusa lusitana em aceitar a realidade — até o final de 1824, os conselheiros de d. João VI cogitavam enviar uma força expedicionária para reconquistar o Brasil com apoio dos portugueses aqui residentes, e mesmo os mais antenados com a nova correlação de forças queriam manter a soberania sobre a ex-colônia, que se tornaria um reino autônomo dentro de um império federativo.

Foi a pressão britânica que rompeu o impasse em 1825, decidida que estava em assegurar os privilégios para seus produtos no Brasil e sua preeminência na América ibérica recém-independente. O objetivo era garantir o reconhecimento da independência sem romper os laços dinásticos entre pai e filho; no dizer do conde de Porto Santo, ministro de Negócios Estrangeiros de Portugal, buscava-se "1º, conservar os direitos da legitimidade [dinástica]; 2º, reforçar o espírito monárquico no Brasil; 3º, conservar o Império português na legítima sucessão da augusta Casa de Bragança". O projeto de reunificação imperial luso-brasileira continuava vivo nas Cortes de Lisboa e do Rio de Janeiro, ainda que d. Pedro e seus aliados tenham cogitado desistir dele, receosos que estavam da reação antilusitana. Como alternativa, figuras importantes como o coimbrão e conselheiro de estado Antônio Luís Pereira da Cunha conjecturavam a possibilidade de abdicação do trono português em nome de um filho e a anexação ao Império de todos os domínios lusitanos extraeuropeus, inclusive Angola e Moçambique. Tal medida (que contava com a simpatia de grande parte das principais famílias de Luanda, cujas ligações comerciais com o Brasil eram muito mais intensas do que com a metrópole) não seria, porém, aceita pela Grã-Bretanha, pois tornaria inviável sua intervenção no tráfico transatlântico, que se tornaria uma questão de comércio interno, e não mais do direito internacional.[65]

Em consequência, o tratado de 29 de agosto de 1825 com Portugal não tocou na questão sucessória, nem concedeu preferência ao comércio luso, mas proibiu a incorporação de qualquer possessão portuguesa aos domínios do Brasil. O país também assumiu — secretamente — uma pesada dívida de Lisboa com a *City* londrina. O reconhecimento luso abriu o caminho para que a Grã-Bretanha fizesse o mesmo: finalmente ratificado em 1827, o tratado anglo-brasileiro de 1826 estabeleceu um prazo de três anos para o fim do tráfico transatlântico de escravizados, tratou os negreiros como piratas, preservou os direitos extraterritoriais dos súditos britânicos (isentos, portanto, da legislação brasileira) e determinou uma tarifa nominal de 15% para os produtos britânicos importados pelo Brasil, reeditando no essencial os tratados de 1810 assinados por d. João. Como demonstrou recentemente Thales Pereira, porém, a efetividade desses tratados era limitada, pois na prática os produtos britânicos eram avaliados nas alfândegas como mais caros do que seu preço de mercado para aumentar a arrecadação. A preeminência comercial britânica no Brasil devia-se menos a tratados desiguais do que a uma produtividade substancialmente mais elevada em razão do avanço do capitalismo industrial.[66]

Os acordos com a Grã-Bretanha e a antiga metrópole abriram caminho para uma série de tratados bilaterais com outros países europeus, abrindo mercados para os produtos agrícolas do Brasil. Entretanto, a resolução diplomática da independência deixou muito em suspenso, especialmente do ponto de vista lisboeta: os laços econômicos e políticos entre a ex-colônia e a ex-metrópole não foram reestabelecidos, porém o tratado de 1825 também não os cortou de uma vez por todas. Em consequência, a grita foi geral dos dois lados do Atlântico — e por vezes surpreendentemente similar: os liberais lusitanos também temiam a recolonização (ainda que em referência ao período pós-1808 e não aos três séculos anteriores) e o absolutismo (pois desconfiavam do liberalismo da Constituição de 1824). Ao mesmo tempo, a perspectiva do fim do acesso trissecular à mão de obra africana cativa não podia deixar de agitar os escravocratas brasileiros. Em larga medida, o que estava em discussão era se as duas conexões que haviam definido o Brasil até então — isto é, com Portugal e a África subsaariana — continuariam vigorosas após a independência, e esta era uma questão central para definir se o país adotaria uma estrutura política nacional ou imperial, e o quão dependente seria do tráfico negreiro em uma época em que ele já era visto como anátema por aqueles que buscavam seguir "as luzes do século".[67]

O falecimento de d. João VI em 10 de março de 1826 aumentaria ainda mais a incerteza sobre o que viria a seguir. A reação do imperador à notícia teve de levar em conta a oposição que poderia se articular no Legislativo. Assim, em 25 de abril de 1826, discutiu com seus conselheiros mais próximos o que fazer: poderia tornar-se rei de Portugal, mas manter as duas nações separadas? Haveria como governar uma nação europeia a partir do Novo Mundo? Se não fosse possível, em favor de quem o imperador deveria abdicar?

Caldeira Brant defendeu que d. Pedro envergasse as Coroas separadamente e mantivesse Portugal e Brasil como reinos distintos, todavia administrados pelo mesmo monarca. O cortesão João da Rocha Pinto era da mesma opinião. Tal estratégia era comum nos séculos XVI e XVII, quando casamentos dinásticos frequentemente entrelaçavam famílias reinantes a tal ponto que o parente mais próximo de um soberano que falecia sem filhos já envergava a Coroa de outro território. Eram as chamadas "monarquias compósitas", nas quais os reis se comprometiam a respeitar as leis, línguas, tradições e nobrezas locais. No médio prazo, porém, a maioria dessas uniões — como a entre Portugal e a monarquia hispânica entre 1580 e 1640 — produziu muitos conflitos; assim, o Setecentos caracterizou-se por uma tendência à uniformização e reforço do poder central. Era improvável que essa fórmula fosse bem-sucedida em um contexto pan-europeu de ascensão do nacionalismo, ainda mais considerando a distância, as dificuldades de comunicação e, principalmente, os temores de recolonização, muito presentes tanto entre brasileiros quanto entre portugueses.[68]

Por isso, os outros conselheiros de estado de d. Pedro foram mais cautelosos e avisaram que a reação brasileira contra a coroação do imperador como rei de Portugal seria violenta. O coimbrão barão de Alcântara não deixou de recomendar, porém, como havia feito Pereira da Cunha no ano anterior, a possibilidade de incorporação

A Carta lusitana outorgada pelo imperador (e carregada na gravura por sua filha d. Maria da Glória) era largamente inspirada na brasileira (representada no canto superior esquerdo da imagem). Novamente, a propaganda buscava construir a imagem de monarca liberal e constitucional nas duas margens do Atlântico. Domingos Antônio de Sequeira, "Pai de dois Povos, em dois Mundos Grande!", c. 1826.

das possessões africanas e asiáticas nos domínios brasileiros. Fica evidente, portanto, a persistência desse projeto: tratava-se, em suma, de restaurar o Império lusitano, deixando de fora apenas sua parte menos importante — Portugal.

A oposição britânica e a lusofobia brasileira impediram, porém, que d. Pedro adotasse os caminhos que mais lhe atraíam. Assim, o imperador outorgou uma Constituição a Portugal em 1826 (largamente inspirada na brasileira, não obstante com um Poder Moderador ainda mais forte), negociou o juramento de seu irmão mais novo (e prócer da facção absolutista em terras lusas) d. Miguel à nova Carta e arranjou o casamento deste com a princesa do Brasil d. Maria da Glória, de apenas sete anos. D. Pedro então abdicaria em favor da filha, mas essa decisão somente teria valor caso d. Miguel cumprisse as condições acordadas. O soberano que fundara uma monarquia no Novo Mundo renunciou ao trono que herdara no Velho para evitar os protestos de seus súditos americanos, como fica claro por seu discurso na abertura da primeira legislatura, em 6 de maio de 1826:

> Agora conheçam (como já deviam conhecer) alguns brasileiros ainda incrédulos que o interesse pelo Brasil e o amor da sua independência é tão forte em mim que abdiquei a coroa da monarquia portuguesa que me pertencia por direito indisputável só porque para o futuro poderia comprometer os interesses do mesmo Brasil.[69]

A regência nomeada por d. Pedro não foi, porém, capaz de controlar a situação política portuguesa, e d. Miguel foi aclamado rei em 25 de abril de 1828, jogando um balde de água fria no que restava do projeto unionista. Antes de examinarmos o fim dessa história devemos, porém, olhar para outros embates que ocorriam concomitantemente.[70]

Imperador × Parlamento, segundo round

D. Pedro I e seus cortesãos gozaram de uma preeminência quase total na cena política brasileira depois da dissolução da Constituinte. Após a abertura dos trabalhos da primeira legislatura em 6 de maio de 1826, porém, as oligarquias brasileiras tinham novamente um espaço privilegiado para manifestar-se politicamente. Mais discretamente, a maçonaria (proibida desde finais de 1822) reconstituiu-se em 1825 na loja Vigilância da Pátria, liderada pelo latifundiário paulista Nicolau Vergueiro e pelo militar José Joaquim de Lima e Silva, e congregando parte do que viria a ser a oposição liberal ao monarca, como Ferreira França, Lino Coutinho, Diogo Feijó, Holanda Cavalcanti e Evaristo da Veiga. Levemente ameaçador vindo de quem já fechara a Constituinte, o discurso imperial de abertura dos trabalhos não prenunciava boas relações: "A maior parte dos senadores e deputados que compõem esta Assembleia bem lembrados devem estar dos males que algumas nações têm sofrido provenientes da falta de respeito devido às autoridades constituídas".[71]

O imperador podia contar com o Senado, cujos membros vitalícios haviam sido cuidadosamente escolhidos pelo uso e abuso da prerrogativa imperial de selecionar os que mais lhe apetecessem em listas tríplices enviadas pelas províncias. Sua preocupação era mais garantir aliados do que respeitar a vontade dos eleitores. Para assegurar-se de sua lealdade, d. Pedro I concedeu ainda títulos nobiliárquicos a 22 dos 50 senadores. Muitos desses homens eram coimbrãos da geração que servira ao Império luso-brasileiro de d. João VI, em geral confortáveis com um sistema político em que o monarca assumisse um papel central. Assim, fosse por convicção ou cooptação, a adesão da câmara alta à Coroa estava garantida. Entre os deputados a situação era menos favorável: do total de 102, ao menos 26 eram notáveis locais, escravocratas por definição e sem ligação direta com o serviço régio, nem educação superior. Havia também 21 padres e 27 graduados recentes de Coimbra, em larga medida menos conservadores e mais antiportugueses do que os coimbrãos da geração que lhes precedeu.[72]

Entre os deputados, a memória do golpe de 1823 estava presente, funcionando tanto para estimular a cautela quanto para inspirar a oposição ao governo. O deputado liberal baiano José Lino Coutinho explicou a timidez inicial da Câmara em um discurso no último ano da legislatura: "A Assembleia Constituinte tinha sido há pouco dissolvida a canhões e a pontas de baionetas; tudo estava ainda assombrado; a prepotência ministerial dominava os espíritos e as ações; e a existência constitucional parecia ainda problemática".[73]

Assim, os primeiros meses foram um período de aprendizagem institucional diante da imensidão da tarefa e da falta de cooperação do governo, debatendo-se direitos e deveres do recém-fundado Estado brasileiro. A breve discussão sobre educação nos interessa pelo que revela: o imperador havia pedido "cuidado [com] a educação da mocidade de ambos os sexos", e o tema surgiu logo ao fim da primeira semana de debates. A maioria dos deputados preocupou-se com o ensino universitário, com justificativas tão manifestamente falsas como a do nosso conhecido Sousa França: "em qualquer parte do Brasil ou bem ou mal sabe-se escrever". Em realidade, décadas depois, os censos de 1872 e 1890 ainda registrariam mais de 85% de analfabetos. A afirmação faz sentido, porém, se descontarmos indígenas, escravizados e pobres, como fez implicitamente o deputado. Lino Coutinho e seu colega Antônio Ferreira França defenderam com verve a prioridade da educação primária; o segundo, afeito que era a frases de efeito, declamou: "nós seremos mais felizes com a instrução do povo do que com o grande número de doutores". Entretanto, tal argumentação não convenceu seus pares, que priorizaram o ensino superior por meio da criação das faculdades de direito de São Paulo e Olinda em 1827, beneficiando seu próprio grupo social em detrimento da grande maioria da população. Abria-se caminho, assim, para a manutenção de uma situação que levaria o Brasil a ter uma das populações menos escolarizadas das Américas por mais de um século.[74]

Outra questão estimulou debates ainda mais amplos: o destino do tráfico negreiro. Como era de se esperar, escravocratas e seus aliados preocupavam-se muito mais com o fornecimento da mão de obra do que com a educação da população, mesmo porque os efeitos econômicos do debate negreiro eram muito mais urgentes. Já em 19 de maio, o coimbrão José Clemente Pereira propôs adiar o fim do comércio transatlântico de escravizados para 1º de janeiro de 1841, mas a comissão responsável por avaliar o projeto (composta por outros três coimbrões) preocupou-se mais com a posição brasileira no concerto das nações do que com a atividade econômica. Mesmo reconhecendo que "os principais estabelecimentos mananciais de riqueza do Brasil estão dependentes dos braços escravos, pelo sistema do governo nele estabelecido há mais de três séculos", argumentaram ser "este comércio [...] contrário à boa razão e justiça natural, impróprio de um povo livre e civilizado". Somente com seu fim seria possível iniciar a desejada (mas lenta) emancipação dos cativos mencionada na Constituinte, de modo que propuseram a proibição após seis anos. Essa posição mais "moderada" — se é que podemos chamá-la assim, quando todo o mundo atlântico já admitia, ao menos da boca para fora, a barbárie do tráfico negreiro — foi ultrapassada pelo tratado de reconhecimento entre o Império e a Grã-Bretanha.[75]

Em 1827, a discussão no Legislativo passou a ser, portanto, tripla: para além da conveniência de extinguir o tráfico, tratava-se também de defender a soberania nacional e de criticar o Executivo que havia celebrado tal convenção internacional. Os embates começaram oito dias antes da recepção do texto do tratado: em 14 de maio, o bacharel Pedro de Araújo Lima, de importante família pernambucana ligada a interesses negreiros e açucareiros, propôs o fim do tráfico a partir de 1º de janeiro de 1830. Em defesa de sua proposta, criticou a pressão britânica, para aplauso geral: "eu entendo que se este negócio é do Brasil, a decisão deve ser brasileira". Já Ferreira França colocou seu antiescravismo acima da soberania nacional: "é da obrigação de toda a nação civilizada impedir a continuação de uma coisa que conhece ser oposta ao bem do gênero humano? Sim. [...] Se não fossem os ingleses, talvez... talvez não houvesse quem o fizesse". Araújo Lima retrucou com uma bravata ("fazia-o eu"), mas a discussão parou por aí.[76]

Na apresentação do tratado à Câmara, Maciel da Costa (agora ministro dos Negócios Estrangeiros e marquês de Queluz) foi bem explícito sobre a imposição britânica: ameaçado, o governo "cede[u] por bem o que lhe seria tirado pela força". A comissão responsável por avaliar o tratado aprovou-o em 16 de junho por três votos a dois, pois, apesar da importância econômica do tráfico negreiro, "é bem certo que as luzes do século não permitiam a conservação de semelhante comércio". Um dos dissidentes foi o militar Raimundo José da Cunha Matos, o qual havia servido por quase duas décadas na África portuguesa antes de 1822. Cunha Matos denunciou o tratado por representar uma usurpação dos poderes legislativos do Parlamento, "privando aos mesmos súditos brasileiros da liberdade de resgatar ou negociar em pretos escravos [...] nos portos africanos"; por prejudicar o único setor do comércio controlado pelos residentes; por arruinar a agricultura, devido à elevada mortalidade escrava e "estando demonstrado por uma constante experiência que há imensos lugares em que agora só os pretos e pardos podem viver impunemente; vão esses lugares hoje ricos e povoados a ficar desertos e servindo de guarida às feras e às aves"; e por privar o Tesouro de arrecadação necessária (em 1828, o tributo sobre os cativos trazidos da África perfaria 14% da arrecadação), entre outras reclamações. Na longa defesa do seu voto, Cunha Matos afirmou a legitimidade do comércio de seres humanos, pois este seria preferível à morte: "é melhor que os pretos escravos sejam sacrificados na África do que serem conduzidos para o Brasil, onde podem vir a ser muito menos desgraçados?". Também postulou o caráter integracionista da escravidão brasileira: "as castas melhoram: venham para cá pretos, logo teremos pardos, e finalmente brancos, todos descendentes de um mesmo Adão". Em acréscimo, negou que a escravidão tivesse efeitos morais deletérios e impugnou a filantropia britânica como um mero disfarce para seu imperialismo.[77]

Todo esse racismo e etnocentrismo tinham somente uma função: negar, repetidamente, que houvesse chegado a hora de acabar com o comércio transatlântico de seres humanos. No fundo, para Cunha Matos, este não era um mal necessário, mas, para usar a expressão posterior do infame político norte-americano John Calhoun, um "bem positivo", tanto para os africanos quanto para o Brasil.

Tal apologia suscitou respostas indignadas, inflamando o antiescravismo de alguns de seus colegas. O arcebispo da Bahia Romualdo

Seixas rebateu os argumentos de Cunha Matos: responsabilizou os brancos pelas guerras na África, ressaltou o efeito deletério da escravidão sobre os senhores e notou ironicamente que "nenhum desses africanos agradecera ao ilustre deputado esse ato de compaixão e humanidade que os arrebata da companhia de suas mulheres, de seus filhos e de sua pátria para os vir entregar com a mais horrível degradação e zombaria ao açoite de um senhor implacável".[78] Lino Coutinho foi além e impugnou toda a estrutura sociopolítica escravocrata:

> A escravidão é incompatível com a liberdade civil dos cidadãos, porque em um povo que possui escravos o despotismo e a tirania, começando pelas casas do senhor para com o escravo, se passa bem depressa para as autoridades e o governo, e entre nós observamos o que se passa a tal respeito, porque desde crianças começamos a exercitar o despotismo com os pequenos escravos que nossos pais destinam para o nosso particular serviço.[79]

Senhor de engenho e proprietário de mais de uma centena de indivíduos, Lino Coutinho falava por experiência própria, contudo também ecoava os argumentos de José Bonifácio e, ainda mais claramente, de outro ilustre escravocrata e defensor da liberdade: Thomas Jefferson. Na década de 1780, o autor da Declaração de Independência escreveu que:

> sem dúvida há uma influência infeliz no comportamento do nosso povo, produzida pela existência da escravidão entre nós. Toda a relação entre senhor e escravo é um exercício perpétuo das paixões mais turbulentas, o mais incessante despotismo de uma parte, e submissão degradante de outra. Nossas crianças veem isso e aprendem a imitá-lo, pois o homem é um animal imitador. [...] O pai se enfurece, a criança assiste, aprende os contornos da raiva, comporta-se da mesma forma no círculo dos escravos menores, libera suas piores paixões. [...] Com que execração deve ser visto o estadista que, permitindo a metade dos

cidadãos pisotear os direitos dos demais, transforma aqueles em déspotas e esses em inimigos, destruindo a moral dos primeiros e o patriotismo dos segundos.[80]

Um dos argumentos mais interessantes do deputado baiano foi, porém, notar que a escravidão desestimulava a inovação tecnológica, de modo que a necessidade de mão de obra gerada pelo fim do tráfico estimularia a mecanização — ao mesmo tempo que os senhores seriam obrigados a cuidar melhor dos cativos para garantir sua reprodução natural. Até o jovem coimbrão Bernardo Pereira de Vasconcelos, proprietário de pessoas e terras em Minas Gerais e futuro campeão conservador do contrabando negreiro, mas então em vias de se tornar uma das vozes mais tonitruantes do liberalismo na Câmara, juntou-se ao coro antiescravista: "mudemos de conduta a respeito dos africanos, em tudo nossos semelhantes, como provam os haitianos".[81]

Cunha Matos voltou à carga e rebateu os críticos com sua precisão habitual. Foi especialmente bem-sucedido ao atacar a hipocrisia de seus adversários. Se o tráfico de escravizados era contrário à moralidade e ao cristianismo,

> concedam-lhes liberdade, não se sirvam com cativos: [...] não fique esta moralidade em simples palavras que são levadas ao vento! Confesso francamente que não me acho disposto a libertar os meus [30 ou 40] escravos: custaram-me muito dinheiro e desencarrego a minha consciência tratando-os com muita humanidade.[82]

A ideologia escravocrata já tinha menos vergonha de mostrar sua cara do que na Constituinte, mas ainda era possível discernir uma vigorosa tendência antiescravista no Legislativo, inclusive entre homens cuja riqueza estava intimamente ligada ao infame comércio, a exemplo de Araújo Lima. Entretanto, diversos fatores estruturais ensejavam a hipocrisia corretamente apontada por Cunha Matos: por mais criticada que fosse no discurso parlamentar, a escravidão era a base da estrutura econômica que sustentava a integração no mercado mundial, a desigualdade social e, consequentemente, o poder dos grupos dominantes. Ao mesmo tempo, os políticos do Primeiro Reinado estavam todos preocupados com a construção do Estado, e era o cativeiro de seres humanos que fornecia indiretamente os recursos para tal empreendimento, nomeadamente por meio das taxas alfandegárias.

Portanto, o debate sobre a escravidão foi marcado por uma tensão fundante: por um lado, concepções de liberdade fortalecidas pela Era das Revoluções e pressões subalternas estimulavam críticas à instituição, especialmente em seu aspecto mais vulnerável: o tráfico transatlântico; por outro, múltiplos constrangimentos materiais demandavam sua defesa, ideologicamente baseada na sacralidade da propriedade privada e na liberdade econômica (inclusive para escravizar outros seres humanos). Como o futuro presidente dos Estados Unidos James Monroe, os deputados antiescravistas do Primeiro Reinado queriam uma "emancipação por um processo gradual e certo, [...] sem despesa ou inconveniência para" si — algo evidentemente impossível.[83]

Os políticos brasileiros viam-se, então, diante de uma encruzilhada: apesar dos seus limites, as críticas à instituição servil na esfera pública criavam uma disjunção entre a retórica idealista e a realidade dependente do braço cativo: a tensão entre liberdade e escravidão exigia resolução em prol de uma ou outra parte. O embate não terminaria na década de 1820, mas a força da escravidão ajudou Cunha Matos e aliados como Clemente Pereira a direcionar o debate para uma questão que lhes permitiu contar com o apoio de muitos de seus colegas: a defesa da soberania brasileira e a crítica ao Executivo. O ponto central era que o governo havia usurpado a prerrogativa de legislar e ferido a dignidade nacional ao aceitar a pressão britânica para qualificar os negreiros como piratas a serem punidos com a pena capital. Como fulminou o paulista Francisco de Paula Souza, "se um ministro pode por um tratado fazer leis e desfazê-las, fechem-se as portas das salas dos senadores e deputados, é escusada esta forma de governo e abracemos outra vez o proscrito absolutismo". Estava aberto o caminho para a unificação e o empoderamento da oposição parlamentar, cada vez mais assertiva nos embates com a Coroa. Essa acabou por ser a principal função deste debate, pois não se acreditava na sobrevivência desse comércio, tanto que os negociantes importaram mais escravos (cerca de 60 mil anualmente entre 1826 e 1830, contra uma média de 44 mil em 1821-1825), e mais jovens do que nunca, na tentativa de estender temporalmente a escravidão.[84]

Para azar do imperador, esse debate não se desenrolava no vácuo. Outras questões, também atinentes à soberania, enfraqueciam ainda mais sua posição. Pelas controvérsias que suscitara no período colonial, o Prata permaneceu uma região cobiçada após a independência. Em franca expansão, o comércio platino articulava-se ao redor do charque, dos couros e de escravizados. Especialmente para o Império do Brasil, garantir a liberdade de navegação no estuário era capital para assegurar o controle soberano do interior. Visto que as vias terrestres não estavam consolidadas, a acesso à província do Mato

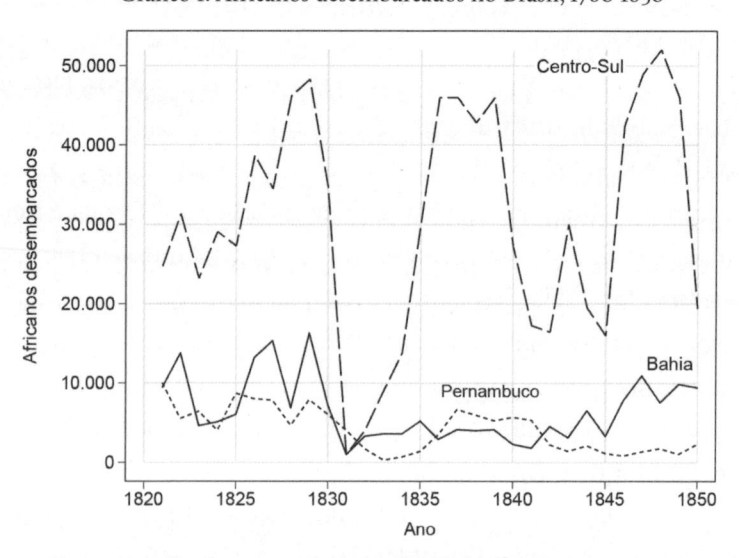

Gráfico I. Africanos desembarcados no Brasil, 1780-1830

Fonte: www.slavevoyages.org/estimates/OWR4l4ne. Acesso em: 15 ago. 2021.

Grosso, que à época tomava também o que hoje é o Mato Grosso do Sul, era condicionado pelo trânsito pelas vias fluviais platinas: nomeadamente, os rios Uruguai, Paraná e Paraguai.

Bernardino Rivadavia, primeiro chefe de Estado a exercer em Buenos Aires a presidência das Províncias Unidas do Rio da Prata, não enxergava com bons olhos a presença brasileira na região, que, assim dizia, pertencia política, cultural e economicamente às Províncias Unidas. Rivadavia beneficiava-se da prosperidade do porto de Buenos Aires, onde a presença de comerciantes britânicos alargou-se sobremaneira. O cenário de crescimento econômico portenho deu margem à constituição de uma forte esquadra naval, que Bernardino usaria contra o Brasil. Assim, incentivou e financiou militarmente os orientais exilados em Buenos Aires. Foi o estopim para a Guerra Cisplatina. Em abril de 1825, foi organizada a expedição dos 33 orientais, liderada por Juan Antonio Lavalleja, para tomar a Cisplatina e consolidar o vínculo com as Províncias Unidas: a banda oriental faria parte de uma federação, cujo ente mais forte seria Buenos Aires. Entre os 33 orientais, encontravam-se Manuel Oribe, contra quem o Império se bateria em 1851, e Fructuoso Rivera, que, em um vaivém de filiações a interesses díspares próprios de uma região em reformação política, fora derrotado quando das investidas joaninas à banda oriental. Em 1821, no entanto, inclinara-se novamente pelos lusófonos, para em 1825 trocar de lado novamente.

Do lado brasileiro, o jovem alferes Osório, futuro general na campanha contra o Paraguai, combatia do lado de Bento Manuel e Bento Gonçalves, artífices da posterior Revolução Farroupilha. O desgaste provocado pelas operações bélicas ficou plasmado no impasse da Batalha do Passo do Rosário. Extenuadas as partes beligerantes, desgastadas as tropas e sem recursos financeiros, iniciaram-se os processos de negociação. A situação vinha bem a calhar para os britânicos, visto que o bloqueio naval do porto de Buenos Aires, impetrado pelo Império, ocasionava perdas comerciais. Com a renúncia de Rivadavia, ocorrida em meio às dificuldades militares, seu sucessor Manuel

Dorrego consentiu com as propostas de mediação britânica, o que tampouco causou desconforto a um d. Pedro I já muito desgastado internamente. Pela Convenção de Paz de 1828, lorde Ponsonby, delegado britânico na mediação, incitou as partes a reconhecer a independência da República Oriental do Uruguai. Nas palavras atribuídas ao negociador britânico, era o "algodão entre os dois cristais" necessário para apaziguar séculos de conflito. Para os pecuaristas rio-grandenses, no entanto, o estabelecimento de fronteiras nacionais com suas barreiras alfandegárias lhes causaria rápidos prejuízos, considerando a franca presença de gado gaúcho no que agora era o Uruguai. Em tão somente uma década, as tensões entre o Rio de Janeiro e o Rio Grande do Sul tomariam contornos explosivos.

Como se pouco fosse, as relações com nossos vizinhos sul-americanos tampouco passavam por bom momento. Em março de 1825, um mês antes da expedição dos 33 orientais, estourou o grave incidente de Chiquitos. Para resistir ao processo de independência da Bolívia, o governador daquela província solicitou a proteção do Brasil até que fosse possível reestabelecer a soberania espanhola. A imprudente aceitação da proposta pelo governo do Mato Grosso e a consequente nomeação de Sebastião Ramos para o cargo de governador de Chiquitos provocaram o ultimato de Sucre, a voz da independência boliviana. A escalada de tensões na região platina impossibilitava uma guerra em duas frentes. D. Pedro I recuou, porém a percepção das recém-formadas repúblicas sul-americanas sugeria um eventual vínculo entre o Império do Brasil e as monarquias reacionárias da Santa Aliança. A reação de Buenos Aires tampouco tardou. Buscou-se catalisar a formação de uma coalizão antibrasileira, que agiria, no Amazonas, com a intervenção de Bolívar e, pelo Sul, com as forças de Lavalleja, já prontas para tomar a Cisplatina.

A Bolívia contemporizou. Em 1827, Leandro Palácios foi enviado como seu representante à Corte do Rio de Janeiro, para arrefecer os ânimos e incluir o Brasil na união de Estados sul-americanos que a Bolívia preconizara, um ano antes, no Congresso do Panamá, no qual se debateram temas capitais para a união sul-americana, como a paz, o estabelecimento de um contingente militar único e a abolição da escravatura. Embora chegasse a nomear Theodoro José Biancardi para chefiar a delegação brasileira no Congresso, d. Pedro I deu novo passo atrás, compreendendo que a participação brasileira em foros multilaterais sul-americanos, que inclusive pretendiam discutir a questão servil, em nada contribuiria para a posição imperial perante um agrupamento de repúblicas aparentemente propensas a uma coalizão antibrasileira. Curiosamente, justo nesse momento Simón Bolívar mudou de opinião sobre o Brasil: cada vez mais autoritário, o "Libertador" passou a respeitar a monarquia brasileira como uma potência regional igual à sua Grã-Colômbia, cogitando até mesmo uma aliança. As crises internas de ambos os países impediram, porém, uma aproximação efetiva.[85]

Os insucessos diplomáticos e os gastos militares forneceram matéria-prima para que os opositores na Câmara e na imprensa fustigassem o imperador: deputados tão distintos como Lino Coutinho e Cunha Matos uniram-se desde 1827 na crítica ao governo e buscaram gradualmente afirmar a autoridade da Câmara para influenciar em um leque crescente de assuntos governamentais. Daí a aprovação da lei de responsabilidade ministerial em 15 de outubro de 1827, após um ano e meio de esforços de Vasconcelos e seus correligionários liberais.[86]

A prerrogativa parlamentar de controlar o orçamento imperial desempenhou um papel central, inclusive por permitir fragilizar uma das bases do poder de d. Pedro I: o Exército. O maior temor estava no emprego de mercenários estrangeiros. Podia-se ler em artigos franceses traduzidos pelo periódico liberal e oposicionista *Aurora Fluminense* em 1828 que "o estabelecimento de exércitos permanentes e o angariamento de tropas estrangeiras são um resto deplorável da barbaridade dos antigos tempos" e "serão por um longo tempo, e talvez para sempre, um obstáculo aos progressos da civilização. Neles acha ora o despotismo, ora a anarquia, instrumento apto a seus fins". Motins não eram raros, como o de junho de 1828, quando os revoltosos praticamente tomaram o controle da capital em confrontos que ocasionaram a morte de centenas de pessoas, enquanto a possibilidade de que a tropa fosse novamente utilizada para dissolver o Poder Legislativo devia estar na mente de muitos. Como escreveu o importante jornalista liberal moderado Evaristo da Veiga em 1829, "toda tropa estrangeira é uma força ilegal nas mãos do governo; é um instrumento de que se torna quase impossível não abusar". Vasconcelos foi enfático na carta a seus eleitores ("se, porém, os ministros querem plantar a tirania na sua pátria, se querem reduzir os brasileiros à ignóbil escravidão, então venham tropas estrangeiras e venham muitas") e incisivo em debate com o ministro da Justiça: "o só fato do engajamento de tropas estrangeiras bastava para tornar duvidosa a constitucionalidade do nosso governo".[87]

Ecoavam no contexto brasileiro apreensões manifestadas antes por Maquiavel na Florença de início do Quinhentos, pelos *Whigs* ingleses na transição do século XVII para o XVIII e pelos revolucionários norte-americanos, que acabaram por se tornar parte integral do pensamento liberal do início dos Oitocentos, frequentemente preocupado em conter o autoritarismo do Executivo, o qual seria sempre potencializado pelo controle das forças militares — duzentos anos atrás como hoje. Consequentemente, não houve nesse período formativo do Brasil uma identificação entre Exército e povo, e nem as Forças Armadas tornaram-se uma base de poder relativamente independente das demais, diferenciando o Brasil de outras regiões sul-americanas, como o Rio da Prata, a Venezuela e a Colômbia. Isso mudaria, mas essa é outra história, a ser contada nos próximos volumes desta coleção.[88]

A Coroa estava sob escrutínio, portanto, por sua relação com Portugal, pela sua incapacidade de defender o comércio negreiro e pelo fracasso militar. A partir do final de 1827, a oposição liberal moderada fortaleceu-se na Câmara: aprovou, por exemplo, a criação do juiz de paz, um magistrado leigo eleito localmente que restringiria o poder dos juízes letrados nomeados pelo Executivo e viria a ter ampla jurisdição de primeira instância para manutenção da ordem pública e resolução de conflitos. Os deputados também conseguiram influenciar a composição do ministério e a nomeação de senadores, assim como, já em 1830, aprovar um Código Criminal que reduzia as possibilidades de repressão à contestação política. Ao fim e ao cabo, a Constituição outorgada era liberal o suficiente para permitir que os parlamentares, a imprensa e as oligarquias acuassem um governante envolto em problemas militares, diplomáticos e econômicos.[89]

A ascensão de um liberalismo moderado cuja legitimidade baseava-se na soberania popular não significava, porém, que d. Pedro estivesse sem defensores: o prestígio, os cargos e as honrarias controlados pelos governos garantem que estes sempre tenham aliados. A Coroa contava com apoios no Legislativo e na imprensa, fosse por interesse ou por crença sincera na manutenção da ordem social como dever máximo do Estado. Apesar das numerosas restrições à participação política subalterna, somente a enunciação deste princípio tornava-o uma possibilidade, e como tal assustadora, pois potencialmente caótica. Como se lia em um jornal áulico de meados de 1828, "não se pode entregar a soberania nas mãos do povo exclusivamente, sem se lançar a nação em anarquia [...] pois que está demonstrado que o governo ficaria à disposição da parte governada; e [...] é contra a ordem que o grande número governe".[90]

"NOSSA REVOLUÇÃO GLORIOSA"

O confronto entre essas concepções políticas em 1829-31 deu-se em meio à diminuição dos preços dos principais produtos de exportação (café, açúcar e algodão), desvalorização da moeda, inflação dos gêneros de primeira necessidade e emissão de papel-moeda sem lastro por parte do Banco do Brasil para financiar o crescente déficit do Tesouro Imperial (em larga medida uma consequência da Guerra da Cisplatina), o que levou à falência da instituição em 1829. Se, como Earl Hamilton dizia a seu amigo Fernand Braudel, em épocas de expansão econômica todas as feridas políticas e sociais fecham-se com mais facilidade, o reverso também é verdade, como sabemos por experiência própria: crises intensificam polarizações e provocam instabilidade política.[91]

A votação para a segunda legislatura deu-se no recesso parlamentar, entre as sessões de 1828 e 1829, e muitos dos eleitos eram, segundo um observador português estabelecido no Rio de Janeiro, "dos radicais mais exaltados: os homens da Corte estão tremendo e procurando meios de se livrarem da trovoada que esperam para 1830, quando começarem a figurar e influir os novos reformadores do Brasil". Um dos elementos fundamentais da história política dos anos finais do Primeiro Reinado foi a emergência de uma linguagem política radical, esposada pelos liberais exaltados. Apesar dos exagerados temores conservadores, porém, nunca alcançaram uma representação parlamentar significativa. Em sua maioria, estavam socialmente distantes tanto das oligarquias quanto dos setores populares, fazendo parte dos restritos estratos médios urbanos. Eram boticários, padres, professores, tipógrafos, alguns militares, uns poucos proprietários rurais e, principalmente, jornalistas. Divulgado na imprensa e discutido nas ruas, o projeto exaltado não era monolítico, mas, influenciado que era pelo jacobinismo francês, todas as suas facetas eram excepcionalmente progressistas em uma sociedade monárquica: defendiam o republicanismo, o federalismo, o Estado laico, uma concepção de cidadania extensiva a todos os indivíduos livres (inclusive as mulheres), a atenção às demandas sociais das camadas mais pobres, a soberania popular, o fim da discriminação racial entre os livres, o abolicionismo gradual e até uma revolução para alcançar esses objetivos. Em oposição à visão hierárquica dos aliados do imperador e mesmo dos liberais moderados, defendiam que "o governo deve emanar de todos e pender de todos em massa", e atacavam os aristocratas como "gente desprezível [...] que consome as riquezas que os outros produzem e em cima trata de resto ao verdadeiro cidadão produtor de riquezas, e para mais só cuida em atraiçoar ao povo, escravizando-o contra as ordens do próprio Deus, que quando fez Adão, não o fez conde, frade ou marquês".[92]

Esse artigo ecoava propositalmente uma interpretação radical do Livro de Gênesis comum nos séculos XIV a XVI e especialmente associada à revolta camponesa de 1381 na Inglaterra, quando o padre John Ball pregou: "Quando Adão cavava e Eva fiava, onde estava o nobre?". A ênfase na dignidade dos trabalhadores como verdadeiros agentes econômicos e, portanto, merecedores de participar da política também encontra mais antecedentes no discurso político radical que por vezes emergia no Atlântico da época moderna do que na maioria dos pensadores políticos em voga no início do século XIX.[93]

Tal perspectiva fazia com que os exaltados buscassem ocupar o espaço público por intermédio da mobilização popular. Assim, organizaram multidões para comemorar o aniversário da Constituição em 25 e 26 de março e estimularam os cariocas a iluminarem suas janelas em defesa da liberdade. Os mais conservadores alarmaram-se, a exemplo do negociante e publicista português Joaquim José da Silva Maia, o qual lamentou em seu jornal a ousadia daqueles que davam vivas "à liberdade em um país em que infelizmente existem escravos, que podiam excitar novos espártacos a imitar os da antiga Roma, ou mesmo os do Haiti". Em uma sociedade escravocrata e cuja população livre era multiétnica e miscigenada, a ampliação da participação política sempre atemorizaria as classes proprietárias.[94]

Essa radicalidade também se manifestava nas províncias, e nosso exemplo virá, novamente, de Pernambuco. No dia das eleições de 1829, cerca de 70 saudosistas de 1824 conclamaram a população a aderir a uma revolução republicana pela liberdade, com vago teor antiescravista. Entre seus líderes estariam dois senhores de engenho e um negro, e escravizados e pobres participaram do movimento.[95]

Esse caso demonstra como localidade e centro não podem ser concebidos separadamente: a insurreição em Pernambuco ocorreu no dia de eleição para a Câmara dos Deputados, e a oposição parlamentar reagiu com indignação contra a decisão do governo de suspender temporariamente a garantia às liberdades individuais na província e de criar uma comissão militar para julgar os revoltosos. Os liberais estrearam a lei de responsabilidade ministerial dando início a um processo de impedimento contra o ministro da Guerra, o militar madeirense Joaquim de Oliveira Álvares. Acabaram derrotados, em larga medida graças ao empenho pessoal do imperador, mas consolidava-se o contraste entre um Executivo percebido como autoritário personificado no imperador e uma oposição representante da soberania popular e defensora dos direitos individuais. As centenas de petições que chegavam constantemente ao Legislativo, especialmente em épocas de crise política, são um indicador da disseminação dessa percepção. O discurso parlamentar construiu habilmente essa imagem, como se vê na fala do senhor de engenho pernambucano e liberal moderado Holanda Cavalcanti, "se o governo quer ser respeitado [...] é preciso que conserve os direitos de todos os cidadãos brasileiros; [...] os cidadãos não são para o governo, pelo contrário, o governo é para os cidadãos". Apesar da derrota, os efeitos políticos do processo foram suficientes para enfraquecer e, por fim, derrubar o ministério, como havia previsto o deputado: "se não passar a acusação, eu digo que o ministério não dura três meses".[96]

A segunda e mais oposicionista legislatura tomou posse na Corte em 1830, já em um contexto de acirrada polarização e enfraquecimento do governo. Havia similaridades com a situação francesa, mas lá o rei Carlos X era ainda mais autoritário e nostálgico do Antigo Regime — certamente por causa do trauma de 1789, que guilhotinara seu irmão mais velho Luís XVI. Consequentemente, também reagiu de maneira mais claramente anticonstitucional à ascensão liberal no Parlamento em 1830. O resultado foi, porém, contrário do esperado, e o monarca que desejava voltar no tempo para antes da Revolução acabou ele mesmo derrubado por uma: a população insatisfeita com a combinação de crise política e econômica revoltou-se em Paris e no interior, o Exército — desfalcado pelo envio da maior parte de seu efetivo para a conquista da Argélia — não foi capaz de reprimi-la, e os "três dias gloriosos" de 27 a 29 de julho culminaram na abdicação do último Bourbon e na ascensão de seu primo Luís Felipe de Orleans, o qual aceitou sem pestanejar o papel de monarca constitucional. Era o coroamento literal de uma curiosa trajetória familiar: o pai aderira à Revolução de 1789, ficando conhecido como Phelippe Egalité e votando a favor da execução de Luís XVI, mas acabou ele mesmo guilhotinado em 1793; já o filho seria elevado ao trono na Revolução subsequente, apenas para perdê-lo na seguinte, 18 anos depois.

Por que nos interessam esses eventos do outro lado do Atlântico? O exemplo da França — "coração da Europa" e país para o qual todos olhavam, tanto por causa de sua influência cultural quanto pelo legado da Revolução — inspirou os liberais que já estavam em conflito com seus próprios soberanos. Primeiro na Bélgica (que se separou dos Países Baixos), depois — com limitado sucesso — na Suíça, na Polônia dominada pela Rússia, em diversos estados alemães e italianos (que ainda não se haviam unificado), na Grã-Bretanha e, finalmente, no Brasil. Ao utilizar o exemplo francês para entenderem suas próprias situações, esses homens "reafirmavam [...] o pertencimento a uma comunidade internacional baseada nos ideais das Luzes e do Progresso", como escreveu Isabel Lustosa.[97]

As primeiras notícias chegaram por aqui em meados de setembro, e tanto moderados quanto exaltados as reelaboraram como uma fábula, cuja moral era que os reis não deveriam oprimir o povo. Deveriam ouvi-lo, sob pena de deposição: "Carlos X deixou de reinar: o mesmo aconteça a todo monarca que, traindo os seus juramentos, tente destruir as instituições livres do seu país!". Os radicais foram, como era de se esperar, ainda mais longe, deixando entrever seu republicanismo ao repetir máximas jacobinas como "a história dos reis é o martirológio dos povos". Também externaram sua crença no poder dos cidadãos, que deviam "se fazer sempre temidos" para não serem tiranizados: a *Nova Luz Brazileira* evidenciava, assim, uma concepção do equilíbrio entre os poderes derivada mais da Revolução Francesa do que de Montesquieu, numa poderosa tentativa de inversão das concepções políticas predominantes no Primeiro Reinado.[98]

Em suma, os moderados exortavam o monarca a se conter, enquanto os exaltados entendiam que apenas a ação popular poderia restringir o arbítrio governamental. Maneiras fundamentalmente distintas de entender a política, numa diferença que viria a tornar-se muito importante quando não mais houvesse um inimigo em comum a unir os liberais. A essa cisão somava-se o federalismo em ascensão nas províncias, cujo desejo por mais autonomia era potencializado pela percepção cada vez mais difundida de d. Pedro I como um governante autoritário.[99]

A popularidade do imperador diminuía a olhos vistos, tanto na Corte quanto fora dela, como ficou evidente pelo fracasso da viagem de d. Pedro I por Minas Gerais no início de 1831. A demissão do influente Caldeira Brant — agora marquês de Barbacena — do ministério e o assassinato do jornalista liberal Líbero Badaró em São Paulo em finais de 1830 galvanizaram ainda mais a oposição.

Devido ao enfraquecimento de seu domínio sobre a situação política brasileira, a atenção de d. Pedro voltava-se cada vez mais para Portugal desde o golpe miguelista de 1828, intensificando o caráter dinástico, e não nacional, de seu projeto político. Em março de 1830, o imperador chegou a propor ao Conselho de Estado a possibilidade de declarar guerra à antiga metrópole para recuperar o trono da filha, independentemente do fato de que tal ato em nada contribuiria para os interesses brasileiros e que o próprio monarca havia negado essa intenção na fala do trono do ano anterior. No mês seguinte, o coimbrão e senhor de engenho baiano que servia como ministro dos Negócios Estrangeiros, Miguel Calmon, escreveu ao marquês de Santo Amaro, embaixador extraordinário na França e na Grã-Bretanha, com a missão de negociar a restauração de d. Maria II ao trono português com as monarquias europeias. Ao mesmo tempo, a Coroa não esquecia da Cisplatina: Santo Amaro foi instruído a apoiar projetos europeus que pretendessem instituir monarquias constitucionais e príncipes da dinastia Bourbon nos novos países da América espanhola "para o fim, aliás justo e conveniente, de regularizar e constituir os referidos Estados, pondo um termo à guerra civil que os ensanguenta". A única exigência brasileira seria a recuperação da soberania sobre o território perdido. Mesmo que não tenham se efetivado, tais ideias evidenciam mais uma vez tanto o caráter dinástico do projeto político imperial quanto sua percepção de que a monarquia era o regime mais habilitado a impor a ordem no Novo Mundo.[100]

A desconfiança generalizada quanto às intenções do imperador só ampliava o antilusitanismo em várias camadas sociais, servindo, na falta de um nacionalismo inclusivo numa sociedade hierárquica e estratificada, como amálgama entre indivíduos e grupos muito distintos, especialmente quando magicamente transmutado pelo discurso político em defesa brasileira contra o despotismo português. Entretanto, esse sentimento tinha origens e significados diferentes: entre as elites, calcava-se na insatisfação com a influência política dos cortesãos mais próximos ao imperador, enquanto nos mais pobres baseava-se na conflituosa relação cotidiana com os portugueses que dominavam o comércio e com os imigrantes contra quem competiam no mercado de trabalho urbano. A animosidade explodiu na chamada "Noite das Garrafadas", uma série de embates violentos na Corte em março de 1831 nos quais os livres de cor tiveram um papel central. A historiadora Gladys Ribeiro enxerga em sua mobilização um projeto político em defesa da liberdade, mas, se ele existiu, as fontes disponíveis — todas produzidas por grupos letrados — são demasiado escassas para apreender seus contornos. Em acréscimo, o brasilianista Hendrik Kraay nota que epítetos raciais eram utilizados pelos setores mais conservadores para deslegitimar a mobilização popular, não devendo ser entendidos como uma descrição objetiva da realidade, e sim como parte de um discurso a serviço de um projeto excludente para o Brasil.[101]

Seja como for, todos apercebiam-se de que a capital do Império vivia um momento tenso, e a oposição aproveitou-se da fragilidade régia para radicalizar sua oposição, atacar diretamente o monarca e aproximar-se dos militares brasileiros, tanto da ativa quanto desmobilizados, oficiais e praças — inclusive do general Francisco de Lima e Silva, comandante das armas da Corte e membro de uma numerosa e destacada família castrense que se dedicava integralmente às armas desde meados do século XVIII, ascendendo socialmente por meio do serviço régio. Os jornais liberais circulavam rumores sobre uma imaginada recolonização portuguesa e a influência de um "gabinete secreto" sobre d. Pedro I, enquanto os partidários da Coroa viam nesses boatos uma conspiração oposicionista, e todos os lados desconfiavam de sociedades secretas, reais ou imaginárias. Esse "estilo paranoico na política" é característico de sociedades polarizadas cujo ambiente informacional é fragmentado, especialmente quando a ameaça de intervenção estrangeira tem alguma credibilidade. Tendo ou não base na realidade, essas teorias conspiratórias afetavam a ação dos agentes ao dotarem os embates políticos de um caráter de vida ou morte.[102]

As últimas três semanas do reinado de d. Pedro I passaram-se num turbilhão de instabilidade ministerial, oposição na imprensa e mobilização do "povo e tropa", principalmente na Corte, embora também nas províncias. Negociações nos bastidores e artigos inflamados tiveram sua importância, porém foi a perda do controle dos meios da violência e o espetáculo multiétnico da presença maciça da população nas ruas que forçaram a abdicação do primeiro imperador em 7 de abril de 1831, antes mesmo que este completasse nove anos no trono. D. Pedro preferiu partir para Paris a enfrentar restrições que considerava excessivas ao seu poder, seguindo o conselho que lhe dera anos antes Benjamin Constant. O agora duque de Bragança teria dito: "se o povo não me acredita, eu não acredito no povo; tudo para o povo e nada do povo", parafraseando uma frase famosamente atribuída a Napoleão na época.[103]

A renúncia forçada foi imediatamente celebrada em uma proclamação amplamente distribuída no dia seguinte como uma "revolução gloriosa". Seu autor era o deputado pernambucano e membro de tradicional família oligárquica Luiz Francisco de Paula Cavalcante de Albuquerque, o qual escrevia em nome dos "representantes da nação". Evaristo da Veiga equiparava o 7 de abril ao julho parisiense: "a nossa revolução gloriosa em nada teve que invejar aos três dias de Paris". Políticos e jornais moderados congratulavam o povo (inclusive a gente de cor) e a tropa pelo extraordinário sucesso, mas pediam calma e submissão às decisões parlamentares. A denominação provavelmente era uma alusão à Revolução Gloriosa de 1688-89 nas Ilhas Britânicas, que depôs James II (o qual, como d. Pedro, ausentou-se de seu reino) e reforçou o poder do Parlamento. O adjetivo referia-se à suposta ausência de violência.[104]

Havia um consenso sobre o caráter extraordinário desse momento. A tensão entre, de um lado, um monarca que admirava o liberalismo constitucional e não aceitava as inevitáveis restrições ao seu poder, e, de outro, um Legislativo que se entendia como o verdadeiro representante da nação foi resolvida em favor do último. Para que isso ocorresse, porém, foi preciso uma politização ainda mais intensa da sociedade em 1829-31 do que entre 1820 e 1824, pois os deputados e a imprensa não eram fortes o suficiente para desalojar d. Pedro por si só. Consequentemente, a abdicação resolveu uma questão, mas abriu muitas outras: seriam os moderados, os exaltados ou até os antigos partidários da Coroa que controlariam o poder? Como o sistema político iria lidar com a mobilização popular, e quão ampla ela seria? Se manteriam as províncias quietas diante da acefalia no centro?

CAPÍTULO 2

LABORATÓRIO DA NAÇÃO
(1831-37)

Revoluções não dão lugar imediatamente à calmaria, e assim foi com o 7 de abril. Já regências são turbulentas em todo sistema político no qual o monarca desempenhe um papel efetivo, porque diversas facções buscarão preencher o vácuo de poder. Na década de 1830, um Império recentemente estabelecido teve que lidar com a minoridade do titular do trono e a consequente perda de legitimidade do governo central, que não mais poderia contar com o prestígio régio: uma criança não era, afinal, capaz de conjurar o mesmo poder simbólico que um monarca adulto.

A politização e a mobilização características da década anterior intensificaram-se, alcançando níveis inéditos e que não seriam repetidos por ao menos meio século. O que estava em jogo era a possibilidade de reestruturar o Estado brasileiro — mas também, como logo se passaria a temer, sua sobrevivência como um país unificado. Assim, o Brasil viveu "um clima insurrecional permanente", no dizer da historiadora Sylvie Aprile sobre a França de 1830 a 1835, que é ainda mais pertinente para a única monarquia do Novo Mundo.[105]

Todos os atores da política institucional diziam-se influenciados pelas ideias liberais então em voga. No entanto, foi nos momentos de embate, quando a possibilidade de mudanças estruturais se fez real, que se tornou possível vislumbrar o significado mais profundo de seus projetos políticos. Ao mesmo tempo, as classes subalternas livres e escravizadas aproveitaram-se da oportunidade aberta pelos conflitos intraoligárquicos para agir, tanto por meio de uma reelaboração popular dos ideais liberais quanto mediante a busca por autonomia a partir de suas experiências particulares. Daí a importância desse grande laboratório para o entendimento de nossa formação nacional: diversas ideias de organização política circularam nesse período, propostas por agentes muito diferentes, que enxergavam vários caminhos para o Brasil nascente nesse momento excepcional. Democratização, republicanismo, antiescravismo, igualdade racial e separatismo encontraram espaço no debate público, ainda que apenas por um breve período. Como escreveu o medievalista Georges Duby, "as formações ideológicas revelam-se ao olhar do historiador nos períodos de mutação tumultuosa. Nesses graves momentos, os detentores da palavra não cessam de falar".[106]

O Império nunca esteve, portanto, tão em disputa quanto nesses anos em que tudo parecia possível. O desenrolar dos acontecimentos sempre se caracteriza por certo grau de indeterminação, e há períodos em que as limitações a transformações profundas parecem estar especialmente frágeis — ao menos aos olhos dos agentes que, diferente dos historiadores, não gozam do privilégio de saber como tudo terminou. A deposição de d. Pedro I e a mobilização popular haviam transformado o horizonte de expectativas: a tensão entre a experiência do passado e a incerteza do presente no contexto mais amplo das transformações da Era das Revoluções tornava possível sonhar com grandes mudanças futuras — ou temê-las. Era o ápice de um processo luso-brasileiro que se iniciara em 1820 com a Revolução do Porto. A questão em 1831 era se esses projetos conseguiriam passar da imaginação à realidade. A resposta acabou por ser negativa: as estruturas sociais, políticas e econômicas brasileiras baseadas no latifúndio, na escravidão e na oligarquização do poder político não tinham deixado de existir. Sua força estava apenas mascarada pela efervescência das ruas, campos, senzalas e jornais, mas acabaria por ser reafirmada.[107]

REFORMA OU REVOLUÇÃO?

A rejeição ao ex-imperador unira diversos grupos, porém sua saída de cena tornou inevitável o conflito entre os vitoriosos, ao mesmo tempo que os derrotados com a abdicação começaram a se organizar para resistir às mudanças que se avizinhavam. Aos exaltados e moderados do final do Primeiro Reinado se agregariam, na trama política conflitiva, os caramurus (assim nomeados por causa do seu principal jornal na Corte). Eram conservadores que defendiam a centralização monárquica e a Constituição sem reformas, acusados por seus adversários de favorecer o retorno de d. Pedro I ao poder. Esses grupos não eram partidos políticos organizados, coesos e coerentes, mas facções que se reconfiguravam de acordo com as mudanças no cenário político e os interesses pessoais imediatos. No Brasil como em outros países, a formação de um sistema partidário digno do nome foi um processo lento, pois dependeu de uma combinação de alianças pessoais, coalizões políticas e instituições que demorariam a amalgamar-se num todo minimamente coerente.[108]

A maleabilidade das alianças políticas estava ligada a uma "explosão da palavra" no espaço público: Legislativo, jornais, associações, ruas e até senzalas foram palco de discussão de ideias e projetos que talvez fossem impensáveis — e certamente eram indizíveis — poucos anos antes. Tantas turbulências reforçaram teorias da conspiração. Os agentes políticos enxergavam tramas nefandas por trás de todas as ações dos adversários, acirrando a polarização. As disputas giraram inicialmente em torno de dois eixos parcialmente sobrepostos: o grau de participação popular e a reforma das instituições políticas.[109]

Povo, Tropa e Assembleia

A política tem ainda mais horror ao vácuo do que a natureza. Os deputados e senadores que se encontravam na capital nomearam já na manhã do 7 de abril uma regência trina provisória que governaria até maio, quando se iniciaria a sessão anual da Assembleia Geral do Império. A escolha deixou claro que a capacidade exaltada de mobilizar as ruas não se traduziria facilmente em influência institucional. Os três nomeados foram o baiano José Joaquim Carneiro de Campos, marquês de Caravelas e arquiteto da Constituição de 1824; o latifundiário paulista e senador moderado Nicolau Vergueiro de Campos; e o comandante das armas da Corte Francisco de Lima e Silva, carrasco da Confederação do Equador. A primeira preocupação do novo governo foi acalmar os ânimos, editando imediatamente uma anistia geral dos crimes políticos e conclamando a população a depor as armas e obedecer às autoridades. Entretanto, as mobilizações continuariam, na Corte como nas províncias: muitos não concordaram com a posição moderada segundo a qual a liberdade havia triunfado. Para os exaltados, liberdade não significava apenas escapar do que percebiam como despotismo pessoal do imperador, mas sim igualdade social e participação política ampliada. Era a repetição de um conflito já visto em outros momentos revolucionários, como na França da década de 1790.

O início dos trabalhos legislativos afirmou a predominância parlamentar e moderada. Já despida do Poder Moderador, a regência ainda se viu destituída de algumas atribuições do Poder Executivo pela Assembleia Geral do Império. A "chave da organização política" da Constituição de 1824 havia sido manietada, alterando radicalmente a distribuição de poderes em favor do Legislativo. A eleição da regência trina permanente manteve Lima e Silva, pois o controle da tropa era fundamental, e elevou dois deputados moderados ao poder, ambos coimbrãos e ligados aos interesses agrários: José Costa Carvalho (baiano, mas casado em importante família paulista) e João Bráulio Muniz, do Maranhão. Mesmo assim, os caramurus ainda compunham uma força parlamentar muito significativa, especialmente no Senado.

Fora da Assembleia Geral, o cenário era ainda mais fragmentado. Aproveitando a quase irrestrita liberdade de imprensa, novos periódicos ligados às variadas tendências políticas brotaram por todo o Império entre 1831 e 1833. Os jornais exaltados merecem atenção especial, porque aproveitavam a sensação de indeterminação que perpassava a esfera pública para propor ideias cujo radicalismo não seria ultrapassado por pelo menos meio século. Uma das propostas em circulação foi a realização de uma reforma agrária: "em vez de dar [...] muitas léguas de terra a um afilhado dos grandes para este depois aforar aos pobres por muito dinheiro e com grande dependência, a Nação [deveria conceder] somente as terras que cada homem precisa para a lavoura". Segundo o proeminente exaltado Ezequiel Correa dos Santos, essa medida permitiria que os pobres saíssem da miséria e os livraria da opressão dos ricos, que não mais poderiam viver na ociosidade, sustentados pelo suor do trabalho alheio. A disseminação da pequena propriedade e a redução da desigualdade se combinariam com o avanço da educação pública para permitir um governo de e para os cidadãos, enfraquecendo assim as oligarquias que desejavam imitar no Brasil a aristocracia europeia. A similaridade com os primeiros e mais radicais *free soilers*, ou defensores da "terra livre" norte-americanos, é notável, a exemplo do periodista nova-iorquino George Henry Adams, que proporia ideias quase idênticas 10 anos depois. Esses planos careciam de especificidade, pois não eram um programa de governo a ser imediatamente implementado, e sim uma forma de mobilizar os afetos para impulsionar a ação política e talvez alcançar os objetivos num futuro distante (como nos Estados Unidos, onde foram precisos duas décadas e uma guerra civil). Os exaltados imaginavam, enfim, a continuidade do que chamavam de revolução do 7 de abril com o intuito de transformar radicalmente as estruturas socioeconômicas. Sabiam, porém, que dificilmente seria possível alcançar esses objetivos pacificamente. Por isso, exortavam o povo: "não hesiteis: procurai nas armas, procurai no sagrado direito de resistência a verdadeira garantia de vossa existência política!"[110]

A reação dos grupos dominantes não podia ser outra que não uma rejeição visceral: durante anos, a oligarquia citaria o espectro da "lei agrária" como exemplo do "grande perigo" à ordem no início da regência. O influente deputado Evaristo Ferreira da Veiga no seu *Aurora Fluminense* — principal jornal moderado — afirmava que a distribuição de terras não produziria efeito algum, pois a indolência dos eventuais beneficiários os empurraria de volta à pobreza. Segundo Ferreira da Veiga, o objetivo da proposta era outro: "quem não vê que se intenta armar uma classe da sociedade contra a outra, [...] os *sans-culottes* contra os proprietários?".[111]

Era essa justamente a originalidade dos exaltados: em uma sociedade em que a experiência dos trabalhadores livres era fragmentada por divisões ocupacionais, socioétnicas e geográficas (especialmente entre cidade e campo), os radicais afirmavam explicitamente estar ao lado dos pobres contra os ricos e aristocratas, "dos governados contra os governantes". Contra o modelo capacitário que se inspirava no liberalismo moderado francês para restringir a participação política aos proprietários, diziam taxativamente: "no Brasil, é só capaz quem trabalha". Preferiam então "um habitante branco, mulato, pardo ou preto livre que pode trabalhar e ganhar dinheiro com o suor do seu rosto" aos abastados que viviam no ócio. Entretanto, não só o alcance da palavra impressa era limitado (especialmente no meio rural), como eram quase inexistentes espaços ampliados de construção de uma identidade subalterna comum e instituições organizadoras de ações coletivas em larga escala. As condições materiais e institucionais vigentes restringiam, portanto, a possibilidade de pôr em prática os projetos exaltados.[112]

Sua perspectiva inclusiva também conhecia limites. O nacionalismo radical frequentemente tinha suas bases na xenofobia: portugueses eram associados ao absolutismo, ao colonialismo e à desigualdade — o radical veterano Cipriano Barata referia-se mesmo ao "partido luso-aristocrático" — enquanto britânicos e franceses eram percebidos como imperialistas que tratavam o Brasil como colônia. Barata chegou a defender a construção "de fábricas de coisas mais necessárias ao Brasil e [que] se corte o luxo, para nos livrarmos da dependência e jugo dos estrangeiros", num sonho *avant la lettre* de substituição de importações que também se manifestara nos Estados Unidos logo após a independência.[113]

O pendor revolucionário dos exaltados era perceptível também em seu republicanismo, entendido por eles como símbolo da modernidade e mais adequado às condições americanas, mas anátema para as oligarquias imperiais. Os motivos de tal rejeição não eram difíceis de discernir: o regime era preferido pelos radicais por abolir privilégios hereditários, enfraquecer pretensos aristocratas e empoderar os cidadãos, que seriam capazes de escolher periodicamente seus governantes: "nenhum povo deve confiar senão em mandatários revogáveis". Seu prestígio também advinha da associação com a retidão no trato da coisa pública: "é para se não aturar governo de ladrões que se inventou governo republicano. Na República, o que governa bem não ganha dez ou doze mil cruzados por dia, como ganhava o Pedro traidor, fora o que ele roubava e a corja que o cercava". O modelo era o norte-americano, como havia sido na Confederação do Equador: "não querem[os] Republicano Despotismo Militar, como de nossos vizinhos [hispano-americanos] [...]. Queremos seguir o exemplo de [George] Washington e [Benjamin] Franklin".[114]

A lei de abuso de imprensa de 1830 proibira críticas ao sistema monárquico e à pessoa do imperador. Os exaltados faziam-no mesmo assim, direta ou indiretamente. Os periodistas aproveitavam-se do fato de que os júris raramente condenavam os acusados por delitos de opinião. O republicanismo acabou mesmo por chegar ao Legislativo entre 1831 e 1835 graças ao deputado baiano Antônio Ferreira França e a seus poucos aliados, em propostas cada vez mais ousadas: a abolição da monarquia após o falecimento de d. Pedro II, a criação de uma exótica confederação com os Estados Unidos e, por último, a proclamação imediata da República — "o governo do Brasil cessará de ser patrimônio de uma família". Entretanto, os projetos foram alternadamente ignorados e repudiados como "heresia política" pela maioria dos deputados. Apesar das muitas semelhanças, o republicanismo regencial jamais alcançou a capilaridade e a popularidade do movimento coevo na França orleanista (1830-48), onde a memória da década revolucionária de 1790 ainda estava viva. Constantemente invocada pelos radicais, a figura de frei Caneca não tinha o mesmo peso simbólico que o jacobinismo gálico.[115]

Se a República não fosse possível, os exaltados defendiam que no mínimo se eliminassem da Constituição os elementos ditos absolutistas: o Poder Moderador, o Conselho de Estado e a vitaliciedade do Senado. Também pugnavam pelo federalismo, isto é, a ampliação das atribuições administrativas dos governos provinciais e uma redução do poder da Corte. A extensão territorial e a diversidade regional eram esgrimidas como justificativas, e o federalismo também era percebido como uma forma de reduzir a desigualdade, como se percebe na pena de Cipriano Barata:

> Dizem que existem na Corte dois partidos, bem como em Buenos Aires: um de federalistas, outro de unitários, os quais estão em perpétua luta. O dos federalistas compõe-se daqueles que desejam as províncias unidas, com mais desabafo e prosperidade, imitando indiretamente os Estados Unidos do Norte. Quero dizer um governo que não é oprimido e desfrutado por fidalgos, e onde medram pouco as comendas, hábitos e privilégios, e que, além disso, o povo vive aliviado de tributos e vexames, e sem grandes despesas, dirigindo-se cada província por si mesma na maior parte dos negócios. O dos unitários, ao contrário, compõe-se daqueles que desejam o Brasil unido em um só corpo maciço, a fim de ser regido no ar da Monarquia, com Condes, Marqueses e outros titulares, governo em que se fazem grandes despesas e se carrega o povo de tributos.[116]

Os exaltados também manifestavam seu progressismo por meio de uma vaga defesa de participação política ampliada e educação feminina. A mais interessante intervenção nesse sentido foi da jovem intelectual potiguar Dionísia Gonçalves Pinto, conhecida como Nísia Floresta. Publicado pela primeira vez em 1832 em Pernambuco, *Direitos das mulheres e injustiça dos homens* é a tradução de um obscuro tomo de 1739. O volume nega a legitimidade da dominação masculina, afirmando que o gênero feminino é mais útil à sociedade por causa de seu papel no cuidado das crianças e famílias, enquanto os homens não têm nada a mais do que as mulheres senão a força física. Seu argumento central era que "não há ciência, nem cargo público no Estado, que as mulheres não sejam naturalmente próprias a preenchê-los tanto como os homens". Tão ousado quanto as mais avançadas propostas euro-americanas da época, o livro encontrou boa acolhida: foi reeditado em Porto Alegre e no Rio de Janeiro nos anos seguintes, evidenciando a amplitude de ideias presente na imprensa da década de 1830.[117]

As associações também se multiplicavam. Em geral, ligavam-se diretamente às tendências políticas vigentes, como as Sociedades Federais (exaltados), Conservadoras e Militares (caramurus) e Defensoras da Liberdade e da Independência Nacional (moderados), a mais disseminada pelo país. Na ausência de uma estrutura partidária organizada, exerciam um papel fundamental na coordenação de atividades políticas e até eleitorais, o que era especialmente verdade no caso das Defensoras — estas na prática mais preocupadas em proteger a ordem social e o governo do que a liberdade.

Já a maçonaria passou a funcionar cada vez mais abertamente a partir de 1831, publicando manifestos, filiando a maioria dos personagens de destaque na alta política imperial e funcionando como mais um espaço de disputa política — o que inclusive levou a intensos embates entre as diversas Grandes Lojas e dentro delas próprias. Refundado sob a liderança de José Bonifácio, agora tutor de d. Pedro II, o Grande Oriente do Brasil reunia tanto caramurus quanto moderados, mas teve sua preeminência desafiada pelo Grande Oriente Brasileiro e seu grão-mestre, o ex-regente Nicolau Vergueiro, coadjuvado pelo general (e irmão de outro regente) José Joaquim de Lima e Silva e pelo jovem político Joaquim José Rodrigues Torres. A disputa refletia divergências políticas: enquanto a organização andradina tinha como ponto central a aproximação com a monarquia, sua rival excluía explicitamente membros da família imperial do cargo de grão-mestre. O Grande Oriente de Vergueiro e Lima e Silva também se orgulhava por ter mais de 50 lojas espalhadas pelas províncias e provavelmente defendia o federalismo oligárquico que culminou no Ato Adicional de 1834, como veremos. Todas retiravam sua legitimação de vinculações com a maçonaria internacional, especialmente francesa, mas não só. O político pardo Francisco Montezuma fundou, por exemplo, o Supremo Conselho do Brasil por meio de uma autorização do recém-constituído Conselho belga. Foi, como o grupo andradino, acusado de promover a volta do ex-imperador (embora Montezuma tivesse sido exilado por ele), mas também havia maçons próximos dos exaltados, a exemplo da Grande Loja Brasileira, associada à Sociedade Federal.

A maçonaria não era, portanto, uma organização coesa. Era uma tecnologia organizativa que permitia a construção de espaços reservados de sociabilidade e discussão política. Para além de uma adesão genérica ao liberalismo, os pedreiros-livres não eram monolíticos, refletindo as divisões partidárias de cada momento, tanto entre correntes ideológicas distintas quanto dentro de cada grupo. Em 1835, por exemplo, Montezuma foi expulso da loja que fundara, acusado de usá-la como escada para suas pretensões políticas e de achacar os novos e velhos irmãos com contribuições financeiras excessivas. Sua substituição por Antônio Carlos de Andrada, tão interessado no poder quanto o pardo baiano, sugere que não se tratava de um desejo de afastar a maçonaria da política, mas apenas uma disputa entre rivais. Ao avaliar esses múltiplos conflitos em 1833, o jornalista exaltado Clemente José Pereira foi curto e grosso: "a maçonaria terá talvez aumentado a desunião dos nossos patrícios. [...] Deduzimos que é tudo uma grande palhaçada". A antimaçonaria nunca se tornou, porém, uma força política relevante no Império, como ocorreria brevemente nos Estados Unidos no início da década de 1830. Lá, o assassinato de um maçom que ameaçava revelar os segredos da ordem gerou uma violenta reação política que reduziu por décadas a influência dos pedreiros-livres. Aqui, a antimaçonaria esteve presente de forma lateral apenas em revoltas populares rurais, pois os pedreiros-livres eram percebidos como inimigos da Igreja.[118]

Do litoral ao interior, tanto grandes cidades quanto vilas menores do Império foram convulsionadas por múltiplas revoltas de exaltados e caramurus entre 1831 e 1833. As rebeliões mobilizaram a população pobre, incluindo brancos, negros (alguns dos quais escravizados) e soldados, mas também oficiais militares, artesãos e uns poucos letrados. Setores das oligarquias incentivaram os tumultos como uma arma contra seus adversários políticos. Alinharam-se mais aos conservadores do que aos radicais, pois tinham consciência da ameaça que estes representavam à sua posição na hierarquia social. Excluídas do governo, as classes subalternas usaram as ruas para manifestar violentamente suas frustrações e pressionar o governo a atender suas demandas, justificando suas ações pelo direito natural de resistência à tirania. A liberdade era a palavra de ordem de todos, porque a polissemia do termo permitia sua adaptação aos propósitos mais variados. Como escreveu o historiador Marcello Basile, "desenvolvia-se uma prática informal de cidadania, construída de baixo para cima", baseada não só em reivindicações específicas como também em um projeto mais amplo de participação popular que exigia um governo responsivo a seus cidadãos. Há muitas similaridades com a situação na França no mesmo período, porém os protestos regenciais foram mais recorrentes e conheceram maior difusão pelo território nacional; por outro lado, não houve uma rebelião urbana tão grande como a de junho de 1832 em Paris, vivamente retratada por Victor Hugo em seu livro mais famoso. Sem romance no cânone ocidental ou um musical da Broadway, nossos *miseráveis* insurgentes foram esquecidos pela memória nacional.[119]

Naquela época, a mobilização social produziu pânico entre os governantes, especialmente porque vinha acompanhada de uma perda de controle sobre a principal força repressiva: o Exército. A sensação era de caos. Os moderados temiam uma guerra civil, tanto em razão do que assistiam na Corte quanto pelas notícias que lhes chegavam das províncias. Pouco mais de um mês após a abdicação, o jovem coimbrão e negociante mineiro Honório Hermeto Carneiro Leão chamaria uma manifestação pacífica de "declaração de guerra à propriedade e à segurança individual". Em meio a um levante exaltado na Corte em julho de 1831, logo após ser nomeado ministro da Justiça, o deputado paulista Diogo Feijó declararia na Câmara: "a cidade está submersa no terror. Consta-me, não oficialmente, que os perversos em vários pontos têm já cometido assassínios, roubos etc.". Uma semana depois, Bernardo Pereira de Vasconcelos, então ministro da Fazenda, tentaria tranquilizar a Câmara dos Deputados: "o governo está firme também na repressão da violência e da sedição". Não se tratava de exagero: no Rio e nas províncias, contavam-se às centenas os mortos e presos.[120]

Um elemento central do projeto moderado no início da regência foi, portanto, a preservação da ordem social como pré-condição para a manutenção do seu próprio poder. Para tal, foi preciso reconfigurar o aparato repressivo do Estado Imperial, em um processo liderado por Feijó. Não se tratava de uma peculiaridade dos liberais brasileiros. Seus homólogos que tomaram o poder quase ao mesmo tempo na Colômbia após a saída de cena de Bolívar seguiram o mesmo caminho. A regência deu prosseguimento à redução do efetivo militar (o que permitiu tanto equilibrar as contas do governo quanto diminuir a ameaça de soldados indisciplinados e de um oficialato majoritariamente lusitano) e ampliou a jurisdição do Executivo sobre os crimes atinentes à ordem pública. Em seguida, reorganizou o policiamento, que passou a ter dois pilares: em primeiro lugar, "a classe interessada na ordem" — isto é, os proprietários, grandes e pequenos — que comporia voluntariamente a Guarda Nacional, substituta das ordenanças coloniais. A nova força pretendia-se uma milícia cidadã, mas estava mais para tropa oligárquica. A eleição dos oficiais fortalecia os potentados locais, prenunciando uma tendência que se intensificaria nos anos seguintes.

Ainda assim, o fardo era pesado demais na Corte convulsionada por revoltas: os estratos superiores preferiram terceirizar o trabalho de manutenção da segurança pública, ainda que fossem os que dele mais se beneficiem. Por isso, Feijó organizou em seguida o Corpo de Guardas Municipais Permanentes (embrião da atual polícia militar) e o dotou de condições melhores do que a dos soldados do Exército para prevenir rebeliões. Os regentes resumiram a posição moderada em finais de 1831: "forçoso é desembainhar a espada da justiça para conter os facciosos, cujos incessantes atentados contra a ordem e a tranquilidade pública principiavam a estancar as fontes da riqueza nacional e como que a banir desta terra hospitaleira a paz e a segurança individual e da propriedade". Dois jovens de famílias proeminentes tiveram um papel de destaque nesse processo: Luís Alves de Lima e Silva, filho do regente, comandante dos policiais militares e futuro duque de Caxias, e Eusébio de Queirós, chefe da força policial civil reformulada em 1833 e expandida nos anos seguintes. Eles agiram em conjunto para estabelecer instituições autoritárias e centralizadoras, que influenciariam sua atuação como políticos conservadores nas décadas seguintes.[121]

A imprensa moderada apoiou veementemente essa feroz defesa da ordem sociopolítica contra todo tipo de contestação. Já em finais de 1831 os periódicos exaltados na capital encontravam cada vez mais dificuldade para circular, e vários dos seus mais destacados militantes acabaram na cadeia. Mesmo assim, o padre Feijó continuaria a reclamar da liberdade de imprensa e das limitações impostas pelo estado de direito a sua sanha persecutória: "os chefes dos conspiradores lançam mão de todos os meios para conseguir seus fins, enquanto o governo, restrito à lei, não pode dar um só passo fora dela". Agora que o liberalismo moderado chegara ao poder, seus traços autoritários deixaram-se ver mais claramente, e por um motivo simples: seus epígonos eram todos homens de posses e, em uma sociedade extremamente desigual como o Brasil oitocentista, "um proprietário não pode", como declarou Vasconcelos em 1833, "deixar de ter o maior horror a tudo quanto tenda a perturbar a ordem pública".[122]

Descentralização e localismo oligárquico

Malgrado todos seus esforços, o regime era frágil demais para confiar apenas na repressão. A disseminada demanda por reformas exigia a ação da Assembleia — exatamente o mesmo dilema enfrentado pelo Reino Unido em 1831-32. Diferentemente dos britânicos que ampliaram modestamente a representatividade do sistema eleitoral, os políticos brasileiros optaram pelo caminho de menor resistência: o reforço do poder da Câmara dos Deputados e a ampliação das atribuições provinciais. Eram medidas que apeteciam tanto aos exaltados quanto às oligarquias moderadas, fosse por convicção ou interesse estratégico. Por sua vez, a relativa amplitude da participação prevista na Constituição de 1824 tornava qualquer medida democratizante inaceitável para moderados e conservadores. A partir de uma iniciativa de Antônio Ferreira França, em junho de 1831 a comissão responsável produziu um ambicioso projeto que autorizava a próxima legislatura a instituir Assembleias Provinciais com amplos poderes orçamentários e legislativos. Também se previu a formação de uma regência única, além da supressão do Poder Moderador, do Conselho de Estado e da vitaliciedade do Senado. Os caramurus opuseram-se, mas a proposta que previa a transformação do Império em uma "monarquia federativa" foi aprovada em outubro.

Apesar da adjetivação, a descentralização imaginada nessa peça legislativa estava longe de dar às províncias a mesma autonomia gozada pelos estados norte-americanos. Tratava-se, porém, de um passo nessa direção. Em consequência, o processo de reforma constitucional foi bloqueado no Senado — o qual, majoritariamente composto por coimbrãos escolhidos por d. Pedro I, tendia a ser mais conservador e centralista. Diante de uma câmara alta recalcitrante, revoltas recorrentes e perda de apoio político, ministros e regentes ameaçaram renunciar em 30 de julho de 1832, na expectativa de causar pânico suficiente entre os deputados para levá-los a propor sua própria transformação em uma intempestiva Assembleia Constituinte capaz de passar as reformas pretendidas. Os apoiadores da manobra inconstitucional justificaram-na como um remédio necessário contra "a guerra civil e a anarquia" e "o horror [d]as revoluções parciais e desregradas que decerto hão de aparecer nas províncias e de que pode resultar a desmembração e ruína do império". O espectro do caos social rondava o Brasil, podendo ser usado como justificativa para propostas das mais variadas.[123]

A tentativa de golpe fracassou em razão de defecções entre os próprios moderados, notadamente Hermeto Carneiro Leão, que pregou o respeito à legalidade e aos mecanismos de reforma inscritos na Constituição de 1824. Os regentes permaneceram, mas a câmara alta, para tentar alcançar um acordo, finalmente enviou as emendas ao projeto: sem os parágrafos mais radicais, este indicava agora apenas os artigos reformáveis da Constituição. Na sessão conjunta, a proposta mais modesta prevaleceu, ainda que por poucos votos. A centralização ainda contava com muitos defensores que entendiam qualquer passo em direção ao federalismo como potencialmente desagregador. Não obstante, o caminho estava aberto para que a próxima legislatura fortalecesse o poder provincial. Ao reforçar o poder dos juízes de paz e finalmente instituir o tribunal do júri, o Código de Processo Criminal aprovado em finais de 1832 representou um movimento no mesmo sentido.

A perspectiva de reforma constitucional e as notícias de que o ex-imperador estava alcançando sucesso na guerra civil portuguesa estimularam os caramurus a voltar à carga, enquanto os radicais foram enfraquecidos por um duplo movimento de repressão e cooptação.

Marcadas para março de 1833, as eleições para a próxima legislatura elevavam ainda mais a temperatura da disputa política. Predominantemente composta por coimbrãos moderados, relativamente experientes, mas sem lideranças fortes, a nova Câmara seria responsável pela reforma da Constituição. Revoltas continuavam a ocorrer nas províncias, ao passo que a regência buscava ampliar seus poderes repressivos. Foi nesse ambiente de tensão que a Câmara dos Deputados debateu e aprovou o Ato Adicional em 1834. Apesar da pressão de muitos deputados do Norte em favor de uma maior descentralização, a emenda à Constituição seguiu o fraco reformismo delineado em 1832, sem ter, por exemplo, a audácia de eliminar a vitaliciedade do Senado. Assim, o principal efeito da única reforma constitucional aprovada em todo o período imperial foi a ampliação da autonomia local, mormente por meio do reforço das atribuições legislativas e orçamentárias das assembleias provinciais em detrimento das municipalidades. Esse efeito manifestou-se até mesmo no centro do Império: a província fluminense ganhou o mesmo estatuto das demais, reduzindo a ingerência direta do governo à Corte, tornada município neutro. A consequência foi um enfraquecimento do poder central, conseguido também por intermédio da extinção do Conselho de Estado e da impossibilidade de a regência exercer a prerrogativa imperial de dissolver a Câmara.

Todo o teor democratizante do federalismo almejado pelos exaltados foi abandonado, já que essas novas instituições provinciais seriam controladas pelas oligarquias locais. Assim, a concessão reformista tornou-se palatável para muitos moderados e até alguns caramurus: tratava-se de um antídoto contra o medo da guerra civil em caso de concretização de uma temida invasão lusitana. Ironicamente, d. Pedro (agora IV de Portugal) faleceu de tuberculose apenas seis semanas após a passagem da reforma, o que provocou uma nova reconfiguração política. Os que sonhavam com seu retorno buscaram outros horizontes, enquanto os temerosos de uma restauração absolutista podiam priorizar outros medos. Ao mesmo tempo, desarticulou-se o grupo governante. Não havia uma facção capaz de lidar com as múltiplas demandas advindas da sociedade e construir, no dizer de José Murilo de Carvalho, o "consenso entre as camadas dominantes sobre qual seria o arranjo institucional que melhor servisse a seus interesses".[124]

A outra inovação central do Ato Adicional foi a eleição nacional de um regente, o que também contribuiu para o agravamento das tensões. Um arguto observador da vida política na Corte chegou a escrever a um compatriota: "são tão ambicionados os lugares e os empregos que por este interesse se decorre já uma tendência à guerra civil entre província e província, e eu temo muito que a abrevie as eleições para as assembleias provinciais e de regente único".[125] De acordo com os ritos eleitorais previstos na Constituição, a eleição se daria em dois níveis: os votantes escolheriam os eleitores e estes homens influentes em suas localidades seriam responsáveis pela escolha final. Cada um teria direito a dois sufrágios, sendo um deles obrigatoriamente destinado a um candidato de fora de sua província.

Feijó contou com o importante respaldo de Evaristo da Veiga e das Sociedades Defensoras, amplamente disseminadas por todo o território imperial, para obter um apoio consistente em todas as províncias por meio da mobilização do voto moderado. Ao ser apresentado como um defensor da ordem e dos "princípios populares" em razão de sua austeridade pessoal, obteve 2.826 votos entre os 5.858 eleitores. Não alcançou a maioria absoluta, mas foi o suficiente para derrotar os insatisfeitos com as reformas, pois estes não conseguiram articular-se a tempo e pulverizaram seus votos entre muitos candidatos. O segundo colocado foi o pernambucano Antônio Francisco de Paula Holanda Cavalcanti Albuquerque — criticado pelos partidários de Feijó por ser um membro ilustre da mais notável família oligárquica brasileira —, o qual recebeu 2.251 sufrágios, concentrados especialmente no Rio de Janeiro e no atual Nordeste. Os três seguintes na lista de mais votados também pertenciam à facção reacionária que apenas começava a se delinear pela união entre moderados renegados e ex-caramurus, prenunciando a fragilidade parlamentar do novo governo. Como era de se esperar devido à natureza elitista do colégio eleitoral, os associados aos exaltados tiveram poucos votos.[126]

Mais afeito a exigir do que a negociar, o novo regente assumiu o leme do Império em finais de 1835 sem uma base parlamentar sólida, em meio a intensos conflitos nas províncias e sitiado por insurgências cada vez mais numerosas e ameaçadoras. Essa combinação de inclinação autoritária e fragilidade política não podia dar senão num governo ineficaz, que se arrastou de crise em crise até a renúncia de Feijó, em 19 de setembro de 1837. Como entender o fracasso do projeto moderado em um contexto de crescimento das exportações e equilíbrio orçamentário, imediatamente após a aprovação de uma reforma constitucional a seu gosto e da eleição de um dos seus para o cargo máximo da Regência? A resposta está na erupção do que Feijó chamou em 1836 de "o vulcão da anarquia [que] ameaça devorar o império".[127]

LIBERDADE E IGUALDADE EM UMA SOCIEDADE ESCRAVISTA

Ainda mais ameaçador do que as demandas da plebe urbana por participação política era o questionamento acerca dos elementos constituintes próprios à estrutura social do Império: a escravidão e as estruturas produtivas agrárias. Escravizados, camponeses e indígenas estavam quase integralmente excluídos das instâncias políticas formais, de modo que a rebelião se tornava ainda mais importante como forma de ação e reivindicação para estes grupos que compunham a maioria da população. Sua mobilização era especialmente preocupante para políticos e senhores, pois parecia a concretização de um pesadelo: a subversão violenta da ordem.

Antiescravismos e antirracismos, de cima e de baixo

O debate sobre a escravidão impunha-se desde 1830, em razão do esgotamento do prazo determinado pelo tratado anglo-brasileiro de 1826-27 para o fim do comércio transatlântico de africanos escravizados. Em meio à crise terminal do reinado de d. Pedro I, o tema havia recebido pouca atenção legislativa, em que pesem os esforços quixotescos dos poucos parlamentares radicais para pautar um abolicionismo gradual. Na discussão sobre o destino de um grupo de escravos da nação — isto é, pertencentes ao Estado Imperial —, o exaltado baiano Ernesto Ferreira França resumiu sua posição: "não podemos ser livres admitindo a escravidão". Da mesma província, mas do outro lado do espectro político, o advogado pardo Antônio Pereira Rebouças propôs tornar a alforria um direito de todo escravizado que reunisse dinheiro suficiente para tal. De formas diferentes, ambos propunham o aumento da intervenção estatal na relação escravista, com o inevitável enfraquecimento do poder senhorial.[128]

O ímpeto reformista do início da Regência permitiu que o tema finalmente fosse enfrentado. Políticos e jornais de todos os matizes criticaram o comércio de africanos em 1831: exaltados como Lino Coutinho, moderados como Evaristo Ferreira da Veiga e caramurus como o pró-escravista Cunha Matos encontraram aí um raro ponto de consenso. A discussão legislativa começou pelo Senado a partir de uma proposta do latifundiário e negociante marquês de Barbacena, a quem ninguém ousaria imputar a pecha de radical. Mesmo assim, o antigo diplomata, general e ministro de d. Pedro I justificou seu projeto de lei a partir da "imoralidade inerente à escravidão", que exigiria a cessação desse "abominável contrabando".[129]

O principal ponto de discordância foi a situação dos africanos que haviam entrado no país depois do prazo acordado com a Grã-Bretanha (setembro de 1830). O coimbrão, caramuru e senador pelo Piauí Luiz José de Oliveira Mendes propôs que fossem considerados livres, pois não lhes deveria ser negado "um direito tão sagrado como a liberdade". Decidiu-se, porém, que a lei não teria efeitos retroativos. Como declarou alarmado o coimbrão e senador pelo Ceará João Antônio Rodrigues de Carvalho, a emancipação imediata de milhares de escravizados seria o suficiente para produzir "uma revolução, porque basta que um saiba ler para" espalhar a boa nova entre os demais; "e ainda que nenhum preto saiba ler, não há de faltar quem, por espírito de revolta, de que há agora tanta abundância, procure onde existem esses pretos para os aconselhar!". O temor de uma rebelião escrava somava-se à preocupação com a instabilidade política para legitimar a situação de milhares de indivíduos que, na letra da lei, haviam sido ilegalmente reduzidos ao cativeiro. Mesmo assim, os legisladores foram além do determinado na convenção diplomática ao estabelecer a liberdade de todos os africanos ilegalmente escravizados a partir da data da sua aprovação (e não apenas dos encontrados nos barcos apreendidos) e prever a punição de todos os envolvidos, dos traficantes aos compradores (enquanto o tratado previa apenas o julgamento das tripulações). Como reclamariam anos depois os pró-escravistas, "fez-se uma lei dez vezes mais dura, mais fatal mesmo que o famoso tratado; lei que passou na efervescência das paixões, no delírio da revolução, [...] no devaneio de todas as ideias".[130]

Longe de ser "para inglês ver", como ficou conhecida no senso comum por sua suposta ineficácia, a lei de 7 de novembro de 1831 pretendia afirmar, ainda que defensivamente, a soberania nacional e a inserção pacificada do Império no sistema internacional ao cumprir as obrigações assumidas no tratado com a maior potência global e incumbir o Estado imperial de coibir o contrabando negreiro, sem que fosse necessária uma intervenção estrangeira. Em larga medida em razão da pressão britânica, o clima no mundo atlântico era abertamente desfavorável ao comércio de almas — a França proibira-o logo após a Revolução de 1830, por exemplo —, e tanto o Legislativo quanto a imprensa refletiriam o fato. A medida foi parcialmente bem-sucedida, ao menos por um breve período: se em 1830 haviam desembarcado aqui cerca de 51 mil africanos escravizados, com o esforço repressivo os números reduziram-se para apenas 6 mil em 1831, subindo lentamente para 9 mil, 13 mil e 18 mil nos três anos seguintes. De fato, muitos dos principais traficantes abandonaram esse lucrativo negócio logo após 1830, especialmente no Rio de Janeiro.[131]

A abolição não estava no horizonte, mas a relação umbilical e secular entre tráfico atlântico e cativeiro africano tornava crível em 1831 que a imposição externa para a extinção do primeiro enfraquecesse o segundo, ainda que apenas no longo prazo. Sem o suprimento regular de braços que havia garantido a manutenção e o desenvolvimento da escravatura desde o século XVI, as bases materiais da instituição pareciam estar momentaneamente mais frágeis. Nesse contexto, tornava-se mais fácil externar vagos sentimentos antiescravistas, fossem referentes a pessoas transplantadas de outro continente ou aos povos originários: nos mesmos meses em que o Senado debateu a proibição do tráfico negreiro, entrou em pauta a revogação de uma carta régia de 1808 que permitia a guerra contra os indígenas considerados bárbaros e sua posterior escravização. O coimbrão e senador pelo Mato Grosso José Saturnino da Costa Pereira conectou explicitamente os dois temas em sua crítica à legislação joanina:

> No momento em que no Brasil se extingue para sempre, o tráfico que conduz à escravidão os africanos com o bem conhecido sacrifício de diminuir consideravelmente os braços a sua agricultura, preferindo generosamente a glória de ostentar um ato de humanidade aos interesses que a olhos vistos lhe cessam, pede a província de São Paulo se extirpe do seu seio esse resto de legislação bárbara que torna escravos os homens nascidos no nosso solo.[132]

Alguns de seus colegas, como o marquês de Caravelas, defenderam — ainda que de forma envergonhada — a continuidade da guerra e da escravização como as formas adequadas de lidar com povos qualificados como selvagens, bárbaros e brutos. Saturnino retrucou que, por experiência velha de séculos e constantemente reafirmada, os nativos acreditavam que os brancos desejavam escravizá-los: "com esta persuasão, que admira que eles nos tratem com ferocidade?".[133]

O também coimbrão e senador por Pernambuco Manuel Caetano de Almeida e Albuquerque opôs-se à proposta em discussão com o argumento de que a Carta Régia de 1808, por iníqua, havia sido revogada quando a Constituição entrara em vigor. À primeira vista, sua fala parece uma bela oração em defesa da igualdade: "É odioso, é sim odioso, torno a dizer, que tenham estado sujeitos à escravidão homens que algum dia poderão ainda vir a ser Senadores conosco" — possibilidade ainda não realizada dois séculos depois, cabe notar. Entretanto, um mês depois o mesmo parlamentar criticou o contrabando de africanos ilegalmente escravizados com argumentos profundamente racistas:

> o maior bem que nos resulta da abolição d[o tráfico d]a escravatura e que é capaz de contrabalançar a falta de braços que por alguns anos há de sofrer a nossa agricultura, é arredarmos de nós essa raça bárbara que estraga os nossos costumes, a educação dos nossos filhos, o progresso da indústria, e tudo quanto pode haver de útil, e até tem perdido a nossa língua pura![134]

A contraposição pode sugerir que os africanos e seus descendentes sofriam mais discriminação, porém a valorização dos indígenas como "homens naturais do país, e que nasceram livres" era largamente retórica, parte da incipiente construção erudita da identidade nacional, que não afetava a violência da política indigenista ao rés do chão, interessada principalmente na exploração das terras e da mão de obra dos povos originários. As duas leis aprovadas com 11 dias de diferença no final de 1831 aproximavam-se ao instituir a tutela estatal sobre as vítimas da escravização ilegal por considerá-las incapazes de se autogovernar, submetendo-as ao trabalho compulsório por longos períodos.[135]

Em última instância, o antiescravismo dos políticos imperiais era fortemente limitado tanto por seu racismo quanto, e principalmente, por terem nos braços cativos as bases de sua riqueza. O incômodo

Mesmo após a revogação das guerras justas, os povos originários continuaram a ser escravizados durante todo o período imperial, especialmente as crianças. Jean-Baptiste Debret. *Sauvages civilisés soldats indiens de la province de la Coritiba, ramenant des sauvages prisonnières*. Paris: Firmin Didot Frères, 1835. v. II, p. 27.

provocado pela persistência da escravidão no Império em um contexto internacional de avanço do abolicionismo era real, mas não o suficiente para que estes homens atacassem os fundamentos materiais do seu próprio poder. A consequência era uma disjunção entre um discurso hesitantemente antiescravista e uma prática vigorosamente escravocrata.

Mesmo assim, a simples existência de tais debates nesse contexto polarizado contribuiu para uma politização da cor. Negros livres foram parte essencial das manifestações na Corte que levaram ao Sete de Abril e continuariam a desafiar coletivamente as autoridades constituídas nos anos seguintes, também nas províncias. Surgia uma politização especificamente negra, como se vê em um panfleto soteropolitano de maio de 1831: "Fora maroto [português] para sua terra, morram os caiados [brancos brasileiros], vivam os cabras e os negros que também queremos governar, Adão foi um só, as cores são acidentes, por que não há de governar mulato negro Presidente [da província]?". Meses depois, clamores similares foram ouvidos nas ruas do Rio de Janeiro.[136]

A capacidade de mobilização dos negros livres tornava difícil ignorá-los. Assim, exaltados, moderados e caramurus buscavam apresentar-se como os maiores defensores dos "homens de cor" e taxar os adversários de manipuladores e mentirosos, fazendo apelos políticos a esse grupo de forma raras vezes vista antes de 1831 ou depois de 1833. Os exaltados eram os mais árduos defensores da igualdade racial entre os livres em razão do teor igualitarista do seu projeto político e de seu antilusitanismo, mas as outras tendências políticas não se furtavam a tocar nesse tema. Ninguém admitia transformar em lei a discriminação baseada na cor — em oposição ao sempre citado exemplo dos Estados Unidos, marcado por um número crescente de dispositivos legais excludentes e segregacionistas. Nesses mesmos anos, nas colônias caribenhas da França, a derrubada do monarca em 1830 e a mobilização coletiva possibilitaram a conquista da igualdade jurídica por parte dos livres de cor entre 1830 e 1833.[137]

Uma das poucas restrições nesse sentido foi proposta pelo senhor de engenho e coimbrão baiano Miguel Calmon em 1832, mas mesmo ela baseava-se antes na condição jurídica do que na cor: somente eleitores poderiam ser oficiais da recém-criada Guarda Nacional, regra esta que excluiria os egressos do cativeiro, mesmo que ricos. Como um cidadão pardo e respeitável (isto é, de posses), o deputado Rebouças reagiu, defendendo que a regra geral da Constituição era a igualdade entre os cidadãos: "pode um cidadão liberto ser general, e não poderá ser alferes, tenente e daí por diante nas Guardas Nacionais comandáveis por esse general?". Com sua erudição característica, exaltou a participação dos negros livres nas lutas de independência e recorreu a exemplos europeus, caribenhos e hispano-americanos para se opor ao modelo segregacionista importado dos Estados Unidos. Seu ideal não era, porém, o igualitarismo dos exaltados, mas sim uma ordem política em que o único critério de exclusão deveria ser a propriedade. Ao não questionar as hierarquias de classe, o antirracismo de Rebouças enxergava o silêncio sobre o legado da escravidão como etapa suficiente para vencer a discriminação. Sua posição tornava-se, portanto, palatável para muitos de seus pares na Câmara dos Deputados, porém não o suficiente: foi derrotada por apenas um voto.[138]

Para além das objeções de Rebouças, a Guarda Nacional ainda traria outras mudanças. As ordenanças coloniais existentes até então eram racialmente segregadas entre brancos, negros, pardos e indígenas. A nova instituição aparentava ser mais igualitária por silenciar sobre a cor. Na prática, excluía os não brancos das posições de mando, reforçando as hierarquias sociais racistas. O impacto foi especialmente sentido pelos povos originários, pois um capitão-mor nativo não mais intermediaria a relação de sua comunidade com o Estado e os potentados locais. O aparato legislativo imperial pretendia-se racialmente neutro, contudo, novamente na prática era tudo menos isso, como não poderia deixar de ser em uma sociedade escravista.[139]

Redatores e editores que se identificavam como pardos ou mulatos apontaram essa distância entre as leis e a realidade: "todos sabem de cor e salteado que a Constituição e as leis não têm posto alguma *distinção política* entre os cidadãos brancos ou *pardos* e pretos livres, [...] porém [também] sabem por uma fatal experiência que tudo isto está [apenas] no papel". Assim, surgiu em 1833 uma imprensa negra que denunciava a discriminação e exigia a efetivação das promessas constitucionais de igualdade — sem, não obstante, questionar a escravidão, talvez porque fossem senhores ou esperassem vir a sê-lo. Era o limite quase inescapável imposto pelo escravismo vigente e que permite entender as diferenças entre esses jornais publicados no Rio de Janeiro e seus homólogos mais numerosos e duradouros editados em cidades do norte dos Estados Unidos nestes mesmos anos.[140]

Mesmo assim, suas reivindicações sugerem que também no Brasil manifestou-se o que George Reid Andrews denominou "liberalismo negro", quando livres de cor empregaram o discurso constitucionalista de igualdade cívica oriundo da Era das Revoluções em prol de

O MULATO,

OU

O HOMEM DE COR.

N.º 3.

CONST. POLITICA DO IMPERIO, Tit. 20.	O Povo do Brasil he composto de

CONST. POLITICA DO IMPERIO,
Tit. 20.

Dos Cidadãos Brasileiros art.º 6.º
São Cidadãos Brasileiros &c. &c. §ºs
1.º 2.º 3.º 4.º e 5.º
Tit. 8.º Das disposiçoens geraes, e garantias dos direitos civis, e politicos dos Cidadãos Brasileiros Art. 179 § 14 Todo o Cidadão pode ser admitido aos cargos publicos civis, Politicos, e Militares, sem outra differença que não seja a de seos talentos, e virtudes.

O Povo do Brasil he composto de Classes heterogéneas, e debalde as Leis intentem mistural-as, ou confundil-as sempre alguma hade procurar, e tender a separar-se das outras, e eis hum motivo mais para a eleição recair nas classes mais numerozas.

.Por Manoel Zeferino dos Santos.— Presidente de Pernambuco.

.Officio de 12 de Junho de 1833.

40 rs. QUARTA FEIRA 16 DE OUTUBRO 1833 | TYPOGRAPHIA FLUMINENSE DE BRITO E C.

Este foi um dos diversos exponentes da efêmera imprensa negra que surgiu na Corte em torno de 1833. Suas epígrafes contrastavam a promessa constitucional da igualdade perante a lei à realidade da discriminação racial.
O Mulato ou O Homem de Cor, n. 3, 16 out. 1833.

clamores explicitamente raciais. Entretanto, sua existência foi fugaz e teve menos impacto aqui do que em repúblicas hispano-americanas como o México, onde um presidente afro-indígena tomou brevemente o poder em 1829 e aboliu a escravidão antes de ser fuzilado. A reduzida relevância do cativeiro nessas sociedades e o caráter mais fragmentado de suas elites abriram mais espaço para a participação popular, inclusive da população de cor. No Brasil, após 1833, a repressão às rebeliões exaltadas e caramurus na Corte reduziu a diversidade do debate político, enquanto a consolidação de um aparato repressivo tornou o apelo aos livres de cor menos necessário. Como na região colombiana de Cartagena nesses mesmos anos, onde a escravidão ainda era relevante, construiu-se um consenso na esfera pública brasileira contrário às reivindicações raciais. Aqui como lá, a acusação de *haitianismo* — isto é, de incitação a uma revolução escrava, como a que dera origem à nação negra do Haiti —, frequentemente lançada contra os opositores políticos, tornou-se mais convincente devido às diversas revoltas e conspirações que pipocavam com cada vez mais frequência desde o início da década de 1820.[141]

Não importa quão brutal fosse a exploração senhorial, os escravizados não podiam ser isolados da sociedade em que viviam. Atos de resistência como fugas, formação de quilombos e assassinatos de senhores eram recorrentes, apesar da repressão que inevitavelmente provocavam, e tornavam-se ainda mais comuns em épocas de crise e divisão política entre os livres. Durante as lutas discursivas e armadas pela independência, muitos cativos ouviram falar da liberdade nacional e buscaram de diversas formas sua própria emancipação, individual ou coletivamente. O Primeiro Reinado foi palco de diversos pequenos levantes, especialmente na Bahia, que vivia uma onda rebelde desde 1807. O desembarque de 300 mil africanos entre 1826 e 1830 — o mais intenso quinquênio do tráfico luso-brasileiro — pode ter ampliado a inquietação servil, pois muitos dos novos escravizados eram homens jovens, alguns dos quais com experiência militar. No mínimo, os novos cativos alimentaram a paranoia dos senhores.

Entretanto, não é fácil discernir os projetos subalternos em meio ao pavor senhorial que cercava todas as rebeliões cativas, fossem reais ou imaginárias. Uma petição dos fazendeiros e moradores de Valença, na região cafeeira do Vale do Paraíba fluminense, afirmava que eles haviam descoberto uma conspiração dos escravizados de diversas propriedades, os quais

> tinham tratado [de] juntarem-se todos, e depois de assassinarem todos os brancos e homens de cor [livres], marchariam a esta vila, onde fazendo a mais horrorosa carnificina, deveriam isentar só as mulheres, que lhes deviam servir de esposas; e sem exceção de idade, cor ou pessoa, assassinariam todos os homens livres, fazendo engrossar seu partido com a reunião geral de todos os cativos e a mortandade geral de todos os livres.[142]

No Rio de Janeiro, como em qualquer outra sociedade escravista, era esse o maior pesadelo senhorial: uma guerra servil sem misericórdia, na qual os cativos unidos vingariam séculos de sevícias com uma violência exterminadora. Em suma, o que imaginavam ter ocorrido no Haiti. Como as confissões foram extraídas por tortura, é impossível determinar se era realmente esse o plano dos rebeldes: a semelhança com as conspirações descobertas (ou inventadas) no Atlântico escravista desde finais do século XVII sugere que o relato devia conter muito de exagero e paranoia. A chegada de notícias de revoltas em outras partes, como a de Nat Turner em agosto de 1831 na Virgínia — na qual foram mortos cerca de 60 brancos, incluindo mulheres e crianças —, só reforçava o medo dos escravocratas. O resultado prático era que os senhores estavam sempre atentos a ameaças — reais ou imaginárias — e dispostos a usar da violência extrema contra seus inimigos internos.[143]

Apesar da limitação das fontes, as quais obscurecem os grupos subalternos ao refletir os imensos diferenciais de poder nessa sociedade, é possível perceber que os cativos agiam politicamente em resposta à sua leitura interessada do turbulento cenário político em que o Brasil se encontrava. As notícias truncadas que chegavam sobre a proibição do tráfico negreiro por vezes foram reinterpretadas como uma abolição generalizada, enquanto os embates políticos davam esperança de que alguma força se colocaria ao lado dos cativos. Em consequência, os turbulentos anos regenciais foram o período de maior mobilização servil nos mais de três séculos de história da escravidão brasileira, com exceção da resistência generalizada em conjunção com os abolicionistas na década de 1880. Vejamos alguns exemplos.

Os cativos organizaram uma grande conspiração nas senzalas de Ubatuba com vistas a deflagrar uma rebelião nas festas natalinas de 1831, na crença de que d. Miguel, o irmão absolutista de d. Pedro, "desejava a liberdade dos escravos", a qual já teria sido decretada no Rio de Janeiro. Rumores análogos haviam servido de estopim para diversas outras rebeliões escravas por toda a América na Era das Revoluções, o que sugere tanto o vigor do monarquismo popular entre os escravizados quanto uma crença profunda na injustiça de sua condição, pronta a se manifestar em contextos propícios. Insurreições podiam também ser republicanas, se a liberdade fosse mais facilmente vislumbrada dessa forma. Também nos últimos dias de 1831, por exemplo, um republicano de longa data proclamou a abolição em Caçapava do Sul e sublevou dezenas de escravizados com o objetivo de unir o Rio Grande do Sul ao Uruguai.

No mesmo período, os trabalhadores de vários engenhos de Campinas gestavam outra insurgência e demonstravam estar ainda mais atentos ao que se passava. A investigação revelou uma conversa entre dois escravizados na qual um dissera para o outro: "ora Tio Joaquim, o Imperador [decretou que] os negros já não vêm para o Brasil, não seria justo que nos dessem também a liberdade? Ao que respondera o Joaquim que alguma coisa disso há de acontecer". Outro boato em circulação era de "que no Rio de Janeiro os escravos já estavam libertos, e em São Paulo já se tinha dado baixa aos vermelhos [indígenas], e que se iam assentar praça nos pretos, ficando todos eles libertos".

As leis antitráfico e contra a escravização indígena de 1831 chegaram rapidamente aos ouvidos servis, que as interpretaram como abolicionistas — não só por interesse, mas porque para rebeldes majoritariamente africanos (no caso, da região Congo-Angola), o cativeiro era inseparável do tráfico negreiro. Talvez os rebeldes que exibiram uma bandeira francesa com os dizeres "liberdade ou morte" na ilha francesa de Martinica em fevereiro de 1831 tenham tido um raciocínio similar após a derrubada de Carlos X e a proibição do tráfico atlântico por pressão britânica. O objetivo dos revoltosos campineiros aparece repetidamente nos interrogatórios: "entrar em uma revolução contra os brancos para bem de sua liberdade, assassinando aos ditos brancos". Talvez pensassem que sua insurreição poderia ser o estopim para uma rebelião generalizada capaz de derrubar definitivamente a escravidão — ou, quem sabe, esta pode ter sido mais uma manifestação da paranoia senhorial.[144]

A revolta de Carrancas foi, porém, muito real. Esse movimento multiétnico explodiu no 13 de maio de 1833 no sul de Minas, quando dezenas de africanos e crioulos escravizados por um deputado moderado e seus parentes assassinaram brutalmente nove familiares do político, sem distinção entre idosos, adultos e crianças. Os cativos aproveitaram o caos causado na província por uma rebelião militar em Ouro Preto para agir, provavelmente inspirados em rumores sobre uma abolição supostamente promulgada pelos revoltosos. Aqui como nas anteriores, sempre havia a suspeita de que brancos houvessem estimulado esta insurreição, em geral com motivações políticas: era uma forma de menosprezar a iniciativa dos escravizados, considerados incapazes de agir por si próprios. Os rebeldes foram presos e julgados, sendo 16 deles mortos na maior execução judicial coletiva da história brasileira.[145]

Em meio a revoltas várias e temendo a possibilidade de regresso do ex-imperador, o governo regencial rapidamente enviou um pacote de leis para aumentar sua influência sobre a Guarda Nacional, fortalecer as polícias em constituição, restringir a liberdade de imprensa e, principalmente, expandir e acelerar a aplicação da pena de morte contra os escravizados que ameaçassem a ordem senhorial. Uma das únicas vozes contrárias à pena foi, como sempre, Antônio Ferreira França: "a Constituição trata de fatos e não de homens; e que ela jamais deverá despojar a ninguém do caráter de homem; e que pois os escravos não podem ser de maneira alguma despojados do direito de defesa", de modo que rejeitava "a proposta por ser uma monstruosidade, por ser inconstitucional". Também como de costume, o já veterano exaltado baiano foi sumariamente derrotado. Sua argumentação tinha como base dois preceitos: a igualdade perante a lei e a humanidade dos escravizados. Nenhum deles receberia boa acolhida em uma casa legislativa composta por escravocratas temerosos de que sobre eles recaísse a mesma vingança que incidira na família assassinada de seu colega. Por isso, os opositores do tráfico frequentemente enfatizaram nesse momento a ameaça da revolta e a barbárie africana, recorrendo inclusive a exemplos do Caribe britânico e dos Estados Unidos. A escravidão era um fenômeno atlântico, sendo entendida como tal na própria época.[146]

A lei sobre a pena capital continuou a tramitar, e os cativos a conspirar. Seus movimentos eram majoritariamente rurais e davam-se em áreas dominadas por grandes propriedades, geralmente caracterizadas por uma elevada desproporção demográfica entre escravizados (muitos dos quais africanos recém-chegados) e livres. Em menor número, rebeliões escravas também eclodiram em espaços urbanos, inclusive uma das maiores: magistralmente estudada por João José Reis, a revolta dos malês em Salvador havia sido planejada para o dia 25 de janeiro, domingo e festa de Nossa Senhora da Guia, para aproveitar a menor vigilância senhorial. Entretanto, foi denunciada pouco antes de começar por André Pinto da Silveira — pardo, importante contrabandista negreiro e sogro do deputado Rebouças — graças à delação de uma liberta. Mesmo sem o elemento surpresa, os insurretos saíram às centenas pela madrugada e transformaram as ruas de Salvador em um sangrento campo de batalha. Ao que parece, buscavam deflagrar um levante geral entre os cativos urbanos e depois fazer o mesmo no Recôncavo açucareiro. Autoridades nacionais e estrangeiras impressionaram-se com a disciplina rebelde, pois seus alvos foram militares e políticos, não civis, poupando inclusive os senhores. O levante fracassou, deixando como saldo pelo menos 70 mortos entre os malês.[147]

Quem eram esses revoltosos que haviam demonstrado uma notável capacidade de mobilização? Os malês eram africanos ocidentais de crença muçulmana, escravizados num contexto de guerra e efervescência religiosa. O islã serviu-lhes de inspiração para a resistência e esteio moral para tornar suportáveis os rigores do cativeiro, materializando-se numa escrita árabe impenetrável aos olhares dos brancos. A fé, a identidade étnica reinventada no contexto americano e a experiência compartilhada da opressão escravista formaram a tríade que deu origem a uma conspiração que assustou profundamente o mundo senhorial. Seu objetivo principal e declarado era fazer "guerra aos brancos", sem poupar pardos e crioulos, nascidos já na terra e, portanto, indignos de confiança. Este foi, portanto, um levante fundamentalmente africano em busca da liberdade, "palavra tão mágica", no dizer de um dos participantes anos depois, ecoando ideia por vezes enunciada em outras sociedades escravistas durante a Era das Revoluções.[148]

Em Salvador como em Campinas, as lideranças rebeldes eram não só políticas como também religiosas — islamismo em um caso, tradições centro-africanas em outro. Nada muito diferente do que acontecera em 1831 na Virginia do pregador cristão Nat Turner: todas as fés podiam ser reinterpretadas na ótica do oprimido. O sobrenatural deveria proteger os insurgentes do poderio escravocrata. Trata-se de um elemento fundamental para dar-lhes confiança em sua missão, conscientes que estavam da desvantagem desesperadora que lhes fora imposta pelo cativeiro. Os libertos estiveram presentes nestes três movimentos, ainda que em pequeno número: ao menos para uns poucos, a manumissão não apagou a solidariedade construída ao longo de anos com os ex-companheiros de infortúnio.[149]

O grande problema para os insurgentes era que essa solidariedade só conseguiu mobilizar uma minoria da população negra, dividida por clivagens étnicas, econômicas e de estatuto jurídico. A desigualdade brasileira era tão onipresente que permeava até mesmo os grupos subalternos. Os insurgentes do Império diferenciaram-se, portanto, da "Guerra Batista" de 1831-32 na Jamaica, iniciada em 25 de dezembro — dia inicialmente planejado para as conspirações de Ubatuba e Campinas — e inspirada por rumores similares de uma liberdade concedida por um soberano distante. A insurreição caribenha reuniu cerca de 60 mil escravizados majoritariamente crioulos — porque o tráfico atlântico britânico acabara havia quase 1/4 de século. Incendiaram mais de 200 propriedades rurais, mas pouparam os brancos. Estes não retribuíram o favor: mais de 500 rebeldes foram executados, durante a revolta ou depois. Apesar da derrota imediata, o movimento contribuiu para acelerar a abolição da escravatura, aprovada no Parlamento britânico apenas um ano e meio depois da revolta. A ação cativa unira-se ao vigoroso movimento abolicionista na metrópole e à diminuição da importância do Caribe na economia britânica para vencer a recalcitrância escravocrata — ao custo, é verdade, de uma vultosa indenização paga aos antigos senhores das Antilhas.[150]

No Brasil, como no Sul dos Estados Unidos e em Cuba, os rebeldes não podiam contar com tais aliados — e o escravismo só aumentava sua importância econômica, como se verá no próximo capítulo. Mesmo assim, os levantes (assim como os rumores de novas conspirações) deram breve sobrevida às vozes antitráfico ainda presentes na esfera pública brasileira, originando diversos projetos de lei contrários ao contrabando de carne humana. Um punhado de exaltados — especialmente a já citada família Ferreira França — persistia até em introduzir medidas abolicionistas graduais na Câmara dos Deputados, mas todas eram sumariamente rejeitadas. Um ou outro escritor moderado partiu da rejeição ao contrabando negreiro para uma crítica totalizante da escravidão, mais pelo mal que causava ao país do que por sua desumanidade intrínseca. Tais clamores caíram em ouvidos surdos, pois por todo o Império os setores dominantes e intermediários dependiam do cativeiro, enquanto muitos livres pobres — inclusive de cor — almejavam tornar-se senhores: era a forma mais segura de ascender social e economicamente em uma sociedade escravista. Em suma, a disseminação social e geográfica da instituição impedia a formação de uma ampla coligação abolicionista que pudesse transformar eventuais discursos antiescravistas em ação.

Dessa forma, a principal medida legislativa nacional após a rebelião dos malês foi a aprovação final da pena de morte para os escravizados, aplicada dezenas de vezes nos anos seguintes, em geral contra os acusados de assassinar senhores e feitores. Já na Bahia (e em menor escala no Rio de Janeiro) predominou um profundo sentimento antiafricano, concretizado na adoção de políticas discriminatórias, na suspensão dos poucos direitos civis que estes podiam gozar, e, principalmente, na deportação ilegal de centenas de libertos inocentes para a África ocidental. Os "civilizados" brasileiros acusavam os homens e mulheres que haviam escravizado de bárbaros e, por isso, davam-se licença para tratá-los barbaramente. O primado que valia no Império não era o da lei, mas o da manutenção da ordem social.

Assim, tolhimentos à organização impostos pela vigilância senhorial e pela velocidade da repressão — pois nada unia mais rapidamente os brancos que o temor de uma revolução servil — garantiram que as rebeliões escravas no Brasil tivessem vida curta. Não havia condições materiais para que se condensassem em um projeto de classe — pelo menos até a eclosão do movimento abolicionista multirracial na década de 1880, já em um contexto de declínio da escravidão.[151]

Múltiplos e contraditórios projetos populares

Revoltas multifacetadas com participação de proprietários, livres pobres e indígenas representaram desafios maiores e mais duradouros para as forças da ordem, pois estes grupos diversificados possuíam condições menos adversas de mobilização do que os escravizados. A instabilidade que marcou a Regência permitiu que vários grupos enxergassem oportunidades de intervir nas disputas políticas, ainda que nem sempre seja fácil discernir seus objetivos específicos.

Um desses primeiros movimentos ocorreu em Pernambuco. Nessa província, a abdicação permitiria o retorno ao poder dos membros da oligarquia que haviam sido derrotados em 1824, enfraquecendo os Cavalcanti e Albuquerque e seus aliados, os quais haviam governado a província quase sem oposição nos anos anteriores, alicerçados no poder que haviam constituído por quase três séculos. Assim, após diversas revoltas urbanas que evidenciavam a fragilidade do novo regime na província, diversos proprietários de terra rebelaram-se em 1832 em nome do ex-imperador e da Igreja (supostamente ameaçada por "jacobinos") contra o novo governo local, mobilizando para tal seus dependentes rurais.

Conhecido como Cabanada e surgido das brigas oligárquicas, o movimento logo fugiu do controle senhorial, incorporando escravizados fugitivos, camponeses e indígenas. Alastrou-se até Alagoas, em áreas antes protegidas pela Coroa para fornecerem madeira de lei para a Marinha e agora invadidas por cana e gado. Se uns poucos latifundiários permaneceram em rebelião até a morte de d. Pedro em Portugal no final de 1834, deixaram de ser os líderes já após os primeiros meses da revolta. Um campesinato multiétnico aproveitou a oportunidade para defender sua autonomia e seu acesso costumeiro à terra contra o avanço da fronteira açucareira. O apoio popular ao monarca derrubado pelo 7 de abril era real, mas derivava menos das características de d. Pedro do que de sua utilidade como um protetor simbólico cuja figura podia ser contraposta aos poderosos locais. A repressão foi brutal, adotando uma política de terra arrasada. Só entre março e maio de 1835, já na fase final do conflito, foram 2.326 mortos à bala. Outros tantos foram empurrados para a insurgência de maneira a defender suas comunidades da violência indiscriminada. Assim, foi preciso conceder anistia para desmobilizar os rebeldes, e alguns — nomeadamente o pardo Vicente de Paula e sua tropa de quilombolas, os "papa-méis" — continuaram a desafiar o poder combinado de senhores e do Império por mais de uma década.[152]

No Brasil como em outras partes, o objetivo central da insurgência rural geralmente era a manutenção do acesso costumeiro à terra, base do modo de vida camponês. Especialmente no caso das comunidades indígenas, esse foi o principal horizonte de sua luta política durante grande parte do Império, como se percebe em outras revoltas no Espírito Santo e na Bahia. Quando as reivindicações se circunscreviam à manutenção do desigual *status quo* agrário — que ainda assim respeitava certos direitos comunitários —, abriam-se possibilidades de aproveitar as cisões intraoligárquicas e construir alianças mais amplas, mesmo que pouco coesas. Outros grupos indígenas enxergaram a aliança com as forças da ordem como mais vantajosa para seus objetivos, talvez porque quando os movimentos contestatórios cresciam a ponto de ameaçar a ordem social a repressão era implacável, como fora em Pernambuco e seria ainda mais no Pará. Devido à maior instabilidade política, fragilidade estatal e desigualdade social, esse ponto de não retorno foi alcançado nestes anos com muito mais frequência no mundo ibero-americano do que nos Estados Unidos e na Europa ocidental.[153]

O Norte do Brasil foi o cenário da maior e mais sangrenta das rebeliões rurais do Império, e uma das que mais preocupou a Corte: a Cabanagem paraense. Conflitos políticos entre os poderosos locais e lusofobia causavam violência há anos, e cada vez mais depois de 1831. O presidente de província Lobo de Souza era acusado de ser pró-português e autoritário, contra as expectativas descentralizadoras geradas pelo Ato Adicional, enquanto seus opositores eram enxovalhados de republicanos e abolicionistas. Os rebeldes — que pouco tinham de radicais, tendo como primeiro líder Félix Malcher, um próspero fazendeiro — tomaram Belém no início de 1835, assassinaram Lobo de Souza e cerca de 20 comerciantes portugueses, chegando a proclamar a desvinculação da província do Império até a maioridade de d. Pedro II.

Entretanto, Malcher logo entrou em conflito com seu comandante de armas, o pequeno proprietário rural Francisco Vinagre, e acabou assassinado. Vinagre tomou o poder e buscou sem sucesso aproximar-se da Regência. Acabou deposto e preso quando a cidade foi retomada pelas forças da ordem no final de junho, mas uma tropa rebelde composta por índios, mestiços e negros reconquistou Belém em meados de agosto. Xenofobia e antimaçonaria marcavam a ação popular, levando os brancos — brasileiros e estrangeiros — a entrarem em pânico e enxergarem a rebelião como uma guerra racial. O regente Feijó seria duro em sua Fala do Trono de 1836: "por bem ou por mal, será ela [a cidade de Belém] arrancada às feras que a dominam".[154]

O novo líder, Eduardo Angelim, um agregado de Malcher, buscou reprimir as tendências libertárias que apareciam em suas forças multiétnicas, executando diversos de seus homens, inclusive um oficial militar tido por abolicionista radical. Não queria mais que maior espaço para autogoverno, com menos ingerência do Rio de Janeiro sobre os negócios locais, e esperava consegui-lo pela negociação.

A revolta já possuía, porém, muitas cabeças, e como sua antecessora pernambucana ultrapassara as demandas oligárquicas que haviam dado início ao conflito. Os rebeldes clamavam por liberdade, autonomia e maior participação política, por vezes apresentadas "na mesma linguagem constitucional que definia políticas nacionais", como notou o antropólogo Mark Harris. Mesmo com pouco acesso à informação e educação, o multiétnico campesinato amazônico construiu suas exigências numa chave liberal, enfatizando seus direitos como cidadãos — enquanto os escravizados fugiam em grande número. Um de seus líderes, o forro conhecido como Patriota, chegou a reivindicar a presidência da província, a secessão e a proclamação da república. Em outros momentos, o que mais se destacou foi a violência revanchista contra os proprietários. No geral, porém, a diversidade de experiências de exploração e a inexistência de instituições capazes de organizar sua mobilização coletiva impediram que os cabanos se transformassem em um grupo coeso. Dispersos, sem liderança unificada nem objetivos únicos, os cabanos não conseguiram resistir ao contra-ataque das tropas imperiais aliadas às oligarquias locais, ficando a partir de meados de 1837 na defensiva. A repressão foi longa e violenta, suspendendo as garantias constitucionais e enxergando todos os não brancos como inimigos em potencial. Em larga medida, a brutalidade devia-se ao temor que os cabanos inspiraram nos grupos dominantes: eles, mas principalmente os observadores estrangeiros, especularam repetidamente sobre a possibilidade de uma fragmentação do Império caso a Regência fosse incapaz de reprimir as múltiplas e diversificadas contestações subalternas.[155]

SEPARATISMOS DE NORTE A SUL

Tal temor pode parecer exagerado após 200 anos de unidade territorial, porém os Estados nacionais ainda estavam em construção no Oitocentos: vários unificaram-se, outros tantos fragmentaram-se. Enquanto a Cabanagem assustava o Império, escravocratas anglo-americanos aproveitaram revoltas federalistas generalizadas no México contra o presidente centralizador Santa Anna e proclamaram a secessão do Tejas, transformado em República independente do Texas em 1836. Logo depois, conflitos oligárquicos num contexto de reformas liberais — muito mais ousadas, é verdade, do que as da Regência — e rebeliões camponesas mestiças levavam à divisão da República Federal da América Central em cinco países distintos: Guatemala, El Salvador, Honduras, Nicarágua e Costa Rica.

Pouco antes, a mesma revolução que em 1830, na França, estimulara a contestação ao monarca brasileiro serviu de estopim para a eclosão de um movimento autonomista e liberal no sul dos Países Baixos, em fermentação na última década contra o autoritarismo do monarca neerlandês que discriminava seus súditos católicos e francófonos. Surgiu assim o Reino da Bélgica. No mesmo ano, a regional e socialmente diversa Grã-Colômbia dividiu-se em Nova Granada, Equador e Venezuela após a abdicação de seu autoritário (ainda que com pretensões liberais) líder fundador, em razão das contestações oligárquicas. O sonho da unificação hispano-americana morreria junto com Bolívar.[156]

Nesse contexto, o representante francês no Rio de Janeiro não se surpreendeu quando foi contatado em finais de 1831 por Antônio Francisco de Paula de Holanda Cavalcanti de Albuquerque. O influente político pernambucano buscava obter apoio internacional para transformar a área que ia da Bahia ao Grão-Pará em um novo reino, tendo como monarca uma das irmãs de Pedro II. Segundo o diplomata Charles-Édouard Pontois, essa região "forma, mais que qualquer outra parte do Império, uma divisão natural, e parece destinada a se tornar um

Estado independente". Unionistas de 1817 e 1824 tornaram-se separatistas na década de 1830, porque a unidade nacional ou a secessão não eram fins em si mesmos, mas meios para pôr em prática projetos políticos — no caso, de defesa da ordem social ante as agitações regenciais e a aparente incapacidade do Rio de Janeiro de garantir estabilidade. Assim, a questão continuou a ser discutida à boca pequena entre os caramurus, a tal ponto que Feijó ainda a considerava uma possibilidade real pouco antes de assumir a regência.[157]

Ao mesmo tempo, no outro extremo do Império, o presidente de província do Rio Grande do Sul Manoel Antônio Galvão escrevia à Corte temeroso do potencial de revolta na região, especialmente por parte de estancieiros militares como o comandante de armas Bento Gonçalves da Silva. Esses homens tinham interesses econômicos na Cisplatina desde a ocupação joanina, e não seria a proclamação da independência do Uruguai que os impediria de movimentar seus rebanhos para além da fronteira ou de intervir politicamente no vizinho em prol de seus aliados — os quais frequentemente se refugiavam no Brasil, como Juan Antonio Lavalleja, inimigo de Fructuoso Rivera, o primeiro presidente uruguaio. Os laços eram tão fortes que o temor de que desejassem formar uma confederação com os *hermanos* parecia perfeitamente crível. Não só gado e soldados cruzavam de um país para outro. Também projetos políticos, como republicanismo e federalismo, frequentemente discutidos em lojas maçônicas. O controle dos "senhores da guerra" que haviam participado de décadas de conflito fazia-se essencial para garantir a estabilidade na fronteira, mas estes não aceitariam facilmente tal ingerência.

Dificuldades econômicas também explicam a fúria dos estancieiros militares contra a Corte carioca. A repressão ao contrabando de gado na fronteira com o Uruguai e a taxação que gravava mais os produtores rio-grandenses do que seus concorrentes platinos sugeriam que o Rio de Janeiro estava mais interessado em extrair recursos para financiar o Estado imperial e garantir o suprimento de charque para as principais regiões agroexportadoras do Brasil do que em defender os interesses econômicos sulistas. Era o efeito local de uma política tributária que beneficiava o Centro-Sul em detrimento do restante do país, restringindo a capacidade provincial de adequar os impostos às realidades locais e intensificando a desigualdade regional, com efeitos fortemente sentidos tanto no Rio Grande do Sul charqueador quanto no Maranhão algodoeiro. O projeto político moderado da Regência era menos centralista que os de d. Pedro I e d. João VI, mas as continuidades eram significativas o suficiente para desapontar as expectativas de mudança, especialmente após o Ato Adicional, que reservara ao poder central as principais rubricas fiscais, em detrimento das províncias.

Assim, a rebelião rio-grandense estourou em 20 de setembro de 1835. Os revoltosos ainda proclamavam lealdade ao Imperador-menino, à Constituição e aos princípios liberais do 7 de abril, que teriam sido traídos pela Regência. Sua reivindicação principal era simples: mais autonomia. A República Rio-Grandense só viria um ano depois, em meio aos embates militares com as forças do Rio de Janeiro e, talvez, como estratégia para angariar mais apoios internacionais, nomeadamente do caudilho bonaerense Juan Manuel de Rosas. As divisões abundavam, em razão de interesses econômicos — o litoral charqueador e mercantil foi mais leal ao Império com quem mantinha intensas relações comerciais, enquanto os separatistas em geral advinham da fronteira pecuarista platina — laços pessoais e conveniências políticas momentâneas. O poderoso estancieiro Bento Manoel, por exemplo, passou temporariamente para o lado do Rio de Janeiro em 1836 e liderou as forças da legalidade na Batalha do Fanfa em outubro de 1836, a qual resultou na prisão do chefe rebelde Bento Gonçalves e na consolidação do domínio imperial sobre Porto Alegre.

Esses sucessos não significaram, porém, o fim do conflito: os revoltosos perseveram e intensificaram suas relações com o Uruguai, pois o controle imperial dos portos brasileiros tornava Montevidéu o porto por excelência de escoamento e abastecimento para os rebeldes. Entretanto, a construção de uma aliança entre as duas jovens

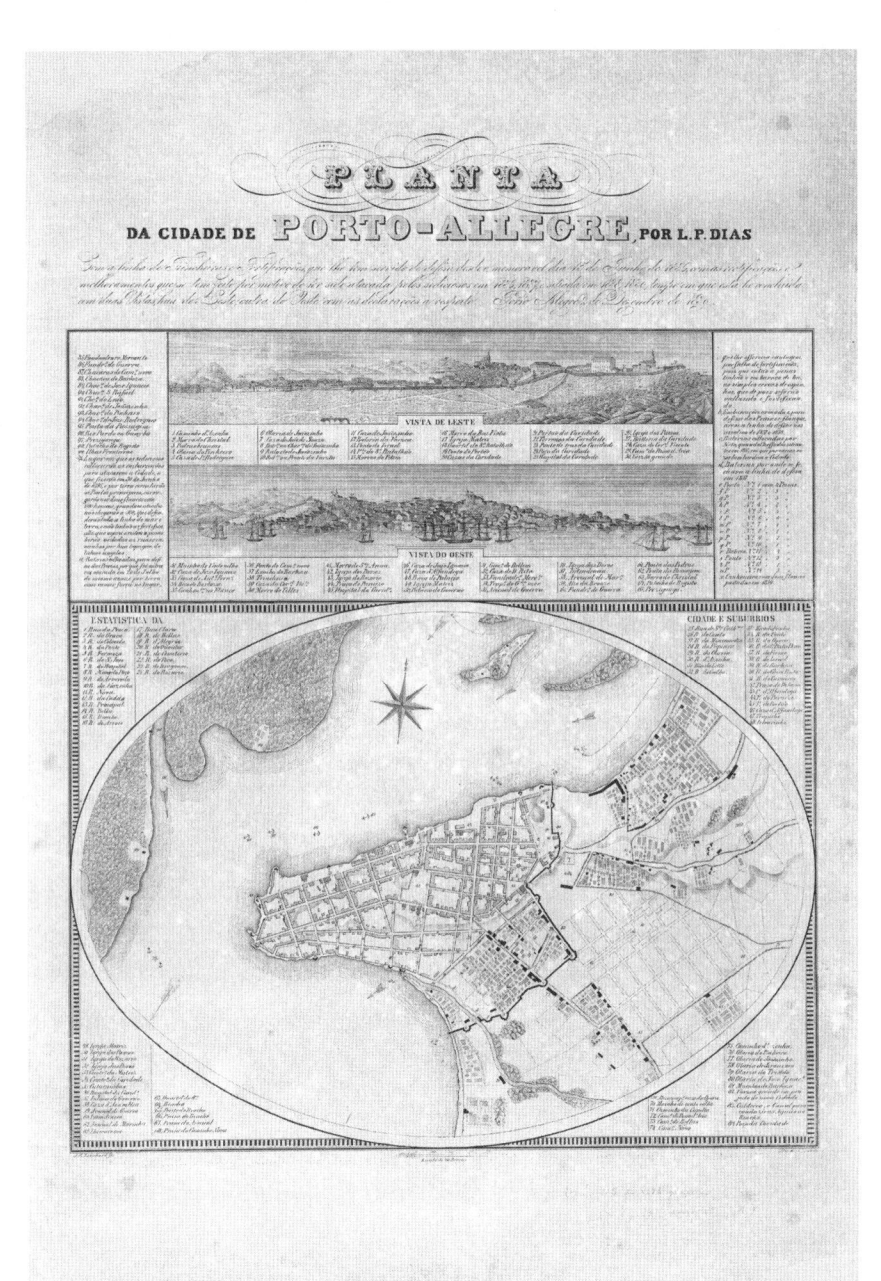

Porto Alegre foi um dos baluartes legalistas no Rio Grande do Sul: o domínio farroupilha foi territorialmente limitado, sendo mais forte na fronteira e mais frágil no litoral. DIAS, L. P. *Planta da cidade de Porto-Allegre*: com a linha de trincheiras e fortificações que lhe tem servido de defesa desde o memorável dia 15 de junho de 1836. Porto Alegre: Lith. Vr. Larée, 1839.

e pequenas repúblicas era dificultada pelas ameaças advindas do Império do Brasil e dos vários polos de poder da Confederação Argentina. A partir de Buenos Aires, Juan Manuel de Rosas vislumbrava a possibilidade de refundar, sob seu comando, o antigo Vice-Reino do Rio da Prata, que incluía o Paraguai, o Uruguai e pelo menos parte da Bolívia. O projeto parecia-lhe realizável, já que com a ascensão de Manuel Oribe, no Uruguai, o partido *blanco* substituía o *colorado*, liderado por Rivera.

Assim, os separatistas adotaram o vocabulário político de seus vizinhos para construir alianças no Prata contra o Império. Seu sucesso foi, porém, fugaz, especialmente na relação com Buenos Aires, preocupada em não antagonizar demasiadamente o Rio de Janeiro. Uma carta do líder militar rio-grandense João Manoel de Lima e Silva — irmão caçula do ex-regente Francisco de Lima e Silva — para Rosas em 14 de outubro de 1836 é ilustrativa desse movimento de aproximação:

> É, pois, Excelentíssimo Senhor, para animar e secundar tão heroica quão necessária revolução, que em nome dos livres desta parte da América reclamo de Vossa Excelência, que se há sempre apresentado como o denodado Defensor do Sistema Federativo, sua enérgica e valiosa proteção. Não consinta Vossa Excelência que os retrógrados unitários triunfem [sobre os] Livres Federais Rio-Grandenses. A causa em que nos achamos empenhada é digna de Vossa Excelência, e nossos perversos inimigos também o são deste Estado.[158]

Em reação, os legalistas do Rio Grande do Sul e da Corte enfatizavam a importância da ordem, da unidade e da monarquia para o progresso, salientando a anarquia e o "despotismo militar" que afligiam os vizinhos platinos desde sua independência. Também articularam uma visão positiva da unidade nacional, apresentando a inserção no Império como o caminho para a prosperidade provincial e a estabilidade social. Mesmo aqueles que não rejeitavam a República por princípio consideravam o Brasil por demais atrasado para adotar esse regime de governo devido ao peso da herança colonial, à pouca educação do seu povo e ao peso da escravidão. Embora fossem chamados de farroupilhas (um termo geralmente aplicado aos exaltados) por seus inimigos, os estancieiros tinham muito pouco em comum com os radicais, pois desejavam reforçar o poder oligárquico em vez de subvertê-lo. Nesse sentido, os objetivos dos unitários e dos separatistas não eram tão distintos: o que os diferenciava eram os meios escolhidos e o horizonte que informava suas estratégias — o Império ou o Prata. Era exatamente essa proximidade que tornava necessário um debate político mais vigoroso, especialmente por meio da imprensa: a opção única pela repressão só era factível quando voltada aos grupos subalternos.[159]

Em acréscimo, o caráter fronteiriço do Rio Grande do Sul diferenciava qualitativamente sua rebelião das demais. Não se tinha apenas uma guerra civil como nas outras revoltas regenciais, ainda que o conflito no Sul fosse mais horizontal do que vertical, opondo oligarquias rivais. Era também uma sedição num espaço contestado há mais de século e meio, misturando política externa e interna e envolvendo cada vez mais o Império nos conflitos entre unitários e federalistas no rio da Prata, num processo que se intensificaria nos anos seguintes. Assim, em 1837 o Império parecia estar se desmanchando pelas extremidades. O exaltado Antônio Ferreira França chegou a propor um projeto de lei na Câmara dos Deputados para dar aos rio-grandenses o direito de decidir se queriam romper com o Brasil. O parlamentar baiano colocou a defesa do federalismo e da soberania popular à frente da unidade nacional. Foi — como sempre — praticamente ignorado por seus colegas.[160]

De Norte a Sul, os projetos separatistas foram majoritariamente oligárquicos. Pautaram-se por um ganho de autonomia em relação ao Rio de Janeiro. Quando negado, pelo menos em relação ao tamanho das ambições oligárquicas regionais, o rompimento dos laços pareceu inevitável. Os setores subalternos, por sua parte, estavam às voltas com as mazelas de sua existência precária e enfrentariam riscos muito maiores caso ousassem se insurgir, em boa medida porque suas revoltas estavam ligadas a questões fundamentais para a estruturação social do Brasil. Para eles, tinham primazia uma forma de liberdade contraoligárquica, o acesso à terra e a possibilidade de participação política local. Já os exaltados pretendiam falar pelo povo, mas não conseguiram alcançar a maior parte da população brasileira que vivia fora dos principais centros urbanos — e mesmo neles não foram bem-sucedidos em construir instituições capazes de sustentar uma mobilização social por longos períodos em prol de objetivos claramente articulados. A soma dessas contestações em meados da década de 1830 ameaçou brevemente o projeto político unitário, monárquico e escravocrata. A reação, no entanto, não tardaria a chegar, ajudada pelas mudanças nos ventos econômicos vindos do hemisfério norte. As ondas revolucionárias haviam colidido sucessivamente com as fundações do Império, que não obstante se provaram sólidas o suficiente para resistir a múltiplos impactos, vindos de quase todas as partes do país. Apesar das esperanças iniciais, o 7 de abril teve muito pouco de revolucionário: o que emergiria do laboratório regencial foi o poder oligárquico que lhe precedera e lhe sobreviveria, fortalecido pela convicção senhorial de que era preciso preservar a ordem a todo custo.

CAPÍTULO 3

ORDEM E REGRESSO
(1837-48)

Enquanto estouravam revoltas por todo o Império, publicistas discutiam em periódicos e políticos discursavam na Assembleia Geral, estavam em curso transformações econômicas que condicionariam profundamente as possibilidades materiais de realização dos projetos políticos em disputa. Na década de 1830, o aumento da sede norte-americana pelo café brasileiro fomentou a reabertura do contrabando negreiro, financiou a expansão nacional do aparato repressivo imperial e impulsionou a ascensão sociopolítica da oligarquia cafeeira que viria a dirigir a política brasileira a partir do Regresso Conservador de 1837.

Assim, o processo político foi constituído por essa realidade econômica, mas também a constituiu, num círculo virtuoso para os grandes escravistas e vicioso para a maior parte da população. O cativeiro africano, a expropriação indígena, a desigualdade social e a exclusão da larga maioria da população da cena política foram violentamente reafirmados: como um vampiro, o nascente Partido da Ordem alimentou-se do sangue e suor dos subalternos. Seu projeto acabaria por ser tão bem-sucedido que floresceria mesmo quando fora do poder, como no chamado Quinquênio Liberal de 1844-48, num vigor derivado de sua conexão com os interesses materiais diretos da classe dominante. Sua força era tamanha que foi capaz de restringir — mesmo sem recorrer explicitamente à censura — a discussão no espaço público, que se tornaria menos plural do que nos primeiros anos da regência, ao mesmo tempo que novas instituições culturais foram criadas para codificar e disseminar o projeto vencedor, como o Imperial Colégio Pedro II e o Instituto Histórico e Geográfico Brasileiro.[161]

O jovem monarca afirmou-se como um agente político de maior importância justamente nesse contexto. A unidade e estabilidade de seu Império foram construídas nas costas negras da África e dos africanos ilegalmente cativados após 1831, não podendo ser dissociadas dessa realidade socioeconômica de fundo. A colaboração com as oligarquias escravocratas era peça fundamental deste quadro: os meios disponíveis ao Estado eram suficientes para subjugar os subalternos, mas apenas em colaboração com a classe senhorial, não contra ela. A única monarquia do Novo Mundo pensava-se como um transplante da civilização europeia, porém consolidou-se justamente quando se tornou profundamente americana ao entrelaçar seu destino com os Estados Unidos, maior república do continente e grande baluarte da escravidão. Olhos na Europa, pés na América — e braços da África.[162]

O Império finalmente resolveu a disjunção ideológica provocada pela ênfase retórica característica da Era das Revoluções na liberdade, embora aqui em comunhão com o cativeiro, ao adotar uma defesa veemente da ordem e da propriedade. Foram anos dedicados, portanto, a preservar o secular binômio escravidão-latifúndio, adiando para quando uma maior estabilidade permitisse os projetos para reforçar direitos de propriedade e acelerar a circulação de capital. Ao mesmo tempo, enquanto países que nos serviam de exemplo como a França e a Grã-Bretanha continuariam a mover-se lentamente rumo à incorporação do povo-cidadão na esfera política, a tendência foi revertida no Brasil, pois o medo da revolução havia passado.[163]

A consolidação imperial deve ser entendida, por conseguinte, num contexto atlântico, não só porque as oligarquias do Brasil olhavam para o hemisfério Norte em busca de inspiração e por causa dos impactos locais do mercado mundial, mas também visto que dois elementos centrais dessa estabilização dependiam de suas relações exteriores: a manutenção da unidade territorial, especialmente ameaçada na região do rio da Prata pela longa rebelião Farroupilha, e a resistência à pressão antinegreira britânica. Política interna e relações exteriores eram cada vez mais inseparáveis.

FAZER PARAR O CARRO DA REVOLUÇÃO

O campo conservador pró-escravista começou sua ascensão em 1835, acabando por tomar o poder em setembro de 1837, após a renúncia de Feijó. Se o desejo por estabilidade em meio às revoltas regenciais foi decisivo nesse movimento, não o foi menos o crescimento do Vale do Paraíba fluminense, que graças ao café tornou-se nesse período a região mais pujante do país — e provavelmente de toda a América Latina. Para produzir o ouro negro eram necessários braços, e os fazendeiros acreditavam que a única alternativa que lhes garantiria a lucratividade imediata seria o trabalho forçado. Por interesse de classe e conveniência política, uma parcela das oligarquias imperiais decidiu defender a liberdade de sequestrar africanos e escravizá-los ilegalmente, obtendo poder e riqueza à custa de sangue e suor negros. Assim, para compreender a sangrenta pacificação do Brasil nos últimos anos da década e a consolidação do Estado imperial, é preciso recuar no tempo e avançar no espaço de modo a abarcar as transformações econômicas que influenciaram os rumos políticos do país.

Consumidores norte-americanos, senhores brasileiros e africanos escravizados

A primazia alcançada no mercado mundial do café pelo Brasil — e mais especificamente pela região do Vale do Paraíba — resultou de uma combinação de fatores internos e externos. Apenas imaginada em finais de 1822, quando d. Pedro I determinou a presença do ramo de café na bandeira do Império e o estimulante era o terceiro produto nacional de exportação atrás do açúcar e do algodão, a posição prevalente tornou-se realidade na década seguinte.

Em 1790, o mercado atlântico era amplamente dominado pelo café e pelo açúcar da colônia francesa de Saint-Domingue, produzido por uma população escravizada em acelerado crescimento e vendido como um produto de luxo na Europa. A revolução escrava na ilha que viria a se tornar o Haiti abriu espaço para novos produtores. Inicialmente, o Brasil não foi um deles, apostando antes na tradicional atividade açucareira. Entretanto, a cafeicultura cresceu aceleradamente a partir da década de 1810, beneficiando-se da infraestrutura comercial e da integração do mercado interno legadas pelo açúcar e sobretudo pelo ouro, para se expandir pela bacia do rio Paraíba do Sul.

A conquista violenta dos povos indígenas garantiu o acesso barato à terra; o tráfico transatlântico de africanos escravizados defendido pela diplomacia imperial forneceu trabalhadores a um custo relativamente baixo; e pequenos e médios produtores camponeses e escravistas proporcionaram alimentos a preços módicos para as *plantations*. Assim, tornou-se economicamente viável expandir consideravelmente a cafeicultura, mesmo em um contexto de depreciação da *commodity* no mercado mundial, como ocorreria a partir da década de 1820 em larga medida em razão da oferta brasileira, que por sua vez ampliaria a demanda externa ao tornar a bebida estimulante mais acessível aos trabalhadores do hemisfério Norte. Comerciantes (inclusive traficantes de africanos escravizados), oficiais régios e produtores de mantimentos investiram no café não só por um fascínio arcaizante pela grande propriedade rural e pelo domínio escravista sobre outros seres humanos, mas também por vislumbrarem possibilidades de lucro em meio à expansão do mercado consumidor gerada pelo avanço do capitalismo.

Esse movimento foi possibilitado pela fertilidade da terra e pela crescente produtividade do trabalhador escravizado. As exportações brasileiras de café multiplicaram-se por 20 entre 1815 e 1830, tornando o país o maior produtor já em 1828, à frente das ilhas de Java e Cuba. Assim, a reiteração de estruturas sociopolíticas profundamente desiguais e a atenção aos movimentos do mercado internacional andavam de mãos dadas, reforçando-se mutuamente — mesmo porque níveis elevados de renda eram necessários para manter um estilo de vida senhorial. Não era a melhor opção para o desenvolvimento de longo prazo do Brasil — críticos da escravidão haviam destacado em anos anteriores a importância do trabalho livre e do avanço tecnológico —, porém era o caminho mais factível e benéfico para as camadas dominantes, aqui como em Cuba e no Sul dos Estados Unidos. Nestes três espaços, grandes escravocratas combinaram a produção para o mercado com uma ideologia patriarcal fundada na honra e voltada para a reprodução de hierarquias sociais locais. O fenômeno sintetizado por James Oakes para os Estados Unidos pode ser igualmente identificado aqui: "a escravidão sem dúvida enriqueceu os senhores, mas também empobreceu o Sul". A aposta no cativeiro era, assim, uma estratégia racional, garantindo a reprodução ampliada do capital econômico, social e político da classe dominante. Se o horizonte temporal da escravidão era indeterminado em razão da pressão britânica, neste momento nada sugeria que seria curto. Como famosamente escreveria Keynes quase um século depois em toada largamente mais distributiva do que poderia tê-lo feito a classe senhorial, "esse longo prazo é um guia enganoso para os assuntos do momento. *A longo prazo*, estaremos todos mortos".[164]

Gráfico 2. Volume das exportações brasileiras, 1821-50

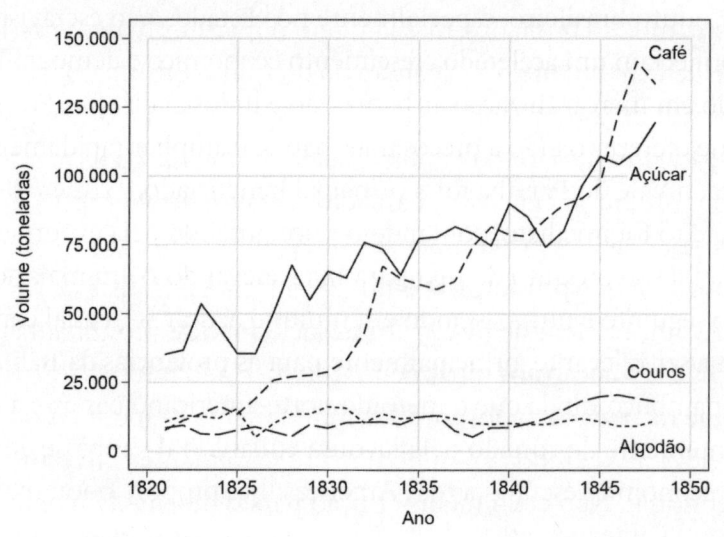

Fonte: Instituto Brasileiro de Geografia e Estatística, 1941. p. 84 e 86.

O café só se tornaria definitivamente o produto-rei, porém, na década de 1830, e aqui as conexões internacionais são especialmente importantes. Desdobramentos político-econômicos nos Estados Unidos são a chave para entender a ascensão da rubiácea brasileira: já na década de 1820, a importação de farinha de trigo estadunidense pelo Império estabeleceu conexões entre as duas nações escravistas; ao mesmo tempo, o aumento acelerado das exportações sulistas de algodão (cultivadas por uma população escravizada que ultrapassaria a brasileira por estes anos) garantiu divisas que tornaram desnecessária a reexportação de produtos tropicais, abrindo espaço para seu consumo por parte de uma população cada vez mais inserida em relações de produção capitalistas. Ainda mais importante, a luta dos escravocratas do Sul agrário contra o protecionismo do Norte em processo de industrialização rebaixou as tarifas de importação entre 1828 e 1832. A mudança tarifária somou-se à contínua queda nos preços do café para ampliar consideravelmente a demanda norte-americana pelo produto brasileiro, especialmente nos Estados não escravistas, que conheciam um acelerado crescimento econômico e demográfico baseado em mercantilização, urbanização e industrialização. Por ser capaz de oferecer o grão a preços mais baixos e ampliar rapidamente a oferta, o Vale do Paraíba foi o principal beneficiado.

O efeito foi imediato, dobrando o valor auferido pela exportação imperial desse produto de 1831 para 1832, elevando-o em mais 50% no ano seguinte e ultrapassando em muito o açúcar — o qual continuaria a ser relevante, principalmente para as províncias da Bahia e de Pernambuco, ainda que o mercado norte-americano passasse a ser crescentemente dominado pela lavoura cubana. Tal simbiose entre as três economias escravistas das Américas lhes proporcionou maior autonomia ante as pressões britânicas em meio ao avanço do abolicionismo.[165]

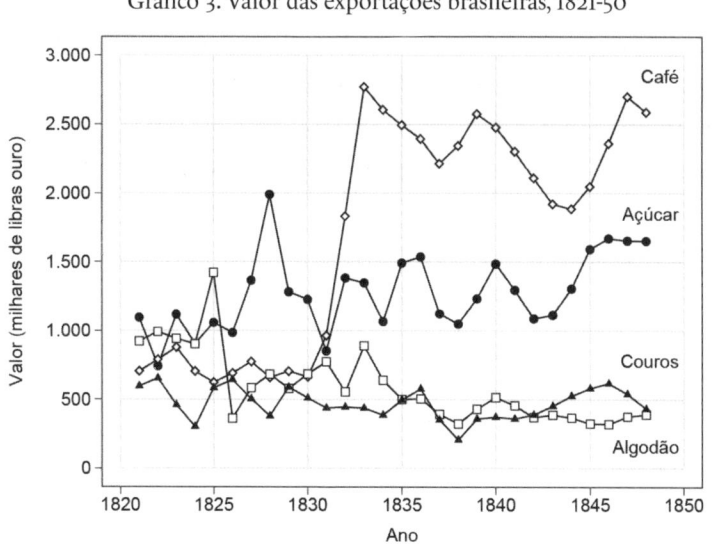

Gráfico 3. Valor das exportações brasileiras, 1821-50

Fonte: Instituto Brasileiro de Geografia e Estatística, 1941. pp. 84 e 86.

O contrabando negreiro e a retórica da reação

A mão de obra escravizada para a expansão da cafeicultura havia sido fornecida pelo surto importador do final da década de 1820, antes da primeira tentativa de proibição do tráfico. O aumento da demanda nos anos de 1830 exigia, porém, mais braços, e rápido. O clamor vinha especialmente dos fazendeiros do Vale do Paraíba, cuja importância política aumentava concomitantemente às suas exportações de café. Já em maio de 1834 a recém-instalada Câmara Municipal de Bananal enviou petição lamentando "a falta de braços" para a agricultura, "manancial das riquezas nacionais". Por isso, os fazendeiros precisavam recorrer ao contrabando negreiro: "eles bem conhecem o prejuízo que resulta à moral e aos princípios liberais que regem o Brasil; [...] eles não ignoram o quanto este tráfico é contrário à humanidade e à natureza, mas a necessidade não tem lei". Só haveria, portanto, dois caminhos: aceitar o desrespeito à norma ou "criminar toda uma classe, e tão numerosa como é a dos [proprietários] agrícolas. Esta verdade é dura, é terrível; mas também é infalível". Os vereadores estavam, claro, advogando em causa própria: ao menos quatro dos seis subscritores da petição eram cafeicultores, provavelmente em processo de expansão de suas escravarias.[166]

Seis meses depois dos munícipes bananalenses, o também paulista e então candidato a regente Diogo Feijó reproduziu os mesmos argumentos, dando-lhes ainda mais alcance. O padre político criticava "a escravidão que tanto desonra a nossa civilização; que é uma vergonhosa contradição com os princípios liberais que professamos", mas em seguida afirmava que "os brasileiros julgam os escravos indispensáveis à vida", portanto, "neste estado de atraso da nossa agricultura, dos hábitos e opiniões de nossos patrícios, acabar de um jato com o tráfico de pretos africanos é um impossível". Em manifesta contradição com a quase supressão do trato dos viventes durante sua atuação como ministro da Justiça, o liberal moderado pintava a ação dos negreiros como imparável devido à demanda nacional. Daí derivava a conclusão lógica de que era preciso derrogar a lei de 1831, pois o desrespeito sistemático à norma havia piorado o problema que buscara solucionar. Com amplitude inédita no Brasil de então, Feijó empregou uma das vertentes do que Albert Hirschman denominou "retórica da reação", inaugurada pelas diatribes do Edmund Burke contra a Revolução Francesa, segundo a qual todo esforço progressista de melhorar a condição humana sairia pela culatra. Publicado em 25 de dezembro de 1834, o artigo era um presente de Natal para os sequestradores que compravam e vendiam carne humana.[167]

Feijó prometeu, mas não entregou — talvez devido aos temores momentaneamente acesos na Câmara dos Deputados e na imprensa em razão do levante dos malês em Salvador, ocorrida um mês após a publicação do seu artigo retoricamente antiescravista, mas funcionalmente pró-negreiro. Sua coalizão tentou agir contra o contrabando, ainda que não tenha sido capaz de impedir seu aumento exponencial a partir de 1835, quase todo ele concentrado no Rio de Janeiro. A oferta aumentou a tal ponto que talvez tenha sido até capaz de

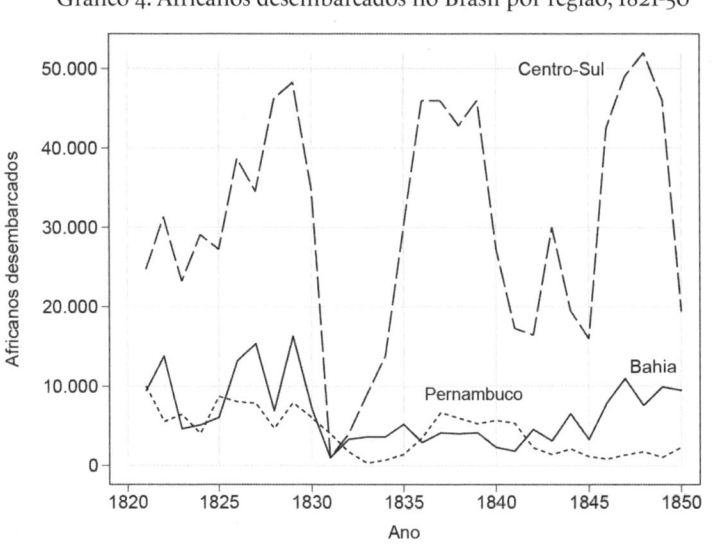

Gráfico 4. Africanos desembarcados no Brasil por região, 1821-50

Fonte: www.slavevoyages.org/estimates/Osig7Gug. Acesso em: 5 mar. 2021.

137

ORDEM E REGRESSO

reduzir ligeiramente os preços entre 1835 e 1839, apesar da elevada demanda cafeeira.[168]

Parafraseando Jane Austen, é uma verdade universalmente reconhecida que novos grupos sociais dotados de grandes fortunas devem estar necessitados de representação política. Os cafeicultores não tardariam a encontrá-la: Bernardo de Vasconcelos saltou ansiosamente à frente para defender seus interesses, na tribuna como na imprensa. Pouco mais de um ano depois da representação da vila de Bananal, o deputado mineiro proclamou que a escravidão não era um mal, pois seria "acomodada aos nossos costumes, conveniente aos nossos interesses e incontestavelmente proveitosa aos mesmos africanos, que melhoravam de condição". O pró-escravismo expresso com verve por Cunha Matos em 1827 submergira por oito anos, mas retornaria junto com o tráfico negreiro para defendê-lo de seus detratores. Bradar contra o contrabando seria inútil, em razão de sua indispensabilidade para o Brasil. Tratava-se de outra vertente da "retórica da reação": a futilidade de "pretender mudar o que não pode ser mudado, por ignorar as estruturas básicas da sociedade". Pretendia ser uma constatação da realidade, porém se tratava em verdade da afirmação de um projeto, em prol do qual Vasconcelos pugnaria literalmente até sua morte.[169]

O deputado mineiro não estava sozinho. Nos anos seguintes, assistiu-se à organização de um grupo pró-escravista na Assembleia Geral do Império, guiado por três objetivos: favorecer o contrabando negreiro, preservar a ordem social e restaurar a unidade nacional. Surgiam assim "os homens do *Regresso*", definidos pelo jornal de Vasconcelos como "os que entendem que [o Brasil tem] mal caminhado pelo despenhadeiro das inovações". Eram moderados renegados e caramurus que travestiam seu escravismo autoritário de pragmatismo. Estavam bem acompanhados também no cenário internacional: nos mesmos anos os políticos do Sul dos Estados Unidos defendiam apaixonadamente a escravidão contra o avanço abolicionista. No entanto, iam além, porque se sentiam mais ameaçados, em razão da coexistência com os estados livres do Norte.[170]

A província do Rio de Janeiro serviu como base de apoio fundamental para essa articulação escravista, em larga medida, porque a proximidade com a Corte tornava mais fácil combinar propriedade agrária e atuação política no âmbito nacional. Uma figura fundamental foi Joaquim José Rodrigues Torres. Filho de negociante, genro de um rico senhor de engenho, formado em Coimbra, deputado e ex-ministro da Marinha, Rodrigues Torres também se tornaria um grande cafeicultor e defenderia os interesses de sua classe, em colaboração com os membros da Assembleia Provincial — entre eles seu concunhado Paulino José Soares de Sousa, que logo lhe sucederia como presidente da província. Não à toa, já em abril de 1836 um aliado de Vasconcelos apresentaria uma moção no Legislativo provincial pedindo a revogação da lei de 1831, e o próprio seguiria na mesma toada dois meses depois, com o argumento de que a proibição do tráfico de seres humanos "só serv[ia] para opressão dos cidadãos, e interesse de alguns especuladores sem consciência", com "grave prejuízo da moral e do interesse público e particular".

Na semana seguinte, a Câmara Municipal de Valença iria além: em nome da "mais respeitável e interessante porção da população do Império, que a maior parte está envolvida na infração da mencionada lei" de 1831, avisa que "sua execução seria concitar os povos a uma rebelião e formal desobediência, porque essa maioria respeitável de vossos concidadãos de qualquer das formas procurará com todas as suas forças conservar intactas suas fortunas, adquiridas com tantas fadigas e suores". Em suma, os fazendeiros de Valença (e de outras municipalidades que encaminharam petições similares) ameaçavam pegar em armas para defender a liberdade de continuar sequestrando e reduzindo pessoas ilegalmente à escravidão. Uma proporção crescente das suas vítimas era composta por crianças, como estratégia para prolongar temporalmente a escravidão diante da aproximação do fim do tráfico.[171]

Portanto, antes mesmo que o Executivo central se tornasse francamente pró-negreiro, outras esferas do poder já o eram. Em ano de eleição para a Câmara dos Deputados, estava aberto o caminho para um avanço ainda maior. Como notaram Parron, Youssef e Estefanes, a defesa do contrabando teve uma função dupla: por um lado, permitiu a expansão da agroexportação escravista; por outro, "forneceu também capital político aos regressistas, ligando a trajetória de seus líderes aos interesses de uma base social bem definida na Bacia do Vale do Paraíba do Sul". Tal conjunção político-econômica tinha também efeitos sociais, contribuindo para a consolidação de uma fração de classe que compartilhava interesses econômicos, estilo de vida, laços de parentesco e, principalmente, representantes políticos não só ao nível local como nacional, facultando-lhe uma coesão que faltara às oligarquias coloniais e permitindo-lhe acumular riqueza em níveis inéditos nos anos do contrabando. Especialmente em Pernambuco e na Bahia, e em menor escala nas demais áreas de ocupação antiga, famílias tradicionais continuaram a ser política e economicamente dominantes, mas no âmbito nacional a direção foi exercida pelos cafeicultores do Vale do Paraíba que se formaram ao mesmo tempo e em simbiose com o Estado imperial.

Na política, na cafeicultura e no tráfico esse foi um período de crescente concentração de poder em cada vez menos mãos, acirrando uma tendência em curso desde a década de 1820 e estimulando a circulação destes homens nestas três esferas. Entretanto, atividades econômicas auxiliares, empregos vinculados e a perspectiva de ascender por meio da propriedade de seres humanos garantiam que os apoiadores da nova ordem seriam muito mais numerosos do que o topo que mais se beneficiava dela, inclusive em termos geográficos: em Pernambuco, por exemplo, 1837 foi o ano com mais africanos traficados entre 1830 e 1851.[172]

Ao mesmo tempo, Honório Hermeto Carneiro Leão (colega de faculdade de Paulino) atraía aliados de Minas, enquanto Miguel Calmon, Francisco Gonçalves Martins, Antônio Maciel Monteiro, Sebastião do Rego Barros e Pedro de Araújo Lima faziam o mesmo na Bahia e Pernambuco. O clima pró-negreiro era palpável: assim, o marquês de Barbacena, proponente original da lei de 1831 e aliado de Feijó, sugeriu no Senado em 30 de junho de 1837 um diploma legislativo que anistiasse os crimes já cometidos em troca de repressão futura. Isto é, legalizava-se a propriedade dos africanos sequestrados como compensação pelo fim definitivo do contrabando. Afinal, "pretender que os lavradores não comprem escravos quando lhes levarem à casa, quando mesmo muitas vezes não há meios de conhecer se são ou não de contrabando, é exigir mais do que pode fazer a espécie humana". Pobres sequestradores de gente livre, merecedores de toda a consideração: "são proprietários tranquilos, chefes de famílias respeitáveis, homens cheios de indústria e virtude, que promovem a fortuna particular e pública com o seu trabalho" (na verdade, dos africanos ilegalmente escravizados). O projeto foi aprovado na câmara alta apesar das

Enquanto os escravizados produziam café, os brancos descansavam à sombra.
A mulher cativa trabalha com o filho recém-nascido amarrado a suas costas.
Johann Moritz Rugendas. "Recolte de café". In: *Malerische reise in Brasilien*.
Paris: Lith. de G. Engelmann, 1835.

críticas, mas não satisfez os regressistas, obcecados pela continuidade do tráfico em razão da grande demanda por braços na cafeicultura.[173]

Não apenas os interessados em adquirir seres humanos fustigavam o regente: a estabilidade era almejada por todos que se beneficiavam do *status quo*. Daí a ressonância das críticas à incapacidade do governo de Feijó de reprimir as revoltas provinciais: a própria expressão "Partido da Ordem" foi, antes de ser nacionalizada, empregada majoritariamente em 1836 para referir-se aos aliados do Rio de Janeiro no embate com os rebeldes do Pará e do Rio Grande do Sul.[174]

Assim, em setembro de 1837 Feijó defrontou-se com um apoio minguante na Câmara dos Deputados, que sequer lhe aprovava, num clima de quanto pior melhor, o orçamento para conter as rebeliões provinciais. O fato não deixava de provocar desconfiança, visto que os regressistas eram ferrenhos defensores da repressão às províncias. Incapaz de encontrar um sucessor em seu próprio campo político, optou pelo coimbrão pernambucano Araújo Lima, ligado a interesses negreiros e antigo ministro de d. Pedro I. Este imediatamente nomeou o dito "Ministério das Capacidades", assim chamado por ser composto pelos principais políticos da época: Vasconcelos (Império e Justiça), Maciel Monteiro (Estrangeiros), Calmon (Fazenda), Rodrigues Torres (Marinha) e Rego Barros (Guerra). O Regresso chegara ao poder.[175]

A paz dos cemitérios

O novo governo afrouxou discretamente a repressão ao contrabando, permitindo-o tacitamente, apesar das reclamações da oposição, e garantindo dessa forma a propriedade obtida por intermédio de sequestros transatlânticos desde 1831. Também deu continuidade a um processo iniciado timidamente já durante a regência de Feijó: a reversão parcial da descentralização instituída pelo Ato Adicional de 1834. À frente do Estado, tanto moderados quanto regressistas acreditavam precisar de mais poderes para reestabelecer a harmonia social: "para que as nossas instituições liberais produzam os esperados frutos, para que da sua leal e plena execução resulte a liberdade e a ordem, é mister que o governo tenha a necessária força; porque é só assim que ele pode fazer o bem e prevenir o mal". Para isso era preciso atacar a autonomia provincial. Foi o grande objetivo legislativo do Partido da Ordem, em conjunção com a reforma do Código de Processo Criminal, ocorrida em 1841, para recuperar o controle da Corte sobre o Judiciário local e com a reabilitação do Conselho de Estado, em 1842. Os embates parlamentares foram duros, faltando unidade à oposição, que reunia oligarcas preocupados com disputas provinciais, moderados que haviam servido

Última de uma série publicada no jornal *Caricaturista*, a charge critica Bernardo Pereira de Vasconcelos (retratado de muletas em referência a seus problemas de saúde) por haver traído o espírito liberal do movimento que forçara a abdicação de d. Pedro I, em 7 de abril de 1831. A alcunha "Napoleoncellos" é uma referência a seu caráter contrarrevolucionário, assimilando o Regresso liderado pelo político mineiro ao golpe no 18 Brumário do ano VIII da Revolução Francesa (9 de novembro de 1799), que acabaria por enterrar de vez as esperanças revolucionárias dos jacobinos. O túmulo é representado por três escravizados emaciados levantando um barril de excrementos, o que sugere uma crítica ao pró-escravismo regressista e a desilusão quanto às esperanças surgidas no início da década.

PORTO ALEGRE, Manuel de Araújo [atribuição]. *Napoleoncellos visitando o túmulo do Sete*, Lithografia de Frederico Guilherme Briggs, 3 de maio de 1839.

no ministério de Feijó e até uns poucos exaltados remanescentes, como o mineiro Teófilo Ottoni.[176]

Araújo Lima buscou ainda elevar simbolicamente a figura monárquica, restaurando a cerimônia tipicamente de Antigo Regime do beija-mão do imperador e cantando em prosa e verso seu papel na luta contra o "Monstro da Anarquia". O Partido da Ordem buscava beneficiar-se da aura de legitimidade do menino d. Pedro II "e difundir a imagem de um império ordeiro, civilizado e estável, unido em torno do seu maior símbolo", como escreveu Hendrik Kraay. Também as fundações quase simultâneas do Imperial Colégio Pedro II e do Instituto Histórico e Geográfico Brasileiro visavam construir esse país imaginário, unindo nação, Estado e Coroa num todo inseparável e contrarrevolucionário, cujos alicerces seriam lançados pela escrita da história pátria na perspectiva do trono que a financiava e dos letrados elitistas que a produziam.[177] Nas palavras do erudito germânico von Martius, ganhador do concurso promovido pelo IHGB sobre "Como se deve escrever a História do Brasil",

> A história é uma mestra, não somente do futuro, como também do presente. Ela pode difundir entre os contemporâneos sentimentos e pensamentos do mais nobre patriotismo. Uma obra histórica sobre o Brasil deve [...] ter igualmente a tendência de despertar e reanimar em seus leitores brasileiros amor da pátria, coragem, constância, indústria, fidelidade, prudência; em uma palavra, todas as virtudes cívicas. O Brasil está afeito em muitos membros de sua população a ideias políticas imaturas. Ali vemos republicanos de todas as cores, ideólogos de todas as qualidades. É justamente entre estes que se acharão muitas pessoas que estudaram com interesse uma história de seu país natal; para eles, pois, deverá ser calculado o livro, para convencê-los por uma maneira destra da inexequibilidade de seus projetos utópicos, da inconveniência de discussões licenciosas dos negócios públicos por uma imprensa desenfreada, e da necessidade de uma monarquia em um país onde há um tão grande número de escravos.[178]

Para transformar a representação em realidade, porém, os regressistas escolheram como principal ferramenta as armas, não as letras. Manifestaram-se aqui e ali em prol da educação pública, mas ignoraram as recorrentes demandas populares por mais escolas. Seu principal objetivo era fortalecer a capacidade repressora do Estado imperial, garantidor das hierarquias sociais, principalmente pela centralização da Guarda Nacional, que teria sua composição eletiva severamente restringida, e da reestruturação e expansão do Exército, financiado pelos recursos arrecadados com a exportação de café. Assim, entre 1837 e 1840, os Ministérios da Guerra e Marinha viram seus orçamentos quase triplicarem, passando a responder por 55% dos gastos do poder central.[179]

O violento reestabelecimento da ordem imperial no Pará seguiu seu curso até 1840: nomeado presidente da província ainda por Feijó, o veterano brigadeiro Soares de Andrea tratou índios, negros e mestiços como inimigos irreconciliáveis dos brancos. Os rebeldes foram animalizados, e a Cabanagem despida de qualquer conteúdo político. Os números são incertos, mas milhares foram massacrados e outros tantos encarcerados em condições tão deploráveis que pelo menos 2.500 faleceram, segundo relatou o bacharel e deputado de primeira viagem Bernardo de Sousa Franco ao assumir a presidência da província. Mesmo quem sobreviveu não escapou incólume: Soares de Andrea havia decretado em 1838 que todos os "homens de cor" fossem compulsoriamente alistados nos "corpos de trabalhadores", de modo a garantir seu controle e sua exploração em benefício das oligarquias locais. O Pará estava plenamente integrado ao Império, e o brigadeiro garantira seu lugar no nascente panteão militar nacional, apesar das críticas a sua brutalidade por parte de deputados tão distintos quanto Ottoni e o regressista paraense d. Romualdo de Seixas, arcebispo primaz do Brasil.[180]

A principal autoridade eclesiástica do Império não manifestou os mesmos escrúpulos quando uma revolta estourou em Salvador, sede de seu arcebispado. Posteriormente conhecida como Sabinada em referência ao mais famoso de seus líderes, o professor e cirurgião pardo Francisco Sabino, a rebelião iniciou-se em 7 de novembro de 1838, apenas sete semanas após a renúncia de Feijó. A ascensão do Partido da Ordem serviu como estopim, mas a insatisfação vinha de longe e tinha múltiplas causas. Os diversos participantes agiram por questões variadas: militares insatisfeitos com o soldo e a paralisação das promoções; oficiais negros das tropas militares não profissionais descontentes com a perda de poder e prestígio após a criação da Guarda Nacional; federalistas decepcionados com o caráter oligárquico do Ato Adicional e aborrecidos com a estrutura tributária que explorava as províncias em benefício da Corte; e exaltados que, animados com o exemplo Farroupilha, sonhavam com a República. Todos juntaram-se contra o que qualificaram como "as bem conhecidas más intenções do governo central, que a todas as luzes procura enfraquecer as províncias do Brasil e tratá-las como colônias, com notável menoscabo de sua dignidade e categoria". Uma de suas primeiras medidas foi decretar a independência da Bahia, mas recuaram em apenas quatro dias, declarando que sua secessão duraria somente até a maioridade de d. Pedro II daí a seis anos. Era uma exótica emancipação temporária, ridicularizada pelas autoridades imperiais, contudo necessária para tentar manter unida a desconjuntada coalizão revolucionária, liderada por classes médias urbanas que talvez tivessem pouco em comum além do antilusitanismo e da rejeição à dominação dos poderosos locais e da Corte — "o governo dos Calmons e Vasconcelos", na metonímia rebelde.[181]

A reação oligárquica e imperial foi imediata: senhores de engenho e representantes da Corte reorganizaram-se no Recôncavo, dando início a um cerco que duraria quatro meses. Os principais comandantes militares da reação eram homens de secular linhagem açucarocrática: Alexandre Gomes de Argolo Ferrão e Joaquim Pires de Carvalho e Albuquerque, o visconde de Pirajá. Por sua vez, os rebeldes deixaram claro os limites de seu projeto revolucionário ao se esforçar para manter a ordem vigente em Salvador. Seus planos foram frustrados pela realidade: enquanto brancos fugiam da cidade, pardos como Sabino recuperavam o liberalismo negro que se manifestara brevemente no início da década ao bradar contra aristocratas e reivindicar uma efetiva igualdade racial. Ainda mais importante, escravizados fugiam de seus senhores para se alistar nas fileiras rebeldes. Transmutada em "justiça, humanidade, [e] direito natural" no discurso dos insurretos, a necessidade militar acabou por forçar a aceitação dos voluntários nascidos no Brasil "que [tinham] a infelicidade de gemer debaixo do peso da escravidão" no novo batalhão dos "Libertos da Pátria", com promessa de indenização aos seus senhores. Os africanos, que compunham mais de 60% da população servil soteropolitana, foram excluídos: o preconceito avivado pelos malês em 1835 era forte demais para ser ultrapassado. Mesmo assim, cativos de todas as origens aproveitaram a ocasião para buscar a liberdade, tanto individual quanto coletivamente.

Apesar das hesitações de parte de seus líderes, a Sabinada foi racializada por oponentes e apoiadores, adquirindo assim contradições irresolvíveis. Por um lado, a radicalidade de algumas de suas proclamações só se convertia lenta e parcialmente em ações práticas, pois lhe faltavam bases organizacionais e materiais em uma sociedade ainda marcada pela ampla disseminação da escravidão; por outro, as forças defensoras da ordem e da propriedade entendiam a Sabinada, nas palavras do chefe de polícia e deputado Gonçalves Martins, como

> o retrogradamento da civilização, [...] um perigo iminente que ameaçava o Brasil todo. [...] [Eram] homens que ameaçavam a existência política do Império, que armavam a escravatura em um país onde há mais escravos que livres[.] Eles não tentavam mudar a forma do governo, queriam tudo destruir.[182]

Assim, quando Salvador caiu em meados de março de 1838, as forças da legalidade entusiasmadamente praticaram múltiplas ilegalidades, executando mais de 1.200 rebeldes, prendendo muitos mais e deportando soldados para o Rio Grande e africanos libertos para seu continente de origem. A população negra foi o alvo preferencial da repressão, pondo fim a um longo ciclo contestatório que remontava à Conjuração dos Alfaiates, 40 anos antes. Apesar da decisiva vitória senhorial, o temor de novos levantes servis permaneceria vivo. A experiência de décadas de insurgência subalterna deu à açucarocracia baiana fortes motivos para apoiar o governo central e especificamente o Regresso.[183]

Tais medos também tinham razão de ser em outras províncias. O plano do ferreiro Manoel Congo — talvez uma autoridade religiosa, como o líder da conspiração de Campinas de 1832 — e seus 300 ou 400 aliados de fugir e reconstituir nas matas a comunidade majoritariamente centro-africana penosamente formada no interior das fazendas de café do Vale do Paraíba fluminense era ousado por sua escala e planejamento. Todavia, as condições estruturais que impunham dificuldades intransponíveis aos projetos cativos não se alteraram. Liderados pelo coronel Francisco Peixoto de Lacerda Werneck, os grandes cafeicultores da região rapidamente mobilizaram seus dependentes e a Guarda Nacional para perseguir e capturar os rebeldes. Assim, os regressistas na Corte fizeram o oposto de seus homólogos baianos e minimizaram a ameaça servil: o presidente do Rio de Janeiro Paulino José Soares de Sousa mencionou rapidamente a revolta na abertura da assembleia apenas para assegurar "que toda a província tem gozado a mais profunda tranquilidade". Em seguida, passou a tratar da criminalidade ordinária, como se a ação coletiva não fosse diferente de um ato individual — grave, punível com a morte, mas sem maior relevância. A diferença entre os dois espaços derivava das situações distintas vividas por suas oligarquias: enquanto a tradicional açucarocracia do Recôncavo baiano enfrentava a intensa competição cubana e vigorosos desafios subalternos, a oligarquia cafeeira em expansão açambarcava o mercado mundial e mantinha a ordem em terras recentemente ocupadas. Receosa, a primeira expulsava africanos libertos, enquanto a segunda comprava com avidez todos os cativos que desembarcavam em suas praias. Ambas, porém, colaborariam na construção da ordem imperial.[184]

Apesar da tentativa senhorial de despolitizar a ação dos quilombolas, podiam eles melhor clamar por seus interesses ante a sociedade escravista quando as condições fossem propícias, como no Maranhão a partir de finais de 1838. A província enfrentava há décadas uma crise em sua economia exportadora, ainda pior do que a da Bahia açucareira, devido à concorrência internacional e aos impostos excessivamente elevados cobrados pelo governo central sobre seu algodão. Ao mesmo tempo, a polarização política regional desde a independência abria espaços para uma participação subalterna explicitamente identificada com a defesa de um liberalismo popular. Assim, a resistência ao recrutamento forçado — em um contexto de reestruturação das forças militares imperiais para combater as revoltas — e à reorganização das prefeituras, ampliando o poder provincial em detrimento do municipal, serviu de gatilho para a revolta iniciada em 13 de novembro de 1838, a qual viria a ser conhecida como Balaiada.

Em regiões e momentos diferentes, os rebeldes foram vaqueiros, camponeses e quilombolas, mas também fazendeiros de áreas politicamente marginais. Apesar da diversidade, certas reivindicações eram comuns: "garantia dos direitos constitucionais dos cidadãos, abolição das prefeituras e expulsão dos portugueses", como resumiu Matthias Assunção. Era uma forma de defesa da autonomia local dentro da comunidade imperial. Os rebeldes subalternos, que compunham a vasta maioria do movimento, adotavam identidades miscigenadas como "caboclos" e "povo de cor" para reivindicar para si os lemas liberais de igualdade e liberdade: "Estes homens de cor porventura não serão filhos de Deus? Queiram, senhores, nos mostrar outro Adão e outra Eva; queiram sangrar três homens num só vaso: um branco, um cabra e um caboclo, e ao depois queiram nos mostrar dividido o sangue de um e outro". Contra o menosprezo oligárquico e letrado, os revoltosos buscavam explicitamente afirmar o caráter político de suas demandas. Autoproclamado "Tutor e Imperador da Liberdade", o forro e líder quilombola Cosme Bento das Chagas tentou aliar-se aos rebeldes e levou esses princípios às últimas consequências, chegando mesmo a decretar a abolição, vagamente associada à "Lei da República".[185]

A colaboração entre quilombolas e caboclos — todos, afinal, "homens de cor" — começou a ganhar força em 1840, porém já era tarde demais: complacente com os proprietários, violenta com os caboclos e sanguinária com os quilombolas, a pacificação liderada pelo coronel Luiz Alves de Lima e Silva desarticularia os rebeldes. As tropas vindas do Rio de Janeiro eram parte da ampliação do efetivo militar proposto pelo Regresso, e o jovem coronel trazia consigo as lições do pai, que reprimira a Confederação do Equador, e a experiência no comando dos Guardas Permanentes da Corte. Assim, foi capaz de perceber que o conflito abria oportunidades para o projeto político centralizador, como escreveu ao entregar o cargo de presidente da província: "posto seja a guerra uma calamidade pública, e ainda a mais a guerra civil, também às vezes [é] um meio de civilização para o futuro". A negociação com as notabilidades locais e a decorrente imposição da ordem mais uma vez resultariam na consolidação dos laços entre oligarquia provincial e governo central, todos interessados na preservação das hierarquias sociais. Por sua vez, Alves de Lima e Silva receberia em 1841 o título de barão de Caxias, incorporando em sua identidade o nome da cidade maranhense que havia retomado dos rebeldes.[186]

Enquanto isso, porém, os republicanos rio-grandenses não só continuaram a resistir como obtiveram significativas vitórias. Bento Gonçalves conseguira escapar da prisão e voltar ao Prata, enquanto Bento Manuel trocara novamente de lado, voltando a integrar as fileiras farroupilhas. Até revolucionários europeus como o futuro herói da unificação italiana Giuseppe Garibaldi juntaram-se à causa. Em meados de 1838, o presidente Bento Gonçalves publicou um manifesto inspirado na Declaração de Independência dos Estados Unidos, provavelmente com o objetivo nunca alcançado de angariar apoios no Atlântico Norte. Suas tropas chegaram mesmo à província vizinha de Santa Catarina em 1839, onde foi decretada uma fugaz República. A repressão às revoltas e a reconstituição violenta da ordem social no Norte forneciam recrutas para a guerra no Sul, mas não em número suficiente, pois ainda era preciso lidar com múltiplas insurgências na segunda metade da década de 1830. Os regressistas encontravam dificuldades para mobilizar rapidamente um grande número de soldados: o recrutamento dependia em larga medida das oligarquias provinciais, que nem sempre atendiam às demandas vindas da Corte. Em consequência, farroupilhas e imperiais enfrentaram-se em relativa paridade numérica até 1840, porém os primeiros tinham ampla vantagem na crucial arma da cavalaria.

Para sorte do Império, o sistema de alianças no Prata durou pouco. Em 1838, os gaúchos rejeitaram o apoio de sua cavalaria a Oribe, que buscava debelar a guerra civil que estourava contra os *colorados*. Para Bento Gonçalves, o contingente gaúcho deveria estar voltado contra o Rio de Janeiro, e não para o Sul. Uma segunda fratura reconfortaria o Império. Sob as pressões de Rosas, Oribe cedia passagem ao gado bonaerense no Uruguai, o que incomodava sobremaneira os gaúchos. Nesse sentido, Bento Gonçalves aliou-se aos grupos dissidentes, tanto na Argentina quanto no Uruguai. Em 1838, pelo Tratado de Cangüe, Fructuoso Rivera reconhecia a independência gaúcha, e a cúpula farroupilha aliava-se a ele contra Oribe e, por extensão, contra Rosas. Pouco depois, a união seria selada com a presença de Justo José de Urquiza, voz dissidente da província argentina de Entre Rios. Urquiza não se submeteria à macrocefalia política de Buenos Aires e tampouco, então, a Rosas. Propostas de reunir o Rio Grande, o Uruguai, as províncias argentinas de Corrientes, Santa Fé e Entre Ríos e até o isolado Paraguai numa confederação republicana contra a "tirania" bonaerense e carioca continuavam a ser discutidas.[187]

Três anos após o Regresso, a unidade nacional brasileira e a estabilidade política ainda não haviam sido reestabelecidas. Disputas dentro do Partido da Ordem — especialmente entre Araújo Lima, confirmado por ampla margem como regente pela eleição especial de 1838, e Vasconcelos — acabaram por levar à dissolução do gabinete em abril de 1839, embora Araújo Lima permanecesse na Regência, e à intensificação da instabilidade política. Se a oposição padecia de falta de coesão, a situação não estava muito melhor: mais do que incipiente, a organização partidária ainda era praticamente inexistente.[188]

Mesmo assim, seu programa legislativo caminhava: proposta por Rodrigues Torres em 1836, a Interpretação do Ato Adicional seria finalmente aprovada em maio de 1840 — o nome devia-se à artimanha de mudar a Constituição sem admiti-lo expressamente, evitando assim o prolongamento do debate para a próxima legislatura, com resultados imprevisíveis. Era o primeiro passo da concentração das principais nomeações judiciárias e policiais na Corte, essenciais para o controle das eleições, a garantia da estabilidade social e a construção de redes clientelares que ligassem as províncias à capital; seria seguida pela reforma do Código de Processo Criminal proposta pelo agora senador Bernardo de Vasconcelos em 1839. Sua principal justificativa era o combate à "impunidade, que à sombra de nossas instituições judiciárias lavra com assombroso progresso quase por toda parte, e contribui poderosamente para desmoralizar nossa população". Os magistrados profissionais com formação universitária beneficiaram-se do enfraquecimento dos juízes de paz e da multiplicação de cargos para bacharéis em direito, de modo que seus numerosos representantes na Câmara dos Deputados votaram em peso a favor da medida, aproximando-se ainda mais dos regressistas.[189]

As recorrentes críticas à eletividade do juiz de paz e ao júri popular derivavam também de uma descrença generalizada entre os grupos dominantes na legitimidade da participação política popular, expressa, por exemplo, pelo padre pernambucano Lopes Gama em seu jornal: "o povo do Brasil é tão apto para a democracia como o muçulmano para reconhecer a jurisdição do Papa". Quem então, deveria governar? O periódico de Vasconcelos tinha a resposta, expressando um desejo que viria largamente a se confirmar nos anos seguintes:

Há em todos os países uma classe a que se pode chamar *classe conserva-dora*, a qual é formada daqueles que têm todo o interesse na estabilidade, e no progresso com ordem e estabilidade: esta classe é composta dos capitalistas, dos negociantes, dos homens industriosos, dos que se dão com afinco às Artes e Ciências, daqueles que nas mudanças repentinas têm tudo a perder [e] nada a ganhar. [...] Esta classe é justamente aquela a quem deverá ser confiada a direção do Estado.[190]

A AFIRMAÇÃO CONSERVADORA

A década de 1840 começaria com o fim do período regencial por meio da antecipação inconstitucional da maioridade do jovem d. Pedro II. Apesar das esperanças depositadas no poder simbólico da figura monárquica, contudo, sua coroação não representou a pacifi-cação imediata do país. Os anos que se seguiram estiveram repletos de turbulências regionais e internacionais, em larga medida relacio-nados com conflitos intraoligárquicos: os opositores do Partido da Ordem mobilizavam-se nas suas bases provinciais quando perdiam o poder, pois a alternância pacífica de poder ainda não havia sido estabelecida. Ao final do período, porém, os embates passaram a ex-pressar-se fundamentalmente dentro das instituições políticas do Im-pério. A disseminação nacional de redes clientelares que permitiam a colaboração com as notabilidades provinciais, a consolidação de uma concepção de liberalismo plenamente compatível com a escravidão e a gradual organização de agrupamentos políticos capazes de se al-ternarem no poder em colaboração com o imperador foram centrais para esse desenvolvimento. Entretanto, a tentativa de construir uma hegemonia brasileira no rio da Prata após o fim da Farroupilha em 1845 e a pressão antinegreira britânica eram desafios externos que teriam impactos profundos na dinâmica política imperial, visto que tocavam nas questões fundamentais da integridade territorial e da reiteração temporal da escravidão. Enquanto isso, as mobilizações subalternas persistiam, apesar de terem repetidamente suas cabeças cortadas, como a hidra da lenda. Num cenário de crescente consolidação do poder das oligarquias e do Estado imperial, escravizados e livres pobres encontravam cada vez menos espaço para influir no cenário político. Mesmo assim, continuavam a sonhar com outros mundos e a assustar os poderosos, como em 1848 no Vale do Paraíba.

Tensões e acomodações pelo alto

Em meados de 1840, o aumento da instabilidade política e a esperança de que a entronização do monarca pudesse legitimar a autoridade do governo central contribuíram para que ganhasse força a movimentação em torno da antecipação da maioridade do jovem d. Pedro II, então com 14 anos. Ainda mais importante, a oposição desejava retornar ao poder e temia sua exclusão permanente em razão do aumento da capacidade de atuação do governo após a Interpretação do Ato Adicional e o avanço da reforma do código de processo criminal, que lhes permitiriam controlar a eleição que se avizinhava para a quinta legislatura da Câmara dos Deputados (1842-45). A expectativa era de que, grato aos que haviam acelerado sua ascensão, o monarca os recompensasse com o comando do país.

Surgiu, então, uma coalizão oportunista que reuniu figuras da Corte com acesso direto ao imperador-menino como Aureliano Coutinho de Oliveira e oposicionistas de variadas estirpes, a exemplo do veterano de 1817 José Martiniano de Alencar, do moderado mineiro Limpo de Abreu, do caramuru paulista Antônio Carlos de Andrada Machado (irmão de José Bonifácio) e do duas vezes derrotado nas eleições regenciais Holanda Cavalcanti, membro de destaque da oligarquia pernambucana e ex-ministro no Primeiro Reinado e no início da Regência. Apesar da resistência regressista na Câmara e do caráter inconstitucional da medida, os maioristas contaram com apoio político, militar e popular suficientes para aprová-la em 23 de

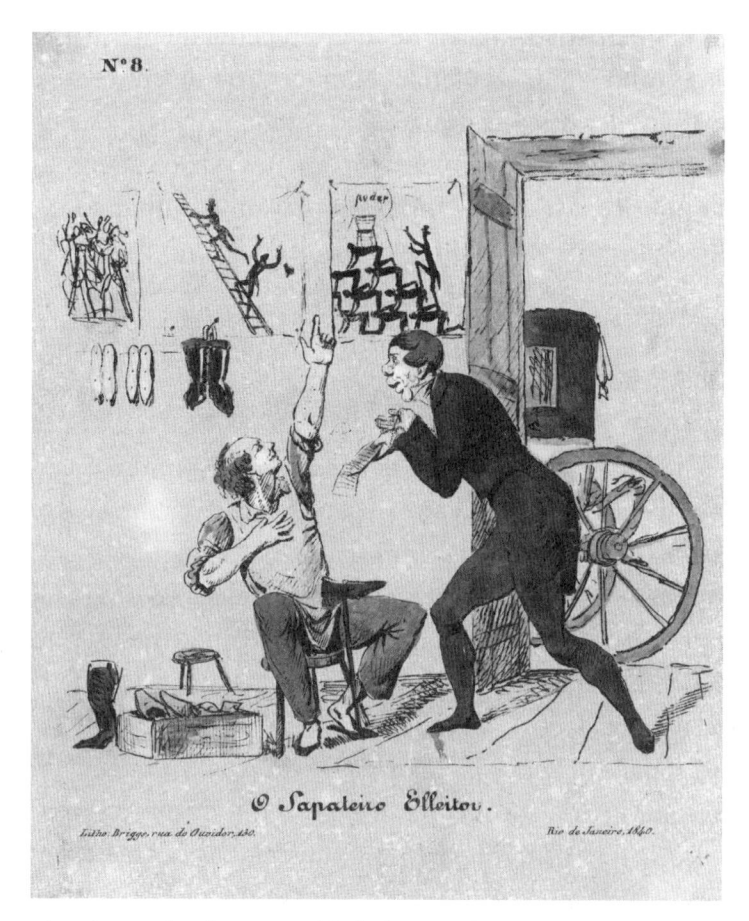

A caricatura ironiza a necessidade de conquistar votos entre os livres remediados, como um sapateiro. Em cima do artesão, está o desenho de uma escada, representando dois políticos brigando violentamente, enquanto sobre a cabeça do político está uma imagem em que um homem escala uma pirâmide humana para alcançar o prêmio máximo: o poder. Temos, portanto, uma visão cínica da disputa eleitoral, mas que não deixa de reconhecer a relevância dos setores populares nesses momentos.
O sapateiro elleitor. Rio de Janeiro: Lithographia Briggs, 1840.

julho de 1840: o Brasil tinha novamente um imperador no trono, mesmo que este fosse apenas um adolescente.[191]

Os conspiradores obtiveram sucesso e receberam a incumbência de formar um novo ministério no dia seguinte. Apesar de suas críticas nos anos anteriores aos abusos ministeriais, o gabinete maiorista não hesitou em trocar presidentes de província e magistrados para garantir seu sucesso em votações tão aberta e violentamente fraudadas que ficaram conhecidas como *do cacete*, provocando uma enxurrada de petições à Câmara dos Deputados. Inaugurava-se o controle ministerial sobre o processo eleitoral pois, ainda que não existissem partidos consolidados nesse momento, os maioristas haviam construídos alianças de ocasião disseminadas o suficiente para ter candidatos pela maior parte do Império — e precisavam promovê-los (em colaboração com os potentados locais) para evitar uma vitória regressista. Não possuíam, porém, um projeto político alternativo. A pouca legitimidade eleitoral do gabinete, sua falta de coesão interna e a persistência da Farroupilha aceleraram sua queda após apenas oito meses de governo: a proposta de Aureliano de proibir a exportação rio-grandense de gado bovino e muar para São Paulo, com o objetivo de enfraquecer a república sulista, serviu como estopim ao forçar a renúncia do gabinete.[192]

O ministério que tomou posse em 23 de março de 1841 manteve Aureliano, porém o restante dos ministros aproximava-se mais do Partido da Ordem, incluindo Paulino na Justiça e Calmon (o qual em breve seria feito visconde de Abrantes) novamente na Fazenda. Mais bem posicionado para colaborar com a Câmara dos Deputados, o novo governo terminou de aprovar o programa legislativo do Regresso mediante a recriação do Conselho de Estado e da reforma do Código de Processo Criminal em 3 de dezembro de 1841. O Conselho de Estado reforçaria a posição dos políticos mais experientes e influentes, incluindo de pronto muitos regressistas. Já a reforma iria muito além do que seu nome sugeria, criando cargos de delegados e subdelegados pelas províncias e atribuindo às autoridades policiais funções antes exercidas pelos juízes de paz. Eles e os juízes municipais seriam de nomeação direta do governo na Corte, que obtinha assim a possibilidade de enviar agentes com amplos poderes para as localidades, com grandes consequências para as relações clientelares no Império e para a capacidade de intervenção política do poder central — inclusive nos resultados das eleições. A exigência de maior renda e alfabetização para participação no júri, assim como o controle de sua seleção por parte de autoridades escolhidas no Rio de Janeiro, excluía a grande maioria dos homens livres. Em oposição ao reforço do Legislativo, das províncias e da participação popular no exercício da justiça pretendidas pelas reformas regenciais, o projeto regressista reforçava o Executivo nacional e restringia os espaços para a ação cidadã em prol dos bacharéis em direito, tendo como principal justificativa a imposição da ordem pelo combate à impunidade.[193]

A reação em São Paulo e Minas Gerais foi imediata: dominante nessas províncias, o grupo político oposto ao regressistas movimentou-se na imprensa, nas Assembleias e localidades contra o que percebiam como despotismo ministerial e suas reformas, que ameaçavam a liberdade. O controle central da administração judiciária e a inédita dissolução pelo Poder Moderador da Câmara eleita em 1840 faziam crer aos oposicionistas que estariam permanentemente excluídos do poder. Diante da falta de resposta do imperador-menino, Feijó, Limpo de Abreu, os irmãos Andrada e muitos outros poderosos paulistas e mineiros insurgiram-se militarmente contra o ministério "e seu desejo de plantar o governo oligárquico, de se perpetuarem no mando, escravizando a um tempo a Coroa e a Nação". Como argumentaria posteriormente o moribundo ex-regente em sua defesa ao Senado, revoltar-se era um dever patriótico: "apresentando-se o ministério em rebelião manifesta contra a Constituição do país, em hostilidade aberta contra o monarca e a nação, poderia eu ser criminoso dando alguns passos para que fosse vingada e restaurada a Constituição, e livre o monarca da coação em que foi posto?". Tratava-se da continuação da política por outros meios, justificada como uma restauração de um equilíbrio rompido e implicitamente legitimada pelo elevado estatuto sociopolítico dos seus líderes.[194]

Em verdade, muito menos separava rebeldes e legalistas em 1842 do que nas grandes insurreições regenciais: os revoltosos insultavam seus rivais de oligarcas, mas de um lado e de outro o que se via eram proprietários e letrados, ainda que com interesses econômicos ligeiramente distintos — os primeiros mais ligados à produção de abastecimento, enquanto os segundos tiravam sua força majoritariamente da pujante cultura cafeeira. Assim, compartilhavam a preocupação com a manutenção da ordem social escravista e concordavam quanto à exclusão da grande maioria da população da cena política. Tratava-se, enfim, de um embate sobre a estruturação do Estado e a distribuição do poder político. Importante, sem dúvida, porém não a ponto de justificar uma guerra sem quartel: apesar da mobilização de milhares de homens armados, os embates foram comparativamente limitados, as deserções entre os rebelados muitas e a repressão imperial pouco violenta. Mais uma vez encarregado da pacificação, o barão de Caxias reproduziria no Centro-Sul a tolerância que demonstrara para com os proprietários do Maranhão, desde que se submetessem à autoridade do Trono. Os historiadores Marco Morel e Françoise Souza especulam que o pertencimento compartilhado à maçonaria pode ter facilitado a negociação: alguns eram legalistas e outros rebeldes, mas seriam todos irmãos na Ordem dos Pedreiros-Livres.

No Rio de Janeiro, proprietários regressistas como Lacerda Werneck mobilizaram-se rapidamente para reprimir as esparsas centelhas insurgentes que se acenderam na província. A última batalha, em Santa Luzia (Minas Gerais) a 20 de agosto, teve como resultado a vitória legalista e apenas nove mortos. Seu principal protagonista foi o rico fazendeiro, coronel da Guarda Nacional de Piraí e irmão de Caxias, José Joaquim de Lima e Silva: o café saíra vitorioso mais uma vez.[195]

Os revoltosos haviam calculado que a continuidade do conflito com os farroupilhas enfraqueceria o gabinete e dificultaria a repressão à insurgência. Não só se equivocaram, como serviram de escada para a ascensão de Caxias. Pacificador de três províncias, foi logo enviado para a quarta com plenos poderes, a confiança do Partido da Ordem e a missão de reincorporar o Rio Grande do Sul ao Império. Por sua vez, as revoltas em Minas e São Paulo foram apresentadas na propaganda republicana como evidência da justiça da sua causa, permitindo vislumbrar uma reunião com o restante do Brasil após sua transformação em república federativa.[196]

Foi nesse contexto de esperanças que a Assembleia Constituinte da República finalmente se reuniu em Alegrete em finais de 1842. Entretanto, as demandas da guerra e a resolução do presidente Bento Gonçalves de continuar a governar sem restrições constitucionais intensificaram os conflitos internos entre os farroupilhas. Uma proposta especialmente polêmica partiu do proeminente militar e político pardo José Mariano de Matos: a abolição, que forneceria milhares de novos e dedicados recrutas ao exército farroupilha. A inspiração provavelmente vinha do uruguaio Rivera, que havia adotado medida semelhante meses antes. Parcialmente graças aos esforços de João Manuel de Lima e Silva (o tio rebelde de Caxias), desde os primeiros anos do conflito a República oferecia liberdade a escravizados em troca do serviço militar, mas em escala que não ameaçava o escravismo, como represália a proprietários que haviam permanecido fiéis à Coroa ou, quando muito, com consentimento senhorial e indenização estatal. Garibaldi, que anos depois declarou apoio à causa da abolição durante a Guerra Civil dos Estados Unidos, elogiaria estes lanceiros negros em suas memórias: "todos filhos da liberdade, [...] seus rostos trigueiros, seus robustos membros, fortalecidos ainda pelos seus árduos e fatigantes exercícios, sua perfeita disciplina, enfim, tudo transfigurava-os no espectro do inimigo". As tropas rio-grandenses dependiam cada vez mais desses homens. Os interesses econômicos, todavia, venceram as considerações estratégicas e a proposta de liberdade geral foi enfaticamente rejeitada.[197]

A discórdia na Constituinte e o consequente enfraquecimento de Bento Gonçalves foram só as primeiras de uma série de más notícias. No turbulento cenário platino, Juan Manuel de Rosas buscou ganhar tempo contra as possíveis investidas do Império no Prata. O momento era delicado para a Confederação Argentina, visto que além das fraturas internas, Rosas indispôs-se com a Grã-Bretanha e a França, pouco adeptas ao exclusivo comercial que Buenos Aires procurava impor no Prata. O líder bonaerense tentou adotar uma política bifronte, pela qual buscava tanto aproximação com os farrapos quanto com o Rio de Janeiro. Se com aqueles nada conseguiu, com o Império assinou-se o Tratado de Aliança Militar contra Fructuoso Rivera, em 1843. Interessava ao Brasil conter uma possível hegemonia de Rosas no Prata e pôr fim à Farroupilha. A estratégia de Rosas mostrou-se acertada, já que Oribe logrou sitiar Montevidéu, enquanto a neutralidade imperial no Prata parecia garantida. Após a assunção de Caxias na presidência gaúcha, Bento Manoel, fiel apenas ao poder, trocou de lado novamente — agora em benefício do Império. O projeto de confederação desmoronava em 1843 com o recuo dos caudilhos dissidentes argentinos, temerosos do poder de Rosas, e o enfraquecimento do *colorado* Rivera após a derrota para seu rival *blanco* Manuel Oribe. No ano seguinte, o novo presidente paraguaio Carlos Antonio López aproximou-se hesitantemente do Brasil, isolando ainda mais a República Rio-Grandense. A frágil aliança de conveniência do Rio de Janeiro com Buenos Aires — pelo resto, rapidamente repudiada pelo próprio Rosas — contra os farrapos e Rivera fechou o cerco sobre os insurretos, dificultando-lhes o acesso ao recurso mais importante para a guerra na região: cavalos.

Restava a Caxias utilizar suas tropas mais numerosas e mais bem equipadas para pressionar militarmente os rebeldes ao mesmo tempo que lhes oferecia cargos e benesses, de modo a concretizar um acordo de paz que permitisse a reincorporação da província ao Império. Uma das grandes dificuldades desde o início dos contatos era, porém, o destino dos soldados libertos: os generais sulistas exigiam a garantia de sua liberdade, talvez por medo de uma revolta desses homens armados ante a ameaça da reescravização, mas tal demanda era pouco palatável para um Império escravista. O infame Massacre de Porongos, em 14 de novembro de 1844, minimizou o problema ao dizimar as tropas negras dos farrapos, possivelmente em conluio com o general rebelde David Canabarro. Retirado de cena este obstáculo, farroupilhas e legalistas acertaram em 1845 a Paz do Poncho Verde, em nome da contenção às ambições de Rosas — nesta altura, já nova e explicitamente avesso ao Império — e sua tentativa de dominar o Uruguai por meio da aliança com Oribe. Na conta pacificadora, também se acordaram a anistia aos gaúchos envolvidos no conflito e a consolidação de uma legislação alfandegária protecionista contra o charque estrangeiro. Se a situação no Prata havia favorecido a quebra da unidade do Império em 1835, 10 anos depois ela tornou-se o fator central para a reunificação e consolidação do território brasileiro.

Caxias foi elevado a conde e elegeu-se senador pela província em 1846, enquanto os oficiais republicanos foram incorporados no Exército imperial. Consolidada a integridade territorial brasileira, a Corte e os senhores de guerra rio-grandenses atuariam em conjunto para conter a Confederação Argentina e projetar o poder brasileiro sobre o rio da Prata. A fronteira meridional viveria, então, uma espécie de *paz armada*, como enfatizou Caxias em 1847. Já os lanceiros sobreviventes foram remetidos à Corte e lá obrigados a servir por longos anos em instituições militares como o Arsenal de Guerra com salários irrisórios e sob controle do Estado: chegaram a reivindicar o estatuto de soldados no Exército Imperial, mas receberam um tratamento não muito distante da escravidão, assim como a maioria dos "africanos livres" apreendidos na intermitente repressão ao contrabando negreiro.[198]

A Corte para a qual retornara Caxias era, porém, diferente da que este havia deixado em finais de 1842. Os anseios punitivistas dos artífices do Partido da Ordem e sua intransigência ao compromisso (inclusive com o áulico Aureliano Coutinho) acabariam por derrubá-los do poder no início de 1844. Ascenderia um gabinete mais amistoso, liderado pelo coimbrão baiano Manuel Alves Branco, que anistiaria os rebeldes de 1842 e dissolveria mais uma vez a Câmara em 1844 para eleger deputados próximos do novo governo. Novamente, porém, os inimigos do Partido da Ordem sofreriam por não possuírem um programa coerente e nacionalmente disseminado: alguma forma de identidade partidária liberal começou a consolidar-se já em 1844, representada pela alcunha Luzia — usada pelo Partido da Ordem para identificá-los com o lugar de sua derrota em 1842. Não obstante, um agrupamento que contava com aristocratas como Holanda Cavalcanti e antigos exaltados como Teófilo Ottoni e Ernesto Ferreira França entre seus membros de destaque, além de uma maioria interessada sobretudo em cargos e disputas paroquiais, tinha dificuldade em se constituir como um partido capaz de propor um projeto político programaticamente definido, em boa medida porque os liberais tenderam a valer-se das reformas regressistas para afirmarem-se no poder.

Agora na oposição aos luzias/liberais, o Partido da Ordem começou a ser identificado como conservador: também lhe faltava coerência, mas a força do binômio café/contrabando negreiro e a liderança de políticos experimentados como Honório, Paulino e Rodrigues Torres lançaram as sólidas bases do poder dos Saquaremas, como viriam a ser conhecidos os conservadores, a um só tempo, em referência ao plural do verbo sacar, que, com má-fé, se tornaria saquarema; ou, ainda, em alusão a como foram lembrados os protegidos de Rodrigues Torres das afrontas do liberal José de Cêa Almeida, um antigo subdelegado de polícia da região de Saquarema, na província do Rio de Janeiro. Assim, pouco se avançou no terreno político-administrativo nesses anos para além de uma reforma de 1846 que dobrou a renda mínima para participar do processo eleitoral em razão da inflação das duas décadas anteriores. As leis centralizadoras aprovadas em 1840 e 1841 permaneceram intocadas, apesar de repetidas petições paulistas e mineiras e da mobilização de seus deputados por sua revogação, pois não conseguiram convencer o restante da Câmara. Se os regressistas haviam sido derrotados em 1844, seu projeto continuava bem vivo.[199]

Por necessidade, as facções provinciais inseriram-se nesse bipartidarismo nascente, pois todos almejavam influenciar as nomeações que eram prerrogativa da Corte — e, consequentemente, determinar o resultado das eleições. Se uns apoiavam-se no grupo do poder, seus rivais acabariam por recorrer à oposição em busca de algum tipo de suporte no embate local. Entretanto, o caso dos Liberais paulistas e mineiros demonstra que havia mais espaço para defender projetos políticos alternativos fora do Rio de Janeiro, e talvez em nenhum lugar mais nestes anos do que em Pernambuco.

A província havia sido governada com poucas interrupções por Francisco do Rego Barros entre 1837 e 1844. Essa excepcional continuidade foi garantida pelas relações estreitas do presidente da província com seus parentes do clã Cavalcanti e pela aliança com os regressistas. O barão da Boa Vista (título recebido por Rego Barros em 1841) adotou um programa de obras públicas que gerou empregos em Recife e melhorou a infraestrutura para escoamento da produção dos grandes engenhos, mas negligenciou as propriedades açucareiras e algodoeiras menores do centro e do norte da província. A facção excluída do poder e dos benefícios econômicos do período "baronista" organizou-se no Partido Nacional de Pernambuco em 1842. Os chamados praieiros (porque seu jornal era impresso na rua da Praia) acusavam seus adversários "guabirus" (ratazanas) de corrupção, violência política, contrabando negreiro e despotismo. Por sua vez, defendiam a descentralização, aproximando-se dos luzias. Seus líderes eram membros menos destacados da açucarocracia pernambucana, mas a necessidade de obter apoio contra a facção oligárquica dominante fez com que buscassem mobilizar artesãos e pequenos comerciantes por meio de uma retórica lusofóbica, culpando os portugueses por todos os males da população pernambucana.

A queda do Partido da Ordem em 1844 permitiu a ascensão ao poder dos praieiros no ano seguinte, após a saída de seu adversário Holanda Cavalcanti do ministério. Os novos governantes distribuíram os cargos entre seus partidários, aplicaram seletivamente as leis de modo a acusar os "guabirus" de negreiros, ladrões de escravos e protetores de assassinos, enquanto seus representantes na Corte votaram contra a reforma das leis regressistas de 1840-41. Em larga medida, portanto, comportaram-se da mesma forma que seus adversários. Entretanto, o apelo lusofóbico a uma base eleitoral mais ampla e as reivindicações dela derivadas (principalmente a nacionalização do comércio varejista) eram um elemento de diferenciação entre os partidos em formação, pois representavam uma concessão a demandas não oligárquicas e exigiam a adoção de uma retórica mais inclusiva. Podia-se ler no jornal oficial da Praia, por exemplo, "que no Brasil não existe populaça, porque entre nós só há povo e escravos, e povo somos todos nós, desde a mais elevada categoria até o artesão ou camponês". Havia mesmo críticas explícitas à desigualdade: "uma nação não pode ter interesse em tornar muito próspera a condição de alguns de seus membros à custa da miséria de outros; [...] a distribuição igual da riqueza por todos concorre o mais possível para o aumento da produção". Tal movimento representava, porém, uma mistificação, pois ignorava a estrutura para destacar a superfície: sentida cotidianamente pelos trabalhadores livres, a dominância portuguesa no pequeno comércio era colocada em primeiro plano de modo a deixar inconteste a concentração de poder e riqueza nas mãos da oligarquia. No mesmo periódico, lia-se também: "Pernambucanos livres e sensatos! Mandai ao devido desprezo essas intrigas próprias de almas baixas e depravadas: as vossas fortunas nunca estiveram tão garantidas como hoje". Se a derrota dos exaltados no início da Regência foi uma tragédia, o populismo praieiro não passava de farsa. Mesmo assim, era sintoma de uma cisão mais significativa que em outras províncias, e a polarização continuou a crescer até 1848, com disputas eleitorais acirradas, confrontos armados no campo e mobilizações populares em Recife. Tais embates refletiram-se também na Corte, quando o Senado de maioria Saquarema por duas vezes anulou eleições que levariam partidários da Praia à Câmara alta, enquanto os praieiros lideraram os liberais no recurso à lusofobia para derrotar o influente cafeicultor nascido em Portugal José Clemente Pereira em uma eleição municipal e clamar por mudanças constitucionais.[200]

O governo liberal dava crescentes sinais de instabilidade, agravada pelas notícias revolucionárias que chegavam da novamente republicana França e em seguida de quase toda a Europa durante a Primavera dos Povos de 1848. Necessitado de uma mão firme (inclusive para lidar com

Na década de 1840, Pernambuco voltou a ser uma das províncias em que o debate político foi mais intenso. No centro, discute-se em torno a um escrito (talvez um jornal), e, ao fundo, um negro a tudo assiste. Apesar das desigualdades, os grupos subalternos sempre estiveram atentos a todas as ações das oligarquias. MONNIN. *Reuníon politique a Pernambouc*. Paris [França]: Firmin Didot frères et Cie, 1846.

a questão crucial do contrabando negreiro), o imperador retornou o mando aos conservadores em setembro, num gabinete liderado por Araújo Lima (já visconde de Olinda) e que contava ainda com Rodrigues Torres na Fazenda e Eusébio de Queirós na Justiça. A reversão política reverberou pelas províncias, mas apenas em Pernambuco deflagrou uma rebelião, liderada pelos principais senhores de engenho praieiros.

Como seis anos antes no Centro-Sul, os insurgentes pernambucanos proclamavam o caráter defensivo e monárquico de suas ações. Foram além de 1842, porém, ao demandar uma constituinte para repudiar tanto a presença portuguesa quanto a centralização política e fiscal que beneficiava a Corte em detrimento das províncias, numa suposta reprodução da situação colonial. Esse passo mais largo era resultado de um contexto de maior polarização política e da participação ativa da população livre pobre, inclusive de cor. Notadamente,

os indígenas dos aldeamentos de Barreiros e Jacuípe mobilizaram-
-se para defender a posse de suas terras, garantida pelas autoridades
praieiras em uma região que vivia conflagrações intermitentes desde
a guerra dos cabanos na década anterior. Outras etnias optaram, porém, por ficar do lado do governo, vendo-o como mais capacitado
para defender seus territórios tradicionais.

A ameaça mais grave à ordem acabou por estimular a intransigência da repressão conservadora, muito distinta da política de Caxias em
São Paulo e Minas. O desenrolar do conflito levou a uma radicalização ainda maior, permitindo que o republicano Antônio Borges da
Fonseca — antigo adversário da Praia que se unira à revolta movido
pela inabalável convicção de que se havia governo, devia ser contra
— obtivesse assinaturas de alguns dos senhores de engenho líderes
do movimento para um manifesto democratizante que exigia uma
ampliação radical dos direitos sociais e políticos entre os homens
livres e uma profunda reorganização do Estado brasileiro:

> Todo mundo sabe que o Ministério de 29 de setembro [de 1848] pertence
> à seita absolutista, e tão frenéticos estão os seus membros que resolveram
> logo conquistar o país como uma reação aos movimentos progressistas da
> Europa que têm aniquilado os tiranos e realizado a promessa do Todo Po-
> deroso de depor os Reis de seus tronos e exaltar os povos. [...] Protestamos
> só largar as armas quando virmos instalada uma assembleia constituinte.
> Esta assembleia deve analisar os seguintes princípios: 1º) O voto livre e
> universal do povo brasileiro; 2º) a plena e absoluta liberdade de comuni-
> car os pensamentos por meio da imprensa; 3º) O trabalho como garantia
> de vida para o cidadão brasileiro; 4º) o comércio a retalho só para os bra-
> sileiros; 5º) a inteira e efetiva independência dos poderes constituídos; 6º)
> a extinção do Poder Moderador e do direito de agraciar; 7º) o elemento
> federal na nova organização; 8º) completa reforma do poder judicial, em
> ordem de assegurar as garantias dos direitos individuais dos cidadãos; [...]
> 10º) extinção do atual sistema de recrutamento. [...] O mundo todo quer
> reformar-se, e nós não devemos ficar estacionários.[201]

Seu radicalismo era tal que foi denunciado pelos demais chefes praieiros: o pertencimento à classe dominante impunha limites estreitos a seu radicalismo. Tornava-se difícil, se não impossível, mobilizar uma parcela suficiente da população para resistir ao poder concentrado de um Império já consolidado e próspero: a derrota era inevitável. Mesmo assim, as denúncias conservadoras foram histriônicas: Maciel Monteiro chegou a afirmar na tribuna na Assembleia Provincial que "pregou-se o comunismo, a lei agrária; fez-se acreditar que os bens de certa classe deviam ser repartidos pelo povo", enquanto o publicista conservador Justiniano José da Rocha exaltou "o *arrojo* com que [o governo] defendeu as instituições ameaçadas, a vida e a fortuna dos cidadãos postas em risco pelos *comunistas* do sertão". Depois de assombrar a Europa, o espectro do comunismo rondou brevemente o Brasil, quiçá de forma ainda mais fantasmagórica.[202]

A paz foi reestabelecida entre 1849 e 1850 pelo novo presidente da província — ninguém menos que Honório — que contemporizou com a fração derrotada da açucarocracia pernambucana. Por outro lado, persistiu na repressão contra os rebeldes renitentes que proclamaram até o fim sua adesão à "causa [...] da liberdade contra a tirania" e demandavam uma Constituinte, pois a morte era mais honrosa "que passar-se da condição de homem livre à de escravo". Periódicos liberais de Norte a Sul defenderam a ideia de uma nova Constituição por um par de anos. Após mortes, exílios e prisões, encerrou-se a última das grandes revoltas regionais do Império e com ela "a era da luta ideológica em torno da natureza do Estado", no dizer do historiador Jeffrey Mosher — ao menos por uma década.[203]

Contrabando e geopolítica

Apesar de sua exclusão do poder entre 1844 e 1848, os Saquaremas enxergaram com satisfação os 11 anos que separavam o gabinete regressista de 19 de setembro de 1837 do ministério conservador de

29 de setembro de 1848: não só a Corte reestabelecera a ordem no Império, como quase meio milhão de africanos sequestrados haviam sido desembarcados no litoral brasileiro, 79% deles no Centro-Sul cafeeiro. A ilegalidade do tráfico era tanto uma questão de política interna quanto de relações internacionais. Assim, o embate com a Grã-Bretanha deve ser entendido como uma das limitações fundamentais às possibilidades de execução dos projetos para o Brasil na década de 1840.

A própria escolha pelo silêncio em torno da lei de 1831 em vez de sua revogação, como demandado por múltiplas petições e proposto por Vasconcelos, derivava da necessidade de evitar o confronto aberto com a Grã-Bretanha. Esta, após a conclusão da abolição em suas ilhas do Caribe em 1838, renovara sua ação antitráfico no Atlântico, culminando no *Palmerston Act* de 1839, que submeteu os navios lusitanos à jurisdição do Almirantado britânico, e na reinterpretação do tratado anglo-brasileiro de 1826-27, o qual permitiu a captura de naus brasileiras suspeitas de serem negreiras, mesmo que não carregassem africanos escravizados. A furiosa reação antibritânica na imprensa carioca e na Assembleia Geral do Império evidenciou a força do projeto negreiro.[204]

O gabinete maiorista representou uma fugaz tentativa de remar contra a maré, mas seus correligionários estavam divididos, pois vários defendiam o tráfico, tanto por interesse pessoal quanto por respeito aos desejos de seus eleitores. Um deles — o médico Álvares Machado — arrancou gostosas gargalhadas dos colegas ao citar o Novo Testamento para ridicularizar a qualificação de "anticristã" atribuída à escravidão pelo padre pernambucano Lopes Gama, e mais ainda ao lembrar dos inevitáveis limites desse sentimento entre os homens que governavam o Brasil: "qual dentre nós, pergunto eu, já deu liberdade a seus escravos? O argumento do nobre deputado não é sobre o comércio da costa d'África, é sobre escravidão em geral: eu pergunto se ele não tem escravos; vão ver que há de ter algum (*risadas*)". O político paulista — que participaria da insurreição contra o

Partido da Ordem em 1842 — concluiu o raciocínio com palavras que poderiam ter saído da boca de Bernardo de Vasconcelos: "apelamos [...] ao direito de filantropia e benefício que fazemos aos africanos, tomando-os das mãos bárbaras e cruéis de seus senhores, e trazendo--os a um país civilizado; e pelo lado religioso, abrindo-lhes as portas do céu, batizando-os e fazendo-os cristãos". O tom irônico de sua fala sugere que se tratava apenas da homenagem que o vício presta à virtude e não de uma crença sincera no caráter humanitário do crime, tanto que um ano depois seria bem mais claro em nova intervenção em defesa do cativeiro: "o Brasil sem escravatura é nada", por causa da necessidade de "braços para a nossa lavoura".[205]

Como no final do Primeiro Reinado, a pressão britânica por um novo e mais restritivo tratado antinegreiro permitia que a manutenção do contrabando fosse travestida de defesa da honra nacional contra a intervenção estrangeira, enquanto as atrocidades imperialistas da Grã-Bretanha na Irlanda e na Ásia serviam de cortina de fumaça para esconder os crimes cometidos por contrabandistas e escravocratas. A necessidade de renegociar também o tratado de comércio anglo-brasileiro que vencia em 1842 (prorrogável por dois anos) aumentava as tensões bilaterais, em razão do ressentimento no Império contra suas condições desiguais: baixas tarifas para as manufaturas britânicas, altas para o açúcar brasileiro. Em consequência, não só os senhores de engenho eram impedidos de vender para um dos principais mercados consumidores da época, como o Estado imperial via limitada sua capacidade de arrecadação, já que os impostos alfandegários eram cruciais em países que ainda dispunham de uma ampla burocracia fiscal e enfrentavam gastos crescentes em razão das despesas militares ao Sul e da expansão do aparato judicial.[206]

A anglofobia convinha ao Partido da Ordem e colocava os críticos do contrabando na difícil situação de serem representados ao mesmo tempo como covardes, traidores do país e inimigos da principal atividade econômica do país — a agricultura. Mesmo assim, por vezes apareciam na imprensa artigos sobre os efeitos deletérios de um comércio que não é só ofensivo aos foros da humanidade como ainda ruinoso, quer ao país, quer a cada um dos indivíduos [...]. Nosso país vai sendo inundado sem medida de gente grosseira e estúpida cujo número existente deveria seriamente assustar-nos. Capitais imensos empregados em negros são todos os anos sepultados debaixo da terra, ou anulados pelas doenças e pela velhice; e, no entanto, a facilidade de achar à mão estas máquinas já feitas impede que se lancem os olhos para tantos melhoramentos introduzidos pela atividade do espírito europeu nos processos de indústria, e que procuremos para o Brasil uma população melhor [...]. A existência dos escravos é o que é mais fatal à civilização, [...] máquina caduca, embrutecida pelo seu próprio estado e pela vida selvática que passou na terra natal, ele [o africano] não pode ser senão um imperfeitíssimo instrumento para o adiantamento de nossa lavoura, e é de todo inútil para as artes e custeio de qualquer manufatura. [...] Não podia haver para o Brasil inimigos piores que os contrabandistas e os chefes de partido que os protegem; são homens que após um lucro vil metem incessantemente barris de pólvora na mina que a todos nos ameaça de fazer saltar pelos ares.[207]

Em geral, as limitadas críticas à escravidão na esfera pública no início da década de 1840 passavam longe do reconhecimento da humanidade dos escravizados, porque seus autores eram tão racistas quanto seus adversários: seu foco estava nas consequências da continuidade do contrabando para as oligarquias, como atraso econômico e revoltas servis. Entretanto, como 15 anos antes, essa posição vacilante não era o suficiente para mobilizar apoios para a consecução de um projeto político coerente.

Em meio a esses embates sobre a continuidade do contrabando, Vasconcelos e o Partido da Ordem propuseram uma Lei de Terras que buscava consolidar a propriedade fundiária, estimular seu emprego produtivo e gerar recursos para investimentos em infraestrutura e projetos de colonização que trariam trabalhadores livres. Para o senador mineiro e seus aliados na imprensa, como Justiniano José da

Rocha, porém, os colonos mais adequados não seriam os europeus, impróprios para o trabalho pesado nos trópicos, mas, inspirado em experiências britânicas adotadas no Caribe, africanos livres. Mesmo o deputado pardo Antônio Rebouças, que havia entrado em conflito com os saquaremas ao sugerir que "a população mulata" merecia maior representação política, concordava com seus adversários nesse ponto: o que lhe importava era o estatuto jurídico dos homens, não sua origem. Os africanos seriam submetidos a contratos rigorosos, e é difícil de imaginar que encontrassem condições muito melhores do que o cativeiro de seus antecessores sequestrados. Daí o interesse de Vasconcelos por essa possibilidade, pois nunca deixaria de acreditar que a prosperidade dependia de braços negros coagidos:

> nestas terras é muito difícil prosperar a indústria sem o trabalho forçado, e que por consequência a maior parte do engrandecimento, da riqueza da América, é devida ou foi devida ao trabalho africano. Foram os africanos que, trabalhando estas terras férteis, fizeram a sua riqueza, e como em economia política a riqueza é sinônimo de civilização, eu disse que a África civilizara a América.[208]

Em consequência, o senador pintava um cenário apocalíptico: "a nossa desgraça, a nossa miséria, aparecerá logo que nos cesse o trabalho forçado. [...] A produção do país reduzir-se-á dentro em pouco tempo ao mesmo estado em que se acha na América Espanhola" — a qual havia ferido de morte a escravidão durante suas guerras de independência. Era 1843, ano em que mais de 34 mil pessoas sequestradas desembarcariam em terras brasileiras e a fração dominante da classe senhorial recusava-se a aceitar a possibilidade de um futuro em que negreiros deixassem de cruzar o Atlântico, fosse com africanos "livres" ou ilegalmente escravizados. Entretanto, as negociações com a Grã-Bretanha fracassariam e o projeto da Lei de Terras dormiria nas gavetas do Senado até 1850.[209]

Os luzias retornaram ao poder em 1844, no entanto continuavam fracos demais para se opor ao projeto político negreiro que permeava todas as instituições imperiais e à maré antibritânica na esfera pública. Ao mesmo tempo, era preciso obter rapidamente recursos para sustentar as Forças Armadas, vistos os riscos de conflito no Prata, e a burocracia civil em crescimento. Assim, o ministro da Fazenda Alves Branco aproveitou a expiração do tratado comercial para impor tarifas significativamente mais elevadas sobre os produtos britânicos. Seu objetivo era fundamentalmente fiscal, mas Alves Branco não ignorava seu potencial protecionista:

> tarifa protetora dos interesses e direitos de cada povo! [...] Nenhuma nação deve fundar exclusivamente todas as suas esperanças na lavoura, na produção de matéria bruta, nos mercados estrangeiros. [...] Um povo sem manufaturas fica sempre na dependência dos outros povos.

Entretanto, a taxação ficou muito aquém do limite de 60% *ad valorem* permitido pela Câmara, suscitando críticas de deputados protecionistas. As importações britânicas permaneceram praticamente inalteradas: a produtividade britânica era crescente e os custos de transporte cadentes, de modo que a manufatura nacional estava longe de ser competitiva. Havia, enfim, alguma discussão sobre uma possível industrialização brasileira, porém a força gravitacional da agricultura era muito mais poderosa.[210]

Embora a posição britânica nas transações comerciais do Império tenha permanecido inalterada, as tensões diplomáticas avolumaram-se expressivamente. Neutro durante as tensões entre, de um lado, a França e a Grã-Bretanha e, do outro, a Confederação Argentina e o Uruguai de Oribe, que girava em torno da abertura comercial dos rios platinos, o Brasil enviou uma missão diplomática à Europa, em 1844, no intuito declarado de negociar um tratado comercial com a *Zollverein* germânica, mas com o objetivo disfarçado de conclamar uma rápida queda dos *blancos*. E, quiçá, de Rosas também. A missão Abrantes, como ficaria conhecida, fracassou, na medida em que Londres não sustentaria a política platina de um país que negara a recondução do tratado de 1826-27.

Assim, o meio da década de 1840 foi um momento crítico para o tráfico atlântico no Brasil — e para a escravidão nas Américas: Cuba lidava com seus próprios temores após a descoberta de uma grande conspiração negra, os Estados Unidos preparavam-se para anexar a República escravista do Texas, e o Brasil via-se cada vez mais pressionado por Londres quanto à luta inglória para defender o contrabando negreiro. As três sociedades tinham a Grã-Bretanha como inimiga comum e perceberam que o destino da escravidão estava entrelaçado: o cativeiro havia se expandido nos três espaços dentro da ordem comercial capitaneada pelo poderio industrial e comercial britânico, mas precisavam defender-se de sua hegemonia antinegreira. O Império era o elo mais fraco da corrente, distante que estava do baluarte escravista que eram os Estados Unidos, cuja política externa era dominada por escravocratas como o sulista John C. Calhoun. Contudo, os encorajadores contatos comerciais e diplomáticos entre os dois gigantes americanos, a consolidação da fronteira Sul após a reincorporação dos senhores da guerra dos farrapos, o desejo de afirmação nacional, a necessidade de braços escravizados e a recém alcançada solidez sociopolítica do cativeiro e do Estado na única monarquia do Novo Mundo estimularam os luzias a seguirem a opinião saquarema dominante no Conselho de Estado e a rejeitar, em março de 1845, o papel de polícia dos mares que a Grã-Bretanha se arrogara desde o início do século a partir dos tratados antitráfico.[211] O gabinete tinha em seus quadros homens que haviam criticado o contrabando na década anterior, como Ferreira França e Limpo de Abreu, os quais se sucederam no Ministério de Negócios Estrangeiros entre 1844 e 1846; talvez por isso, fingiram que o embate com a Grã-Bretanha não implicava uma liberação do contrabando. O já idoso Andrada Machado aproveitou o debate para fazer uma rara profissão de fé antirracista — traída, porém, por sua moderação, ainda maior do que a de seu irmão mais famoso 20 anos antes:

> Eu declaro à Câmara, e estimo ter ocasião de declarar ao mundo inteiro, que sou inimigo do tráfico da escravatura. (*Apoiados*) [...] Eu vejo neste

comércio todos os males, vejo um ataque ao cristianismo, à humanida-de, e aos interesses verdadeiros do Brasil: sou homem, sou cristão e sou patriota, não posso pois admiti-lo. Este comércio, ainda quando seja em benefício de uma raça, é comércio anticristão; não cuido que os homens nasceram para a escravidão: creio que os negros, os amarelos, os verdes, se houver, são tão bons como nós, são dignos de serem livres como nós. Como amigo do Brasil, como político, entendo que é bom povoar este continente, mas não povoar de inimigos, porque ai de nós se chegar o tempo das represálias. Sei que sofremos alguma coisa: não se creia que aprovei a extinção repentina [do tráfico] da escravatura [de 1831]; primeiramente não gosto que ninguém nos force, nos imponha a lei. Nós devemos impor a nós mesmos essa obrigação; impor em tempo competente, lentamente, devagar.[212]

Na Câmara dos Deputados majoritariamente luzia, mesmo seus colegas pró-escravistas, como o conterrâneo Álvares Machado, não rebateram a fala. Quando Andrada Machado tomou posse no Se-nado dois meses depois, contudo, encontrou recepção diferente por parte dos Saquaremas que lá tinham assento graças ao caráter vitalí-cio daquela casa legislativa. Vasconcelos lhe respondeu que "não há nenhum povo do mundo que se não tenha desenvolvido pelo favor de braços escravos. [...] A cessação do tráfico foi a maior calamidade que podia vir ao Brasil". Honório foi além:

Um dos elementos da existência da sociedade brasileira é a escravatura; este elemento não poderá ser destruído sem destruição e dano da mes-ma sociedade. Não se deve tolerar que, sem ter em vista propor nenhu-ma lei para a abolição da escravidão, venha um senador ou deputado condenando seu próprio fato — porque todos conservam escravos — falar contra uma instituição da sociedade brasileira, que tem de o ser por muitos séculos, porque se deve esperar que esta sociedade seja governada por brasileiros, cujos interesses permanentes e reais têm de exigir por muitos séculos a conservação da escravidão; porque um país tão vasto, tão abundante de terras e tão falto de braços, não poderá prosperar de modo algum sem o trabalho forçado. Semelhantes declamações são inúteis; não podem servir para fim algum, nem mesmo uma seita de abolicionistas se poderia comprazer com elas.[213]

Diferente dos Estados Unidos, o debate no Legislativo brasileiro não opunha partidários e adversários do cativeiro em embates tão acalorados que frequentemente incluíam ameaças de violência física, quase sempre por parte dos políticos sulistas. Aqui, escravocratas envergonhados que vislumbravam um fim distante para a instituição trocavam farpas com sequestradores renitentes que se recusavam sequer a cogitar essa possibilidade. Dava-se em um momento de refluxo do contrabando, que recuara em 1845 aos níveis mais baixos em uma década. O gabinete liberal buscava retomar as negociações com a Grã--Bretanha, mas em termos que não ofendessem a soberania nacional.[214]

Foram, porém, surpreendidos pelo *Aberdeen Act*, dispositivo legal que interpretava o caduco tratado de 1826-27 de modo a abrir amplo espaço para a captura britânica das embarcações brasileiras suspeitas de participação no tráfico de africanos ilegalmente escravizados. Em contrapartida, os luzias cerraram fileiras com os saquaremas em nome da soberania nacional, mas na prática em defesa dos negreiros: como os britânicos gostavam de dizer à época, o patriotismo é o último refúgio dos canalhas. Apesar da ação conjunta da Grã-Bretanha, da França e até de Portugal na repressão aos negreiros, sobreveio um novo aumento do contrabando, o qual duplicou em relação à primeira metade da década. Os britânicos contribuíram indiretamente para esse resultado indesejado ao simultaneamente abrir seu mercado para o açúcar brasileiro em 1846 e deslocar seu esquadrão naval sul-americano para o rio da Prata, em razão de seus conflitos com Rosas.[215]

Sob o claudicante e sempre ausente Francisco de Paula Sousa e Melo, o último gabinete Liberal mudaria de atitude em meados de 1848, quando voltou a reprimir o contrabando e recuperou o projeto de Barbacena de 1837, com o intuito de legalizar a escravização das centenas de milhares de africanos introduzidos no país após 1831 e pôr um ponto final no tráfico. A resposta para essa reviravolta provavelmente está na grande conspiração escrava descoberta em fevereiro no Vale do Paraíba, centro econômico do Império, com ramificações até na Corte. As investigações sugeriram a existência de uma sociedade secreta capaz de recolher fundos, enviar mensageiros e planejar uma insurreição "com o objetivo de matar seus senhores, de qualquer sexo ou idade, os feitores, e outras pessoas livres empregadas nas fazendas, incluindo os escravos que desejassem permanecer fiéis a seus senhores", coroando um rei "quando os brancos estivessem mortos". Algumas autoridades culparam a inclinação natural à rebelião dos cativos, outras, as ideias abolicionistas de estrangeiros. O juiz municipal de Lorena que interrogou alguns dos primeiros prisioneiros produziu uma das avaliações mais apocalípticas: "há um plano há muito premeditado, ramificado em algumas províncias, e quiçá pelo Brasil todo". Os escravizados teriam declarado ainda que haviam sido "convidados para pegarem em armas para o fim de haverem-se suas liberdades por meio da força, para o que os ingleses os coadjuvariam, visto que o Brasil acha-se bastantemente empenhado para com aquela nação da Inglaterra, e tanto mais por haver cessado o tráfico da escravatura". A ideia de auxílio britânico a uma insurreição servil pode nos parecer fantasiosa, mas viria a ser sugerida alguns meses depois por ninguém menos que o cônsul da rainha Vitória em Salvador, James Hudson. Como nas revoltas da década anterior, o movimento tinha base religiosa (de matriz centro-africana, a exemplo da conspiração de Campinas em 1832) e participação de livres de cor. Também em fevereiro de 1848, o presidente da província da Bahia escrevia para a Corte relatando seu temor de uma nova rebelião na província, e na mesma semana duas conspirações — desta vez de africanos mina — foram desbaratadas em Porto Alegre e Pelotas.[216]

As poucas fontes que nos chegaram sobre estes casos dificultam a tarefa de separar paranoia senhorial e consciência geopolítica servil. Entretanto, um original poema afrocêntrico apreendido um ano e meio antes em Pernambuco permite entrever a fecundidade da imaginação política negra por estes anos: em setembro de 1846, a polícia reprimiu uma seita suspeita de planejar uma insurreição. Seu líder, o alfaiate forro Agostinho José Pereira, possuía uma Bíblia em que estavam grifadas passagens que podiam ser interpretadas como antiescravistas, alfabetizava seus seguidores para que pudessem ter contato direto com a palavra divina e criticava a religião de Estado. O radical Borges da Fonseca conseguiu libertá-los após mais de um mês na prisão, demonstrando que não haviam cometido crime algum. O caso mereceu ampla divulgação na imprensa, mas especialmente interessantes foram os versos encontrados em sua casa, que exaltavam "a linda nobre cor morena […] do verdadeiro Messias", criticavam o cativeiro ("homens em humanidade/ lembra-te do futuro/ dá liberdade aos morenos/ e temei uma nuvem escura. Jurastes a constituição/ para mais condenação/ que só pede gente livre/ e nós na escravidão"), miravam-se em exemplos caribenhos ("Oh! Grande é [a] cegueira/ desta gente brasileira/ não olha para o Haiti/ e para a América Inglesa") e enxergavam um fim próximo para sua subordinação:

degredo no Brasil
há mais de 300 anos
muito breve terá fim.
[…]
Podem viver contentes
os morenos desprezados
que muito breve verão
como são tão desejados
que quiseram e não puderam
negar a sua liberdade
para conhecerem os direitos
que os homens se fizeram.
[…]
Ficará a cor morena
de coroa e cetro na mão.[217]

Livre ou escravizada, ao menos parte da população negra conseguia conceber outros mundos sem escravidão e discriminação, ainda que a supremacia escravocrata impossibilitasse a difusão dessas ideias e outros tantos homens e mulheres de cor desejassem simplesmente tornar-se proprietários de outros seres humanos para ascender social e economicamente. Mesmo assim, por vezes a contestação subalterna foi capaz de influenciar a alta política, como no caso da conspiração de 1848: os saquaremas, sempre mais interessados na expansão da agricultura escravista e confiantes em sua capacidade de manter a ordem social, minimizaram sua ameaça, mas os luzias nela acreditaram a ponto de iniciarem mais um de seus intermitentes esforços antinegreiros. Como justo em maio de 1848 os britânicos (pressionados pelo *lobby* açucareiro caribenho, descontente com a competição brasileira) renovaram sua pressão antitráfico, tratava-se de uma tentativa de garantir a estabilidade da escravidão diante das ameaças externas e internas que esta enfrentava. Em razão da duradoura ambivalência que caracterizava sua frágil coalizão, porém, foram derrotados no Parlamento e caíram, abrindo espaço para a volta dos conservadores pró-sequestradores ao poder.[218]

LIBERALISMO SAQUAREMA

A pujança da produção cafeeira alimentada pelo contrabando negreiro e o fortalecimento da autoridade do Rio de Janeiro evidenciam o sucesso do Partido da Ordem, inclusive nos anos em que estiveram fora do poder. Seus adversários frequentemente os acusaram de absolutistas, para o que o nome Regresso contribuiu: regressar para quando, afinal? Ottoni aproveitou a indeterminação do termo para criticar seus adversários em 1839: "a reação, que apareceu ao tempo em que essa fatal ideia do Regresso foi proclamada por um gênio pérfido e intrigante [Bernardo de Vasconcelos], não se contenta em destruir o trabalho da Câmara constituinte de 1834, mas quer ainda ir muito para trás". Retroceder não só, portanto, ao Primeiro Reinado, que conjurava imagens do autoritarismo monárquico (combatido com denodo por ninguém menos que Vasconcelos), mas para o Antigo Regime. A imputação ganhava mais peso porque não se referia a um fenômeno velho de décadas: na Europa sobreviviam ainda impérios que resistiam à adoção de sistemas constitucionais e representativos, a exemplo de Áustria e Rússia, e forças políticas que buscavam retornar ao absolutismo, como os carlistas espanhóis e os ultras franceses.[219]

A posição do liberal mineiro é compreensível, preocupado que estava em preservar o que via como um dos poucos avanços conseguidos após a abdicação de d. Pedro I, porém sua fala não descrevia fielmente o pensamento político regressista. Vasconcelos era ao mesmo tempo pró-negreiro, pró-centralização e pró-liberdade: tal combinação era possível porque a liberdade que lhe interessava era a senhorial, dos proprietários, de sua própria classe, enfim, para governar, dominar e produzir. Como no Sul dos Estados Unidos, o Brasil deu origem a um liberalismo que contribuiu ativamente para a expansão do trabalho compulsório. Nada fora do lugar se lembrarmos que a tradição dominante do liberalismo europeu oitocentista defendeu ardentemente o imperialismo, tanto na prática quanto nos escritos de seus principais expoentes, como John Stuart Mill e Alexis de Tocqueville. Os direitos de propriedade e a civilização de grupos e espaços supostamente inferiores tudo justificavam, inclusive a escravidão e a colonização.[220]

A liberdade de Vasconcelos e seus aliados dependia da manutenção da ordem social, garantida pelo trono e pelo uso coordenado do poder coercitivo do Estado, dirigido por eles próprios. Como discursou Paulino na Câmara dos Deputados ao defender sua ação na repressão aos paulistas e mineiros em 1842: "eu amo, sim, certamente, a liberdade; devo-lhe muito. É por isso que entendo que se devem empregar todos os meios para salvar o país do espírito revolucionário, porque este produz a anarquia; e a anarquia destrói, mata a liberdade, a qual somente pode prosperar com a ordem".[221]

Os regressistas buscavam, portanto, um equilíbrio entre ordem e liberdade, um justo meio — mas justo para si, não para as províncias ou para os livres pobres, muito menos para os escravizados. No mesmo sentido, defendiam um governo representativo, porque sua concepção de cidadania era excludente, de modo que quem representaria e seria representada era a oligarquia. O Antigo Regime pré-constitucional não lhes interessava, porque poderia representar a cessão de seu poder ao monarca, que não necessariamente conduziria a barca do Estado ao agrado dos poderosos. Os conservadores brasileiros constituíram-se em reação à traumática agitação política do Primeiro Reinado e da Regência, desenvolvendo elementos arquetípicos do conservadorismo moderado, como a tentativa de controlar a velocidade das mudanças e reformas para preservar as hierarquias fundamentais e o rechaço à inspiração em princípios gerais e abstratos para guiar projetos de transformação social. Diante das necessidades imediatas de mão de obra da lavoura e de manutenção de uma ordem social fundada na escravidão, que lhes importavam discursos bonitos e humanitários sobre liberdade? Como discursou Vasconcelos em 1841, "um Estado em que acontecem mudanças muito rápidas não pode chegar ao ponto de prosperidade a que se propõe. Por consequência, as instituições devem ser de tal maneira estabelecidas que, sem obstar o movimento, resistam às inovações rápidas e precipitadas que podem abismar o país". Entretanto, inseriam esses princípios de ação dentro de um enquadramento liberal e constitucionalista, inspirado na Monarquia de Julho francesa e seu principal ministro, François Guizot. Na França como no Brasil, tratava-se de um liberalismo que prezava antes pela ordem que pela democratização, em razão do trauma da revolução.[222]

Nesse sentido, a rejeição do Regresso à mobilização política ampliada e as críticas à escravidão que se manifestaram durante as décadas de 1820 e 1830 justificam sua caracterização como um movimento reacionário que "restringiu substancialmente a amplitude de possibilidades da Era das Revoluções" cogitadas — e derrotadas — desde a Assembleia Constituinte em 1823. O Brasil seguiu aqui o caminho aberto pelo Chile, e os outros países da América Latina gradualmente foram atrás, de acordo com os respectivos arranques de suas economias de exportação e a consolidação do domínio oligárquico sobre o aparato estatal. Os saquaremas não eram, porém, retrógrados, pois não almejavam voltar ao passado. Pelo contrário, representavam um grupo novo que propunha uma modernização particular profundamente inserida nos fluxos econômicos globais derivados da Revolução Industrial, mas que se adequasse às características nacionais de modo a preservar as hierarquias sociais.[223]

A diferença entre saquaremas e luzias não era, portanto, absoluta, mas de grau e ênfase: como na Grã-Bretanha, em Portugal e no Chile na mesma época, os dois partidos dominantes inseriam-se no campo liberal. Temas polêmicos em outros países, como a influência socioeconômica da Igreja Católica — motivo de guerras civis no México — eram pouco relevantes aqui, onde todos concordavam com a união entre trono e altar, com predominância do primeiro. Os liberais eram doutrinariamente mais favoráveis à autonomia provincial e, em alguns casos, a uma participação política ligeiramente ampliada e ao trabalho livre promovido por meio da imigração europeia; contudo, no poder acabavam por agir de forma muito similar a seus adversários. Por sua vez, o Regresso admitia que muitas de suas propostas centralizadoras e repressivas haviam sido inauguradas pelos moderados na primeira metade da década de 1830. Um astuto observador contemporâneo notou que o *parti de l'ordre* monarquista francês tinha dificuldade em se unir por englobar interesses econômicos distintos — o capital financeiro orleanista e a propriedade fundiária bourbônica —, mas no Brasil conservadores e liberais tinham condições materiais de existência próximas o suficiente para facilitar a colaboração, ainda mais em épocas de prosperidade. Ao fim e ao cabo, a reprodução do escravismo que sustentava tanto as oligarquias agrárias quanto as rendas do Estado — e, consequentemente, as elites político-burocráticas que dele dependiam — exigia antes ordem que liberdade, especialmente após a ascensão da cafeicultura do Vale do Paraíba.[224] Para tal, porém, era preciso negociar. Como ensinou Vasconcelos no Senado em 1839,

> os homens são livres e são iguais pela natureza; e para que uns obedeçam aos outros, é necessário que façam sacrifícios, e para fazerem esses sacrifícios é necessário também que os outros lhes correspondam com iguais sacrifícios; é preciso que um dê ao outro um pouco, e o outro, outro pouco, a fim de que possa haver unidade de pensamento e unidade no regime.[225]

Tais transações e acomodações davam-se, evidentemente, apenas entre as oligarquias, mas tinham abrangência nacional: relações clientelares espraiaram-se pelo Império, ligando potentados distantes ao Rio de Janeiro por meio da concessão de cargos de juízes substitutos, oficiais da Guarda Nacional e delegados de polícia, enquanto os representantes das províncias na Corte estabeleciam múltiplas relações de parentesco e amizade com latifundiários e magistrados do Centro-Sul. Os conservadores enraizados no Vale do Paraíba conseguiram nacionalizar seu projeto exatamente porque atuaram não só em confronto, mas também em colaboração com as oligarquias locais. Admitia-se alguma autonomia provincial, tanto por falta de recursos humanos para exercer uma dominação direta e contínua quanto por uma significativa uniformidade ideológica liberal-monárquica entre os grupos dominantes no centro e nas periferias, fundada em interesses de classe comuns.[226]

Negociação com as oligarquias e coerção contra os subalternos; profunda integração no mercado internacional e recriação de hierarquias arcaicas; construção de uma monarquia constitucional e desrespeito sistemático à lei para reiterar a escravidão; liberalismo e conservadorismo, eram todos aspectos do projeto vitorioso que construiu a síntese original que foi o Império do Brasil. Como as famílias, os países também são infelizes cada um à sua maneira.

CAPÍTULO 4

PAX ESCRAVOCRATA
(1848-62)

Por volta de 1850, o Império do Brasil possuía uma população largamente definida pela presença cativa. Entre os pouco mais de 7,5 milhões de habitantes, os escravos somavam provavelmente mais de 1/3. Desde a assinatura do tratado anglo-brasileiro de 1826-27, e apesar de seus dispositivos contrários ao tráfico, em torno de um milhão de africanos escravizados havia sido desembarcado no Brasil. Eram números ímpares em escala global, impulsionados pela cafeicultura do Vale do Paraíba fluminense. Sua afirmação pautou a inserção internacional do Império, pelo menos em termos econômicos. Nesse sentido, o fazendeiro brasileiro de café nasceu mundializado, e o encerramento do tráfico em 1850 não poderia senão provocar um necessário reajuste na distribuição dos fatores internos de produção — principalmente a abundante mão de obra servil.[227]

Espacialmente fragmentada como um mosaico de mercados ainda imperfeitamente interligados, a economia imperial tinha no açúcar nordestino e no café sudestino — duas *commodities* de notório vínculo internacional — as matrizes formadoras da dinâmica econômica nacional. Cada região possuía suas particularidades, como as madeiras, as resinas e os óleos da Amazônia, o algodão maranhense e o arroz, o milho e a carne no extremo Sul. Havia ainda uma significativa produção de alimentos para o mercado interno. No entanto, a prosperidade econômica do Império dependia em larga medida do volume de capital que suas mercadorias exportadas traziam para o país, com efeito multiplicador nas atividades econômicas internas, como a pecuária, os couros e, paulatinamente, os têxteis. A viabilidade orçamentária do Império amparava-se ainda mais nos principais bens exportados, porque a capacidade arrecadatória nacional se compunha, em mais de 80% na década de 1850, graças à alfândega. Em sentido recíproco, a disponibilidade de bens importados dos quais o país carecia — como os vinhos, o trigo, as manufaturas de algodão, de ferro e de aço e o carvão de pedra — dependia das divisas originadas das exportações.

Embora o açúcar ainda ocupasse posição relevante na balança imperial de transações correntes, sua expressão era declinante. No começo da década de 1840, o açúcar representava em torno de 30% das exportações brasileiras; no final da de 1850, pouco mais de 20%. O café seguiu tendência inversa. Superou a metade das exportações nacionais no mesmo período, mais do que dobrando, ao mesmo tempo, seu valor. Em que pesem as tensões políticas características dos interesses locais antagônicos, o êxito da centralização administrativa realizou-se com a hegemonização do café. O processo, que alcançou seu paroxismo na década de 1850, significou uma constante e estreita relação entre os sucessivos governos imperiais e o capital produtivo cafeeiro.[228]

A mútua dependência não exigiu uma necessária superposição de representações. A economia oligopolista do Império desenvolveu-se no mesmo ritmo e com a mesma direção da política oligárquica, sem forçosamente requerer, embora ocorresse, a ação do interessado imediato como executor direto. Em outros termos, a ordem imperial em constituição não reivindicou que o cafeicultor fosse o ministro, o deputado ou o senador, porque, enquanto o café se mantivesse hegemônico na estrutura produtiva, o Império se encontraria obrigado por necessidade fiscal a continuadamente assegurar a reprodução e a acumulação de capital em suas esferas econômicas mais produtivas.

A arrecadação de impostos, condição para sustentar a máquina pública em suas facetas civis e militares, não era tampouco a única manifestação da coerção estrutural que o café impunha ao Império. Para além da interiorização de capitais e de seu consequente espraiamento, a produção cafeeira assegurava as libras que garantiriam a rolagem da dívida externa. Via imposto ou divisa, o café sustentava o próprio valor da moeda e, em decorrência, a paridade cambial, uma unidade de equivalência que se desejava fixa para uma economia tão dependente do comércio internacional. A interdependência entre as esferas econômica e política revelou, pois, a socialização em escala nacional de um projeto conscientemente acertado entre o governo e o cafezal.

Não obstante a margem de autonomia apenas relativa que a classe economicamente dominante deixava ao governo devido às condições fiscais, monetárias e cambiais vigentes, a correspondência de projeto não significou uma exata subordinação do governo ao cafeicultor. Fora da planilha contábil do fazendeiro, a consolidação do Estado nacional exigiu não apenas obrar por intermédio da violência que caracterizou as décadas de 1830 e de 1840, mas também pela via da concessão e do consentimento, inclusive em relação às forças políticas já tradicionalmente contrárias aos conservadores. Afirmar o Império centralizado demandou fazer do Estado a expressão do fiduciário organizado, isto é, torná-lo um filtro, com aparências imparciais, das impurezas partidárias. A disputa oligárquica não poderia mais operar contra, mas tão somente dentro das instituições constituídas pelo Estado. Era a condição para estabilizar o Império.[229]

A *pax escravocrata* de 1848 a 1862 não fez do Estado um epifenômeno dos interesses cafeeiros. Antes disso, na busca pela nacionalização de interesses próprios a grupos específicos, a *pax* traduziu a formação de instituições repressivas, persuasivas, integrativas e excludentes para, ao fim e ao cabo, generalizar um projeto que, reduzido a sua unidade fundamental, tinha no escravo seu baluarte. Numa frase, a primazia econômica da oligarquia cafeeira foi uma condição necessária, mas não suficiente, para a consolidação de um bloco partidário que logrou conferir direção ao Estado imperial. À diferença das décadas precedentes, a de 1850 testemunhou a afirmação de um projeto que se sobrepôs aos que antes lhe eram rivais. A disputa pelo Império pareceu resolvida. Efetuou-se como uma modernização conservadora que abrangeu, para além da vida partidária, os campos da economia política produtiva, fundiária e bancária. Foi um tempo de busca pela nacionalização dos mercados de trabalho, de terra e de capitais. Uma década, pois, de mercantilização da sociedade. Ao mesmo tempo, a modernização conservadora reorientou a diplomacia imperial tanto de forma defensiva em relação ao contrabando negreiro quanto ofensiva para a afirmação hegemônica no rio da Prata. Em todos os sentidos, foi uma década de pacificações que tinha a violência em suas origens.[230]

OS PILARES DA TRINDADE CONSERVADORA

O gabinete conservador do visconde de Olinda assumiu o poder em setembro de 1848. Malgrado o término do Quinquênio Liberal (1844-48), o momento era grave para o recém-empossado chefe de governo. O Império estava em crise tanto no Norte, onde a Praieira revelava a permanência de tensões partidárias, quanto no Sul, especialmente devido às relações com Buenos Aires. À iminência de um conflito com Juan Manuel de Rosas, então à frente da Confederação Argentina, somava-se a presença de um esquadrão britânico no estuário do rio da Prata que, em meados de 1849, se deslocou rumo ao Brasil com o claro intuito de apreender tumbeiros e bloquear o porto de Santos. A seriedade dos acontecimentos implodiu o gabinete de Olinda. A rigidez empedernida do conservador pernambucano manteve o ministério incólume quanto à repressão aos praieiros, mas as pastas racharam em relação a Rosas. Durou pouco a frágil predominância de Olinda, cuja intenção era forçar uma conciliação com a Confederação Argentina e evitar, portanto, um conflito de frente interna e duplamente externa. Em outubro de 1849, Pedro II destituiu Olinda e convocou um gabinete que teria a função de pôr termo ao tráfico e, assim, concentrar os esforços imperiais contra Rosas.

José da Costa Carvalho, o visconde de Monte Alegre, ergueu o terceiro mais longevo gabinete do Segundo Reinado, atrás apenas daqueles formados por Honório Hermeto Carneiro Leão e José Maria da Silva Paranhos, respectivamente, nas décadas de 1850 e 1870. Feito raro para a época, o antigo regente trino permanente manteve-se agora no poder durante pouco mais de dois anos e meio, sobretudo devido à força do ministério que compôs. Vislumbrada desde 1837 pelos regressistas, a obra centralizadora não recuou um palmo sequer. Pelo contrário, foi aprofundada. Estranhamente à primeira vista, a equação política que relacionava a centralização à garantia da unidade nacional tinha em Juan Manuel de Rosas seu primeiro erro de cálculo. Na década de 1830, houve alguma correspondência entre Buenos Aires e os farrapos insurretos, embora a aliança não tenha sido consumada a longo prazo. A cessação da Farroupilha, ainda recente, fora articulada durante a gestão liberal no Rio de Janeiro. O retorno dos conservadores ao poder não dava bons augúrios para os gaúchos, o que eventualmente poderia refazer as movediças alianças na bacia do Prata.

A adoção de uma política externa de contenção a Rosas foi a face soberanista da equação centralizadora de Costa Carvalho. Paulino José Soares de Sousa, que substituiu o próprio Olinda na pasta dos Negócios Estrangeiros, conferiu unicidade política e concretude militar às políticas de intervenção no rio da Prata. Pautou a restrição dos anseios expansionistas de Rosas e a garantia das independências do Paraguai e do Uruguai, neste caso, imiscuindo-se diretamente em seus assuntos internos. Paulino mantinha a já tradicional defesa da livre circulação nos rios platinos, porque era condição para assegurar o acesso imperial à província do Mato Grosso, assim como aos extremos ocidentais do Sul do país.

Se o soberanismo platino informava a unidade de uma posição externa viabilizada, com consentimento da Coroa, pela centralização do poder, os mesmos interesses políticos e econômicos que compunham o sentido centralizador do Império cederam em relação ao tráfico de escravos. Na oportunidade — e apesar de os conservadores asseverarem posteriormente o oposto, como cálculo de legitimação política —, o soberanismo imperial ante a rispidez britânica foi defensivo, e não ofensivo. Na fórmula de Paulino, dobrar-se às pressões contrárias ao tráfico era antes de mais nada preservar a soberania imperial, também porque ameaçada na bacia do Prata. O claro limite à autoridade nacional no eixo das relações assimétricas com a Grã-Bretanha era o penoso fardo capaz de assegurar, não obstante, a viabilidade soberana nas relações simétricas de poder com a Confederação Argentina.

Em 4 de setembro de 1850, o antigo chefe de polícia da Corte editou a lei que pôs termo definitivo ao tráfico de escravos. Eusébio de Queirós Coutinho Matoso da Câmara, agora na pasta da Justiça, operou em estreita cooperação com Paulino José Soares de Sousa — e também com Joaquim José Rodrigues Torres, que assumiu a Fazenda com o advento do gabinete Costa Carvalho. Era uma solução de múltiplos rostos ministeriais, porque a abolição do tráfico, ao inevitavelmente afetar a disponibilidade e a distribuição da mão de obra cativa, faria transbordar no plano interno as contradições do externo. No mesmo ano de 1850, a Câmara de Deputados desengavetou dois projetos que, também na esteira centralizadora, fundaram um novo marco jurídico para a alocação de terras e de capitais. O momento era oportuno, uma vez que o fim do tráfico liberaria um volume sem precedentes de recursos financeiros: entre as principais fortunas do Império, figuravam aquelas dos traficantes de escravos, a exemplo do barão de Nova Friburgo, que construiu, no Rio de Janeiro, a mansão mais tarde transformada no Palácio presidencial do Catete.

A Lei de Terras, em trâmite na Câmara no início da década de 1840, e o Código Comercial, cujos primeiros projetos datavam de 1834, codificaram a propriedade privada em suas esferas fundiária e empresarial. Com franco impulso de Eusébio de Queirós e, sobretudo, de Rodrigues Torres, as medidas intencionaram dar segurança jurídica aos negócios por intermédio de um quadro institucional que promoveria a nacionalização dos mercados de terras, de capitais e, em última instância visto que lhes dava liga, de mão de obra — cativa e livre. O processo de reorganização nacional dos fatores de produção realizou-se ao longo de décadas, em ritmos muito lentos e desiguais, porém combinados. Entretanto, em 1853 foi acelerado com a formação do segundo Banco do Brasil por empenho e instrução de Rodrigues Torres. Atribuir às trocas uma unidade estável de conta e a decorrente possibilidade de entesourar lucro dependiam da sustentação do valor do mil-réis. Na visão ortodoxa de Rodrigues Torres, a emissão descontrolada de moeda era a principal causa dos desequilíbrios na taxa de câmbio e, em consequência, da perda de valor do mil-réis. O novo banco deveria gozar do monopólio de emissão para assegurar a estabilidade monetária do país, em primeira análise, mas também, em última, para fazer da moeda nacional um consenso fiduciário. Era uma forma, pelo menos em tese, de nacionalizar o controle monetário, fazendo do monopólio do Banco do Brasil um mecanismo para desfazer as múltiplas taxas de câmbio e os diferentes numerários, sob forma de vales, bilhetes ou letras de aceitação apenas regional, que caracterizavam o Império de meados do século XIX.[231]

A economia política da centralização — cujas matrizes administrativas, para assegurar a unidade nacional, perpassaram tanto a ação externa quanto a homogeneização, pelo menos institucional, dos mercados internos — manifestou-se igualmente na reforma da Guarda Nacional. Submetida ao Ministério da Justiça, seus oficiais passaram a ser nomeados pelo próprio governo, o que reorientou a vocação coercitiva da Guarda. Sua natureza nunca plenamente realizada de milícia cidadã garantidora da ordem pública cedeu espaço para as práticas que já a qualificavam desde o período do regresso. Quando em mãos de proprietários rurais, expressando então, em 1850, o vínculo econômico e político entre o oficialato e a administração nacional, a Guarda perfez suas impróprias funções de manipulação eleitoral e de controle político. Ajustou-se às finalidades conservadoras um poder armado que também exercia autoridade social ora nos limites das fazendas, alijando indesejados posseiros, ora na defesa da escravidão, no campo como na cidade. Eram funções garantidoras da propriedade, para uma Guarda composta, nas hierarquias superiores, pelos que tinham algo a defender: os proprietários.

À frente de um governo coeso, o gabinete de Costa Carvalho afirmou nacionalmente a ordem política e econômica que seus pilares formularam. Contou com uma Câmara de um liberal apenas numa virtual universalidade conservadora, ampliada por um Conselho de Estado e um Senado nos quais se destacavam figuras da monta regressista de Bernardo Pereira de Vasconcelos e de Honório Hermeto Carneiro Leão. A trindade saquarema, expressão consagrada por Ilmar Rohloff de Mattos, congraçou Eusébio de Queirós, Joaquim José Rodrigues Torres e Paulino José Soares de Sousa na realização de uma classe dirigente territorialmente oriunda da cafeicultura fluminense, porém, por força e consenso, nacionalmente capaz de espraiar a economia política da centralização. Essa direção, ao fim e ao cabo e se reduzida a sua primeira matriz, tinha na escravidão o fundamento de todo o seu projeto. A abolição do tráfico, nesse sentido, não poderia parecer senão um contrassenso. Mas isso, tão somente à primeira vista.[232]

A Lei Eusébio de Queirós e o fim do tráfico negreiro

O triênio que se estendeu de 1848 a 1850 foi rápido em acontecimentos. As pressões britânicas pelo fim do comércio transatlântico de seres humanos avolumaram-se a tal ponto que o Império cedeu. Pôs-se fim a uma prática secularmente herdada e caracterizadora da dinâmica populacional, da organização econômica, das hierarquias sociais e da formação política do Estado independente. O último gabinete do Quinquênio Liberal, apelidado de "sem cabeça" pelos conservadores, renunciou em setembro de 1848 ao fracassar mais uma vez no enfrentamento à questão do contrabando. Na sequência, a Câmara foi dissolvida pelo imperador. A ascensão de Olinda abriu passagem para um último tempo de resistência às pressões britânicas, que a trindade conservadora, embora consciente da reduzida margem de manobra imperial após a edição do *Aberdeen Act*, modulou conforme o ritmo, a um só tempo, das coações no Parlamento britânico e dos tolhimentos impostos ao Império na bacia do Prata.[233]

A política externa bifronte ganhou coesão e unicidade quando Paulino José Soares de Souza assumiu a pasta dos Negócios Estrangeiros, em outubro de 1849. Herdou de Olinda uma posição imperial vacilante em relação ao Prata, que rapidamente desfez para conter a agressividade de Juan Manuel de Rosas. Desde 1847, a situação tornara-se particularmente febril nos rios platinos, pelo menos para o Império do Brasil, porque Buenos Aires parecia consolidar sua posição de força. Os êxitos militares de Londres e de Paris contra Rosas no ano de 1845 revelaram-se apenas parciais. As potências europeias tinham a intenção de estabelecer relações comerciais diretas com as províncias argentinas de Corrientes e de Entre Ríos, o que significaria ignorar a soberania de Buenos Aires sobre a política externa da Confederação Argentina, mas o intento malogrou em razão de seu parco sucesso mercantil. Assim, em 1847 uma missão diplomática franco-britânica, chefiada por lorde Howden e pelo conde de Walewski, atracou no porto de Buenos Aires. Trazia propostas para um acordo de paz, o que redundaria, para o Império, na perda desses aliados circunstanciais. Em novembro de 1849, Londres assinou com Rosas o Tratado Arana-Southern. Era um mal presságio para Paulino, que acabava de assumir o controle das relações exteriores do Brasil.

Rosas logrou arrancar da Grã-Bretanha o reconhecimento da soberania portenha sobre os rios argentinos, incluído o Uruguai, embora compartilhada com a República Oriental. Quanto a ela, Rosas também alcançou o compromisso de não ingerência europeia, o que sugeria maior concretude, em eventualidades posteriores, para o projeto de reconstituição territorial do Vice-Reino do Rio da Prata. Quiçá mais grave para o Império, porque residia no poder marítimo a vantagem brasileira sobre Buenos Aires, os britânicos devolveram as belonaves anteriormente capturadas e também a ilha de Martín García, localizada na boca do rio Uruguai. Para a Confederação Argentina, que havia obtido de Londres a sustação do bloqueio ao porto de Buenos Aires em 1848, o Tratado Arana-Southern parecia uma vitória completa. Em troca da recondução dos vínculos comerciais entre a Confederação e a Grã-Bretanha, Rosas conseguiu impor-se à principal potência da época, com desdobramentos na afirmação hegemônica portenha sobre as demais províncias argentinas — e também sobre a parcela interiorana do Uruguai, onde permaneciam estacionadas tropas rosistas.[234]

Praticamente ao mesmo tempo, as embarcações britânicas estacionadas no rio da Prata rumaram em direção ao litoral brasileiro. Lorde Howden, também plenipotenciário britânico no Rio de Janeiro, havia comunicado ao *Foreign Office* em 1848 que o Império recebia anualmente a espetacular e odiosa soma de 60 mil escravos importados da África. A França, muito desgastada pela crise que conduziu à Segunda República, não apenas levantou o bloqueio a Buenos Aires como aboliu a escravidão nas Antilhas em 1848. Como se fosse pouco, Andrés Lamas, na legação diplomática do Uruguai no Rio de Janeiro, exortou o Império a adotar posição intransigente na defesa da independência de seu país. Em sua percepção, a aliança de Rosas com o partido *blanco* de Manuel Oribe não era a exteriorização combinada de uma política de perseguição a Fructuoso Rivera, líder do partido *colorado* no Uruguai e em exílio no Rio de Janeiro, mas um atalho para que Rosas concluísse com êxito o cerco de Montevidéu, último bastião *colorado*, e pudesse então direcionar suas tropas para Assunção.[235]

Com Paulino nos Negócios Estrangeiros, o Império rompeu a política de neutralidade de seu predecessor, que havia recomendado até estabelecer relações diplomáticas com Oribe caso as circunstâncias o ditassem. Amparar a praça de Montevidéu era afirmar a face platina

Entre os séculos XVI e XIX, o Brasil foi o maior receptor de navios negreiros oriundos da África para a América. As mais de 15 mil viagens transcorridas durante esses séculos despejaram 4,8 milhões de africanos no Brasil, pouco menos do que a metade de todos os africanos deportados como cativos. As capturas começavam com guerras ou emboscadas, seguidas de longas viagens dentro do continente africano. No litoral, os escravos aguardavam que o tamanho da carga desejada fosse alcançado, o que poderia durar semanas ou meses. Marcados com ferros ardentes no peito ou nas pernas, somavam até 400 almas nos tumbeiros, e às vezes mais. Durante a viagem, alimentavam-se uma vez por dia de milho usualmente em decomposição e tinham acesso muito limitado à água potável. Entre tantas outras doenças, o escorbuto caracterizou a chegada dos africanos e ficou conhecido como o "mal de Luanda". Diagrama do navio negreiro britânico Brookes, em gravura de 1789. Autor desconhecido. Library of Congress, Washington D. C; Maquete de um navio negreiro, 2010.

da soberania imperial e preservá-la, ao mesmo tempo, dos conflitos costeiros com a Grã-Bretanha. Uma sustentação de posições no Prata, pois, que implicavam uma concessão no relacionamento com Londres. Assim confessou o próprio Paulino, apenas três semanas após o término definitivo do tráfico, a Joaquim Tomás do Amaral, encarregado imperial em Londres. "Uma das razões principais", disse,

por que eu procurei dar aquela direção [concessiva em relação à Grã-
-Bretanha] é porque eu via que as complicações acumuladas pelo espaço
de sete anos quanto às nossas relações com os generais Rosas e Oribe
estavam a fazer explosão. Pobre Brasil, tendo em si tantos elementos de
dissolução, talvez não pudesse resistir a uma guerra no Rio da Prata e à
irradiação e abalo que produzem as hostilidades dos cruzeiros ingleses.
Nec Hercules contra duo. Não podemos arder em dois fogos.[236]

Se o ano de 1849 terminou de forma pouco lisonjeira para o
Brasil, não por isso declinou de imediato o ímpeto negreiro. Pelo
contrário, o ano registrou novo ingresso de escravos, na ordem de 57
mil, ratificando que o gabinete conservador aguardaria a precipitação
última dos acontecimentos, tanto no Prata quanto em Londres, para
pôr termo ao tráfico. Na mesma trama de acontecimentos, o Império
sob o verão de 1849 viveu a eclosão de uma epidemia de febre amarela que pôs as autoridades em alerta. A doença afetou 1/3 dos 266
mil habitantes da Corte e vitimou pelo menos 10 mil, entre os quais
Bernardo Pereira de Vasconcelos, que havia minimizado a pandemia,
e o príncipe imperial d. Pedro Afonso, herdeiro da Casa Imperial.
Não se sabia ao certo a forma de transmissão da febre amarela, mas
os olhares voltaram-se rapidamente para o tráfico. Porque subnotifica-
dos, os casos na população negra foram relatados em menor número,
o que inclinou os quadros médicos e políticos a ponderar a branca
como vítima de uma enfermidade de gênese africana ou, se não isso,
pelo menos afro-brasileira.

Não era nada muito diferente do que ocorria do outro lado do
hemisfério americano. Especialmente em regiões subtropicais como
Nova Orléans, os surtos de febre amarela, assim como os de cólera
e tifo, eram associados à população negra, também julgada naturalmente mais resistente à doença. Se nas aparências as mortes em
massa operavam como um nivelador social, porque afetavam toda
a população, na prática, os que logravam sobreviver reconduziam
sanitariamente as seculares hierarquias sociais e raciais. Uns eram

mais iguais do que outros. O branco aclimatado e imune ganhava bom trânsito, por exemplo, nas instituições de crédito bancário. Os escravos sobreviventes, quando se libertavam da febre amarela, eram redobradamente submetidos ao cativeiro, visto que seu preço tendia a crescer. À diferença dos Estados Unidos, o tráfico transatlântico ainda persistia no Brasil, e com ele alastravam-se as doenças. Não porque o vírus tivesse preferência racial, evidentemente, mas dadas as insalubres condições dos tumbeiros, repetidas nas senzalas. Um cenário ao todo angustiante no Brasil, na medida em que o tráfico, proibido em tese desde 1831 e clandestino na prática, não estava sujeito a medidas de quarentena ou a qualquer controle sanitário.[237]

Não menos alarmantes, e tidos oportunamente como alarmistas, eram os boatos sobre revoltas cativas. Embora não consumada, a conspiração de 1848, discutida anteriormente, deixava transparecer as características explosivas das relações de trabalho servil no Brasil. Reabilitava, pela via do temor e da suspeição, a eventual sintetização, em forma de luta, dos acontecimentos nacionalmente espraiados de resistência: os que se davam nos porões das senzalas, nas cozinhas das casas-grandes, quando se torrava o café ou quando se moía a cana, nos becos das ruas e nas ordens descumpridas. A justa e contumaz ação cativa — costumeiramente chamada de *agência* na literatura historiográfica — era um movimento sobremodo molecular, porque nacionalmente desorganizado, em larga medida devido às circunstâncias coercitivas que caracterizavam a escravidão. Malgrado os episódios analisados nos capítulos anteriores, a ação cativa não se fez movimento de massa pelo menos até a eclosão do movimento abolicionista na década de 1880. Isso porque raramente condensada — não por decisão escrava, mas pela repressão senhorial — como projeto de classe.

Não obstante escravos e senhores se enfrentassem cotidianamente em relações conflitivas, não eram elas que punham em contradição o Império do término da primeira metade do século XIX. Pelo contrário, a trindade conservadora blindou a política imperial contra o endosso de medidas abolicionistas na medida em que afirmou um projeto de Estado francamente escravista, para além da esfera produtiva, em suas matrizes fiscal, monetária e cambial. O ano de 1850, contrariando o temor conspiratório e sobrepondo a economia à epidemia, testemunhou o ingresso de novos 31 mil escravos. Mês a mês, no entanto, as tensões tripartites entre o Brasil, a Grã-Bretanha e a balança platina de poder forçaram a trindade a ceder.

Em fevereiro de 1850, Andrés Lamas fez novo apelo ao Império. Solicitou urgente apoio militar, em vista da possibilidade, cada vez mais concreta, de a França seguir o passo britânico e retirar-se do Prata. Desde junho de 1848, Paris pagava um subsídio mensal à praça de Montevidéu, contudo, parecia agora sucumbir, em troca da manutenção dos fluxos comerciais, à hegemonização regional de Rosas. Em abril de 1850, Paulino comunicou a Rodrigo de Sousa da Silva Pontes, encarregado de negócios em Montevidéu, que o Brasil arcaria com o subsídio, caso a França o suspendesse. Rapidamente, Rodrigues Torres articulou as primeiras tratativas com Irineu Evangelista de Sousa, futuro barão e visconde de Mauá, para consolidar um empréstimo aos *colorados* uruguaios. No mesmo compasso, também em abril e apesar de algumas hesitações parlamentares sobre a manutenção da esquadra em operação na Costa da África, Londres deu ordens para que as embarcações não limitassem suas operações ao alto-mar. De agora em diante, poderiam penetrar em águas territoriais e portos imperiais para dar buscas e, eventualmente, afundar os tumbeiros — nesta altura, realmente transfigurados em tumbas flutuantes.[238]

Em junho, novamente Rodrigues Torres e a ampla base legislativa fiel aos conservadores sancionaram o decreto que autorizava emendas extraordinárias e suplementares: as pastas da Guerra e da Marinha, juntas, ficaram com a maior parcela do butim. Os ataques britânicos e o conflito no Prata pareciam iminentes. O gabinete não se equivocou. Poucas semanas depois, a Fortaleza de Nossa Senhora dos Prazeres de Paranaguá trocou tiros com o cruzador britânico *HMS Cormorant*, originalmente baseado no rio da Prata. Tornando tudo mais áspero para o Império, Paris concluiu em agosto as negociações com Buenos Aires que levaram à assinatura do Tratado Arana-Le Prédour, um arremedo do diploma firmado com Londres.[239]

Imediatamente, o Rio de Janeiro acertou, por intermédio de Irineu Evangelista de Sousa, um empréstimo emergencial ao governo de Montevidéu, que seria ampliado pouco tempo depois. No mesmo ritmo intenso dos acontecimentos rápidos, Andrés Lamas pediu o conflito contra Rosas, e a Assembleia Geral do Império converteu em lei o projeto de Eusébio de Queirós, datado de julho de 1850, que abolia o tráfico. Em fins de 1850, as relações do Império com Rosas e Oribe estavam rompidas, e Honório Hermeto Carneiro Leão, conservador de grande fôlego, estava prestes a rumar em missão ao Prata com o apoio financeiro, novamente, do futuro Mauá, para fazer de Corrientes e de Entre Ríos os novos aliados contra Buenos Aires.

Quando findou a Guerra do Prata, após a batalha de Monte Caseros em 3 de fevereiro de 1852, a oposição liberal ressentida e alijada do poder chamou tanto Eusébio de Queirós quanto Paulino José Soares de Sousa para depor sobre os eventos de 1850. Disse-se que os conservadores, que somente agiriam "ao som do canhão britânico", deveriam ter dado prosseguimento à política liberal de 1848, refreando o comércio infame e desfazendo, portanto, a umbilical relação entre o gabinete e os traficantes de escravos. Também se acusou a trindade conservadora de interferência indevida nos negócios internos do Uruguai, atentando contra a soberania do país vizinho. Eusébio respondeu na tribuna da Câmara, em julho de 1852, escorando-se na ideia de representação política. Para ele, o gabinete havia apadrinhado os anseios da opinião pública, que se havia mostrada resoluta — assim como o gabinete, então — a encerrar o contrabando, supostamente movida por "terror" causado pelas conspirações servis descobertas nos anos anteriores. Num artificioso jogo de argumentos, Eusébio cindiu a política do tráfico, fazendo dele a expressão da opinião pública e desta, o apanágio de uma moralidade tolhida pelas circunstâncias econômicas. Fora um ato soberano para Eusébio.[240]

Em uma questão que é inteiramente nacional, parece que os esforços de todos deveriam convergir para convencer o estrangeiro [no caso, o agente britânico] que se quer arrogar o mérito de ter reprimido o tráfico no Brasil, que sua pretensão é injusta, que ele se arroga um mérito que não tem [...]. O governo, muito antes de despertar ao som dos canhões britânicos, havia concedido a ideia de oferecer à Câmara o projeto de lei de 1837 [o do marquês de Barbacena] com as modificações que constituem hoje a lei de 4 de setembro de 1850 [a lei Eusébio de Queirós] [...]. Sejamos francos: o tráfico, no Brasil, prendia-se a interesses, ou para melhor dizer, a presumidos interesses de nossos agricultores; e em um país em que a agricultura tem tamanha força, era natural que a opinião pública se manifestasse em favor do tráfico. [Com os maus tratos da viagem] os escravos morriam, mas as dívidas ficavam, e com elas os terrenos hipotecados aos especuladores, que compravam os africanos aos traficantes para os revender aos lavradores. Assim, a nossa propriedade territorial ia passando das mãos dos lavradores para os especuladores e traficantes. Esta experiência despertou os nossos lavradores, e fez-lhes conhecer que achavam sua ruína onde procuravam a riqueza, e ficou o tráfico desde esse momento completamente condenado.[241]

Mais autêntico foi o retrospecto de Paulino, apresentado como relatório dos Negócios Estrangeiros à Assembleia Geral do Império também em 1852. O ainda ministro, que não tardaria em ganhar o título de visconde do Uruguai pelos feitos no Prata, respondeu às acusações de ingerência simplesmente anexando ao corpo documental a correspondência secreta entre o ministério e a legação uruguaia no Rio de Janeiro, na qual se revelavam os incansáveis pedidos de socorro de Lamas ao Império. Nas entrelinhas de um sisudo e grave relatório, no entanto, a trama do tráfico afigurava-se clara — como voltaria a acontecer nas contas que Paulino prestou ao Senado em junho de 1853. Tanto o governo de John Russell quanto as muito conflitantes administrações de François Guizot,

Adolphe Thiers e Luís Napoleão Bonaparte não tinham objetivos estruturais contrários aos brasileiros no Prata. A todos interessava, em última análise, a livre navegação dos rios platinos, a contenção de Juan Manuel de Rosas e as independências do Paraguai e do Uruguai. Paulino recordou que a presença europeia no Prata, embora intempestiva e imperialista, era paradoxalmente benéfica, não apenas pelo auxílio financeiro da França a Montevidéu, mas sobremaneira porque funcionava como obstáculo contra Rosas. Sempre que Buenos Aires se via ameaçado por Londres e Paris, adotava postura simpática ao Império, como ocorreu em 1843. O cenário posterior a 1848 era o oposto, acrescentou Paulino justificando a virada na política externa brasileira, não sem sugerir que o Rio de Janeiro não lograria estabelecer regime de aliança qualquer com Londres e com Paris, na medida em que tráfico era uma barreira intransponível ao entendimento.[242]

Pela via explicativa de Eusébio ou de Paulino, o fato é que o tráfico efetivamente se encerrou em 1850, com pequenas e breves ressurreições em 1851, 1852 e 1856. A repressão, conforme determinou a lei, recaiu sobre os traficantes, e não sobre os compradores, que ficaram praticamente livres de qualquer punição. Por sua parte, a Grã-Bretanha somente revogou o *Aberdeen Act* em 1869, recordando ao Império do Brasil que todos os africanos e seus descendentes importados após 1831 deveriam ser considerados livres. Também protestou contra a situação daqueles em tese libertos pelos tribunais anglo-portugueses e anglo-brasileiros. De volta a Eusébio de Queirós, a Paulino José Soares de Sousa e a Joaquim José Rodrigues Torres, a abolição do tráfico — que desfez a possibilidade de o Brasil "arder em dois fogos", como afirmava a pasta dos Estrangeiros — deu tom de urgência à marcha reformista da trindade. A Lei de Terras e o Código Comercial, no fundo, falaram da abolição do tráfico e demonstraram quão ligadas estavam à política externa as pastas da Fazenda e da Justiça.[243]

A Lei de Terras e a mercantilização fundiária e laboral

Em meados do século XIX, a economia mundial conheceu um ciclo de expansão somente refreado pela crise de 1873. Até lá, e malgrado o colapso financeiro de 1857, o impulso global dado pelo desenvolvimento ferroviário e pela navegação a vapor promoveu uma reacomodação dos capitais nacionais para atender a uma alargada demanda por *commodities* e manufaturas. No tempo de um século, a população mundial praticamente dobrou de tamanho, sugerindo a necessidade de reformas econômicas com vistas a azeitar a intensidade e o volume das trocas.

Em países de fronteira produtiva aberta pela expropriação violenta dos povos originários, como o Brasil, a Argentina, os Estados Unidos e a então colônia britânica da Austrália, a integração de novas áreas cultiváveis à economia mundial, para além do vínculo físico com os portos, dependia da produção ou da importação de um excedente de mão de obra destinado à lavoura. Também se sujeitava à disponibilidade de créditos financeiros para, em diferentes etapas produtivas, transformar uma determinada combinação de trabalho e terra em mercadoria e, em última análise, em lucro. A abolição do tráfico acenou para um cenário potencialmente disruptivo para a economia imperial, porque a rarefação do cativo, ainda que lenta, impactaria seu preço devido à súbita queda da oferta num cenário de demanda constante. A projeção relevou-se acertada, e, apesar do grande estoque de seres humanos escravizados, tão cedo quanto em 1855 o preço do escravo havia quase triplicado.[244]

Nessas condições, regulamentar os capitais liberados pelo tráfico era forma, pelo menos em tese, de garantir a fluidez do crédito cada vez mais necessário à manutenção da produtividade agrária. De forma paralela, a regulamentação da propriedade fundiária, ao conferir-lhe valor, faria emergir, também em teoria, o crédito hipotecário. Mas não só. O processo valorativo da terra desalojaria tanto o trabalhador livre nacional quanto o imigrante de suas eventuais posses — um mecanismo, em princípio mais uma vez, capaz de tornar disponível o trabalho e assim minimizar o desequilíbrio entre a demanda e a oferta de mão de obra, livre ou cativa.

Sérgio Buarque de Holanda entendia as reformas de 1850 como um ponto de inflexão porque teriam levado à desagregação mais ou menos rápida da herança colonial, ou seja, da riqueza fundamentada no trabalho escravo e na exploração perdulária da terra. Embora tenham efetivamente liquidado muito do que restava do arcabouço jurídico colonial, as reformas da trindade não se realizaram em detrimento, mas para a sustentação financeira do braço servil e do uso pródigo da lavoura, paradoxalmente, abrindo muito lentamente as vias do trabalho assalariado, que tão somente na década de 1870, em termos nacionais, começaria a ganhar tímida e precária prevalência sobre o escravo. Seria uma longa transição, apenas iniciada aqui quando já estava prestes a se completar na Grã-Bretanha e em estágio avançado na França e nos Estados Unidos.[245]

Ponto de inflexão, em todos os casos, as reformas de 1850 definiram o marco institucional que induziu a formação, morosa e incompleta, dos mercados de terra, de trabalho e de capitais. Na perspectiva do tempo longo das estruturas, não obstante, a trindade apressou a passagem de um modelo em que a dinâmica das relações sociais se sobrepunha àquelas do mercado, para outro, em que um certo tipo de administração das dinâmicas sociais tornou-as auxiliares às relações mercadológicas. Interessado na formação histórica e antropológica da economia de mercado nos centros capitalistas, Karl Polanyi apreendeu o trânsito de um modelo a outro no século XIX como um processo de desenraizamento da economia quanto às relações sociais, que antes a envolviam. Isso sem desmerecer a ação política naquilo que, justamente, é um processo, e não uma data específica. Dito de outra maneira, e para retornar ao Império que aqui interessa, a trindade conservadora agiu no sentido de nacionalizar os mercados, alargando a rapidez e a intensidade de circulação de capital. Por intermédio de novas instituições jurídicas, orientou conscientemente a constituição, malgrado todos os sobressaltos e as imperfeições posteriores, de uma economia de mercado. Fez isto em sentido concentrador de oportunidades e monopolizador de riquezas, num processo que não manifestou uma integração natural de mercados geograficamente dispersos, mas uma direção econômica erguida nos quadros de uma política oligárquica e, portanto, perpetuadora de desigualdades seculares.[246]

Visto no contexto latino-americano, o projeto saquarema guiava-se pelo mesmo diapasão das reformas liberais que ganhavam impulso no resto da região na década de 1850. Inspirados e empurrados pela crescente integração no mercado mundial, governantes buscavam fortalecer os direitos formais de propriedade em detrimento dos costumeiros e reduzir os custos de transação que prejudicavam a atividade econômica. O grau mais avançado de consolidação do Estado brasileiro permitiu aos conservadores imperiais obter mais sucesso, enfrentando menos contestações, do que o liberalismo hispano-americano, ainda às voltas com os problemas de construção estatal e controle de suas grandes populações subalternas indígenas e mestiças.[247]

Aprovada duas semanas após a extinção do tráfico, a Lei de Terras pôs fim a uma situação de indefinição jurídica quanto à propriedade fundiária. Ainda em julho de 1822, José Bonifácio havia suspendido a concessão de sesmarias, um resíduo colonial que condicionava a outorga e o usufruto de terras à manutenção de seu estado produtivo. Entre 1822 e 1850, portanto, o vácuo jurídico restringiu o acesso formal à apropriação e à posse da terra, embora a prática de compra e venda não tenha sido desconhecida.[248]

Na década de 1840, Bernardo Pereira de Vasconcelos e Joaquim José Rodrigues Torres propuseram a versão, em boa medida preservada, da lei que mais tarde foi sancionada. Havia nela uma dupla inspiração, não obstante a primeira fosse mais direta do que a segunda. A obra de Edward Gibbon Wakefield na qual se escoraram os artífices da trindade era uma ampliação interpretativa das sugestões de Robert Torrens. Ambas as teses partiam do pressuposto de que a Grã-Bretanha pós-napoleônica enfrentava uma situação de baixa geral nas taxas de lucro, na medida em que havia um excesso de capital ocioso. As duas também vislumbraram na colonização o necessário escoadouro de capital. Torrens levantou-se contra a Lei de Say — para quem a oferta criaria a demanda — e sustentou que o deslocamento de capital para as colônias geraria a demanda efetiva para os manufaturados da metrópole. Wakefield foi além. Assumindo que o Estado deveria ter papel essencial na formação da propriedade, compreendeu que a promulgação de uma lei de terras, pensando sobretudo na Austrália, seria maneira de assegurar a alocação produtiva do excedente de capital. Isso, no entanto, com duas condições.[249]

A primeira dizia respeito ao assalariamento. Para Wakefield, a melhor forma de assegurar a realização ampliada do capital era mediante a constituição do trabalho assalariado na colônia e, em decorrência, de um polo monoprodutor e pluriconsumidor. A segunda concernia à instituição da compra e da venda como únicas formas de aquisição fundiária. Particularmente, o Estado deveria cessar a doação de terras. Vendendo-as, acumularia recursos para a transferência de novos colonos que — não juridicamente, mas por obra do mercado — se tornariam assalariados despossuídos de terra. No ato de venda, o Estado estabeleceria um preço alto o suficiente para evitar que o colono se tornasse imediatamente proprietário, mas baixo o bastante, ao mesmo tempo, para que o assalariamento gerasse a expectativa da propriedade. Era um "circunlóquio eufemístico", na visão de um ilustre e atento leitor, "para descrever o resgate que o trabalhador paga ao capitalista, para que este lhe permita retirar-se do mercado de trabalho assalariado e estabelecer-se no campo [e cultivar sua terra]". No fundo, um recurso mercadológico para salvaguardar o trabalho constantemente disponível e para evitar a dispersão de mão de obra em pequenas propriedades, compreendidas como improdutivas e deformadoras do mercado de trabalho.[250]

Em muitos aspectos, a Lei de Terras seguiu as fórmulas econômicas de Wakefield, inserindo o Brasil no contexto oitocentista global de reforço e clarificação dos direitos de propriedade sobre a terra. Regulamentada em 1854, a medida previa em primeira instância a impossibilidade de adquirir terras privadas ou públicas senão por meio da compra. Punha-se fim, portanto, a uma época que fora áurea para o posseiro, na expressão de Lígia Osório Silva. Quanto às terras privadas, as antigas sesmarias e as novas posses seriam revalidadas e legitimadas caso a fruição fosse mansa e pacífica, e, ainda, caso se encontrassem cultivadas ou com moradia habitual. O critério produtivo e residencial também serviria para resolver os conflitos entre sesmeiros e posseiros: no fundo, uma regra mais favorável a estes do que àqueles, porque o ônus da prova caberia ao eventual sesmeiro mais antigo, e não ao posseiro mais recente. Instituiu-se a obrigatória medição e demarcação das propriedades fundiárias, sob pena de incorrer na perda da terra, e uma taxa de registro, que conferiria o título formal. Limitou-se o tamanho das posses revalidadas àquele da maior doação concedida no mesmo distrito, o que, pelo resto, em nada limitou a característica latifundiária das novas legitimações.[251]

As terras públicas — conhecidas como devolutas, pois, no sentido etimológico, devolvidas à Coroa quando não aproveitadas — tampouco escaparam à exclusividade do regime de compra e venda. Estabeleceu-se um regime de preços que, embora não fosse proibitivo, era suficientemente alto para limitar o acesso à terra de livres pobres, fossem nacionais ou estrangeiros. Os recursos obtidos deveriam ser empregados na demarcação do que agora era efetivamente do Estado e, sobretudo, na importação de colonos estrangeiros.

Por sua parte, a medida reservou terras devolutas para os indígenas. O objetivo não era fazer deles novos proprietários fundiários, mas adensar a política de aldeamento entabulada com o *regulamento acerca das missões de catequese e civilização dos índios*, de 1845. As terras não poderiam ser alienadas, embora os indígenas pudessem valer-se delas transitoriamente, até que se integrassem na malha civilizatória imperial: em boa medida, uma maneira de docilizá-los em proveito do trabalho. Os índios, que superariam a cifra de um milhão, poderiam ser despejados de seus territórios — o que era justificado pela inexistência de um direito de propriedade, já que eram vistos como povos errantes — em benefício de uma realocação econômica e socialmente controlada pelo Estado. Os inspetores e agrimensores deveriam demarcar os aldeamentos e, sobretudo, contar as almas que neles passariam a se congraçar também de forma regulada pelo Império. Aos indígenas considerados mansos ou civilizados era vedado o acesso aos aldeamentos, restando-lhes a errância, na verdade, imposta, enquanto as *hordas selvagens*, na expressão legal de 1854, teriam de lentamente confundir-se, via a política dos aldeamentos, com a massa da população pobre. A questão indígena passou a ser tratada fundamentalmente por meio da ótica territorial, tendo como consequência inevitável a aceleração do processo de expropriação dos povos originários.[252]

Malgrado a Lei de Terras não tenha produzido os efeitos imediatos que a inspiração em Wakefield prometia, não por isso deixou de formar práticas mercadológicas orientadas em proveito de uma circulação concentrada de capital. O estabelecimento político de uma espécie de valor mínimo das terras devolutas teve como efeito o aumento do preço das terras privadas, e isso não apenas nas regiões cafeeiras já consolidadas, como o médio vale do Paraíba, mas por todo o Brasil.[253]

O processo de transformação da terra em mercadoria instituiu uma nova dinâmica de acumulação de valor que francamente afastou o camponês da propriedade fundiária. Inviabilizada a aquisição da terra privada — porque seu preço equivalia, para as classes populares, a cerca de 15 anos de trabalho ininterruptos —, o pequeno lavrador tampouco pôde se fazer nas terras devolutas, a não ser pela ocupação agora ilegal. Mesmo elas representavam a expressão de um alijamento social, visto que eram justamente os espaços menos integrados aos sistemas viário e portuário.[254]

Considerado o baixo apelo produtivo, via de regra as terras devolutas não foram vendidas, mesmo quando demarcadas. Não se compôs a principal fonte de recursos para a captação de mão de obra

O plantio e a colheita eram os momentos de maior intensidade laboral nas fazendas de café. Após abrir os novos clarões, desmatando e queimando, era preciso escavar as covas e delimitar o espaço entre elas. Cinco anos depois, os cafezais dariam seus primeiros frutos. Caberia então derriçar os ramos, selecionar os grãos, despolpá-los e secá-los, para finalmente proceder à torra. Cada escravo deveria lidar com algo em torno a 5 mil pés, nas usuais condições de trabalho exaustivo, em plantações que possuíam 400 mil pés cultivados em áreas algumas vezes superiores a 300 alqueires. Se faltassem cativos, o senhor poderia valer-se de agregados, camaradas e sitiantes, como sugere a fotografia, impingindo-lhes uma vida, embora assalariada, igualmente miserável. *Partida para a colheita*, c. 1882, Vale do Paraíba. Fotógrafo Marc Ferrez.

imigrante, de modo que esse projeto fez água rapidamente. Subsistiu, ainda que mal e apenas temporariamente, o sistema de parceria que o senador Vergueiro havia inaugurado no ano de 1847 — e adensado até meados da década de 1850 — na fazenda de Ibicaba, nas proximidades de Limeira. Dentro de seu perímetro fundiário, Vergueiro constituiu um sistema produtivo praticamente autossuficiente, a ponto de ter projetado a formação de uma espécie de casa bancária local capaz de emitir vales e conceder empréstimos aos colonos, os quais, em verdade, já chegavam endividados. Na parceria, o fazendeiro arcava com os custos de viagem e de manutenção do colono, cobrando juros sobre o que era entendido como adiantamento. O lucro líquido da produção cafeeira era dividido em partes iguais com os colonos, mas se deduziam as despesas relativas ao beneficiamento, ao transporte e aos impostos, nomeadamente de exportação e, caso houvesse, de comércio interprovincial. Ao colono também era facultada a possibilidade de vender os gêneros de subsistência excedentes, porém descontando-se a metade da receita auferida.

O sistema de parceria fracassou, porque os colonos não se tornaram proprietários nem superaram a situação de sujeição por dívida que os caracterizava. Sem controle sobre o processo de beneficiamento do café, os colonos tampouco o tinham sobre o volume produzido, e muito menos sobre a taxa de câmbio paralela e moralmente suspeita que o fazendeiro articulava em proveito próprio. Não à toa, em 1856 um mestre-escola suíço chamado Thomas Davatz relatou ao consulado de seu país no Rio de Janeiro as práticas locais, especialmente de Vergueiro, que em nada se assemelhavam à propaganda imigrantista do Império. O episódio redundou na Revolta dos Parceiros, com a qual se buscou impor limites à exploração senhorial e garantir maior autonomia para os colonos. A experiência do que chamaram de "escravidão branca" permitiu-lhes conceber a possibilidade de uma aliança de ocasião com os escravizados da fazenda e sonhar até com um auxílio franco-britânico de cariz abolicionista, para horror do ministro da Justiça Nabuco de Araújo, que enxergou na revolta o triplo espectro do comunismo, do republicanismo e da insurreição servil. A ameaça não se concretizou, e o levante foi debelado, contribuindo para enterrar temporariamente os projetos de colonização europeia e para reforçar a dependência em relação à mão de obra servil.[255]

Despossuída, uma imensa massa de homens e mulheres livres e pobres, assim como ocorria na vizinha Argentina, obtinha da lavoura salários descontínuos que apenas margeavam os custos arcados por senhores para manter escravos. Uma manutenção que incluía os valores relativos ao vestuário, à alimentação e, sobretudo, aos juros e às amortizações próprias à aquisição de escravos. Eram tropeiros, vendeiros, sitiantes, camaradas e agregados que viviam como e onde conseguiam, na esteira da benevolência eventual de grandes, médios ou pequenos proprietários e no equilíbrio precário de empreitadas ríspidas o suficiente para qualificar uma existência miserável. Itinerantes, algumas vezes por ofício, mas sobretudo por circunstâncias materiais que os direcionavam para onde melhor se fizesse a troca de serviço por subsistência, essa maioria da população era percebida no Império, um pouco à maneira dos indígenas considerados mansos, como errática, vagante e vadia. Aqui como no Sul dos Estados Unidos, a escravidão combinada ao latifúndio degradava não só os seres humanos mantidos no cativeiro como também os livres pobres, brancos, quase tanto quanto os negros.[256]

Sob pena de encontrarem-se sem mão de obra, especialmente nos períodos de maior intensidade laboral como o plantio e a colheita, os fazendeiros aferraram-se ao cativo, e não apenas porque estava disponível e se tornava permanente quando adquirido. O escravo, para além da humanidade óbvia, mas reconhecida ambiguamente pelo senhor, era um fator de produção, uma mercadoria e uma garantia de empréstimo ao mesmo tempo. Embora o trabalhador livre apresentasse um custo salarial semelhante ou inclusive menor ao valor de manutenção cativa, não era patrimônio comercializável, nem poderia ser alugado e tampouco dado como garantia ao crédito que os comissários concediam aos fazendeiros.

Por sua parte, os egressos da escravidão rejeitaram quanto possível a subordinação própria à relação patrão-empregado na busca pela liberdade que lhes havia sido negada. Preferiam a meação e a condição de jornaleiros, aqueles que trabalhavam por empreitadas diárias. Assim, preservariam algum controle sobre os ritmos de trabalho. Como o comum dos livres pobres, caracterizaram-se por intensa mobilidade espacial. Queriam uma sociedade camponesa de pequenos proprietários e trabalhadores autônomos, diametralmente oposta às ambições oligárquicas ratificadas pelo latifúndio e pela escravidão: duas heranças do período colonial transformadas em programa no século XIX. No Império brasileiro, como nos Estados Unidos e nas

colônias caribenhas, o projeto oligárquico saiu amplamente vitorioso na disputa desigual com os desejos autonomistas negros. Aqui,
manifestando uma racionalidade econômica agregadora de valor e
coerente com a formação de lucro, a lavoura cafeeira deu lastro ao
tráfico interno de escravos, que teria alcançado o volume de 222.500
almas entre 1850 e 1881, data em que pesados impostos puseram fim
à compra interprovincial de escravos.[257]

Conhecedores do apego senhorial ao cativeiro, grupos rebeldes
promoveram uma série de motins nas províncias do Norte entre
novembro de 1851 e fevereiro de 1852. Quase impensável naquele
contexto, não era a abolição o que os mobilizava, mas o temor quanto aos efeitos de serem registrados pela burocracia civil. Seguindo o
exemplo de todos os Estados coevos, o Império havia dado mais um
passo rumo à modernidade oitocentista ao ordenar o primeiro censo
nacional. Os revoltosos compreenderam — erroneamente do ponto
de vista jurídico, embora a prática da escravização ilegal fundamen-
tasse o temor — que o governo ambicionava, especialmente após o
término do tráfico, escravizar a população livre e pobre. "O motivo
pelo qual o povo se ostenta tão descontente e ameaçador", relataram
as autoridades em Pernambuco, "é porque diz que as disposições do
decreto têm por fim cativar seus filhos, visto que os ingleses não deixam mais entrar africanos". O movimento ficou conhecido como a
Guerra dos Marimbondos e somou aos pernambucanos os alagoanos,
mineiros, paraibanos e sergipanos. Eram camponeses pobres, muitos
pardos, alguns indígenas, que também deixavam transparecer pela
revolta o processo excludente de mercantilização da terra. Tiveram
êxito, ao menos em seu objetivo imediato: o primeiro e único censo
do Império só viria a ser realizado em 1872.[258]

Por espírito de lucro nos quadros de uma ética escravista, os fazendeiros apressaram-se em registrar suas propriedades. Fizeram-no de
maneira insuficiente e provisória, evitando as despesas com registros
definitivos, agrimensores e engenheiros, que escasseavam. Delimitar
categoricamente a terra também significava, pelo menos em poten-

cial, cessar o ritmo predatório das culturas produtivas, configurado em ciclos de dois tempos. Derrubava-se a mata para plantar em terras apenas temporariamente fertilizadas pelas cinzas das queimadas. Em seguida, empenhavam-se as safras futuras para obter crédito com a finalidade de desbastar novas matas, recomeçar o plantio e, assim, transformar a mercadoria em capital. Malgrado a imprecisão gerada por demarcações feitas com supostos agrimensores que, montados a cavalo, ponderavam as distâncias na conjunção entre o passo do animal e o tempo de fumar um cachimbo, os fazendeiros de Norte a Sul encaminharam suas demarcações aos registros paroquias de terras. Eram encabeçados por vigários, que estabeleciam cadastros de terras ocupadas, pouco importando se as declarações fossem tão somente pessoais e omissas quanto às reclamações de eventuais litigantes.[259]

Registrados imperfeitamente, as heranças, as posses e os negócios fundiários permaneceram anos a fio matéria de disputas que se processaram entre sesmeiros e posseiros, nas áreas mais antigas de cultivo, e entre posseiros e novos posseiros, nas de fronteira. Agregados, sitiantes e indígenas não por isso deixaram de promover na justiça, obstinada e reiteradamente, as reivindicações fundiárias que sustentavam na própria Lei de Terras e na regulamentação de 1854. Foi o caso do kaingang Vitorino Condá, líder indígena que buscou na justiça paranaense e em pleitos junto às autoridades locais amparo legal para preservar tanto suas fronteiras territoriais quanto étnicas. Lutou pela demarcação de suas terras, porque invadidas constantemente por fazendeiros. Outros fizeram o mesmo, deslocando-se a capitais provinciais e até à Corte para registrar suas reivindicações. Tal como viria a ocorrer pouco depois na Argentina e no Chile, o que era visto por uns como invasão e por outros como direito ratificava a passagem, conduzida violentamente pelo Estado, das terras comunais indígenas à propriedade privada. Os povos originários opuseram-se ao avanço, porém sua dispersão espacial e seu reduzido peso demográfico favoreceram os invasores — em oposição à maior capacidade de resistência do imenso campesinato autóctone no México e nos Andes boreais.[260]

A alguns quilômetros dali, na região cafeeira do Rio de Janeiro, a diuturna luta pela terra pôs em rota de colisão fazendeiros e agregados, neste caso, dando ensejo a um movimento de contornos rebeldes. Em 1858, os agregados do barão de Piabanha, um rico fazendeiro e antigo capitão de milícias, sublevaram-se durante 10 dias. Alegavam serem legítimos posseiros de pequenas parcelas de terra, o que a justiça, persuadida pelos argumentos de Piabanha e de seus pares regionais como o barão de Entre Rios, havia categoricamente negado. A Revolta dos Agregados foi quiçá a mais intensa de uma série de conflitos moleculares que se avolumaram após a Lei de Terras. Como de hábito num país caracterizado pela marginalização em relação aos subalternos, mesmo quando apresentaram demandas apenas modestas, o movimento foi sufocado a ferro e fogo. Evidenciando a força política do latifúndio, foram os grandes sesmeiros e posseiros que apressaram a expulsão de eventuais pequenos posseiros, assim como da arraia-miúda rebelde. Não apenas as relações muitas vezes próximas com os vigários azeitavam o bom trânsito das famílias de largas propriedades. Também concorreu para tanto a reforma da Guarda Nacional. Ao consolidar a nomeação dos oficiais pelo Ministério da Justiça, o governo central expandiu, na prática, a possibilidade do controle fundiário até a esfera municipal.[261]

O encorajamento ao registro pelo menos precário, qualificado pelas relações de força que caracterizaram o acesso à terra, assentou-se também na formação dos colaterais jurídicos que os proprietários poderiam oferecer aos prestamistas. Nas condições em que a propriedade fundiária se compunha, a terra não teve, pelo menos até a eclosão do movimento abolicionista, o viço do cativo na disposição das garantias de empréstimo. Sem embargo, os registros do vigário emergiram, ainda que lentamente e com desconfiança, nos empréstimos hipotecários: especial, mas não exclusivamente a partir da década de 1860, quando se editou uma lei para tanto. Paulatinamente e com dúvida, também, porque, na perspectiva de comissários e banqueiros, subsistia um entulho colonial que a transformadora Lei de Terras não demoveu. Era o princípio de adjudicação forçada. O mecanismo previa a possibilidade de o devedor tornar-se credor de seu credor, na medida em que, em caso de execução da hipoteca, o devedor poderia cobrar do credor a restituição parcial do valor legalmente apreciado da propriedade. As apreciações não poderiam ser inferiores ao valor original do ativo hipotecado e, caso a propriedade não alcançasse êxito em leilão, o credor deveria comprá-la, restituindo o saldo ao devedor. Ratificava-se o valor mercantil e inchado da terra, num processo mais auspicioso para os fazendeiros, visto que as comissões apreciativas do valor fundiário eram compostas por proprietários ou devedores. Sintomaticamente, os fazendeiros de São Paulo denominaram o processo de entupimento, forçando comissários e banqueiros a optarem preferencialmente por renegociações da dívida. Era, enfim, um procedimento deliberado de valorização da propriedade fundiária.[262]

Na fórmula interpretativa de José Murilo de Carvalho, a recusa ao imposto territorial, que havia sido proposto no projeto de 1842, assim como à demarcação definitiva das terras possuídas, às subsequentes taxas de registro e à delimitação das terras devolutas, teriam expressado o veto de um grupo de proprietários em relação a outros — os cafeicultores. O fracasso da Lei de Terras se explicaria, portanto, porque a finalidade imigrantista da Lei de Terras levaria a "uma socialização dos prejuízos entre os proprietários para benefício de um grupo deles, os mais necessitados de braços". Em última instância, propõe Carvalho, o veto seria prova de que o governo central não possuiria capacidades ilimitadas, e que os cafeicultores vale-paraibanos não teriam domínio final sobre a elite imperial.[263]

Entretanto, se é verdade que o projeto não vingou plenamente, a medida não permaneceu letra morta, porque autorizou uma necessária reorientação da circulação de capital após a abolição do tráfico. À luz da economia política conservadora, a Lei de Terras qualificou menos uma dissociação entre os gabinetes e os proprietários do que a força política do latifúndio. Aprovada na esteira da abolição do tráfico, a Lei de Terras expropriou, na resolução ainda que imperfeita e precária das posses, a massa populacional livre e nacional, protegendo a estrutura agrária herdada do período colonial. Nisso, a inspiração em Wakefield parecia fazer a realidade. Contudo, o escravismo imperial limitou a formação precoce de um mercado de mão de obra livre. Num contexto de amplo abastecimento nacional de escravos, a redistribuição da mão de obra cativa em proveito da cafeicultura redimensionou as urgências tanto nas províncias do Centro-Sul quanto do Nordeste. Nestas, a perda progressiva do braço servil deu-se paralelamente ao registro fundiário — novamente, nos limites das disputas entre sesmeiros e posseiros ou entre posseiros e novos posseiros — visto que era uma forma de fixar valor a uma empresa, sobretudo açucareira, que perdia gradualmente o capital assentado na propriedade cativa. Reflexo de uma formação mercadológica inter-relacionada, o aumento no preço dos escravos projetou, a um só tempo, a revalorização de ativos produtivos e a necessária redistribuição dos recursos financeiros oriundos da abolição do tráfico, via de regra, nos prósperos cafezais vale-paraibanos.

Pessimista na avaliação de Luiz Aranha Correa do Lago, quiçá a ponderação de José Murilo de Carvalho não manifeste o bastante que a socialização de custos e a privatização de benefícios processavam-se no que é próprio à formação dos mercados: o efeito monopolístico do capital. Atraído pelos espaços onde o lucro se realiza mais rapidamente, o capital circula com menor intensidade e volume nas áreas consequentemente menos dinâmicas, gerando ao todo um efeito concentrado em sua reprodução. Nesses termos, se existiu oposição entre fazendeiros, não foi tanto pelo progressismo de uns ou pelo patrimonialismo de outros, tampouco por aspiração aristocrática e antirrepublicana pretensamente consolidada no prestígio da terra cara, mas sobretudo devido à dinâmica polarizadora de capital singular à reformação econômica do Império após o fim do tráfico. Um processo, ao fim e ao cabo, que não obstante ter sido promovido pelas reformas institucionais dos conservadores, transparecia a autonomia apenas relativa que as vontades políticas tinham sobre a materialidade econômica de um país que se fazia pela força da escravidão.[264]

O Código Comercial e a formação do mercado de capitais

Em junho de 1850, quando as pressões britânicas e platinas acenavam para o término definitivo do tráfico, o gabinete imperial aprovou o Código Comercial, lavrado por uma comissão presidida por ninguém menos do que Eusébio de Queirós. Era também constituída por figuras da magistratura, a exemplo de José Clemente Pereira e Caetano Alberto Soares; do Legislativo conservador, como o futuro liberal Nabuco de Araújo e o barão de Penedo, que pouco depois seria plenipotenciário em Londres; e do mundo dos negócios, representado em Irineu Evangelista de Sousa. Previa-se a súbita liberação de uma parcela não pouco expressiva de capitais antes aplicados diretamente no tráfico, que alcançavam os 20.000:000$00 réis, praticamente toda a despesa ministerial de 1849. Em tese, também se prenunciava um reequilíbrio superavitário da balança de transações correntes, com efeito multiplicador, via decréscimo das importações de seres humanos, sobre os capitais agora disponíveis.[265]

Realizada na recém-formada bolsa de valores do Rio de Janeiro, a presumida euforia financeira deveria ser disciplinada juridicamente por novas regras mercantis. O Código Comercial regulamentou um conjunto largo de atividades econômicas de forma a dar segurança jurídica aos negócios, abarcando o sistema bancário, as casas de penhores e empréstimos e a organização do crédito à lavoura e às indústrias. Também se instituíram determinações para a formação de sociedades anônimas, aí incluídos os próprios bancos, para a corretagem de fundos públicos e das bolsas de valores, o desenvolvimento da marinha mercante, a construção naval, o comércio de cabotagem e a concessão de patentes. Em sentido igualmente disciplinador do capital, deram-se as prescrições para a execução civil, comercial e hipotecária, assim como se regulamentou o exercício dos tribunais e juízos comerciais. Ratificando as transformações daquele tempo, as novas regras, muito inspiradas no código comercial napoleônico de 1807, punham fim definitivo ao ordenamento jurídico do Antigo Regime. Os grandes comerciantes foram parte integrante desse esforço modernizador, tal como ocorria nas repúblicas hispano-americanas, que pouco depois promulgariam seus próprios códigos comerciais, em alguns casos — como o do Chile, de 1867 — muito similares ao texto brasileiro. A crescente integração no mercado mundial e o avanço da mercantilização dessas sociedades exigiam a codificação das atividades econômicas, realizada, via de regra, quando se estabilizava a vida política interna.[266]

Estranhamente à primeira vista, Rodrigues Torres limitou severamente tanto a ampliação do sistema bancário quanto a multiplicação monetária que julgava decorrente. Os prejuízos não se revelaram extensos para a grande lavoura cafeicultora, cuja avidez por capitais, em momento de crescimento exponencial no preço do cativo, encontrou amparo na conversão dos recursos do tráfico em investimentos dirigidos por comissários, que nada mais eram do que elo entre a lavoura, as casas de exportações e os empréstimos fornecidos com juros e comissões. No entanto, os limites à criação de moeda circunscreveram a disponibilidade de crédito, inclusive para a cafeicultura, a um sistema bancário propositalmente organizado de forma concentrada.[267]

Num país aberto ao comércio internacional pois dele dependente para o consumo interno e para a sustentabilidade do principal setor produtivo, a taxa de câmbio tinha especial responsabilidade sobre a estabilidade macroeconômica. Um pouco a modo de internalizar os ritmos do padrão-ouro adotado pela Grã-Bretanha, havia-se proposto em 1846 a paridade legal de 27 pence/mil-réis, uma taxa de câmbio singularmente forte em comparação às praticadas durante o Primeiro Reinado e a Regência. Na acepção de Rodrigues Torres, a criação monetária — estimulada ora pela injeção simples de papel-moeda do governo, ora por novos bancos de emissão — depreciaria a taxa de câmbio, visto que alteraria a correlação entre a oferta de mil-réis e a demanda por libras esterlinas, a proporção de ouro conversível com moeda britânica e, por extensão, o estoque nacional de moeda metálica. O efeito subsequente seria deletério, não apenas porque o mil-réis depreciado obstruiria a rolagem da dívida externa contraída em libras e a eventual atração de investimentos estrangeiros, mas também dado que geraria inflação, o principal inimigo do pensamento econômico de Rodrigues Torres.

Uma taxa de câmbio depreciada limitaria a capacidade de importação, tornando os produtos estrangeiros mais caros ao consumidor nacional. A consequência inflacionária de uma política monetária heterodoxa — isto é, emissionista — resvalaria potencialmente em intranquilidade social, embora a preocupação anti-inflacionária de Rodrigues Torres visasse, igualmente se não mais, a capacidade do Império financiar-se autonomamente. Como as apólices, que eram títulos da dívida pública, não previam a correção monetária dos juros que pagavam anualmente, o aumento da inflação prejudicaria a atratividade do principal instrumento de que dispunha o Império para financiar-se, numa época em que a dívida interna superava a externa.[268]

Eventual queda nas importações, por intermédio de uma taxa de câmbio depreciada, afetaria igualmente a capacidade arrecadatória do Estado. Em 1850, os direitos de importação equivaleram a 63% da receita do Império, enquanto os de exportações, a 14%. Ou seja, mesmo na perspectiva do estímulo às exportações que a depreciação cambial poderia gerar, a margem entre os direitos de importação e de exportação era grande o suficiente para desencorajar uma política cambial favorável aos setores externos, que, contra todas as probabilidades, mais apoiaram do que enfrentaram o ministério de Rodrigues Torres. Quiçá de forma desavisada para os brasileiros do século XXI, a moeda nacional ainda não estava feita em meados do XIX. Realizá-la pressupunha dar-lhe estabilidade, assegurando seu valor real e a crença generalizada em sua função de refletir a realidade do lucro produtivo.

A trágica experiência do primeiro Banco do Brasil moderou a emissão de moeda nos anos subsequentes, embora seus efeitos tenham sido parcialmente mitigados pelas moedas de cobre, reiteradamente falsificadas. Num cenário duplamente caracterizado pelo meio circulante viciado e pela escassez geral de moeda, surgiram algumas iniciativas bancárias que gozaram, na prática, do privilégio de emissão. Quando a trindade conservadora alcançou o poder, os três principais bancos do Império — o Comercial da Bahia, o Comercial do Maranhão e o Comercial do Rio de Janeiro — não podiam emitir notas bancárias, mas todos lançavam mão de vales, isto é, notas promissórias de curto prazo que circulavam localmente. Quanto maior a confiança no banco emissor, maior era a crença na conversibilidade dos vales; nesses casos, eles raramente regressavam aos bancos de origem para serem trocados por moeda metálica ou notas do Tesouro, embora tivessem prazo de circulação definido. Na prática, tinham efeito de papel-moeda.

No alvorecer da década de 1850, portanto, a circulação monetária era constituída por uma pluralidade de numerários: as notas do Tesouro com curso legal, as moedas metálicas e os vales dos bancos privados — isso sem contar as letras de câmbio, que eram títulos de crédito pagáveis na moeda do importador, e as letras simples ao portador, que caracterizavam as relações pessoais de microcrédito. No Rio de Janeiro, a repentina abundância de liquidez originada com o fim do tráfico redundou num afrouxamento do custo do crédito local. Em 1851, Irineu Evangelista de Sousa criou seu próprio Banco do Brasil, que em nada se assemelhou ao primeiro. Tratava-se agora de uma sociedade anônima formada sob a égide do Código Comercial, sem relações formais com o Estado e com a prerrogativa de emitir vales. Entre 1851 e 1853, juntos, o Banco do Brasil de Mauá e o Banco Comercial do Rio de Janeiro haviam emitido cerca de 5.500:000$000 réis, fato percebido pela pasta da Fazenda de Rodrigues Torres, que acumulava a chefia de governo desde 1852, como desvio especulativo e criação de moeda.[269]

Expondo tão cedo quanto em 1853 as contradições próprias à circulação do capital, o Rio de Janeiro, principal polo produtivo nacional, encontrou-se paradoxalmente desprovido de meio circulante.

A alta nos preços dos cativos do Norte enxugou a disponibilidade local de notas do Tesouro e de moeda metálica, que eram de aceitação nacional. Não por acaso, as taxas de câmbio aplicadas nos mercados do Recife e de Salvador eram superiores à do Rio de Janeiro, porque naquele momento as praças comerciais do Norte recebiam um influxo de capitais oriundos da Corte. Esses mesmos recursos, por sua vez, avolumavam as reservas dos bancos regionais, facultando-lhes lastro para a emissão de mais vales.

A reciclagem dos capitais do tráfico nos bancos setentrionais redundou num pedido de socorro ao Estado, para que disponibilizasse papel-moeda na principal praça financeira do país. A situação era potencialmente inflacionária, não somente devido ao que era vislumbrado como emissionismo descontrolado, inclusive pela ação de pequenas casas comerciais situadas nas maiores capitais provinciais, mas especialmente quando considerados os possíveis efeitos de um excesso de liquidez na depreciação na taxa de câmbio. Foi nesse contexto que Rodrigues Torres aventou a possibilidade de erguer um novo — e único — banco emissor de notas. O momento era favorável. A taxa de câmbio rondava a marca da paridade de 1846 e, sobretudo, tramitava desde 1850 o projeto monetário de Holanda Cavalcanti, um senador e membro destacado da oligarquia pernambucana que havia sido ministro da Fazenda durante o Quinquênio Liberal.

A proposta representava o avesso do pensamento econômico de Rodrigues Torres. Previa-se a formação de bancos de emissão, cujas notas circulariam apenas nas províncias onde fossem respectivamente emitidas, embora aceitas para o pagamento de tributos e encargos nacionais. Cavalcanti propunha a oficialização da conjuntura financeira pós-abolição do tráfico: no fundo, a provincialização da política monetária e, em última análise, a descentralização das relações de força imiscuídas no controle do crédito. Rodrigues Torres reagiu imediatamente, propondo a criação de uma entidade financeira meio pública, meio privada, mas certamente centralizadora.

Tabela 1. Impactos da emissão de papel moeda na taxa de câmbio e nos preços entre 1850 e 1854

	Papel-moeda emitido (em contos)				Taxa de câmbio		Preços	
	Tesouro	Bancos	Total	Variação	Mil-réis	Variação	Índice	Variação
1850-51	46.884	1.313	48.197		8.35		100	
1851-52	46.884	3.631	50.515	+29.1%	8.24	+ 0.8%	X	+ 16.8%
1852-53	46.693	5.569	52.262		8.75		X	
1853-54	46.693	15.531	62.224		8.42		116.8	

Fontes: Dados coletados de Ipeadata: Séries Históricas. http://ipeadata.gov.br; Villela (2020); Peláez e Suzigan (1976); Buescu (1973).

Em 1853, foi constituído o segundo Banco do Brasil com sede no Rio de Janeiro. Pelas mãos de Rodrigues Torres, o novo Banco, em oposição ao de d. João VI, deveria antes de mais nada promover o saneamento do meio circulante. Concedeu-se a ele o monopólio da emissão de moeda, o que qualificou não somente o controle da política monetária, mas também da cambial e da fiscal — dado que o volume de moeda ofertado ao público impactava a taxa de câmbio e a solvência dos tomadores de apólices. O Banco do Brasil teria capital de 30.000:000$000 réis, dividido em 150 mil ações de 200$000 réis, que foram tomados à razão de 33% pelos acionistas do Banco do Brasil de Mauá e de 20% pelos do Banco Comercial do Rio de Janeiro: um processo realizado um pouco por oportunidade, todavia outro tanto à força, porque foi o resultado de uma fusão bancária publicamente dirigida em proveito do novo Banco do Brasil. O restante das ações foi assumido na proporção de 20%, sobremodo, pelos cafeicultores, comissários e antigos traficantes do Rio de Janeiro; e de 26% nas províncias onde se instalaram as filiais do Banco.

Em meados da década de 1850, o Banco do Brasil logrou adquirir os principais bancos setentrionais do Império e transformá-los em filiais provinciais. Era consequência do controle monetário centralizado, que se expressou firmemente na conversibilidade outorgada às notas do Banco do Brasil. Contrariamente aos vales, as notas do Banco eram aceitas para o pagamento de impostos e encargos nacionais. Mais importante do ponto de vista da credibilidade institucional, eram conversíveis tanto em ouro quanto em notas do Tesouro. A face pública da nova instituição manifestou-se na obrigação legal de enxugar gradualmente as próprias notas do Tesouro: esperava-se que ao final apenas as notas do Banco do Brasil estivessem em circulação, fazendo da instituição o *banco da ordem* conservadora, na expressão de Thiago Gambi.

Desincumbindo o governo da tarefa de emitir moeda, o Banco do Brasil tornava-se o fiduciário organizado de toda e qualquer transação monetária do Império. Era amparado pelo Estado, o que sugeria a virtual impossibilidade de sua insolvência, e forjava assim a crença no valor de suas notas. Rodrigues Torres fez do Banco uma instituição de Estado, e não apenas do governo conservador. Seus presidentes e vice-presidentes eram nomeados pelo imperador, embora o fizesse a partir da lista daqueles que possuíam mais de 50 ações da instituição. Não podia emitir senão duas vezes o tamanho de suas reservas, formadas por notas do Tesouro e moeda metálica. Quiçá o limite estivesse aquém do apetite financeiro do país, porém expressava a institucionalidade ortodoxa que guiava Rodrigues Torres, para quem a possibilidade de erguer o mercado de capitais dependia e estava subordinada à preservação do valor da moeda.

A obra de Rodrigues Torres valeu-lhe o título de visconde de Itaboraí em 1854. Sua política monetária obteve o endosso do imperador e, em larga medida, não erodiu a lucratividade dos setores agroexportadores — pelo menos na década de 1850. Na contabilidade das fazendas açucareiras e cafeeiras, a política monetária de Itaboraí pareceria o avesso do empreendedorismo agrário, porque limitava o crédito. Relaxar a criação monetária e a taxa de câmbio poderia resultar na multiplicação dos investimentos e das exportações, em benefício das oligarquias — embora em prejuízo da capacidade de financiamento de Estado e até da estabilidade social. É o que sugere

Usual naquela época, os numerários eram emitidos por diversas instituições. Letras, vales, bilhetes e notas compunham o meio circulante imperial, causando atrito entre os defensores da pluralidade e da unicidade monetária. Neste exemplo, a primeira nota foi emitida pelo Tesouro Nacional; a segunda, pelo Banco do Brasil.

André Villela, evidenciando, em última análise, uma distinção entre os interesses imediatos da lavoura cafeeira fluminense e aqueles dos conservadores no poder.

Ocorre que, embora o governo certamente não se resumisse à lavoura, os setores agroexportadores tiveram na política formadora e estabilizadora da moeda a garantia da previsibilidade, da conservação e da reaplicação do lucro, como argumentam Carlos Gabriel Guimarães e Thiago Gambi. Eram condições para o desenvolvimento das oligarquias produtivas e financeiras, ambas intimamente conectadas ao poder político, e este àquelas. Como Itaboraí, os principais políticos da Corte participavam da direção das maiores instituições bancárias e fazendárias do país, e investiam nas ações das companhias privadas em multiplicação na praça do Rio de Janeiro: o Império era do café, mas não só. O interesse destes homens pela aceleração da circulação de capital derivava também de sua inserção nesses circuitos, tanto diretamente quanto por meio de seus amigos e parentes.

Indissociável do término do tráfico e da política fundiária, o monopólio da emissão monetária tampouco deixou de corresponder à consolidação do Estado centralizado, que definiu o marco institucional para a formação de mercados nacionalizados. Malgrado a persistência de gargalos próprios à integração física do espaço imperial e apesar da precariedade dos registros fundiários, da disponibilidade volante do trabalhador livre e do módico volume de empréstimos de longo prazo, a modernização conservadora do período buscou, justamente, desobstruir a circulação de capital como recurso para multiplicar o volume e o valor das trocas. O Império era novamente o primeiro a passar por um caminho que depois seria palmilhado por outros países latino-americanos, como a Argentina o faria na década seguinte.[270]

Embora o governo guardasse margem de manobra em relação aos principais polos econômicos do Império para a realização de sua política econômica — o que se refletiria, inclusive na década de 1850, no maior ou menor recurso às apólices, à dívida externa, ao inflacionismo e à depreciação cambial —, a intensificação dos negócios nas culturas mais produtivas, pelos efeitos fiscais, monetários e cambiais resultantes, condicionava a própria possibilidade de compor as políticas públicas de orientação não apenas econômica. Era das fazendas que se extraía orçamento e divisa, via exportações, para reequilibrar a balança das transações correntes, arrecadar impostos alfandegários, sustentar o câmbio e assegurar o pagamento da dívida pública. Numa economia tão concentrada como a imperial, ir de encontro à acumulação econômica de capital — na época, na lavoura cafeeira — era restringir o exercício do poder político. De modo contrário, a economia política conservadora caracterizou-se pelo amparo mutuamente edificante entre o gabinete e a lavoura, num processo mais apreensível na constituição recíproca entre as estruturas macroeconômicas e as vontades micropolíticas do que pela superposição exata das personalidades políticas e econômicas.

A CONCILIAÇÃO DE CARNEIRO LEÃO

A passagem de poder para Honório Hermeto Carneiro Leão, visconde de Paraná desde 1852, deu-se em toada semelhante à imediatamente anterior. Pressionado por notabilidades provinciais, inclusive do partido conservador, o gabinete de Monte Alegre redigiu em novembro de 1851 uma carta demissionária, na qual alegava não se dispor a fazer uma política de desforras, de indenizações ou de recompensas com os potentados locais. Negava o toma lá dá cá característico da política imperial, menos por idoneidade administrativa do que por coesão partidária. O gabinete refutava a possibilidade de abrir mão dos nomes que lhe convinham nas províncias, sob pena de pôr em risco a engrenagem de arregimentações locais que faria a benevolência da próxima Câmara.

Não fosse o bom trânsito do qual gozava o gabinete em São Cristóvão e, sobretudo, o conflito já deflagrado no Prata, a carta demissionária, que mais se assemelhou a uma estratégia do que a uma resignação, teria feito jus a seu nome. D. Pedro II deu sobrevida de seis meses a Monte Alegre e a seu *Ministério das Águias*, como ficou posteriormente lembrado. Quando finalmente Juan Manuel de Rosas foi derrotado, reconduziu praticamente o mesmo gabinete. Caíram conservadores emperrados — isto é, saquaremas tradicionais como Eusébio de Queirós, da Justiça, e o futuro barão de Muritiba, da Marinha —, mas permaneceram aqueles cuja obra ainda estava em aberto, especialmente Rodrigues Torres, que assumiu a chefia do gabinete e a Fazenda, e Paulino José Soares de Sousa, que se manteve nos Estrangeiros.

O gabinete de Rodrigues Torres foi relativamente rápido, contudo, no tempo de praticamente um ano e meio logrou dois êxitos singulares que completaram os feitos do precedente. Poucos meses após a derrota de Rosas em Monte Caseros, deu-se a paz entre o Brasil e a nova Confederação Argentina, agora sob comando de Justo José de Urquiza, o que pôs termo definitivo às antigas pretensões de Buenos Aires para refundar territorialmente o antigo Vice-Reino do Rio de Prata. No mesmo ano de 1852, Urquiza reconheceu a independência do Paraguai, garantido a manutenção de um *status quo* platino largamente favorável ao Império, que assinou um sistema de tratados com o Uruguai em 1851, rapidamente ampliados ao Paraguai e à Confederação Argentina. Internamente, Rodrigues Torres levou a termo a já referida constituição do Banco do Brasil, perfazendo uma monopolização centralizadora do meio circulante com efeitos deletérios para as instituições bancárias especialmente das províncias setentrionais.

Não à toa, foi delas que se erigiu o brado por renovação. Embora lidasse com uma Câmara quase inteiramente conservadora, Rodrigues Torres viu formar-se um grupo ruidoso chamado de *Partido Parlamentar*, que era crítico do excesso de Rio de Janeiro na recondução disfarçada do *Ministério das Águias*. O bloco era formado especialmente pela bancada pernambucana, mas também lá estavam cearenses, potiguares e alagoanos. Não censuravam a organização centralizada do Estado, muito menos as reformas políticas, as medidas econômicas ou a condução externa do Império, mas sim o pouco espaço que o Rio de Janeiro cedia às províncias nas instituições políticas fundadas ou aparelhadas desde o ministério de Monte Alegre. Um tanto à maneira do que ocorrera anteriormente, Rodrigues Torres ouviu do bloco setentrional críticas quanto à obstinação dos conservadores da Corte, os saquaremas, em negar a nomeação institucional de personalidades enraizadas nas políticas provinciais. Enfrentavam o governo, porém para com ele compor-se, e não para obstaculizá-lo.

Do outro lado do morro do Corcovado, na distante Quinta da Boa Vista, d. Pedro II enxergava o tempo com os binóculos da moderação, embora estivesse comprometido com a obra saquarema. Em 1853, completava 28 anos de idade e quase 13 de um reinado mais caracterizado até então por crises internas e externas do que pelo apaziguamento conservador. Às querelas imediatas da situação sobrevinha-lhe a rispidez de uma oposição fora do poder desde 1848. A década de 1840 havia-lhe ensinado que a trégua liberal era apenas uma paz armada e que uma segregação partidária duradoura poria à perda a unidade alcançada na virada para a década de 1850. A estabilidade do Império dependia de um arranjo que autorizasse a canalização das tensões políticas por intermédio das instituições de Estado, que d. Pedro II deixaria praticamente intocadas.

Em setembro de 1853, o visconde de Paraná foi convocado ao poder. Trouxe consigo a ala moça do partido conservador, embora fossem personalidades comprometidas com o tempo saquarema. No ponta do lápis, foram sete as reformas que Paraná implementou, alcançando imenso êxito em cinco delas. O segundo mais longevo gabinete do Império durou três anos e executou a Lei de Terras, regulamentou a ampliação do ensino primário, secundário e superior, celebrou um contrato de exploração econômica com a Companhia de Navegação e Comércio do Amazonas, aprovou os estatutos da Companhia de Estrada de Ferro D. Pedro II e assinou tratados de amizade, comércio e navegação com a Confederação Argentina e o Paraguai.

A sexta e a sétima eram particularmente caras ao imperador, e, quanto a elas, o sucesso foi apenas parcial. Para além da supervisão rasa dos despachos e das nomeações administrativas, o imperador encomendou a Paraná a reforma do Código do Processo Criminal, cujo intuito era despartidarizar o controle individual e eleitoral submetido em última análise à Justiça e aos Negócios do Império. Também o incumbiu de introduzir o voto distrital para oxigenar a presença liberal na Câmara. Longe de desfazer o sentido da centralização administrativa, da ordem comercial, bancária e fundiária ou da política externa de contenção a Buenos Aires, Pedro II conduziu ao poder um proprietário do Vale do Paraíba que encampou o justo e o necessário para manter vibrante, dadas as condições do momento, o espírito saquarema. Era todo o teor farsesco do *Ministério da Conciliação* de 1853, que mais subordinou do que pactuou com os liberais.[271]

O sistema político e o regime eleitoral

Em 1847, d. Pedro II criou a figura do presidente do Conselho de Ministros, uma espécie de primeiro-ministro que informalmente era conhecido como o chefe do gabinete, formalizando uma prática corrente desde o Primeiro Reinado. Escolhido pelo imperador, o presidente do Conselho nomeava os demais membros do gabinete e, indiretamente, os encarregados da burocracia judiciária, militar, fiscal, policial e eclesiástica. A Câmara estava intimamente ligada à longevidade da presidência do Conselho, na medida em que, pelo menos em parte, a condicionava. Não que o Senado fosse ornamental, porém, como era vitalício, eventual desequilíbrio entre Executivo e Legislativo resolvia-se na casa dos deputados. Caso houvesse discordância entre o gabinete e os deputados, caberia ao imperador, de forma a resguardar a governabilidade do regime, resolver ora pela destituição do ministério, ora pela dissolução da Câmara. O Poder Moderador operava como um guardião da governabilidade do Império, dissolvendo incompatibilidades entre polos divididos do poder e desfazendo desajustes que, via de regra, redundavam em morosidade legislativa ou inoperância executiva.

À maneira do parlamentarismo britânico, a Câmara poderia exercer uma moção de censura contra o presidente do Conselho, porém a prática tornava o cenário mais francês, porque o instituto somente funcionava se o imperador o endossasse, destituindo o gabinete. Senão, as queixas silenciavam-se na dissolução da Câmara. Como previsto na Carta brasileira de 1824 e de modo semelhante às Constituições francesas de 1814, 1830 e de 1852, o circuito institucional do poder tinha em d. Pedro II seu nódulo principal, e não numa Assembleia que, à moda britânica, realizaria o gabinete a partir da composição legislativa majoritária. No Brasil, a fórmula do poder era a do restauracionista moderado francês Pierre Paul Royer-Collard, para quem os ministros eram ministros do rei, e não da Câmara.

A prática política do Segundo Reinado, no entanto, alterou a organização constitucional. O poder pessoal do imperador foi limitado pela ordem dos acontecimentos, a tal ponto que, se a Constituição lhe dava a chefia do Estado e a chefia do Executivo, a realidade política confinava-o mais naquela do que nesta. Homem sóbrio e muitas vezes soturno, d. Pedro II praticou o poder com mais sensibilidade e tino do que seu pai. Malgrado a enxurrada de instruções que delegava anualmente aos ministros e nas *Falas do Trono* à Assembleia Geral do Império — ou inclusive quando, entre 1853 e 1864, formulou direções em suas *Ideais gerais* apresentadas aos gabinetes —, d. Pedro II raramente quis impor mudanças bruscas nas situações partidárias ou nas estruturas econômicas. Quando o fez, à diferença de d. Pedro I, o fez moderadamente e a partir de materialidades políticas ou econômicas que se afiguravam urgentes ou potencialmente disruptivas. O imperador não alternava os ministérios por obra exclusiva do partido de oposição — usualmente sub-representado ou excepcionalmente ausente. Fazia-o respeitando ciclos de cinco ou 10 anos, por força de uma coalizão situacionista indisciplinada, de uma hegemonia partidária rompida pela usura do tempo ou para garantir a rotatividade dos partidos no poder. Em termos comparativos, o Segundo Reinado foi menos autoritário e centralizador do que o regime coevo de Luís Bonaparte (Napoleão III a partir de 1852), assim como o imperador brasileiro teve menos protagonismo do que sua contraparte francesa.[272]

Em 1853, quando convocou Carneiro Leão ao poder, o imperador defrontava-se justamente com uma dupla concorrência de disrupções caracterizadas por defecções na situação e pela potencial instabilidade oriunda de uma oposição sem voz. O recurso conciliatório imaginado por São Cristóvão não deveria, contudo, alterar a reordenação econômica do Império promovida desde 1848, porque era a condição de estabilidade monetária, fiscal e cambial, mas integrar a oposição a uma direção política que, por sua capilaridade nacional, se tornava mais de Estado do que de governo. Era uma urgência, na medida em que, como reiteradamente acontecia nos momentos de reversão partidária, os prejudicados responsabilizavam a Coroa por um suposto falseamento representativo que tinha na situação a expressão de seu contrário. Em 1849, Francisco de Sales Torres Homem, sob o pseudônimo de Timandro, havia publicado *O libelo do povo*. O panfleto circulou como uma ode à moralidade política, desfeita, na interpretação do autor, na truculência repreensiva aos liberais praieiros e no eclipse da representação popular com a dissolução da Câmara de maioria liberal em 1848. Voz reiteradamente do contra e das contradições, filho de um padre com uma parda descendente de escravos, Torres Homem, que não saía às ruas sem encapotar o cabelo com uma peruca e untar o rosto com pó de arroz, pedia naquela altura uma Constituinte. Inflamado, perguntava:

> Quem nos salvará desta gangrena social, a que a política antiprogressista nos condenou? Quem salvará a liberdade das perseguições brutais e sistemáticas do governo do privilégio? Quem fará da exceção a regra, do brasileiro um cidadão e das forças de todos, a base e o gênio do Estado? Quem? O ato da soberania nacional, que nomear uma assembleia constituinte! Quando estiver completa a revolução, que há muito se opera nas ideias e sentimentos da nação [...] será o triunfo definitivo do interesse brasileiro sobre o capricho dinástico, da realidade sobre a ficção, da liberdade sobre a tirania![273]

Sem prejuízo das restrições que a hora lhe impunha, o imperador não era de papel. O ritmo das transformações ministeriais dele dependia. No entanto, a fragilidade do sistema representativo estava mais na incidência dos gabinetes na condução eleitoral do que numa suposta Coroa autocrática. A nomeação dos presidentes de província — na prática, conduzida pelos gabinetes — fazia as vezes do controle eleitoral que a situação na Corte projetava às localidades. Responsáveis pela execução das diretrizes ministeriais nas províncias, os presidentes distribuíam cargos em função das fidelidades retrospectivas ou prospectivas. Normalmente, tinham vida curta, não tanto em razão de sua frequente presença concomitante na Câmara e do decorrente exercício do poder provincial pelos vice-presidentes, mas sobretudo pela necessidade de recompor alianças que continuadamente se esgotavam em súplicas ou desavenças comezinhas.[274]

Essas recomposições guardavam imensa relação com a atuação dos chefes de polícia e seus delegados, também nomeados pelo poder central. À exceção dos chefes propriamente ditos, os postos de oficiais eram ocupados por latifundiários, advogados ou juízes, que completavam sua atuação policial com os delegados, desde 1841 detentores de poderes jurídicos. Reuniam provas, ouviam testemunhas e faziam acusações em detrimento dos juízes da paz, que, se antes eram investidos de poder de polícia, agora, ainda permanecendo localmente eleitos, presidiam as juntas de qualificação de votantes em composição com párocos, delegados, subdelegados, inspetores de quarteirão, coletores e administradores de rendas.[275]

O arranjo jurídico permitia uma franca partidarização do processo eleitoral, em que o mandonismo local, embora revelasse uma margem de negociação com o poder provincial, não tinha ascendência sobre o central. Pelo contrário, os gabinetes faziam maiorias legislativas sempre claras — um fenômeno, do qual o Brasil foi um caso paradigmático, batizado de "governos eleitores" por estudiosos da América hispânica. Eram práticas que revelavam um agenciamento corrompido do eleitorado por parte dos notáveis locais, fato presente com matizes diferentes em todo o mundo euro-americano. No Brasil do Segundo Reinado — onde oligarquias coesas exerceram, comparativamente, um escancarado controle sobre o processo eleitoral — as taxas de renovação bruta da Câmara variaram singularmente menos quando as eleições ocorriam durante a permanência da situação partidária do que nos momentos de inversão conduzida pelo imperador. A primeira legislatura do gabinete Monte Alegre renovou-se 82% em relação à última do Quinquênio Liberal; de Monte Alegre para Rodrigues Torres, a Câmara não foi dissolvida, e quando o foi, na passagem de poder para Paraná, renovou-se em 50%, consolidando agora a absoluta ausência de liberais na Câmara.[276]

No alvorecer da Conciliação, estava em jogo não tanto a legitimação da escolha feita pelo votante, que não era secreta, mas a oxigenação de um sistema eleitoral pouco afeito, em suas regras e práticas, à renovação. O voto — em última análise, a unidade mensuradora da força política das notabilidades provinciais — deveria revelar precisamente as capacidades de articulação política nas localidades. Em lógica semelhante, também deveria traduzir as novas arregimentações de votantes, o que, no mundo rural, se fazia por intermédio da ampliação de agregados, sitiantes ou camaradas. Os que abriam fronteiras produtivas, derrubando as matas em proveito dos cafezais e dos canaviais, eram igualmente aqueles sobre os quais se apoiava a política local.[277]

Convocado ao poder para exercer o cargo de presidente de Pernambuco durante a derrocada da Praieira e, sobretudo, após pôr em prática na bacia platina aquilo que Paulino José Soares de Sousa formulava no Rio de Janeiro, Honório Hermeto Carneiro Leão não desfez o espírito da política saquarema. Reconduziu-o. A intransigência do modelo o colocaria em risco, e a abertura seria em todo o resto segura. A reforma do Código do Processo Criminal — que previa a proibição de juízes se elegerem deputados, a inoperância do Poder Judiciário municipal quanto à resolução dos litígios em última instância e a separação das funções policiais e jurisdicionais — passou na Câmara, mas o gabinete engavetou-a antes que alcançasse o Senado. Paraná não a queria, tampouco os senadores emperrados, como Itaboraí, Uruguai, Eusébio de Queirós e muito menos o bloco cafeicultor fluminense que ficou conhecido como o *movimento de Vassouras*.[278]

Foi nesse contexto que, a partir de junho de 1855, começou a circular no Império o famigerado panfleto de Justiniano José da Rocha, um jornalista e deputado conservador, desde então rompido com Paraná. Pouco antes, havia sido crítico do gabinete, porém temperou seu tinteiro na soma de 400$000 réis concedidos por mês pelo próprio governo para publicar artigos lisonjeiros sobre Paraná. Era praticamente duas vezes o que ganhava por ano um simples camponês. Uma prática de alguma forma costumeira, porque Justiniano já havia cedido sua voz a troco de um par de africanos apreendidos no contrabando negreiro. Em junho, contudo, encontrou-se encurralado por sua consciência e pela solidão dos que são fiéis a tudo e a seu contrário.

Prestando contas a si e à opinião pública, Justiniano lançou no *Jornal do Comércio* o panfleto "Ação; reação; transação", um arremedo de dialética hegeliana largamente inspirado num historiador francês conservador de curta fama, também jornalista e alinhado à direita da monarquia bourbônica. Chamava-se Jean-Baptiste Raymond Capefigue. Nele, Justiniano analisou a evolução política do Império na contradição entre os princípios de liberdade e de autoridade. Haveria um primeiro momento em que a *ação*, como *luta* entre 1822 e 1831, teria *triunfado* entre 1831 e 1836. Excessiva e por vezes anárquica, a liberdade teria desfeito a autoridade, que reemergiu como *reação* na *luta* entre 1836 e 1841 e no *triunfo* até 1852. Porque Justiniano compreendia *a liberdade como condição da ordem, e a ordem como condição da liberdade*, aventou o tempo de uma necessária conciliação que, caso não fosse a de Paraná, realizaria a *transação* singular dos países politicamente maduros que se circunscrevem ao bem comum, e não aos ódios e às paixões das ações e das reações. Provavelmente, era a miragem de um jornalista que encontrava, em 1855, o justo meio entre o que fora e o queria ser. Em suas palavras:

> Se os anos de 1855 e de 1856 correrem tão infecundos para a grande causa da transação como correram os três anos que lhes precederam; se o poder compreender tão mal o seu dever para com a pátria, que continue exagerando cada vez mais as suas conquistas, então... Ah! Quem sabe se os defensores da causa nacional, da causa da liberdade e da ordem, não terão de ir defendê-la contra as exagerações de uma nova reação [...] nos limites extremos da ordem social, não terão de ir defendê-la, não já contra os que quiserem a supressão do Senado, a ruína das instituições essenciais, mas contra os que acometerem todo o edifício político e todo o edifício social, contra os que quiserem uma constituinte![279]

Prova de que o centro não é convergência ou moderação, Justiniano concluiu seu mandato sem mais encontrar quem o apoiasse para uma reeleição, e a reforma eleitoral que passou subsequentemente teve de conciliadora o que Justiniano tinha de imperador bizantino: apenas o nome. Primeira verdadeira reforma eleitoral do período — porque a de 1846 apenas alterou, sem reais impactos, para 200$000 réis anuais o critério censitário dos votantes e para 400$000 o dos eleitores —, a Lei dos Círculos introduziu duas singulares mudanças. Eram tímidas para provocar uma reversão de gabinete pela probidade eleitoral, mas permitiram um renascer liberal, pelo menos legislativo. A circunscrição eleitoral única por província foi substituída por distritos eleitorais de deputação igualmente única, o que concedeu mais expressão às notabilidades locais em detrimento das bancadas provinciais hegemônicas. Um furo, em outras palavras, na arregimentação realizada pelas lideranças políticas nacionais, e uma abertura para a representação inclusive do partido de oposição. A segunda mudança disse respeito às incompatibilidades eleitorais. Tornaram-se inelegíveis, nos distritos em que desempenhavam autoridade ou jurisdição, os presidentes de província e seus secretários, os comandantes de armas e generais em chefe, os inspetores de fazenda geral e provincial, os chefes de polícia, os delegados e subdelegados e os juízes de direito e municipais. Os efeitos da Lei dos Círculos foram conciliadores para a base, e largamente menos para a oposição. Na primeira e única legislatura realizada sob o primado da nova lei, a de 1857 a 1860, a Câmara renovou-se em pouco mais de 80% — o que era a regra para as inversões partidárias e não para a permanência das situações —, porém os liberais não compuseram mais do que 17% dos eleitos.

Antes disso, em 3 de setembro de 1856, havia subitamente falecido o marquês de Paraná. Carregou consigo a fama de duro, impositivo e colérico, deixando órfão um gabinete que teria desmanchado caso o imperador não tivesse solicitado a Caxias, que já estava na pasta da Guerra, a recondução de todo o ministério. O novo gabinete não teria projeto nem programa: apenas a tarefa de assegurar as primeiras eleições sob o regime da Lei dos Círculos. Caxias concordou com o imperador, e no começo de maio de 1857, quando estreou a nova legislatura, resolveu-se a virtual acefalia do governo. D. Pedro II convocou Uruguai ao poder, cioso da manutenção de uma diretriz conciliadora sob os auspícios conservadores. Como de hábito nas circunstâncias designativas de um novo gabinete, imperador e pretendido chefe de governo disputaram a lista dos futuros ministros. Uruguai não cedeu a uma composição mitigada que incluísse liberais, e o imperador procurou como alternativa um já velho e moderado marquês de Olinda.

Da conciliação à quebra da ordem

O novo presidente do Conselho foi o único do período 1853-62 que verdadeiramente compôs um gabinete e um programa conciliador. Surpreendentemente, porque era regressista na origem, Olinda foi o primeiro a romper com a ordem saquarema. Ficou conhecido como o *gabinete do equilíbrio*. Nele, a grande maioria era conservadora, embora de segundo escalão. Os liberais eram Jerônimo Coelho, que ficou com a Guerra, e, sobretudo, Bernardo de Sousa Franco, que assumiu o todo especial Ministério da Fazenda. Foi uma decisão ímpar de Olinda. Via de regra, era o chefe de gabinete que controlava a direção econômica. E, como tal, o coração do programa de governo orbitou em torno à política econômica de Sousa Franco.

O diagnóstico da Fazenda sob Sousa Franco revelou uma contradição antes vista como coerência pelos conservadores. As descobertas auríferas nos Estados Unidos e na Austrália haviam ampliado a oferta de crédito também na Europa. O ouro lastreava a expansão monetária internacional, o que redundou, naquele momento, numa euforia dos mercados. Assim como o dos escravos, os preços do trigo, dos cereais, da lã e do café dispararam, no caso do grão brasileiro praticamente dobrando o valor em relação a meados da década de 1840. Deram-se então as condições, na Europa e nos Estados Unidos, para a criação de novos bancos, densamente enredados com um surto ferroviário de proporções inéditas. As malhas nacionais simplesmente surgiram em alguns Estados como os da Península Ibérica ou Itálica, duplicaram em países de industrialização mais antiga e triplicaram em territórios de fronteira aberta, como os Estados Unidos.[280]

No Império do Brasil, o efeito inflacionário do crescimento econômico global apenas reforçou, para o bloco conservador, o imperativo da restrição monetária nacional, inclusive para deter os preços inchados dos escravos. Sintomaticamente, os outros dois maiores bancos da praça do Rio de Janeiro — os recém-criados Banco Rural e Hipotecário e o Mauá, MacGregor & Cia. — tiveram severamente limitadas suas respectivas competências para operar mediante emissão de vales. Até 1857, Paraná e Cotegipe, que detiveram a Fazenda, e Itaboraí, que assumiu a presidência do Banco do Brasil em 1855, haviam dado o tom da refundação monetária do Império após a crise do tráfico. Eram a voz econômica do país, e ortodoxos de fé quase religiosa.

Sousa Franco media o tempo em outro compasso. Não se tratava de pôr em xeque a estabilidade monetária e cambial alcançada anteriormente, mas pareceu-lhe que o ritmo das emissões estava muito aquém das oportunidades da hora e das decorrentes necessidades econômicas do Império. Para ele, os juros eram altos porque refletiam um regime de concentração bancária e, portanto, um desequilíbrio entre a demanda e a oferta de moeda. Como efeito da frágil concorrência, os empréstimos eram tímidos e de curto prazo. Trocando em miúdos, o novo ministro da Fazenda compreendeu que haveria espaço para ampliar o meio circulante, na medida em que a boa conjuntura nacional e internacional transformaria a artificialidade da criação monetária em desenvolvimento produtivo real. Se os juros eram o entrave, o desenvolvimento bancário era a solução: arejaria o mercado de capitais.

Poucos meses após assumir o poder, o gabinete de Olinda autorizou a criação de seis bancos de emissão, no Norte e no Sul, a partir de uma lista que, eufórica, arrolava 50 pedidos de constituição bancária. A aprovação dos estatutos deu-se, não por acaso, durante o recesso parlamentar — que ia de agosto até maio. Era uma forma de driblar as duras críticas conservadoras e o próprio Código Comercial, que submetia a formação bancária à avaliação legislativa. Todos poderiam emitir notas, forçosamente conversíveis em ouro ou em notas do Tesouro, num volume igual a seus fundos, que poderiam ser lastreados em apólices ou em ações de companhias ferroviárias. Em verdade, uma maneira de paralelamente financiar o governo e de acelerar, blindando-a hipoteticamente de crises, a construção da recém-formada Companhia de Estrada de Ferro D. Pedro II, uma ferrovia que ao ligar o porto do Rio de Janeiro ao Vale do Paraíba aliviaria os custos produtivos de uma mercadoria nodal para o Império: o café.[281]

Ainda antes de completar sua manobra monetária, Sousa Franco — que já havia logrado substituir Itaboraí por Dias de Carvalho, uma figura de melhor trânsito liberal, na presidência do Banco do Brasil — recebeu de um paquete britânico a notícia de um agudo aumento dos juros na praça londrina. Era novembro de 1857, porém em agosto já haviam estourado as bolhas especulativas próprias às ferrovias, provocando imediata corrida aos bancos e resultando em pânico nos mercados. Nos Estados Unidos e na Europa, principais consumidores de café brasileiro, o mercado do crédito contraiu-se, e a demanda por *commodities*, também. No Brasil, a perspectiva de uma queda das exportações, rapidamente confirmada, levou o governo a adotar medidas macroprudenciais especialmente por intermédio do Banco do Brasil, que a um só tempo deveria resguardar sua credibilidade e socorrer a principal praça financeira do Império. No mesmo mês de novembro, o Banco suspendeu a conversibilidade de suas notas em ouro para evitar que o saque desordenado quebrasse o sistema bancário e aumentou a taxa de juros no intuito de preservar suas próprias reservas. Foi a primeira face da política financeira emergencial.

A segunda realizou-se com auxílio do governo. De forma a sustentar o câmbio, o Banco sacou 100 mil libras — em torno de 890:000$000 réis — da praça londrina, não sem antes apelar às garantias de pagamento pelo poder público. Devido ao efeito de pânico nacional — que se manifestou no resgate dos depósitos albergados numa casa bancária de grande expressão fluminense, a de Antônio José Alves Souto —, o governo convidou o Banco do Brasil a socorrer as instituições bancárias às portas da falência, não sem antes injetar diretamente 1.000:000$000 réis em notas de Tesouro em seus cofres. Com isso, o Banco do Brasil realizou novo saque em Londres, agora de 250 mil libras. Foi a forma que Sousa Franco encontrou para preservar o câmbio, o valor da moeda e o preço do café, ao mesmo tempo que, para garantir o crédito, induziu subsequentemente uma queda na taxa de juros do Banco do Brasil. Tudo isso no rescaldo de uma epidemia de cólera que ceifara cerca de 200 mil vidas — cerca de 2,5% da população do Império — nos dois anos anteriores.[282]

Para os conservadores atônitos com a persistente aprovação, malgrado a crise, de bancos de emissão, Sousa Franco estava perdido, procurando a hora do Império nos barômetros das províncias. A greve de 1857 em Salvador era indicação suficiente dos efeitos sociais deletérios de uma inflação que seria ampliada com os novos bancos do Norte. Em meados daquele ano, escravos de ganho — os que tinham autonomia para alugar seus serviços, sobretudo de transporte de pessoas e cargas — e libertos, todos africanos, ubíquos na cidade e absolutamente essenciais para seu funcionamento, promoveram uma greve que praticamente interrompeu a circulação e a exportação de mercadorias na segunda maior urbe do império por 10 dias. Protestaram contra tributos e placas de identificação, o que significava combater uma forma de controle cuja finalidade era expulsá-los para o campo ou para a África. Tais medidas eram uma nova manifestação regulatória e fiscal de hostilidade das elites soteropolitanas contra os africanos. A identidade étnica nagô, formada no Brasil em reação às experiências gêmeas da escravização e do racismo, dava liga à mobilização. Excluídos da cena política formal, foram capazes de resistir parcialmente às pressões do poder municipal, resguardando nos limites da repressão imediata algum grau de autonomia e dignidade.[283]

A capital baiana vivia um momento inflacionário, mais acentuado nos preços das mercadorias do que nos salários, resvalando num difícil convívio entre a agitação das ruas e a tranquilidade dos solares, dando inclusive origem a outro movimento em 1858, desta vez um motim que culminou em um atentado contra a vida do presidente da província. O mesmo ocorria no restante do país. Entre as duas agitações soteropolitanas, a carestia também serviu como justificativa para uma greve de dois meses dos tipógrafos do Rio de Janeiro, que buscavam um modesto aumento salarial. Eles aproveitaram seu ofício para publicar um jornal que chegou a proclamar ousadamente já ser "tempo de acabarem as opressões de toda a casta; [...] de se guerrear por todos os modos legais toda a exploração do homem pelo mesmo homem". Criticavam "o egoísmo estúpido dos empreendedores da indústria, capitalistas e outros" e chegaram a defender um abolicionismo gradual. Outros movimentos também ocorreram nesses anos, como a paralisação de uma ferrovia baiana promovida por imigrantes italianos que foram acusados de aliciar os cativos dos engenhos vizinhos para um misto de greve e revolta. Entretanto, a diversidade de experiências laborais, a dispersão do campesinato, o parco acesso à palavra impressa e as divisões étnicas entre negros e brancos, livres e escravizados, brasileiros, africanos e europeus impossibilitariam a construção de um projeto político unificado — para o que concorreu uma constante repressão pelas forças de ordem.[284]

Desfeitas com violência, as mobilizações trabalhistas ocuparam menos a pauta conservadora do que os rumos econômicos do Império. O país entrou em déficit após a crise, quando o saldo no ano fiscal 1856-57 era superavitário. De mãos atadas, o governo teve de recorrer ao grupo bancário londrino *N. M. Rothschild & Sons* para obter um crédito de nada menos do que 1,5 milhão de libras e resgatar a Estrada de Ferro D. Pedro II. O empréstimo, não obstante, conflitou com o pensamento econômico conservador, avesso ao crédito externo senão para rolar a dívida. À diferença do período posterior à Guerra do Paraguai e, sobretudo, da República, o compromisso quase religioso do Império com os credores permaneceu, no entanto, incólume, diferenciando o Brasil das repúblicas hispano-americanas, cuja reputação financeira era bastante menos auspiciosa, com não pouca razão.[285]

Olinda e Sousa Franco caíram mais em decorrência da crise internacional do que em razão dos efeitos não realmente aquilatados do emissionismo bancário, embora os conservadores emperrados tenham responsabilizado a Fazenda, igualmente concorrendo para o término do ministério, pelo desmonte da estabilidade pretérita. No final do ano de 1858, o imperador procurou Eusébio de Queirós para compor um novo gabinete, mas encontrou a recusa de quem acusava a conciliação nos moldes de 1857 pelos desastres de 1858. Insistente, d. Pedro II voltou-se para Uruguai, que também lhe deu as costas. Sem os saquaremas do passado, o imperador encontrou amparo nos conservadores do presente. Limpo de Abreu, já visconde de Abaeté e um antigo liberal convertido, aceitou a chefia do gabinete, trazendo consigo novamente a ala moça — entre eles, Nabuco de Araújo, Paranhos e Sérgio Teixeira de Macedo. Todavia, o governo era todo de Torres Homem, o renhido Timandro que, na pasta da Fazenda, parecia um vermelho, como também eram conhecidos os emperrados.

Com ele, Itaboraí voltou à presidência do Banco do Brasil, e a marcha ortodoxa tornou-se o programa e o programa único do governo. O limite de emissão do Banco caiu, e em junho de 1859 Torres Homem tinha pronto o projeto de lei que causaria imensa celeuma na Câmara. Não abortou os bancos criados sob Sousa Franco, porque as províncias se atirariam a seu pescoço, mas matou-os sutilmente no nascedouro. Os novos bancos seriam obrigados a realizar a conversão de suas respectivas notas em ouro no prazo de três anos à vontade do portador; os limites de emissão de cada banco ficariam restritos ao máximo realizado, respectivamente, nos quatro meses precedentes ao projeto; e apenas o Poder Legislativo poderia autorizar novos bancos de emissão.

Consciente da resistência que encontraria na Câmara, visto que Sousa Franco havia aberto uma caixa de pandora, Torres Homem fez de seu projeto a vida do gabinete. Deveria ser aprovado sem emendas, o que foi percebido como estratégia de um ministro que, enquanto sufocaria os bancos na evidente preferência do público por ouro do que pelas notas de instituições recém-criadas, faria da exclusiva prerrogativa parlamentar de autorizar novos bancos o chamariz da sua urna. A oposição liberal ergue-se aguerrida, sobremaneira Manuel de Sousa Dantas e Francisco de Paula, alegando que o projeto era inconstitucional, que as limitações de emissão impostas por Sousa Franco já eram grandes o suficiente, que as oscilações na taxa de câmbio eram oriundas dos fluxos na balança comercial e não da moeda e, mais importante, que quando os bancos inevitavelmente quebrassem, pagariam seus acionistas em papel-moeda sem lastro, levando à ruína as transações comerciais locais. Num imenso parecer apresentado à Câmara em 1859, Sousa Dantas e Francisco de Paula, entre tantas críticas, concluíam que

a obrigação de realizar as notas em ouro e a limitação ao direito de emissão [...] são de tamanho alcance que arruinarão e anularão pela base as condições com que esses bancos foram incorporados, ofendendo desta sorte interesses legítimos e direitos adquiridos [...]. Se a lavoura [...], cujos braços são de grande risco, não achar nas instituições de crédito os auxílios para se refazer das forças que lhes perecem, os avanços de que o comércio e as empresas precisam não chegarão nem para satisfazer metade das necessidades.[286]

A duras penas, o projeto foi aprovado na Câmara, porém a margem estreita de um voto ratificou o que já vinha se avizinhando. Nabuco de Araújo havia pedido demissão ainda antes da votação do projeto, uma defecção pernambucana que carregou consigo os agora conservadores dissidentes. Torres Homem, por sua vez, pediu a dissolução da Câmara, mas o imperador, embora favorável ao projeto bancário, cortou a cabeça do gabinete. O custo político era alto demais nas circunstâncias de gradual esfacelamento do bloco conservador. Em agosto de 1859, então, chamou Ângelo Moniz da Silva Ferraz para compor um novo ministério. Ferraz havia sido crítico da conciliação de 1853, porque a julgava artificial. O drama político do momento e as circunstâncias econômicas estruturais, contudo, refrearam as credenciais moderadas que o novo gabinete parecia apresentar.[287]

O justo meio era ainda imensamente saquarema. Com vistas a recompor o bloco conservador, Ferraz flexibilizou os prazos de conversão monetária para os novos bancos e afrouxou modicamente os limites de emissão, o que não teria reais efeitos, porque os fundos metálicos disponíveis dos novos bancos — a condição da própria emissão — eram minúsculos. No espírito, deixou praticamente intocado o projeto de Torres Homem. A dureza do lastro em ouro permaneceu a regra, e a primazia financeira do Banco do Brasil, também. Paralelamente, e no mesmo espírito conciliatório somente para a base, Ferraz preparou uma revisão da Lei dos Círculos, que contemplava agora três candidatos a deputado por distrito eleitoral, e não apenas um. O efeito esperado era o sufocamento das minorias: os chefes políticos regionais ganhariam força contra as facções locais.

Em agosto de 1860, o mundo conservador parecia recomposto ainda com alma saquarema: criou-se o Ministério da Agricultura, do Comércio e da Obras Públicas, que em tudo se parecia a uma secretaria do café; aprovou-se a Segunda Lei dos Círculos; perfez-se uma estrutura alfandegária mais benevolente em relação às tarifas de importação e de exportação; e o Senado aceitou as emendas de Ferraz ao projeto de Torres Homem, que se tornou a famigerada *lei dos entraves*, pelo menos em ótica liberal: submetia à anuência dos poderes públicos toda e qualquer sociedade anônima — civil, mercantil ou bancária — que desejasse incorporar-se.

Eleitoralmente, no entanto, o tiro saiu pela culatra. O tímido avanço liberal — assim como a baixa renovação da Câmara — traduziu pouco o terremoto do processo eleitoral, que teve em Teófilo Otoni uma de suas principais causas. O antigo radical da Regência havia criado a intensa campanha eleitoral dos lenços brancos, um gesto de aceno popular que representaria por décadas o liberalismo político à moda brasileira. Contou com o apoio de centro urbanos como a Corte, Ouro Preto e São Paulo, onde o comércio defendia uma política financeira mais laxista. Preterido pelo imperador na lista senatorial tríplice, Otoni lançou sua *Circular aos senhores eleitores de senadores pela província de Minas Gerais*, na qual fustigava o Poder Moderador. Obteve, contudo, a cadeira de deputado, e com ele vieram figuras radicalizadas como Francisco Otaviano e Saldanha Marinho.

A campanha de Otoni, impulsionada na imprensa pela pluma de Salvador de Mendonça e Quintino Bocaiúva — dois futuros republicanos — e ainda de Zacarias de Góes e Vasconcelos — um franco dissidente —, impactou o restante do Império a ponto de os conservadores emergirem das eleições mais divididos do que unidos. Um bom terço da Câmara era a velha panela emperrada do consistório, mas a dissidência conservadora ganhou largo espaço, compondo-se com o bloco liberal. A maioria era de papel, e Ferraz compreendeu que teria que barganhar seus postos de mando. Preferiu pedir as contas. Antes mesmo da legislatura de 1861 começar, d. Pedro II chamou

Caxias para assumir o gabinete e, com ele, o novo homem forte do governo, Paranhos, que tomou a Fazenda.

O último governo da longa era conservadora foi provavelmente o mais conturbado. Zacarias de Goés e Vasconcelos tornou-se rapidamente a principal voz de ataque ao Banco do Brasil, vendo nele promiscuidade e favorecimento, devido à recomposição do monopólio monetário alcançado por intermédio da eliminação dos concorrentes no início da década de 1860. Ao mesmo tempo, Zacarias lançou um afamado livro, *Da natureza e limites do Poder Moderador*, no qual condenava o que insinuava como parlamentarismo às avessas. O imperador teria poder excessivo no arranjo institucional. Conclamava pela responsabilização dos ministros pelos atos do Poder Moderador e pela respeitabilidade das moções parlamentares de censura. Numa via semelhante, Tavares Bastos publicou em meados de 1861 as *Cartas do solitário*, um conjunto pela primeira vez relativamente programático do ideário liberal: falava da descentralização, da separação entre o Estado e a Igreja, da liberdade de culto, da liberdade de comércio e de navegação, da aproximação com os Estados Unidos, da imigração europeia e, fatalmente, da emancipação dos cativos.[288]

À máxima liberal ou dissidente à moda de Zacarias ninguém outro do que Uruguai interpunha a versão contrária. Para aqueles, o rei deveria reinar, e não governar. Era uma adaptação nacional à tese do político francês Adolphe Thiers. Já conservadores como Uruguai tomavam de empréstimo a François Guizot a certeza de que o trono não era uma poltrona vazia. Em seu *Ensaio sobre o direito administrativo*, que surgiu em 1862, Uruguai dizia que somente o Estado centralizado poderia agir contra os espíritos facciosos e os arbítrios locais, garantindo a liberdade e os direitos do cidadão. Para ele, e sobretudo no estágio civilizatório imperial, o Estado era um instrumento pedagógico. Apenas gradativa e seletivamente poderia haver o exercício descentralizado da administração. O modelo era o autoritarismo francês do Segundo Império de Napoleão III, e não o federalismo norte-americano de Alexander Hamilton, James Madison e John Jay.

Quase 14 anos depois do gabinete Monte Alegre, d. Pedro II cedeu às pressões que vinham se avolumando desde a crise de 1857. Voltava-se agora a falar da lei de dezembro de 1841, e, depois da Câmara aprovar uma moção de censura contra um inamovível Caxias, o imperador pareceu dar ouvidos ao texto de Zacarias. Maio de 1862 marcou o fim de um longo verão para os conservadores. O imperador consentiu com a Câmara, demitiu Caxias e convocou Zacarias, o líder da oposição. Uma virada urgente de poder, para um imperador que havia visto lentamente realizar-se uma obra estrutural que julgava acertada: a centralização administrativa, a regulamentação da terra, a formação monopólica da moeda. O Império estava consolidado, o projeto saquarema parecia bem-sucedido, e o imperador tinha partido.[289] Desde 1850, o que se revelaria uma total exceção na história do Segundo Reinado, d. Pedro II não havia dissolvido a Câmara. Era uma omissão que estranhamente revelava uma ação. Em 1862, os conservadores deixariam o Paço, mas para o imperador o modelo não estava mais em pauta.

A POLÍTICA EXTERNA CONSERVADORA

Crítico para os conservadores, o início da década de 1860 também o foi para as relações internacionais do Império. A situação no extremo Norte, costumeiramente mais sossegada, tornou-se grave. Não tanto devido a vizinhos que disputariam uma região na qual a presença imperial era reduzida, mas sobretudo em razão das pressões norte-americanas. Washington havia embarcado num dilatamento territorial que teve apenas no Pacífico seu limite, ainda assim, temporário. Vislumbrou igualmente na Amazônia uma região de expansão natural, abrindo passagem para uma série de investidas científicas favoráveis à livre navegação fluvial. O Império reagiu, não sem entrar em contradição, porque, se restringia o acesso ao rio Amazonas, impunha o contrário na bacia platina. De maneira semelhante, Londres e Paris haviam avançado na Amazônia no final da década de 1830, e a soberania sobre os territórios que cobiçavam permaneceu incerta. Numa época em que os imperialismos globais progrediam a largas passadas, os riscos à integridade do Império redobraram-se coincidentemente.

Por sua parte, a hegemonia no Prata, que tanto o visconde do Uruguai quanto o marquês de Paraná haviam construído pela via militar e financeira, desmantelou-se com a recomposição de forças políticas, a um só tempo, em Buenos Aires, Montevidéu e Assunção. Bartolomé Mitre impôs severa derrota às forças de Urquiza, que havia sido o principal aliado do Império numa agora desfeita Confederação Argentina. Buenos Aires reassumiu a proa de uma reunificada República Argentina, e os augúrios não eram à primeira vista favoráveis ao Brasil. No Uruguai, os *blancos* retomaram o poder dos *colorados*, os tradicionais cúmplices do Império, que, no início da década de 1850, haviam cedido ao que seria logo vislumbrado como imperialismo brasileiro em Montevidéu. Não menos irrequieto tornou-se o Paraguai, especialmente após a ascensão de Francisco Solano López em 1862, o qual rapidamente buscou alianças com todos aqueles que eram avessos a d. Pedro II. Dez anos após a vitória contra Juan Manuel de Rosas e Manuel Oribe, o Prata tornava-se novamente um barril de pólvora. Tudo deveria ser refeito, agora sob comando dos liberais no Rio de Janeiro.

A hegemonia no Prata

A obra platina dos conservadores começou quando Paulino José Soares de Sousa assumiu os Negócios Estrangeiros em 1849. Desde sua última passagem pelo ministério, em 1843, nada menos do que oito ministros se revezaram na pasta, quando a situação no Prata pedia tudo, menos inconsistência. Resolvida a questão do tráfico, Paulino lançou mão de uma política de reequipamento da Marinha. Adquiriu novos vapores e incorporou navios negreiros confiscados a partir de setembro de 1850.

Ao mesmo tempo, Paulino empreendeu uma diplomacia financeira em relação aos *colorados* via o banco de Mauá, não somente como forma de sustentar a praça de Montevidéu contra os *blancos*, mas também para socorrer indiretamente os gaúchos. Oribe havia respondido militarmente à presença dos gaúchos na banda oriental, que tinham então seu gado ora sequestrado, ora tributado na fronteira com o Rio Grande do Sul. Um dos mais prejudicados havia sido Francisco Pedro Buarque de Abreu, o barão de Jacuí, que, embora tivesse operado do lado do Rio de Janeiro na crise farroupilha, desde 1849 reuniu uma frente militar ampla de gaúchos para responder a Oribe. Eram as califórnias de Chico Pedro, uma guerra de guerrilha que vinha deter, inclusive, as incursões de Oribe na porção sulina do Império.[290]

Tradicionalmente cauteloso e desconfiado em relação àqueles que cindiram o extremo sul do restante do Império por quase 10 anos, o Rio de Janeiro fez vista grossa às baterias de Jacuí. Era do Sul que o Império extrairia a tão necessária cavalaria contra as tropas rosistas. Ratificando o previsível naquela altura, Tomás Guido, o plenipotenciário de Rosas no Império, rompeu relações em setembro de 1850. Pouco depois, Paulino e seu braço direito no âmbito diplomático, que era Honório Hermeto Carneiro Leão, buscaram as vias para compor uma frente de alianças platinas que integrasse, também, paraguaios e argentinos antirrosistas. O Império teve menos êxito com Assunção, desde 1844 governada por Carlos Antonio López. Um dos maiores proprietários rurais do Paraguai, López adotara uma política de abertura contrária ao isolamento de seu predecessor, José Gaspar Rodríguez de Francia. Coincidindo com a chegada de López ao poder, o Império havia reconhecido a independência do Paraguai, o que era expressão da política de contenção a Buenos Aires, a troco da livre navegação fluvial. Contudo, em 1850, conseguiu apenas um aceno formal do mandatório paraguaio. O acordo redundou num pouco efetivo Tratado de Aliança. Assunção ainda não dispunha de forças militares suficientes sequer para defender uma independência que Buenos Aires não reconhecia.

Mais promissora era a movimentação de Justo José de Urquiza, que procurava auxílio europeu para multiplicar suas forças terrestres. Urquiza era o maior latifundiário de Entre Ríos, província argentina que governava desde 1842. Havia feito sua fortuna abastecendo a então sitiada Montevidéu, fato que o aproximou comercialmente dos *colorados*. Sua incompatibilidade com Rosas era a expressão atávica do ressentimento nortista contra os portenhos, que centralizavam a arrecadação orçamentária do país. Ao findar o ano de 1850, após a definitiva retirada dos franceses e a inevitável negativa franco-britânica para voltar a contrapor-se a Rosas, Urquiza procurou o Império e foi recebido com o entusiasmo dos amigos de última hora. Paulino começou os trâmites para um empréstimo do Tesouro Imperial ao entrerriano e prometeu-lhe o apoio da cavalaria gaúcha — a qual combateria de bom grado, pois os interesses da Corte e do Rio Grande do Sul haviam-se alinhado. Poucos meses depois, Urquiza rompeu diretamente com Manuel Oribe e, indiretamente, com Rosas. Formava-se a Tríplice Aliança de 1851, constituída pelos dissidentes argentinos — no plural, porque Urquiza logrou carregar consigo Benjamín Virasoro, governador de Corrientes; os *colorados* — encabeçados por Manuel Herrera y Obes, em Montevidéu, e por Andrés Lamas e Fructuoso Rivera, no Rio de Janeiro — e o Império do Brasil.

Paulino José Soares de Sousa insistiu em não declarar guerra imediatamente contra Rosas, não tanto devido ao que seria uma violação à Convenção Preliminar de Paz de 1828 — pelo resto, nunca endossada por Rosas —, mas sobretudo para evitar eventuais ingerências britânicas. Preferiu armar suas alianças contra Oribe e, assim, empurrar Rosas para o conflito. A estratégia mostrou-se acertada, e Buenos Aires declarou guerra ao Império em agosto de 1851. Pouco depois, em outubro, Oribe capitulou praticamente sem impor resistência a tropas que eram formadas, em grande proporção, pelas forças de Urquiza. Ao passo que Paulino assinava com Lamas, chanceler *colorado* na Corte, o fatídico sistema de tratados de 1851, enviou Honório Hermeto Carneiro Leão em missão ao Prata, para selar a marcha contra Rosas. Pouco depois, uma divisão naval do Império liderada pelo contra-almirante John Pascoe Grenfell — um mercenário britânico que havia lutado pelo Rio de Janeiro na Independência, na Confederação do Equador, na Guerra Cisplatina e na Revolução Farroupilha — forçou a passagem na altura de Tonelero, a alguns quilômetros de Rosário, levando consigo as tropas aliadas. Eram cerca de 20 mil homens comandados por Urquiza, pouco mais de 4 mil sob pavilhão imperial e outros 2 mil de origem *colorada*. Em 3 de fevereiro de 1852, malgrado seus pouco mais de 24 mil soldados, Rosas capitulou na batalha de Monte Caseros depois de apenas quatro horas e meia de combate.[291]

Em apenas alguns dias, as tropas imperiais desfilaram em Buenos Aires. Guiavam-nas Caxias, Honório Hermeto e um jovem Paranhos, que tudo aprendia na ocasião. O ocorrido incomodou Urquiza, dando passo a uma troca áspera de palavras que, pelo resto, em nada

As tropas imperiais desfilaram em Buenos Aires, após a vitória contra Juan Manuel de Rosas. Na pintura, Osório lidera um Exército bem recebido pela população portenha, que pareceria saudar o Brasil pela libertação da Confederação Argentina. Em segundo plano, o Cabildo, que também pareceria prestar homenagem às forças imperiais. Embora voluntarista, a pintura sugere a hegemonia que o Império alcançaria na bacia do Prata na década de 1850.

minou a hegemonia que o Império constituía na região. Os tratados de 1851 com o Uruguai deram o tom das ambições brasileiras. Pelo disposto, ficavam abolidos os direitos alfandegários sobre a exportação de bovinos e equinos gaúchos, assegurando-se, indiretamente, a permanência de quase 20 mil brasileiros no país — até a virada da década, seriam quase 15% da população uruguaia e ocupariam 30% do território. O Império arrogava-se o direito de intervenção em caso de conflito interno, podendo o Brasil solicitar a extradição de escravos foragidos, ainda que o Uruguai tivesse realizado sua abolição na década de 1840. Mais importante para o Rio de Janeiro, garantia-se ao Brasil a livre navegação do rio Uruguai e reconhecia-se a dívida de guerra, que Montevidéu pagaria anos a fio. Por fim, o Uruguai renunciava aos territórios ao norte do rio Quaraí e ao direito de navegação da lagoa Mirim, fronteira natural com o Império. Militar e financeiramente dependente, o Uruguai de 1852 lembrava a situação luso-brasileira de 1808 em relação à Grã-Bretanha.[292]

No fundo, o fim da guerra representou para o Uruguai a conclusão de um longo conflito civil que se arrastava desde 1839. Em tendência contrária a seus vizinhos, a população uruguaia caiu de 140 para 132 mil habitantes. O tamanho de seu gado, de 6 para 2 milhões. Combalido, o país foi tomado pelo Império em todas as frentes. O número de gaúchos proprietários aumentou significativamente após 1852, revivescendo as charqueadas de Pelotas e mudando até a composição da classe latifundiária uruguaia. O Rio de Janeiro, que se tornou uma espécie de metrópole informal, hipotecou a alfândega do país em troca do subsídio mensal que dava a Montevidéu. Era praticamente a única receita do governo até meados da década. Sem remorso, o Império manteve 5 mil homens estacionados na capital uruguaia até 1855, quando logrou impor, durante o gabinete do agora marquês de Paraná, um governo de conciliação sob mando *colorado*. A política da *fusión* vinha a reboque do *Manifesto de 1855* de Andrés Lamas, por sempre acusado pelos *blancos* de traição, e muito lembrava o panfleto de Justiniano José da Rocha. No mesmo ano, o já velho

Manuel Oribe celebrou o *Pacto de unión* com a nova liderança *colorada*, Venâncio Flores, e foi somente então que o Rio de Janeiro acatou o pedido de retirada de suas tropas. Pela via financeira, Mauá alargou a partir de 1855 a compra de títulos da dívida pública uruguaia, porém a um preço imenso para Montevidéu, porque o banqueiro seria autorizado a formar um banco de emissão que deteria o monopólio da moeda local. Em 1857, com efeito, veio à tona o estranhamente uruguaio Banco Mauá.[293]

Do outro lado do rio da Prata, a situação política foi menos determinada pelos interesses brasileiros, mas não por isso deixou de corroborar o momento hegemônico do Império na balança platina de poder. Em maio de 1852, governadores e delegados de províncias encontraram-se em San Nicolás de los Arroyos para concertar a nova ordem pós-Rosas. Pelo acordo, se estabeleceria uma Constituinte, as alfândegas seriam nacionalizadas e as relações exteriores e o comando das Forças Armadas ficariam sob controle de Urquiza. Buenos Aires foi a única província que resistiu, e o portenho Partido de la Libertad rompeu pouco depois com a nova Confederação Argentina de Urquiza, que passou a ter sua capital na cidade de Paraná, em Entre Ríos. Um ano depois, em maio de 1853, a Confederação promulgou uma Constituição, sedimentou a livre navegação dos rios Paraná e Uruguai e transformou Rosário em novo entreposto comercial. Ao passo que guardava dessa forma o bom trânsito com o Rio de Janeiro, Urquiza asseguraria, pelo menos em tese, a quebra da dependência em relação ao rebelde porto de Buenos Aires, onde, em 1854, prevaleceu a fórmula de secessão total recomendada por Valentín Alsina em detrimento daquela de Bartolomé Mitre, que defendia a reunificação sob tutela portenha.

Surgiram, pois, duas Argentinas — a Confederação e o Estado de Buenos Aires — e o Império manteve uma neutralidade benévola a Paraná, porque modulada por recorrentes empréstimos. Malgrado todos os esforços, Urquiza continuou a depender financeiramente do Rio de Janeiro, em razão do pouco êxito que encontrou com sua política econômica. Enquanto o papel-moeda emitido em Buenos Aires tinha lastro alfandegário, o da Confederação patinava no não endosso nacional. Cindidas e, portanto, enfraquecidas externamente, as duas Argentinas da década de 1850 testificavam a primazia imperial na bacia do Prata.[294]

Os limites amazônicos

Foi nessa quadra histórica de relativa paz na bacia platina que os tremores na amazônica tornaram-se mais vívidos. No início da década de 1850, os Estados Unidos já haviam incorporado o Texas, conquistado metade do então território mexicano, adquirido a Mesilla e os territórios do Oregon. Quando alcançou o Pacífico, Washington lançou-se mais decididamente na corrida comercial até então muito dominada pela Europa, especialmente por Londres. Na primeira metade do século XIX, Westminster havia imposto, primeiro ao então Reino de Portugal, um padrão de inserção internacional que ampliou paulatinamente: os tratados desiguais assinados em 1810 foram replicados em 1838 no Império Otomano, com o qual Londres trocou garantias contra ambições russas e francesas por uma tarifa alfandegária de apenas 5% *ad valorem*. Na década de 1840, o mesmo ocorreu em relação à China, forçada a comprar o ópio que indianos produziam e que britânicos distribuíam.

O avanço industrial britânico realizava-se no tempo da abertura de novos mercados, e os Estados Unidos, na década de 1850, buscaram reproduzir o modelo. Coincidindo com a campanha do comodoro norte-americano Matthew Perry no Japão, que redundou no Tratado de Kanagawa de abertura comercial e de direitos extraterritoriais, Washington buscou forçar a abertura da bacia amazônica à navegação internacional. Em outubro de 1853, um recém-chegado plenipotenciário no Rio de Janeiro apresentou suas credenciais ao imperador com claras instruções para obter um tratado de comércio e navegação que autorizasse o trânsito norte-americano no rio Amazonas.

William Trousdale trazia o manancial teórico da *escola aquática* de Washington, que previa a expansão da economia escravista do Sul dos Estados Unidos para além do golfo do México. Naquele tempo, os norte-americanos já haviam entabulado negociações com a Colômbia, então Nova Granada, para a construção de um canal no istmo de Panamá e proposto à Espanha a compra de Cuba. Quanto ao Brasil, o principal teórico da escola era Matthew Fontaine Maury, superintendente do Observatório Nacional em Washington, e dizia que a bacia amazônica era fértil a ponto de poder alimentar a população de todo o mundo. Numa época em que a corrida do ouro fazia as fortunas norte-americanas, Maury encontrou numa imaginativa interpretação cartográfica a justificava da expansão: defendeu que o Amazonas seria uma simples continuação do vale do Mississipi.

Pouco depois, em 1857, dois missionários protestantes recolheram os relatórios de uma expedição científica que militares norte-americanos haviam conduzido na Amazônia entre 1851 e 1852, e simplesmente caracterizaram a bacia como um novo Texas. Os episódios eram graves, porque recordavam a ação de franceses e britânicos no final da década de 1830, também na região. Fruto de uma missão científica da *Société de Géographie de Paris*, em 1836 tropas franceses deslocaram-se até o rio Araguari e, após sérios protestos de um Império em plena crise da Cabanagem, lograram que o território fosse declarado neutro — deixando a questão pendente até 1900. De forma parecida, a *Royal Geographical Society* comissionou em 1835 as explorações amazônicas que abriram passagem ao envio de missionários protestantes na região do Pirara, também declarada zona neutra em 1842. Uma pendência somente resolvida, neste caso não inteiramente a favor do Brasil, em 1904.[295]

O Império respondeu como pôde. Na frente administrativa, o Rio de Janeiro criou a Companhia de Navegação e de Comércio do Amazonas, que instaurava o deslocamento a vapor nas linhas Belém-Manaus e Manaus-Nauta, não à toa, no Peru. Pouco antes, em 1851, Paulino José Soares de Sousa havia enviado para lá — e também ao Chile e à Bolívia — a missão Duarte da Ponte Ribeiro, que inaugurou a depois costumeira troca de interesses fronteiriços do Império por facilidades de navegação no Amazonas. Nesses termos, e por mais contraditória que fosse a postura com relação ao Prata, a bacia amazônica deveria permanecer livre de presença externa. Pontes Ribeiro foi exitoso. Incorporou o equivalente a quase duas províncias do Rio de Janeiro nas negociações com o Peru e ainda conquistou um aceno contra Juan Manuel de Rosas.

Na corrida contra as pressões norte-americanas e buscando resolver as pendências boreais, o Império enviou Miguel Maria Lisboa em missão à Colômbia, ao Equador e à Venezuela. Obteve menos sucesso do que Pontes Ribeiro, embora tenha-se desenhado, também ali, o que viria a ser a bem-sucedida doutrina brasileira de negociações territoriais: fundamentalmente, o recurso aos critérios de *uti possidetis* e de fronteiras naturais. Do ponto de vista político-militar, a ordem era entabular contatos amigáveis com os vizinhos considerados tradicionalmente distantes. A hora impunha-o. Para a fortuna do Império, as circunstâncias posteriores a 1855 torceram a seu favor — pelo menos na bacia amazônica. Malgrado as repetidas insinuações de Trousdale, os Estados Unidos desviaram-se de seus interesses amazônicos quando as tensões entre o Sul e o Norte do país revelaram-se insuperáveis, especialmente, no contexto da crise financeira de 1857.

A tranquilidade externa veio em bom momento. Em 1857 e 1858, rebeliões milenaristas explodiram na Amazônia, especialmente perto da fronteira com a Venezuela. Foram lideradas pelo profeta Venâncio Kimiko, também chamado de Venâncio Cristo por seus fiéis. Reinterpretavam o cristianismo de acordo com cosmologias indígenas, rejeitavam os renovados projetos civilizatórios e assimilacionistas do governo provincial, frequentemente experimentados como escravização e massacre pelos povos originários. As revoltas chegaram a mobilizar mais de 1.000 homens armados e foram violentamente pacificadas por tropas militares. Alguns grupos conseguiram, porém, preservar sua autonomia recuando para a floresta. A conquista da Amazônia não estava completa.[296]

A crise da ordem externa

No Uruguai, a crise global de 1857 alastrou-se rapidamente e trouxe a vertigem de um novo conflito civil. Quando os preços das exportações caíram, as ideias fusionistas foram contestadas. Agravando um cenário de forte expansão da febre amarela em Montevidéu, o governo conciliado na ascendência *colorada* de Gabriel Antonio Pereira envolveu-se na *hecatombe de Quinteros*, um episódio que o opôs a antifusionistas de matizes tanto *colorados* quanto *blancos*. Quando soube que Buenos Aires havia apoiado o movimento contrário a Montevidéu, Pereira — nessa altura, sem apoio claro de *colorados* tradicionais como Venâncio Flores — rompeu relações como o Estado vizinho e ordenou o massacre dos radicais, reabilitando em todas as frentes o ódio e as discórdias entre *blancos* e *colorados*. Apesar dos maus augúrios, Pereira terminou o mandato constitucional, mas seu sucessor foi o *blanco* Bernardo Berro, que assumiu o poder em 1860 com o determinado intuito de reposicionar o Uruguai na bacia platina hegemonizada pelo Império e, por extensão, de rasgar os tratados de 1851.

Do outro lado da bacia do Prata, as disfunções, pelo menos no entender do Rio de Janeiro, tornaram-se também de súbito mais eloquentes. Em 1857, José Maria da Silva Paranhos assinou um acordo de aliança militar com Urquiza, de maneira a obter, em troca de novo empréstimo financeiro, apoio confederado nas divergências com o Paraguai. A ascensão de Carlos Antonio López ao poder, embora assinalasse uma desejada abertura comercial e fluvial, não havia corrido nos termos imaginados pelo Império. Ainda em 1854, quando Honório Hermeto operacionalizou uma intervenção militar no Uruguai para garantir o cumprimento dos tratados de 1851, o Brasil também despachou uma força naval contra Assunção, porque López havia proibido o trânsito estrangeiro no sistema fluvial paraguaio. Paranhos lograria pôr panos quentes na situação em 1858, assinando com o governo de López a ratificação de um tratado de 1856 que previa a livre navegação nos rios Paraguai-Paraná e o engessamento temporário da disputa pela área entre os rios Apa e Branco.

Os ventos de Assunção, no entanto, não eram promissores. López havia começado uma campanha, ainda que rudimentar, de modernização do país pela via militar. Escorado no capital britânico, tomou as primeiras medidas para controlar o território, ainda mal cartografado, mediante o desenvolvimento ferroviário. Ao mesmo tempo, seu filho Francisco Solano López partiu em missão especial a Londres no ano de 1853. Encomendou navios a vapor, fundou um arsenal de produção de equipamento militar e logrou, em 1860, assegurar a construção de um estaleiro com ancoradouro e doca seca. Surgiram igualmente as primeiras fábricas de fundição de ferro, num impulso de militarização orquestrado pelo Estado — dono de 90% das propriedades fundiárias e de 80% do comércio externo — que apenas recrudesceu no início da década de 1860, quando Solano López assumiu o poder.

Mais abertas e menos autocráticas do que o Paraguai, as duas Argentinas sofreram as consequências da crise de 1857 a ponto de entrarem em rota de colisão. Mauá sentiu-as severamente. Havia afiançado créditos a Urquiza e aberto, assim como em Montevidéu, uma filial em Buenos Aires. O Império não endossou, no final da década de 1850, novo empréstimo solicitado por Urquiza para tomar o porto de Buenos Aires, em guerra comercial contra Rosário. Era uma medida que o Rio de Janeiro rejeitava, pela evidente rispidez que geraria em relação aos portenhos. A trama do relacionamento com a Confederação, malgrado a assinatura em 1856 de um Tratado de Amizade, Comércio e Navegação, vinha-se desgastando desde 1857, quando um tratado de limites não foi ratificado pelo lado argentino.

Quando o Império negou o novo crédito, Urquiza aproximou-se do Paraguai e, em 1859, logrou impor-se às forças portenhas na Batalha de Cepeda. Por pouco tempo, no entanto, porque Buenos Aires rapidamente lançou uma campanha de apoio intraprovincial à causa portenha. O momento era grave para Urquiza, visto que chegava a termo seu mandato constitucional. Na corrida eleitoral, Buenos Aires conseguiu implodir as províncias em rivalidades locais, sobretudo em Corrientes e em San Juan, o que lhe deu fôlego para despachar, em 1861, um esquadrão contra as forças do errático sucessor de Urquiza, Santiago Derqui. Em setembro, o inevitável ocorreu, e os batalhões do novo governador portenho, Bartolomé Mitre, enfrentaram vitoriosamente os soldados de Urquiza na Batalha de Pavón. Em pouco tempo, as tropas portenhas foram transformadas em Exército nacional, e teria início a primeira campanha militar de conquista do interior. A nova República Argentina estava fundada, agora sob controle de Buenos Aires.[297]

A reversão na correspondência de forças platinas alterou, no início da década de 1860, os rumos que os gabinetes conservadores haviam traçado, com empenho, a favor do Império no alvorecer de 1850. O governo paraguaio recebeu mal as notícias de Pavón. Era com a Confederação de Urquiza que fazia comércio e articulava o trânsito fluvial para o Atlântico. Dada sua condição mediterrânea, o Paraguai despertava ansioso na virada da década. A situação uruguaia não era menos buliçosa. Bernardo Berro teria de lidar com a ubíqua sombra de uma guerra civil, agora possivelmente isolado, em virtude da ascendência liberal e orientalmente *colorada* de Bartolomé Mitre. Se a nova ideologia argentina casava bem com a chegada dos liberais no Rio de Janeiro, o tamanho da ação portenha no Uruguai ainda era incerto. Para um Império que havia lutado, nos termos do pensamento diplomático conservador, pela contenção de Buenos Aires, Pavón trazia novamente a penumbra rosista. O visconde do Uruguai, que regressava de uma missão especial junto à Corte de Napoleão III para definir os limites no Oiapoque, tinha então sua obra desfeita. Havia envelhecido rapidamente. Com pouco mais de 50 anos, carregava um corpo encurvado, olhos amortecidos e cabelos brancos. Como de hábito para todos os estadistas do Império, subia a serra reiteradamente, e agora permanecia imerso nos manuscritos de seu *Ensaio sobre o direito administrativo*. Era Petrópolis, chovia, e seu mundo havia desabado no início da década de 1860.[298]

CAPÍTULO 5

CRISE DA ORDEM IMPERIAL (1862-70)

A Europa conheceu um período de relativa estabilidade política nos anos imediatamente subsequentes à Primavera dos Povos, em 1848. Um certo tipo de liberalismo havia triunfado, porém em nada se assemelhava ao perfeito desempenho da vontade popular no exercício soberano do poder e muito menos a um ofuscamento do Estado em benefício do mercado. Pelo contrário, a liberdade dos modernos de então pautou-se pela constituição de um Estado forte o suficiente para regular o exercício de liberdades individuais, aí incluídas as econômicas.

Não era, pois, um liberalismo antiestatista o que inspirou as reformas posteriores à Primavera dos Povos, mas sim o aperfeiçoamento das burocracias civis e militares em proveito da efetivação e da expansão dos mercados, das descobertas científicas e tecnológicas, da integração física dos espaços nacionais e internacionais, da intensificação da produção alimentar e da exploração ecologicamente irresponsável das *commodities*. Foi o tempo por excelência do liberalismo econômico, defendido, no entanto, nos limites da realização ampliada dos capitais produtivo e financeiro, porque, quando necessário, os proprietários reclamaram a presença do Estado para regular a emissão de moeda, as taxas de juros e a política aduaneira.

Em oposição, a década de 1860 pôs em xeque um liberalismo que era plástico o bastante para atender aos anseios de certas classes em detrimento de outras. Os radicalismos, que ganharam amplo fôlego, expressaram as diferentes tensões das realidades locais, não obstante, todos tinham na desigualdade a medida de sua oposição a uma liberdade julgada pouco democrática. Conscientemente ou não, falavam de um capitalismo liberal que havia gerado miséria social — e com razão, visto que o século XIX se caracterizou pelo aprofundamento das desigualdades. Embora derrotados, os radicalismos disputaram os sentidos do Estado, reabilitando sobretudo na década de 1870 a urgência de novas modernizações conservadoras.[299]

Os primeiros terremotos vieram do Oriente como reação às incursões ocidentais. Em decorrência da imposição de tratados desiguais, a China da dinastia Qing viu erguer-se um movimento rebelde que causaria até seu término em 1864 cerca de 20 milhões de mortes. Encastelado num messianismo sincrético de ascendência cristã, o líder da Rebelião Taiping vislumbrou em Beijing a expressão de um Império corrompido e submisso ao Ocidente. Defendia teorias radicais de igualdade social, como a instituição de terras comunais para os camponeses, o fim de todo e qualquer tipo de escravidão e a substituição do confucionismo e do budismo por um melhor ópio para o povo do que o exportado pelos britânicos, também condenado pelo Reino Celestial Taiping.

Praticamente coincidindo com os ganhos territoriais dos rebeldes no Sul da China, a Índia conheceu o levante dos Sipaios. Soldados indianos a serviço da Companhia Britânica das Índias Orientais insurgiram-se contra o que acreditavam ser uma política de ocidentalização e subordinação conduzida pelos britânicos, num cenário agravado por imposições tributárias à população indiana e pelo desencorajamento, realizado tanto à força quanto por obra do mercado, à produção de manufaturas locais. Era o ano de 1857, e as perdas que se avizinhavam em decorrência da crise financeira empurram os britânicos a lançar a política do *Raj*, a administração colonial direta em grande parte do território indiano. Entre mortos por balas e vitimados por epidemias, foram praticamente 800 mil baixas. Na China, o dilaceramento interno motivou nova investida britânica, agora alargada pela cooperação francesa, norte-americana e russa, para expandir a abertura dos portos. Muito especialmente, Londres também demandava a legalização total do ópio, isenções tributárias no trânsito interno de mercadorias e a regulação do comércio de *coolies* — os trabalhadores braçais oriundos tanto da China quanto da Índia.[300]

O contínuo alargamento de mercados periféricos, atalhado pela assinatura de tratados de livre-comércio entre europeus, permitiu dar sobreviva ao ciclo global de expansão econômica, que, no entanto, se esgotaria ao término da década de 1860. Progressivamente, o excesso de investimentos, realizados para lidar com uma sempre acrescida concorrência, provocou em fins da década de 1850 persistentes altas nas taxas de juros, repassadas, pelo resto, nos preços ao consumidor, cujos salários não aumentavam na mesma proporção. Na perspectiva do economista Nikolaï Kondratiev, a década de 1860 assinalaria a passagem de uma fase de expansão para uma de retração, caracterizada por uma queda no consumo, nos preços e nos juros. Malgrado todas as especificidades nacionais, foi efetivamente o que ocorreu, dando lastro material aos radicalismos que se afirmaram nos quatro pontos cardinais do mundo.[301]

Na Grã-Bretanha e na França, os movimentos sindicais ganharam novo alento e transformaram uma situação socioeconômica em reivindicação de classe, notadamente exigindo a afirmação dos direitos sociais e a adoção do sufrágio universal. Em 1864, Karl Marx e Friedrich Engels fundaram em Londres a Associação Internacional dos Trabalhadores, reunindo então na Primeira Internacional Comunista operários e militantes oriundos de partidos socialistas nacionais. Na península itálica, Giuseppe Garibaldi, que havia combatido o Rio de Janeiro do lado dos farrapos, lutou incansavelmente por uma Itália unificada sob os augúrios de uma república popular. Numa Espanha radicalizada por uma onda democratizante, a rainha Isabel II foi deposta em 1868, no início de um movimento que, cinco anos depois, culminaria numa efêmera Proclamação da República. Já em Paris, após a derrota para a Prússia em 1871, constituiu-se o primeiro governo operário da história, fazendo ecoar os momentos mais radicais da Revolução de 1789.[302]

Na América, a principal ideia radical foi a abolicionista. A escravidão, que havia convivido muito bem com o liberalismo e escorado a produção têxtil na Europa, opôs insuperavelmente os Estados livres e setentrionais ao cativeiro meridional dos Estados Unidos. Seguindo um movimento de quase cinco décadas, o preço do algodão entrou em franco declínio e atingiu sua pior marca histórica em 1857. Sua produção era praticamente monopolizada pelos estados escravistas do Sul dos Estados Unidos, onde, contra todas as tendências, o preço do escravo alcançou sua melhor média secular: os inacreditáveis, pelo menos para a época, mil dólares por escravo masculino em idade de lavoura — em termos atuais, algo próximo a um carro de luxo. A eleição de Abraham Lincoln em 1860 acirrou todos os ânimos. Seu partido era declaradamente antiescravista. Embora com plataforma moderada durante a campanha, sua vitória redundou no rompimento dos estados sulistas com a União. No começo de 1861, estava declarada a Guerra de Secessão, o maior conflito civil do mundo ocidental no século XIX. Deixaria em torno de 750 mil mortos, uma crise econômica de proporções inéditas e redobradas dificuldades para os países comercial e financeiramente atrelados aos Estados Unidos.[303]

As indústrias têxteis, especialmente na Grã-Bretanha, sentiram rapidamente os efeitos da interrupção nas exportações da fibra norte-americana e buscaram soluções na produção algodoeira da Índia e do Egito. O Império do Brasil tiraria alguma vantagem da situação com as plantações de algodão no atual Nordeste e em São Paulo, porém não era nada que compensasse os efeitos deletérios para a oligarquia cafeeira. A partir de 1863, a cotação do café na praça de Nova

York despencou, empurrando seu preço aos patamares de 1857 até o final da década de 1860, e uma nova crise financeira irrompeu no Rio de Janeiro em 1864. O momento era particularmente grave. Não apenas interiorizava-se a crise norte-americana no Império, reabilitando uma agenda emancipacionista que agonizava desde o final da década de 1830, mas também e sobretudo as tensões no rio da Prata redundaram no maior confronto sul-americano de todos os tempos.

Expressão do mórbido vínculo entre as tropas e o desenvolvimento tecnológico característico da Segunda Revolução Industrial, a Guerra do Tríplice Aliança contra o Paraguai ceifou entre militares e civis algo próximo a 450 mil vidas. Foi o quarto conflito mais sangrento do século XIX e, não à toa, expôs todas as contradições do Império. Do ponto de vista da política externa, o Rio de Janeiro fez de Buenos Aires sua principal aliada, quando historicamente reinavam a desconfiança, a antipatia e a hostilidade. Arrastou também consigo Montevidéu, que pouco antes sofrera intervenção militar imperial para derrocar o partido *blanco*, cuja principal aliança era com Assunção. Malgrado somar menos de um décimo da população brasileira, o Paraguai conseguiu estender o conflito por mais de cinco anos, até março de 1870. Mal integrado a suas fronteiras ocidentais, o Rio de Janeiro não pôde confrontar Assunção senão pelas vias fluviais da bacia do Prata, deixando o Mato Grosso a sua própria sorte, e teve de renunciar à secular posição contrária à abertura do Amazonas à navegação internacional. Era forma de evitar um conluio entre o Paraguai e as Repúblicas do Pacífico, que, desejosas de ampliar seu tráfego atlântico, viam com maus olhos a movimentação do Império no Prata.

Quando estourou a guerra, o Império era Davi, e o Paraguai, Golias. Francisco Solano López, ainda que rudimentarmente para um Estado que apenas começava a se abrir ao comércio internacional, havia logrado equipar suas Forças Armadas a ponto de possuir três vezes o número de soldados que o Brasil albergava em sua caserna. Concentrada no Rio Grande do Sul, no Rio de Janeiro, em Pernambuco e na Bahia, a tropa imperial não se caracterizava pelo prestígio corporativo. Faltavam-lhe fardas, botas e clavinas de cavalaria. As espingardas e as carabinas eram poucas, e boa parte dos mosquetões estava quebrada. A eventual superioridade estava na Marinha, que tampouco congraçava as classes sociais mais lisonjeiras na perspectiva do alto oficialato. Eram homens pobres que procuravam na espada a sorte que os mais ricos traziam de berço, empregando-a como certificado de dispensa militar.[304]

Após a fatídica derrota na batalha de Curupaiti, em setembro de 1866, o Exército foi reorganizado sob o comando do então marquês de Caxias, e as contradições do Império aprofundaram-se correspondentemente. O conflito não entusiasmava mais como em 1865, quando se convocaram os Voluntários da Pátria. Num momento em que as tropas argentinas retrocederam para combater uma nova guerra civil, o Império aprofundou o recrutamento forçado e, em novembro, recorreu a escravos que ganhariam a liberdade com a condição de lutar contra o Paraguai. Ao passo que a agenda servil encontrava espaço no Conselho de Estado e na Assembleia Geral do Império, gerando crises entre partidos que tampouco se entendiam sobre as estratégias e os comandos militares, d. Pedro II armava libertos de guerra para defender um país escravocrata. Pouco depois, em 1868, a Coroa dissolveu a Câmara e convocou ao poder ninguém menos do que o velho Itaboraí. Outro paradoxo, porque o novo chefe de gabinete era o avesso da emancipação gradual que o imperador favorecia. A chave do impasse estava no Banco do Brasil.

Zacarias de Góis e Vasconcelos, um eterno desafeto do Banco, havia-o privado de sua faculdade emissora, emitindo papel-moeda via Tesouro Nacional num volume que só coube na urgência da derrota em Curupaiti. Como era de se esperar, a inflação disparou e o câmbio desvalorizou-se. Temendo o pior para a saúde financeira do Império e seus cafezais, os conservadores pediram ao imperador a caneta de Zacarias. Quando Itaboraí assumiu o poder, a simbiose entre o governo e o Banco do Brasil foi reconstituída. O novo chefe de gabinete limitou drasticamente a emissão de papel-moeda e, no lugar, promoveu um acréscimo exponencial na venda de apólices e títulos da dívida pública, que o Banco do Brasil e seus acionistas — em sua maioria homens e mulheres ligados à grande lavoura fluminense — adquiriram com gana e avidez. O Império inaugurou então um tempo de inédito endividamento interno, do qual o Banco do Brasil, por ser a maior instituição financeira do país, se veria reiteradamente favorecido.[305]

Com as incoerências próprias do momento, a ampla circulação de apólices e títulos alcançou as classes menos nobres, que também os compraram no afã do lucro fácil. Eram corretores de menor expressividade financeira, advogados, engenheiros, médicos, mas também comerciantes, empregados públicos, notários, padres e oficiais de justiça. No exato instante em que a Coroa tomava decidido partido pela emancipação e que se agitavam as vozes contrárias à escravidão, o mercado de apólices acorrentava o Império ao cativeiro, visto que a propriedade escrava lastreava as operações financeiras. Se a solvência do Estado dependia da alfândega, que vibrava no mesmo ritmo dos cafezais, era o escravo que sustentava a capacidade de financiamento do Império. Dito de outro modo, a financeirização da escravatura, aprofundada pela guerra, tolheu qualquer avanço radical em direção à abolição, porque caso fosse abrupta, não apenas se comprometeriam o orçamento imperial e o valor dos títulos públicos, porém igualmente a carteira de todos aqueles agrilhoados ao mercado financeiro, abolicionistas ou não.

Sem surpresas, o governo resistiu a mudanças na propriedade cativa, porém da crise de 1868 intensificaram-se todos os radicalismos da hora. Promovido às pressas nos pântanos paraguaios, o baixo oficialato do Exército era de origem social mais modesta do que o fora nas décadas anteriores. Não tardou em mostrar feição abolicionista, embora sem impacto instantâneo, porque obstaculizado por controles hierárquicos corporativos. Os liberais de 1862 racharam em duas alas: a reformista, que reconduziu os afeitos ao gradualismo emancipatório e à desconcentração do poder político-institucional, e a radical, da qual nasceu um abolicionismo rapidamente silenciado no partido republicano que lhe deu forma. Nos cafezais paulistas, para onde se deslocava progressivamente o principal eixo produtivo nacional, também se erigiu um bloco radical que tinha na federação, e não imediatamente na abolição, o sentido da república.

Malgrado raras exceções, os radicalismos de maior influência temperaram as liberdades civis e políticas num caldeirão de igualdade entendida, em primeira instância, como desobstrução do acesso ao poder, e não como equidade entre classes sociais. Faltou-lhes a fraternidade, ausente num corpo social cujos membros mais altos singularizavam-se por um racismo apenas superficialmente dissolvido na miscigenação histórica da população e numa fictícia igualdade perante a lei. Sem equilíbrio de forças possível, apesar da agitação dos subalternos, os antagonismos sociais e raciais não compuseram a essência dos radicalismos à moda brasileira na década de 1860, que terminaram apenas bafejados, pelo resto, numa lei que buscou antes deter do que impulsionar o término do cativeiro. Foi ela, todavia, que acelerou os ponteiros do Império rumo a uma crise caracterizada, principalmente, por novas disputas entre grupos oligárquicos.

O RENASCER LIBERAL E A LIGA PROGRESSISTA

Zacarias de Góis e Vasconcelos era um personagem austero e inflexível. Nascido em uma rica família baiana, destacou-se rapidamente no mundo acadêmico. Estudante de brilhantes qualidades, antes de ingressar na política tornou-se professor na Faculdade de Direito do Recife, quando a sede ainda era em Olinda. Na década de 1840, filiou-se ao partido conservador e muito rapidamente conseguiu bom trânsito com os arautos do pensamento saquarema, o que lhe valeu a pasta da Marinha no gabinete de Itaboraí em 1852. Sua ética da responsabilidade moldou-o bem aos quadros conservadores, porque julgava o Império ainda instável; mas seus princípios, robustecidos nas oportunidades políticas que se abriam no término da década de 1850, eram de fundo liberal. Zacarias tinha em John Stuart Mill e em Jeremy Bentham os baluartes de sua ética da convicção, que conduziu em benefício do renascer liberal. Fosse um personagem de ficção, juntaria ao ceticismo de Aires a solidão de Bentinho. Sempre vestido de preto, esboçando no máximo o sorriso da ironia, Zacarias tinha dom para fazer inimizades.[306]

Tornou-se na virada para a década de 1860 o principal nome da oposição. Não falava em reformas constitucionais profundas, a não ser pelo rechaço ao Poder Moderador. Insistia na reformulação da lei de dezembro de 1841, o que significava, em suma, retirar os poderes judiciais das autoridades policiais para assim reconduzir menos coercitivamente o processo eleitoral. Quando chegou ao poder em maio de 1862, não obstante, Zacarias pareceu tímido aos olhos dos liberais puritanos. Propôs apenas leves alterações na lei de 1841, compreen-

Zacarias de Góis e Vasconcelos retratado pelo fotógrafo português Joaquim Insley Pacheco (1830-1912), provavelmente em 1866. Populares entre as notabilidades políticas, os retratos eram encomendados, dando-lhes amplitude na década de 1860, aos poucos fotógrafos ou estúdios de fotografia que lentamente se instalaram no Império. Eram formas de representar e de exteriorizar um "eu" social selecionado e devidamente montado para a ocasião. Muitas vezes, os retratos tomavam a forma de cartões de visita. Joaquim Insley Pacheco, c. 1866.

dendo que não teria, de imediato, o apoio dos deputados. Naquele momento, a Câmara não tinha fronteira nem bandeira. Os conservadores ainda eram majoritários, mas as defecções de 1860 foram imensas. Os dissidentes, insatisfeitos com a perpetuação de nomes saquaremas no poder, aliaram-se a um bando muito heterogêneo de liberais. Formaram uma liga parlamentar que ganhou o nome de progressista, não devido a uma agenda social qualquer, mas em contraposição aos sucessores dos regressistas de 1837.

Sem base legislativa sólida que lhe desse apoio, Zacarias encontrou-se instantaneamente isolado. Visto como oportunista e julgado desleal, porque se revelou menos enérgico sobre a lei de 1841 quando no poder, Zacarias caiu com menos de uma semana no poder. Seu ministério ficou conhecido como o gabinete dos anjinhos, em referência aos recém-nascidos que perecem antes do batismo. O sarcasmo que lhe era característico pareceu então trocar de lado e encontrou sua melhor expressão num eterno desafeto de Zacarias. Numa altura em que os saquaremas estavam recolhidos, o tom mais agressivo ficou com Torres Homem, que dizia não poder aceitar a Liga Progressista como partido político:

> Composta de elementos de origem e de natureza diversa, animada de aspirações diferentes e até contrárias, a Liga oferece-se antes aos olhos do país como uma variada coleção de cores de matizes do espectro solar [...]. Para derrubar um ministério, estas coligações temporárias e heterogêneas serão talvez coisas excelentes. Mas para fundar um governo e dar satisfação aos interesses da ordem, da liberdade, elas são de todo impróprias.[307]

Além de Zacarias, a nova situação tinha no também conservador dissidente Nabuco de Araújo seu segundo melhor nome. Para desespero de Torres Homem, porém, d. Pedro II convocou à chefia do gabinete o marquês de Olinda. Pareceu-lhe uma figura condizente com os rumos ligueiros e, sobretudo, mais apto à conciliação do que Nabuco de Araújo. Olinda nunca havia superado plenamente sua destituição em 1848 e desde então se afastou dos emperrados. Suas credenciais regressistas, definitivamente desbotadas quando nomeou Sousa Franco para a pasta da Fazenda em 1857, reemergiram progressistas em 1862, pelo menos no plano das intenções. O novo governo dizia-se inclinado a adotar um programa de contenção aos abusos da prisão preventiva, de reformas na Guarda Nacional, de alterações na lei de 1841 e de investimentos na lavoura e no comércio. Errático e hesitante, Olinda não se converteu num marquês de Paraná de prosa liberal, o que era uma esperança velada da Coroa. Seu governo não logrou avançar em direção qualquer, e ratificou-se o consenso legislativo que o mantinha no poder apenas por falta de alternativas melhores.[308]

Os ligueiros esperaram ansiosamente pelas eleições de 1863, que poriam fim a Olinda e ao assim rotulado *ministério dos velhos*. Nesse meio-tempo e confiante quanto a uma possível ascensão ao poder, Nabuco de Araújo esboçou o que seria em 1864 o Partido Progressista. Foi o primeiro programa formal do país e sintetizou o liberalismo partidário de então. Dizia-se "um partido novo", que "não toma[ria] sobre si a responsabilidade das crenças e tradições dos extintos partidos, a que pertenceram os indivíduos que o compõem". Moderado, rejeitava qualquer reforma constitucional, a descentralização política e a eleição direta. Em consonância relativa com os antigos liberais, preconizava o respeito à divisão de poderes, a responsabilidade dos ministros pelos atos do Poder Moderador e uma descentralização limitada, visto que apenas administrativa. Como liberais modernos, os Progressistas queriam a proteção dos direitos individuais, a profissionalização dos magistrados, a reforma da Guarda Nacional, a melhora da educação nacional, a facilitação do crédito hipotecário e territorial, e, como sempre, a revisão da lei de dezembro de 1841.[309]

Como suposto e previsto pelos membros da Liga, Olinda não resistiu às eleições e caiu em janeiro de 1864, portanto antes da abertura da nova legislatura. A nova Câmara tornou-se majoritariamente ligueira, embora também marcada por liberais históricos, que se diziam de puro-sangue. Prova de que apesar da semelhança maçãs e peras não se confundem, a preponderância ligueira tendeu a assinalar o isolamento dos puritanos, o que autorizou o retorno de Zacarias à chefia do gabinete. O novo Quinquênio Liberal, com exceção do parêntese de oito meses em que Francisco José Furtado assumiu o poder, caracterizou-se pelo que já era tendência desde 1862: Zacarias e Olinda revezaram-se no comando ministerial em ciclos respectivos, em média, de um ano e meio. A alternância, no entanto, em nada traduziu a estabilidade que a Grã-Bretanha havia encontrado no mesmo período com as repetidas trocas de gabinete entre o visconde de Palmerston e o conde de Derby. No Brasil, a imensa rotatividade no poder à época da Liga Progressista revelou sobretudo a heterogeneidade dos blocos parlamentares e a relativa ausência de dirigentes coesos. Nisso os ligueiros foram diferentes dos conservadores da década de 1850.

No tempo do Império, costumava-se dizer que nada se assemelhava mais a um conservador do que um liberal no poder. A intenção era dupla. Insinuava-se que os partidos nacionais, no frigir dos ovos, eram parecidos. Quiçá mais universalmente, sugeria-se também que o poder igualaria os diferentes, porque corromperia inclusive as almas mais vanguardistas. Como todo ditado popular, a máxima imperial abrigava imprecisões em particularidades que, no entanto, se dissolviam em generalidades mais autênticas. Era uma meia verdade. Historicamente, os liberais haviam defendido maior autonomia provincial, a composição eletiva da justiça, o desmembramento das funções policialescas da magistratura, a revisão das competências do Poder Moderador e o protecionismo alfandegário. Nas décadas de 1850 e de 1860, o leque ideológico integrou reivindicações próprias à desconcentração bancária e à ampliação das liberdades civis e políticas. Apresentando-se corriqueiramente como forças transformadoras, os liberais tinham entre seus principais expoentes Francisco de Paula Sousa e Melo e Nicolau Campos Vergueiro na primeira geração; e Teófilo Ottoni, Nabuco de Araújo, Zacarias de Góis e Vasconcelos e Silveira da Mota na segunda.

Os conservadores tinham valores e ideais diferentes. Haviam sido os paladinos da centralização administrativa e jurisdicional, das imoderadas atribuições do poder real, da superposição entre as funções de polícia e de justiça, do monopólio bancário e da liberdade de comércio. Figuras da preservação, queriam-se a expressão da ordem contra os desgovernos da liberdade: uma fórmula conservada de geração em geração — como de pais a filhos, Bernardo Pereira de Vasconcelos passou-a a Paulino José Soares de Sousa e a Joaquim José Rodrigues Torres, que a legaram a José Maria da Silva Paranhos. Era um modelo de poder constituído por lideranças que tinham sobretudo numa materialidade socioeconômica comum — e, se não isso, na consciência das restrições que os cafezais impunham ao Império — a origem de sua coesão.

A concentração de poder, assentada em instituições de controle administrativo e eleitoral, era forma eficaz de assegurar a execução de uma política econômica, em suas variantes cambial, monetária e orçamentária, favorável ao desenvolvimento dos principais bens exportáveis, notadamente o café. Embora não fosse necessariamente a regra, os bastiões cafeeiros do Rio de Janeiro, incluídos os polos comerciais, eram de clara tendência conservadora, assim como os núcleos açucareiros da Bahia e do Pernambuco. Também a alta burocracia apresentou propensão histórica ao partido conservador, vislumbrando-o como garantia de estabilidade em oposição às mais tempestuosas passagens dos liberais pelo poder.

O partido liberal também ajuntava proprietários fundiários, mas em bases produtivas, especialmente gaúchas, mineiras e paulistas, voltadas sobretudo para o mercado interno. Eram forças que acolhiam um receituário econômico algo contrário àquele que consubstanciava uma política fiscal e bancária mais favorável ao mercado externo. O término do contrabando negreiro, a diversificação do tecido profissional e o crescimento demográfico urbano alargaram a malha societária do partido liberal, que agrupou mais densamente pequenos comerciantes e produtores manufatureiros, notários, advogados e médicos. Eram todas profissões que se ajustavam melhor à pauta econômica, política e civil dos liberais. Não sem razão, foi na década de 1860 que a agenda emancipacionista foi encampada por algumas figuras liberais, como Silveira da Mota. O preço do cativo havia mais do que triplicado em relação a 1850 e a decorrente concentração da propriedade escrava nos bolsões economicamente mais prósperos, tanto rurais quanto urbanos, deu lastro a clamores que assumiram, conscientemente ou não, a desagregação do cativeiro como melhor recurso para desconcentrar o poder.

A situação era, contudo, mais intrincada e labiríntica do que a oposição. Zacarias, Furtado e Olinda não lograram impor a reforma da lei de 1841 nem da Guarda Nacional. Com exceção do bloco radical, que somente se organizou a partir de 1868, os liberais não defenderam a abolição imediata da escravidão. Inclusive os que apadrinharam o gradualismo emancipatório circunscreveram sua causa aos tolhimentos que as estruturas econômicas e políticas fundamentadas no cativeiro interpunham ao Império. Avançar rápido demais em direção à abolição, em que pese a profunda renovação oligárquica que inevitavelmente produziria, seria condenar não apenas os baluartes fundiários dos liberais, apegados aos grilhões, porém sobretudo a viabilidade e a manutenção do poder. Política, econômica, social e culturalmente, o Império permanecia cativo da escravidão, e a maioria de seus dirigentes endossava uma circunstância que, herdada, não os absolvia da culpa de reabilitá-la.

Em certo sentido, Caio Prado Jr., Nelson Werneck Sodré, Nestor Duarte e Maria Isaura Pereira de Queiroz tinham razão quando enxergavam mais semelhança do que diferença entre os partidos imperiais, embora tenham talvez aplainado demais os contrastes sociais que os caracterizavam. Raimundo Faoro, Azevedo Amaral e Afonso Arinos resgataram as distintas classes sociais que os compunham, com algumas pendências em relação às contradições ideológicas que os fundamentavam. José Murilo de Carvalho complementou o quadro, afirmando as diferenças partidárias numa trama política em que o sistema somente poderia ser reajustado, porque seu pressuposto foi o de uma elite política relativamente homogênea. Embora fissurada por tensões próprias aos partidos, essa elite não transformou a natureza do Império. Numa outra interpretação, inteiramente diferente seria dizer que homens e mulheres, constituídos em classes e mobilizados por ideologias, apenas se propõem verdadeiramente os problemas que são capazes de resolver, porque as circunstâncias socioeconômicas constitutivas das contradições que produzem e norteiam a política condicionam as vias limitadas de sua resolução. Em outros termos, os liberais poderiam bradar aos quatro ventos a agenda de reformas que melhor lhes servisse de bálsamo para o coração, mas a materialidade cafeeira e escravista do Império, pelo menos até o término da década de 1860, os refrearia todas as vezes que o fizessem. Em algum lugar, portanto, o ditado popular do Império tinha sua razão de ser.[310]

A crise de 1864 provou-o com todas as letras. A cotação do café em Nova York começou a despencar a partir de 1862, atingindo em 1868 o incômodo patamar de 1857. A Guerra de Secessão havia estimulado ao mesmo tempo as exportações do algodão nordestino, contudo, não era nada que compensasse a pressão no setor cafeeiro. Atento às consequências monetárias, fiscais e cambiais que adviriam com o retraimento do consumo norte-americano de café — já há décadas o principal mercado para o Brasil —, Zacarias pareceu comportar-se como um fiel conservador da década de 1850. Mobilizou todos os esforços para sustentar o orçamento imperial, o que significava necessariamente vir ao socorro dos cafezais. Olinda já havia reajustado as bases monetárias, lançando mão de títulos da dívida pública e de um empréstimo junto ao banco britânico N. M. Rothschild & Sons para enxugar o meio circulante e manter o câmbio na paridade oficial. Em nada assemelhava-se agora ao Olinda de 1857.

Zacarias foi além. Contra todas as apostas, nomeou um antigo presidente do Banco do Brasil para o ministério da Fazenda. Tratava-se de José Pedro Dias de Carvalho, que, embora tivesse boa circulação entre os liberais, não seria a voz da heterodoxia econômica.

Zacarias precisaria do Banco para aprovar o que lhe pareceu urgente e o que dominou praticamente todo seu segundo gabinete: a legislação hipotecária. O projeto original era da Nabuco de Araújo e tinha dois objetivos essenciais. O primeiro era administrativo-legal e regulamentava o direito de credores lastrearem-se em hipotecas para avolumar o crédito imobiliário, sobretudo agrícola. O segundo era econômico, estabelecia normativas financeiras para a constituição de carteiras de crédito imobiliário e formulava regras para a emissão de letras hipotecárias. Endossado por Zacarias, o projeto resolveria implicitamente outra premência vislumbrada pelo novo gabinete. O crédito hipotecário seria atributo das principais corporações bancárias — principal, ainda que não exclusivamente, o Banco do Brasil —, o que aliviaria as pressões monetárias sobre as casas bancárias simples. Na ausência de uma rigorosa lei hipotecária, eram elas que tinham largamente concorrido para o desenvolvimento agrícola, imobilizando seus capitais em empréstimos de longo prazo. Visto que eram também as casas bancárias que tinham maior capilaridade financeira nos diferentes estratos sociais, a situação poderia revelar-se potencialmente grave, porque o crédito à lavoura restringia o capital de giro e, portanto, a rápida liquidez para saques e descontos. O diagnóstico de Zacarias se provaria acertado na crise financeira que estourou em setembro de 1864. Até lá, entretanto, foi a morosidade o que caracterizou a aprovação da lei hipotecária.

O Banco Rural e Hipotecário mostrou-se mais reticente do que entusiasmado pelo projeto. Considerou-o inexequível, dadas as garantias que reclamava dos proprietários. Os cafeicultores julgaram-no sem dúvida frutífero, desde que não significasse transformar os registros do vigário em demarcações definitivas. Somando-se ao diálogo de ecos recíprocos entre o mundo bancário e o produtivo, o Supremo Tribunal de Justiça foi da opinião que enquanto a propriedade não estivesse bem firmada, a hipoteca não seguraria suficientemente os direitos dos credores, que ora não emprestariam, ora permaneceriam fazendo-o com juros excessivos. A lentidão legislativa, que redundou na estranha união entre Zacarias no gabinete e Itaboraí no Conselho de Estado e no Senado, não suportou os descaminhos financeiros do segundo semestre de 1864.

Em agosto, um incidente aparentemente menor pôs termo ao gabinete. A dissidência progressista, mais vagarosa em relação à regulamentação hipotecária, insistiu em contraste num rápido consentimento para subsidiar com recursos públicos uma linha direta de navegação entre o Rio de Janeiro e Nova York. José Bonifácio, que estava na pasta do Império e cujo tio-avô fora o patriarca da independência, não negou a utilidade da medida no cenário mais difícil que se apresentava às exportações de café, mas recomendou adiar sua votação. Conhecido como O Moço, o ministro exercendo igualmente funções de deputado tinha-se irritado com uma Câmara protelatória do projeto que o gabinete julgava urgente. Do ponto de visa diplomático, o momento tampouco era oportuno. Seriam companhias norte-americanas que fariam, sem escala em Londres, o movimento regular entre o Rio de Janeiro e Nova York, impactando negativamente o comércio britânico num momento em que as relações entre o Império do Brasil e a Grã-Bretanha andavam muito estremecidas. Isolado, Bonifácio abandonou imediatamente a pasta ministerial, e a situação foi interpretada como perda de confiança no gabinete, que também pediu demissão.[311]

A causa mais profunda da deposição, não obstante, era toda outra. No início de 1864, o brigadeiro Antônio de Sousa Neto, um antigo líder farroupilha, foi enviado em missão paradiplomática à Corte no intuito de pressionar em favor de uma posição enérgica contra o partido *blanco*. Dizia-se porta-voz dos mais de 40 mil gaúchos residentes no Uruguai, alegadamente acossados pelo presidente Atanásio Aguirre. Zacarias acudiu, porém nomeou o liberal muito moderado José Antônio Saraiva para chefiar uma missão que deveria exigir a Aguirre indenizações por danos materiais e punições contra as autoridades uruguaias responsáveis por perseguições a gaúchos. Comedido, Saraiva preferiu não entregar ultimato qualquer e persuadiu o gabinete quanto às possibilidades de um acordo pacificador que, eventualmente, poderia trazer os colorados de volta ao poder. Era também a posição do chanceler argentino Rufino de Elizalde e do ministro plenipotenciário britânico em Buenos Aires, Edward Thornton, ambos negociadores com Saraiva no Prata. Sem êxito, o diplomata brasileiro terminou por apresentar o ultimato no início de agosto de 1864, embora já houvesse perdido a confiança das principais forças partidárias no Rio de Janeiro. O fato impactou a própria sustentabilidade do gabinete. Os liberais históricos mostraram-se tão impiedosos quanto os gaúchos no desregramento platino; os progressistas viram urgência militar ali onde Saraiva enxergava espaço para a diplomacia; e os conservadores, fortes num Senado e num Conselho de Estado tradicionalmente favoráveis à contenção de Buenos Aires e agora inclementes em relação a Londres, desconfiaram da cooperação proposta por Elizalde e Thornton.

Dada sua costumeira prudência em relação ao Prata, Olinda ficou em segundo plano, e Francisco José Furtado assumiu o poder no final de agosto de 1864. À diferença de Zacarias, o novo chefe de gabinete era um liberal histórico e uma garantia de amparo às inquietações gaúchas, bem servindo, dada suas posições mais enérgicas em relação ao Prata, às aspirações progressistas e conservadoras. No entanto, a lua de mel que se anunciava em agosto, quando a Assembleia Geral do Império encerrava suas sessões, durou tão somente o tempo do recesso parlamentar. Não consumado, o casamento implodiu em maio de 1865, quando o Poder Legislativo voltou a reunir-se. Até lá, o gabinete Furtado foi tomado pelos terremotos da hora.

Em 10 de setembro de 1864, a casa bancária A. J. Alves Souto & Cia. ordenou subitamente que o movimento de seus caixas fosse suspenso. Como previsto por Zacarias, a casa Souto havia esticado demais seus empréstimos de longo prazo à lavoura, o que se aliava mal à sempre crescente emissão de vales de curto prazo. Quando se revelou a incompatibilidade entre o capital empatado nos cafezais e a exigência de imediata liquidez, a casa suspendeu os pagamentos, acarretando o pânico financeiro na Corte. Em tempo recorde, uma massa de gente aglomerou-se na rua Direita, hoje Primeiro de Março, pedindo seus depósitos em todas as casas bancárias do Rio de Janeiro. Prevendo uma corrida também aos fundos metálicos, o que derrubaria o sistema bancário, a praça financeira enviou imediatamente uma representação ao governo, solicitando a intervenção do credor de última instância.

O Banco do Brasil intercedeu, inclusive porque as forças policiais esgotaram seus esforços para conter uma multidão incontrolável. Obteve do governo Furtado a autorização para emitir uma soma superior ao dobro de seu fundo disponível. Paralelamente, o Banco suspendeu a conversibilidade de suas notas em moeda metálica, impôs a liquidação das casas que sequer a esperança defenderia e estabeleceu uma moratória no pagamento de vales e de outros papéis comerciais — uma espécie de *corralito* à moda imperial. Em questão de semanas, o Banco do Brasil havia compelido a decretação do curso forçado de suas notas, recuperando o monopólio perdido em 1857, e induzido o governo a aprovar às pressas a lei hipotecária, também em setembro de 1864, da qual seria o principal beneficiado. Em outras palavras, estava capitaneando a política financeira de um governo que cedeu em tudo, porque não poderia pôr em risco a estabilidade econômica do Império, especialmente naquela hora de queda no preço internacional do café. Em tão somente um mês, a emissão do Banco do Brasil dobrou de tamanho. Pouco depois, com a incidência das emissões necessárias à guerra contra o Paraguai, o Banco do Brasil deteria mais de 70% do meio circulante em papel-moeda no país.[312]

Enquanto isso, e em franca contradição com as posições pretéritas de Saraiva, Furtado expediu instruções para que as tropas imperiais ocupassem as cidades ribeirinhas do rio Uruguai. Escoltou-as a força naval de Tamandaré, um almirante de inclinações liberais que ocupou o vácuo deixado por Saraiva. No tempo de algumas semanas, as colunas de José Luís Mena Barreto, Manuel Luís Osório e Antônio de

Sousa Neto encontram-se em Paissandu, onde Tamandaré as aguarda-va para deflagrar a metralha que fosse necessária à derrota dos *blancos*. Naquele momento, Aguirre já havia rompido com o Brasil, e Solano López, aprisionado o vapor imperial *Marquês de Olinda*, que trazia a bordo o novo presidente do Mato Grosso. Era o começo da Guerra da Tríplice Aliança contra o Paraguai.

A MARCHA PARA A GUERRA

Pouco antes de falecer, em setembro de 1862, Carlos Antonio López havia dado instruções a seu filho e sucessor para evitar qualquer ofensiva contra o Império. O Paraguai, teria dito a Francisco Solano López, "tem muitas questões pendentes, mas não busque resolvê-las pela espada, mas sim pela caneta, principalmente com o Brasil". Temoroso das intenções supostamente belicistas do Rio de Janeiro, havia reorganizado suas Forças Armadas, reordenado o orçamento da pasta da Guerra e iniciado uma mobilização militar interna para a convocação de todos os cidadãos paraguaios entre 17 e 40 anos. Receava-se que a teimosia imperial quanto à livre navegação no rio Paraguai fosse apenas uma desculpa para desferir um ataque a partir de um Mato Grosso reerguido como base militar e, sobretudo, que a eventual perda do quadrilátero territorial entre os rios Branco e Apa, uma antiga reivindicação brasileira, resultasse em prejuízos co-merciais. Era nessa região que se concentrava boa parte da produção de erva-mate local. Caso confirmado, o pleito brasileiro atrasaria a importação de maquinário militar no Paraguai, especialmente quan-do o preço da erva-mate se encontrava deprimido em razão de uma oferta então abundante.[313]

No Império, a posição cautelosa coube a José Maria da Silva Para-nhos, que mais tarde obteria por mérito diplomático o título de vis-conde do Rio Branco. Embora soubesse da movimentação militar em Assunção, afligia-o principalmente a eventualidade de uma correlação de forças platinas contrárias ao Brasil. Numa azeda troca de farpas com o liberal Tavares Bastos na Câmara de Deputados, Paranhos recordou os êxitos da diplomacia imperial na década de 1850 e pediu calma:

> A diplomacia brasileira foi quem abriu o caminho às tropas aliadas; foi ela quem venceu muitas antipatias, muitas prevenções e muitas contrariedades da parte de outras nações, já no rio da Prata, já em Londres, já em Paris […]. O Paraguai não pode provocar uma guerra conosco, não está isto em seus interesses, não pode desconhecer a desigualdade de recursos que há entre um e outro país. [No entanto], quando se trata de uma nação fraca, não queiramos só resolver as questões à valentona, porque pode haver também uma nação forte que nos queira aplicar a pena do talião. É necessário que sejamos moderados, prudentes e justos para com todos.[314]

Formado na melhor escola diplomática conservadora do visconde do Uruguai e do marquês de Paraná, Paranhos tinha em Buenos Aires seu principal fator de incerteza. Não era o Paraguai dos López ou a aversão ao Império no Uruguai o que lhe dava desassossego, visto que eram duas nações julgadas fracas, mas a posição de Bartolomé Mitre na nova disposição de alianças regionais.

Do lado oriental do rio da Prata, Bernardo Berro parecia ter a silhueta de Manuel Oribe, porém era outra a vocação do novo mandatário. Fusionista da ala *blanca*, Berro, que não havia participado da *hecatombe de Quinteros*, buscou pacificar o Uruguai com profundas reformas políticas, econômicas e sociais. Compelido pelo espectro de um retorno à guerra civil, promoveu em primeiro lugar a anistia geral e buscou sanear o sistema eleitoral mediante a imposição do voto secreto para as eleições municipais. Em seguida, impulsionou as plantações de milho e trigo com a distribuição gratuita de terras públicas no Norte do país. Recuperou a produção bovina, lanífera e algodoeira com incentivos a técnicas de conservação refrigerada da carne e, sobremodo, graças à alta demanda europeia durante a guerra civil norte-americana. Era exigência das forças produtivas que lhe davam lastro. Do ponto de vista socioeconômico, tratava-se de adensar a mão de obra local especialmente na fronteira Norte, num esforço de povoamento que foi estimulado pela adoção de um salário mínimo rural — uma medida inédita em perspectiva comparada sul-americana. Também como maneira de aprofundar o desenvolvimento econômico do país, implementou o sistema métrico decimal quando o Império ainda patinava na homogeneização das regras de pesos e medidas e criou a moeda nacional, paradoxalmente com o amparo financeiro de Mauá. Em pouco tempo, Berro e os *blancos* no poder lograram reduzir a dívida pública, encorajar as exportações e atrair o investimento britânico.

Erguia-se então um Uruguai muito diferente do Paraguai dos López, donos de praticamente todo o território nacional e também dos fluxos comerciais. Sem embargo, os dois países tinham seu ponto de contato num nacionalismo agressivo e marcadamente antibrasileiro. A dinamização da economia uruguaia, embora Paranhos não visse nela, pelo menos diretamente, sequer a sombra de uma ameaça, realizou-se em detrimento dos interesses imperiais na região. Berro não renovou os tratados de 1851. Em decorrência, tributou o gado que os gaúchos criavam no país e exportavam para o Brasil, tomou severas medidas contra o emprego de escravos nas fazendas dos brasileiros — o que, ao baratear a produção de charque, prejudicava os produtores orientais — e fechou o livre trânsito imperial no rio Uruguai. Tamanha era a repulsa ao Império, agora quase autorizada em Montevidéu, que dispararam os casos de gaúchos encontrados despidos e decapitados, com apenas o documento de nacionalidade prensado entre os dentes.[315]

Solano López encontrou em Montevidéu um balão de oxigênio para a coação geográfica que pesava sobre seu país. Dependente do rio da Prata para viabilizar seu crescimento econômico, Assunção rapidamente aproximou-se de Montevidéu. O porto uruguaio oferecia uma variante comercial mais vantajosa em termos tributários do que Buenos Aires. Também Entre Ríos e Corrientes tinham melhor estima pelos montevideanos, não apenas em razão da recente derrota para os portenhos em Pavón, mas igualmente porque Montevidéu dava-lhes melhor trânsito comercial. Em março de 1863, pois, Berro enviou uma missão diplomática a Assunção para selar uma aliança de apoio militar recíproco e de expansão comercial garantida pela livre navegação fluvial. Ao mesmo tempo, López acolheu uma missão despachada por Urquiza, cujo intuito era estabelecer uma aliança tripartite ofensiva e defensiva constituída pelas dissidências argentinas, os *blancos* uruguaios e as forças paraguaias.

Contrariando os temores de Paranhos, os interesses imperiais no Prata, embora hostilizados pelo redesenho na coligação de forças regionais, coincidiram com as intenções argentinas. O que era historicamente improvável tornou-se estranhamente insuspeito quando Mitre apoiou as tropas do partido *colorado*. Em abril de 1863, Venâncio Flores orquestrou uma invasão ao Uruguai a partir de Buenos Aires. Chamou-a de cruzada libertadora. Contando com o consentimento de Mitre e os mosquetões portenhos, o líder *colorado* ordenou uma série de ataques desorganizados, porém típicos do quixotismo caudilhista e gaúcho no Prata: "*Muchachos*", teria dito Flores, "tirem os ponchos, que no outro mundo não faz frio". Berro respondeu com a apreensão de um vapor argentino que trazia armamento para as tropas *coloradas*, e a saída momentânea para o que se tornava um novo conflito civil resvalou num frágil acordo de paz. Montevidéu pediu a arbitragem de López, e Buenos Aires, irrequieta com as movimentações de Urquiza, recomendou a de d. Pedro II.

Diante do impasse, Berro acelerou a aproximação com López, que oscilou momentaneamente entre a prudência e a ansiedade. Em Montevidéu, não obstante, enterrou-se a habitual diplomacia pendular uruguaia — que, a depender da conjuntura, ora se vinculava à Argentina, ora ao Império —, negou-se a mediação de d. Pedro II e, no início de 1864, rompeu-se com Buenos Aires. O sucessor de Berro, o também *blanco* Atanásio Aguirre, não alterou a condução dos rumos diplomáticos, e os gaúchos pediram pressa à Corte. Em junho,

Saraiva reuniu-se com Flores, Elizalde e Thornton na Conferência de Puntas del Rosário, para a qual foi convidada a delegação de Aguirre.

Multifacetado, o encontro expôs todas as contradições do momento. Saraiva queria a concertação com Elizalde para evitar desavenças eventuais com Buenos Aires. Também desejava a paz — o que interessava a um Mauá preocupado com as consequências financeiras de uma catastrófica guerra civil —, mas Saraiva, em sentido oposto ao banqueiro, almejava-a de ascendência *colorada*. Elizalde compôs-se com Thornton para igualmente reclamar a pacificação. O argentino pretendia o desmanche de um governo de ambições portuárias concorrentes, pelo menos nas potencialidades, porque Montevidéu parecia articular o comércio de Entre Ríos, Corrientes e Assunção. Em sentido conexo, interessava-o descosturar as alianças que Urquiza tecia, quiçá vingativamente. Thornton reconduziu, numa nova configuração de pactos, as disposições de falecido lorde Ponsonby, que ao mediar o término da Guerra Cisplatina havia sugerido, com a criação do Uruguai em 1828, a interposição de um *algodão entre dois cristais*. Por trás do véu de um Estado tampão, era o capital financeiro e comercial que aspirava à paz na região como garantia para a tranquilidade dos negócios: naquele momento, todos os países platinos hospedavam depósitos da *City* de Londres, dominantes em comparação a qualquer outro país.

Por sua parte, Aguirre pareceu inicialmente ceder às pretensões de Flores, que solicitou ampla participação nas nomeações, nos gastos militares e, especialmente, na composição ministerial do governo. Entretanto, à última hora o mandatário uruguaio recuou, temendo perder o apoio das lideranças *blancas* em Montevidéu. Em agosto, Saraiva depositou o ultimato imperial, seguindo estritamente as diretrizes de Zacarias, que buscava no pulso firme diplomático-militar eventual respaldo a um governo já dilacerado. Pouco depois, Montevidéu rompeu com o Rio de Janeiro, e Solano López, que já tinha ciência do ultimato de Saraiva, advertiu o Império sobre as consequências bélicas de uma invasão ao território uruguaio.

A guerra da segunda Tríplice Aliança, que rapidamente se faria contra o Paraguai, começou em outubro de 1864. Antes, portanto, da apreensão do vapor *Marquês de Olinda* ou da invasão de López ao Mato Grosso. O Rio de Janeiro viu nas advertências paraguaias apenas uma bravata, o que também foi o caso em Buenos Aires. Um dia antes da entrada das forças imperiais em território oriental, em 12 de outubro, Elizalde escreveu a Saraiva, corroborando o que Tamandaré pressupunha: "o Paraguai nada faz, não fará, nem pode fazer". Praticamente um mês depois, Solano López encontrou no *Marquês de Olinda* um imperial calcanhar de aquiles. A embarcação pertencia à Companhia de Navegação por Vapor do Alto Paraguai, subsidiada pelo Brasil para assegurar o trânsito regular entre Montevidéu e Cuiabá, e trazia a bordo ninguém menos do que o recém-nomeado presidente do Mato Grosso. O coronel Frederico Carneiro de Campos deveria garantir a soberania do Império ali onde o flanco estava aberto. Morreria alguns anos depois, em 1867, preso na fortaleza paraguaia de Humaitá. Antes disso, López rompeu com o Rio de Janeiro e ordenou o começo das operações militares contra o Mato Grosso em dezembro de 1864. O passo seguinte seria invadir o Rio Grande do Sul, para livrar o Uruguai do jugo colorado e brasileiro.[316]

Ao mesmo tempo, as forças de Tamandaré e de Flores, que se empenhava em vingar a *hecatombe de Quinteros*, iniciaram o cerco a Paissandu. Atento às demandas do momento, Paranhos mudou então de posição. Ao nomeá-lo em missão para pacificar o Uruguai, o que no fundo significava derrotar os *blancos* e concentrar esforços contra Assunção, o gabinete Furtado esperava não apenas intensificar o desvio da atenção interna para o Prata quando a crise econômica ainda atiçava os ânimos, mas também encontrar na ação de um conservador a intransigência dos diplomatas imperiais da primeira Tríplice Aliança. Paranhos já não era Saraiva, e foi instruído a formalizar uma aliança com Buenos Aires de modo a concertar mutuamente a tomada de Montevidéu. Furtado queria assim evitar que os portenhos bruscamente desconfiassem do Império. Apesar dos votos de vitória ao Rio de Janeiro, Mitre recusou o movimento conjunto. Urquiza havia sinalizado alguma aproximação com o Brasil quando vendeu 30 mil cavalos a Osório nas imediações de Paissandu, porém Buenos Aires não converteu o interesse comercial entrerriano numa garantia de neutralidade.

O ano-novo de 1865 trouxe ao Império um súbito entusiasmo pela guerra. Impulsionada pela quimera da nacionalidade, que entrega às bandeiras o sangue palpável de uma comunidade imaginada, a população brasileira correu aos quartéis. À diferença dos conflitos anteriores, que arregimentaram mercenários, agora eram pernambucanos, baianos, fluminenses, paulistas e gaúchos que se congraçaram pela defesa da pátria ultrajada. A década de 1840 e especialmente a de 1850 haviam feito a nacionalidade com base na língua universalizada, no território mantido incólume, na história artificialmente contada e na etnicidade miscigenada, ainda que as lideranças imperiais preferissem depurá-la das raízes africanas. Malgrado a violência das hierarquias e desigualdades, deu-se assim o tom para que a maior parte da população livre se sentisse parte de uma nação todos os dias plebiscitada — ainda que, como em todas as eleições imperiais, o grosso dos brasileiros permanecesse fora do sufrágio simbólico.[317]

Se fosse realmente uma votação, a vitória do pavilhão nacional teria sido acachapante e também teria tido sua razão de ser nas promessas do decreto de 7 de janeiro de 1865, que criou os corpos de Voluntários da Pátria. Havia-se anunciado uma rápida paz e, principalmente, gratificações, pensões, empregos públicos em regime preferencial e terras igualmente públicas em colônias militares ou agrícolas. Embora módicas, as promessas estimularam o alistamento dos estratos populares, que encontraram nas armas a expectativa de um regresso a uma existência material mais confortável.[318]

Entrementes, Aguirre sentiu os efeitos da crise de 1864 e forçou a multiplicação monetária por intermédio do Banco Mauá, apesar de sua aversão ao Brasil. Como no Rio de Janeiro, a população correu aos bancos para pedir a conversão de suas notas em metal, e o presidente uruguaio, numa ação claramente diversionista, promoveu reiterados atentados contra a bandeira imperial e queimou em praça pública aos tratados de 1851. Mas não só. Também despachou uma missão diplomática à Europa para obter apoio a sua causa. Falava em garantir a independência do Uruguai e a estabilidade do governo legal. Sem sucesso, foi o plenipotenciário italiano que mediou com Paranhos e a anuência de Mitre, em 20 de fevereiro de 1865, o protocolo de Paz de *Villa Unión*. Num piparote Montevidéu passou a mãos *coloradas*, e o Uruguai à condição de aliado do Império contra o Paraguai.

O esforço diplomático de Paranhos redundou numa rápida capitulação de Aguirre sem que sequer um tiro fosse disparado na capital uruguaia, e o êxito pareceu-lhe total. O bombardeio à cidade teria causado as mortes que sua diplomacia poupou, além de estimular uma reação popular anti-imperial quiçá em todo o Uruguai. Paranhos também compreendeu que um ataque fulminante poderia gerar suspeita no Congresso argentino, em que pesem as boas predisposições de Mitre. Fiel conservador, sempre manteve a sobriedade dos descrentes em relação a Buenos Aires, de onde jamais viriam bons ventos. Como se fosse pouco, Flores aceitou todas as condições do ultimato de agosto, pôs em vigência os tratados de 1851 e deu ao Império uma fundamental base de apoio contra o Paraguai.

Quando as notícias do suposto êxito imperial chegaram ao Rio de Janeiro em março de 1865, o gabinete Furtado pediu a demissão e o imediato retorno do Paranhos. Compreendeu-se que o diplomata não havia reparado as ofensas de Aguirre e que não teria habilidade política para acompanhar as ações contra López. Atribuindo-se uma presumida melhor ciência sobre os destinos nacionais, a espada arrogante de Tamandaré pediu a cabeça de Paranhos: "só um militar pode saber o que significa um insulto à bandeira", teria comunicado ao gabinete. Paranhos procurou então um oficial da altura de Caxias, que também o acompanhava no partido conservador. Molestado em seu credo liberal, Tamandaré respondeu pondo seu cargo à disposição. Furtado reagiu, porque temeu os ânimos populares. Estimulada pela imprensa, a Corte rapidamente se exaltou contra Paranhos. Foi então que o gabinete preferiu a caserna e, embora colhendo-lhe os frutos, preteriu a diplomacia.[319]

Na versão do historiador Germán Tjarks, as afinidades liberais entre o Rio de Janeiro e Buenos Aires, especialmente num contexto de claro antiliberalismo *blanco* ou lopista, teriam acomodado a aliança formalizada em 1º de maio de 1865. Sem negá-las em sua análise sobre a *tempestade no Prata*, Francisco Doratioto presta especial atenção aos interesses materiais que se compuseram interna e externamente num contexto, pelo menos para a Argentina, o Paraguai e o Uruguai, de decisiva constituição dos Estados nacionais. Embora já estivesse então formado, o Império de governo liberal naquela hora não deixou de expressar na improvável aliança com a Argentina seus interesses de longo prazo. Não foi só ideologia o que levou Furtado, apesar das suspeitas, a insistir na celebração de um tradado de aliança com Buenos Aires. Tratava-se de garantir a preservação da autoridade soberana do Estado, no caso de Mitre, também contra forças internas desagregadoras.[320]

Não por acaso, Buenos Aires apenas formalizou a aliança com o Rio de Janeiro quando López, à procura dos gaúchos, cometeu o erro de invadir Corrientes em meados de abril de 1865. A sombra de Pavón nublou então a mente de Mitre, que havia negado o trânsito paraguaio pelo Norte da Argentina, em imensa medida porque poderia reativar as dissidências antiportenhas. Em poucos dias, assinou-se o Tratado da Tríplice Aliança, e Mitre, tão entusiasmado quanto um Voluntário da Pátria, vaticinou o que se revelou um outro equívoco: "em 24 horas", bradou à população argentina, "estaremos nos quartéis, em 15 dias no campo de batalha e em três meses em Assunção".[321]

Os aliados somente conseguiriam derrotar o Paraguai em 1º de março de 1870, porém a perspectiva de uma rápida vitória em maio de 1865 levou-os imediatamente a deliberar sobre o futuro do derrotado. Mantido secreto, o Tratado da Tríplice Aliança garantia a independência do Paraguai, o que foi uma exigência inegociável do

Império na ocasião representado pelo liberal Francisco Otaviano, que substituiu Paranhos. A paz não poderia ser assinada em separado e previram-se reparações a todos os aliados, incluído o Uruguai, que teve participação secundária nas negociações e no conflito. Elizalde, por sua vez, não se incomodou com as reivindicações territoriais brasileiras. Aceitou que o quadrilátero entre os rios Branco e Apa ficasse em posse imperial, mas pediu em troca a soberania argentina sobre Missiones, na margem esquerda do rio Paraná, e sobretudo o Chaco Boreal, na direta do rio Paraguai, até Bahia Negra, na divisa com o Mato Grosso.

Num tempo em que a comunicação entre o estuário do rio da Prata e a baía de Guanabara demorava praticamente duas semanas,

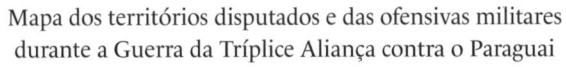

Mapa dos territórios disputados e das ofensivas militares durante a Guerra da Tríplice Aliança contra o Paraguai

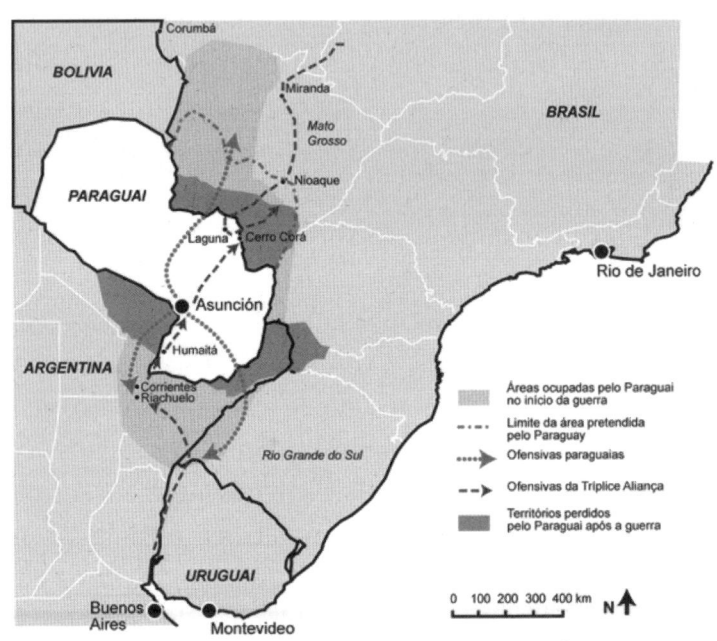

Fonte: THÉRY, Hervé; VELUT, Sébastien. Élisée Reclus e a Guerra do Paraguai. *Terra Brasilis (Nova Série)*, n. 7, 2016.

Otaviano cedeu aos pleitos portenhos sem poder aguardar, dada a urgência do momento, as instruções do Rio de Janeiro. Quando o teor do Tratado chegou ao Império, ocorreu o que caracterizou todo o conflito — pelo menos na Corte. Os conservadores, mobilizados no Conselho de Estado nas figuras de Pimenta Bueno e do visconde do Uruguai, rejeitaram um acordo que levaria a Argentina a cercar o Paraguai pelo Sul e pelo Oeste. Inclusive antes das deliberações na Seção de Negócios Estrangeiros do Conselho de Estado, os ligueiros não se entenderam sobre os rumos diplomático-militares do gabinete, que estava com os dias contados. Furtado caiu em 12 de maio de 1865, quando a guerra apenas começava. Daí em diante as disputas partidárias na Corte tão somente se intensificaram, também devido a uma agenda que causaria grave celeuma: a liberdade dos cativos.

OS CAMINHOS DA EMANCIPAÇÃO

Transcorrido um ano e meio de combate, as forças aliadas sofreram duro revés na batalha de Curupaiti, em setembro de 1866. O momento em nada lembrava a reação argentina em Corrientes ou a implacável derrota de López na batalha do Riachuelo, praticamente um ano antes. Tampouco recordava os sucessos no Rio Grande do Sul, para onde d. Pedro II, autoproclamado Primeiro Voluntário da Pátria, se deslocara em julho de 1865. Desde o início de 1866, os aliados haviam embarcado numa guerra de posições já em território paraguaio, que mal conheciam. Morosa e recorrentemente padecendo de graves enfermidades nas trincheiras e nos pântanos paraguaios, a tropa claudicou em Curupaiti, onde as forças de López, ainda que em menor número, repeliram o avanço aliado. O Império encontrou-se então em dificuldades internas e externas. Os governos da Bolívia, do Chile e do Peru, já descontentes com o Rio de Janeiro em razão da neutralidade declarada no conflito que os opôs à Espanha entre 1865 e 1866, propuseram mediar a paz dos aliados com o Paraguai. Especialmente

Mariano Prado, presidente do Peru, foi áspero em suas críticas a d. Pedro II, o que redundou numa momentânea ruptura de relações. Por sua parte, Mitre viu erguer-se no Norte da Argentina um punhado de rebeldes também contrários à luta contra Assunção, o que o obrigou a interiorizar suas tropas. Sem tampouco as já magras forças de Montevidéu, que testemunhou novas tensões políticas, o Império ficou praticamente só em campanha quando o instante pedia o exato oposto.

Temendo o pior, d. Pedro II renunciou a uma postura externa secular, constituída numa contradição: ao passo que reivindicara constantemente a abertura dos rios platinos à navegação internacional, mantinha fechado o Amazonas. Em dezembro de 1866, de maneira a neutralizar a aversão sul-americana pelo conflito no Prata, o Império abriu o rio Amazonas e seus afluentes à navegação internacional, expondo assim um território pouco controlado. De forma praticamente concomitante, d. Pedro II decretou a liberdade dos escravos públicos que lutassem no Paraguai. Não era a primeira vez que o Império recorria ao cativo em momentos de exceção. Durante as guerras de independência, especialmente na Bahia, e a Guerra Cisplatina, o Brasil lançara mão de medidas semelhantes. No entanto, o cenário de 1866 era inteiramente distinto, não apenas porque, fruto de uma apatia pelo conflito, os quartéis haviam-se esvaziado.

O apelo ao escravo para a defesa de Império escravista sobrepôs-se a um cenário internacional de franco declínio do trabalho compulsório. Em 1861, o czar Alexandre II da Rússia havia decretado o fim da servidão. Até então aliados do Império no cativeiro, os Estados Unidos haviam definitivamente abolido a escravidão com o término da Guerra de Secessão em 1865. Em Cuba, após a definitiva supressão do tráfico em 1866, ganharam ímpeto as pressões abolicionistas não apenas como resultado da crise norte-americana, mas também como reflexo da chamada Revolução de 1868 e dos conflitos internos na ilha e em sua metrópole. Nesse contexto, as principais sociedades emancipacionistas europeias pressionaram o Império para que também endossasse a causa da abolição.

"Diálogo de negros mina. — Entonce, pae Zuaquim; vossuncê tem mêmo medo de reculatamento?; — Xi! Não fala n'esse não! Minha corpo está tremendo tudo!...; — Medroso! Pois eu está querendo que seu moço urbano mi agarre; — Padre, fio e escripto santo! Cala boca, Zunzé!; — Está enganado. Quero vortá lá do sú feito generá, com um penacho bem grande ni cabeça como sinhô velho Camamú, para vê tuda as criolinha de olhinho terno para mim." A julgar pela idade, os personagens africanos teriam chegado ao Brasil já após a lei de 1831, tendo sido, portanto, ilegalmente escravizados.
A Vida Fluminense, 11 jan. 1868.

O contrassenso em perspectiva global desdobrou-se então num ajuste de contas do Estado nacional com suas próprias contradições, mais por via endógena do que exógena, em larga medida porque o isolamento imperial com relação ao espírito do tempo era de ordem moral e civilizatória, e não econômica. As correntes de comércio e os fluxos financeiros com a Europa e os Estados Unidos não se alteraram sequer de um palmo durante a guerra contra o Paraguai; pelo contrário, tenderam a ampliar-se. Sinal de um século em que a escravidão apresentava-se apenas superficialmente como negação da ordem capitalista — visto que, no fundo, a robustecia pela via do comércio de bens primários —, nem o *State Department* norte-americano nem o *Foreign Office* britânico opuseram-se à persistência do cativeiro no Brasil. Havia razões para tanto: entre as décadas de 1860 e de 1880, o café brasileiro, majoritariamente produzido por escravos, era a terceira maior mercadoria primária, em valor, comercializada internacionalmente por via marítima. Em segundo plano apenas em relação aos grãos e ao açúcar, o café superava a carne, a madeira, o ferro e o algodão.[322]

Foi, pois, com direção situacionista e oposicionista de diplomatas, deputados, senadores, conselheiros de Estado e da própria Coroa que a escravidão, contestada a ferro e fogo pelos próprios escravos, cambaleou em escala nacional. Instigado por uns e tolhido por outros, o avanço da emancipação foi cautelosamente regulado nos salões imperiais, resultando numa fragmentação da classe dirigente que se acelerou não como efeito direto da pressão pública internacional, porém pela internalização do esgotamento global da mão de obra cativa, sobretudo após o conflito civil norte-americano. Enquanto os liberais, já fragmentados desde 1862, cindiram-se novamente em duas tendências — a reformista e a radical — que tinham no gradualismo emancipatório e no imediatismo abolicionista sua principal diferença, o partido conservador implodiu em outros dois retalhos, o ortodoxo e o heterodoxo, cujas dessemelhanças assentaram-se sobretudo no emperramento escravista de uns e na tolerância emancipacionista de outros.

As pressões internacionais

Foram premonitórios os ofícios que Miguel Maria Lisboa despachou ao Rio de Janeiro como chefe de legação imperial em Washington à época da Guerra de Secessão. Num ritmo epistolar pouco usual para a época, afirmava com alguma esperança que somente a rápida pacificação dos Estados Unidos garantiria a manutenção do regime escravocrata no Brasil. Em janeiro de 1863, quando Abraham Lincoln editou o ato de emancipação, Lisboa mudou drasticamente sua prosa e deu em tom de alarme maus presságios sobre o futuro da escravidão no Império.

No Brasil [...] deve a proclamação de Lincoln produzir a má vontade que naturalmente sente o homem que vê séria, ainda que indiretamente, ameaçado o repouso de seu país e a segurança de seu lar doméstico [...]. A separação amigável dos Estados Unidos, caso se conseguisse [...] nos dará ao menos tempo para adotar as medidas de polícia e de contemporização com o espírito do século que nossos interesses e nossa segurança exigem. A abolição abrupta que está inaugurada pela proclamação de Lincoln, se por desgraça se realizar [...], nos deixará sem mais aliados naturais na América do que as ilhas espanholas de Cuba e de Porto Rico, expostos a sentir todo o peso da pressão abolicionista da Europa e dos Estados Unidos, que obrará sem mais limites que os precários que lhe imporão os sentimentos de humanidade e o interesse comercial e industrial.[323]

Entre digressão e outra — nas quais se afirmava que Lincoln estaria promovendo campanha para a colonização da Amazônia com libertos estadunidenses —, o que realmente preocupava Lisboa dizia respeito, por um lado, ao isolamento do Império caso a Guerra de Secessão tivesse, como teve, desfecho favorável aos abolicionistas e, por outro, à repercussão doméstica de uma possível abolição nos Estados Unidos.

Segundo o plenipotenciário do partido conservador, o Império deveria conter quaisquer influências abolicionistas — radicais em seu imediatismo — caso quisesse livrar-se de um potencial conflito civil. Para tanto não haveria melhor remédio do que dirigir o processo mediante um emancipacionismo muito gradual. Tão cedo quanto em agosto de 1864, Lisboa redigiu de seu próprio punho um projeto de lei para alforriar o ventre cativo. Pela proposta, todo filho de escrava que nascesse depois de 31 de dezembro de 1869 seria livre, mas somente após completar 15 anos, devendo até lá trabalhar para o senhor de sua mãe. Era essa a *medida de contemporização com o espírito do século*. Pelo lado das *medidas de polícia*, o projeto previa forçosa regulamentação para disciplinar as relações entre senhores e emancipados durante o período de tutela, "a fim de evitar abusos de autoridade, de prover as necessidades da agricultura e de reprimir a ociosidade". A libertação no Haiti, concluía Lisboa, havia resultado em queda de 3/4 na produção agrícola e em severa convulsão social — o que o Império deveria evitar a qualquer custo.[324]

Era fundamentado, porém, o temor de Lisboa? À primeira vista — e tão somente à primeira vista — não. Quando Miguel Maria Lisboa chegara a Washington nos últimos meses de 1859, a escravidão era o tema principal da campanha política para as eleições de 1860. Impulsionado por um vigoroso movimento abolicionista, o partido republicano estava prestes a lançar o nome de Lincoln, que sem surpresas falava em conter a expansão da escravatura — ainda que admitisse sua continuidade provisória onde já existisse, devido aos limites do poder federal. Por sua vez, os democratas sulistas, escravocratas, apoiavam o nome de John C. Breckinridge. Havia também os democratas nortistas de Stephen A. Douglas, para quem a escravidão era uma questão local, e não nacional: cada Estado deveria decidir eleitoralmente o futuro de seu regime de mão de obra. Por último, o partido da união constitucional promovia John Bell, conclamando pela manutenção do *status quo* como maneira de evitar a fratura dos Estados Unidos. Dadas as refundações conservadoras do Império desde o regresso de 1837 e as consolidações de 1850, cenário eleitoral com tamanhas divisões era impensável no Brasil.[325]

Em suma, não havia no Brasil oposição entre modelos políticos e econômicos tal como ocorria nos Estados Unidos, onde a cisão era oriunda de estruturas sociais, projetos político-econômicos e padrões de inserção internacional expressivamente diferentes. Inexistia a divisão entre um Norte mais industrializado, mais urbanizado, abolicionista e protecionista, e um Sul escravocrata, rural, agroexportador e favorável ao livre-comércio. As configurações sociais de ambos os países também eram diferentes. Enquanto nos Estados Unidos havia forte aglutinação espacial de cativos no Sul — notadamente no Alabama, na Carolina do Sul, no Mississipi e na porção boreal da Virgínia —, no Brasil a escravidão ainda estava disseminada por todas as províncias, embora houvesse desde o fim do tráfico internacional de escravos tendência à concentração no Rio de Janeiro, em São Paulo, em Minas Gerais e na Bahia. A difusão territorial da escravidão no Império, a não coincidência entre o cativeiro e a cor da pele e o que poderia ser uma infausta democratização nacional da propriedade humana haviam ampliado as solidariedades escravistas, o que redobrava o poder de resistência dos escravocratas brasileiros.

Quanto aos efeitos do isolamento internacional, tampouco havia o que temer, pelo menos comercial e financeiramente. Embora em termos civilizatórios a escravidão nos Estados Unidos fosse escudo contra as pressões abolicionistas internacionais, a proclamação de Lincoln não redundou no isolamento econômico do Império. Assim como o primeiro-ministro Palmerston, em Londres, não pressionou os Estados sulistas pelo fim da escravidão, tampouco o fez em relação ao Império do Brasil. Nem o fizeram seus sucessores liberais, Russell e Gladstone, ou os conservadores, Derby, Disraeli e Salisbury. A Grã-Bretanha não sustou sua expansão comercial no Brasil, nem bloqueou o comércio brasileiro ao longo da segunda metade do século XIX. Em 1855, o Império vendia em torno de 30% do valor total de suas exportações para a Grã-Bretanha, e em 1870 alcançou quase 40%. Visto de outra perspectiva, o Brasil era o terceiro maior parceiro comercial da Grã-Bretanha — descontado o império ultramarino britânico —, atrás somente dos Estados Unidos e da futura Alemanha.[326]

Pelo lado financeiro, o investimento britânico no Brasil praticamente triplicou entre as décadas de 1860 e de 1870, quando então o Império tornou-se o primeiro destino dos capitais britânicos para a América Latina. A própria guerra contra o Paraguai, mesmo majoritariamente financiada pela dívida interna, pela emissão de papel-moeda e pelo Tesouro Imperial, contou com apoio de banqueiros britânicos. Londres, portanto, não tolheu economicamente o Brasil na década de 1860, apesar da vitória de Lincoln e, de forma mais reveladora, da ruptura momentânea das relações diplomáticas entre o Brasil e a Grã-Bretanha entre 1863 e 1865.

No final da década de 1850, atracou no Rio de Janeiro o diplomata britânico William Douglas Christie. Ano e pouco após a apresentação de credenciais a d. Pedro II, Christie envolveu-se num conjunto de desentendimentos com o Império. Em 1861, o navio britânico *Prince of Wales* teve sua carga roubada ao encalhar nas proximidades do Rio Grande do Sul. O plenipotenciário britânico pediu imediata indenização ao imperador, que a negou. Um segundo incidente ocorrido em 1862 acirrou as paixões. Embriagados, dois marinheiros britânicos foram detidos pela polícia local. Christie exigiu a aplicação dos caducos direitos extraterritoriais, recebeu nova negativa imperial e, em retaliação, ordenou o bloqueio naval do Rio de Janeiro.

A questão das indenizações foi levada à arbitragem do rei Leopoldo I da Bélgica, e d. Pedro II exigiu, além do pedido formal de desculpas, indenização pelos navios apreendidos na baía de Guanabara. O governo de Palmerston recusou, e d. Pedro II rompeu relações com a Grã-Bretanha, buscando quitar antecipadamente as dívidas que o arbitramento de Leopoldo I, acreditou equivocadamente, lhe obrigaria a pagar. Em meio à agitação popular antibritânica, o imperador afirmava que a Questão Christie dizia mais respeito a uma afronta à soberania nacional do que a uma questão pecuniária.

Para além das tensões consulares, Christie também havia vociferado pela adoção de medidas abolicionistas no Brasil. Dizia-se disposto a usar a força. Do ponto de vista pessoal, o bloqueio ao porto do Rio de Janeiro guardou relação com o abolicionismo do plenipotenciário britânico, mas não era uma ordem vinda de Londres. Quando o Rio de Janeiro rompeu com Londres, o *Foreign Office* ergueu-se em polvorosa contra Christie. Briguento para a imprensa britânica, porque também se desentendera com o plenipotenciário norte-americano, Christie foi rapidamente acusado pelos riscos que causava aos interesses britânicos no Brasil. A mando do ministério em Londres, lorde Russell repreendeu Christie, que não obstante julgou se tratar apenas de uma bravata brasileira. Para ele, quem estava em situação de dependência era o Brasil, e não a Grã-Bretanha, especialmente num momento em que o Império pedia empréstimos para estender a Estrada de Ferro D. Pedro II e encomendava belonaves para um possível conflito contra o Paraguai.

O plenipotenciário censurado não convenceu. No *Foreign Office* circulavam informações sobre possíveis retaliações brasileiras. O imperador teria recomendado também cortar laços econômicos com Londres — o que seria, em verdade, impraticável — e estaria trocando cartas com Napoleão III para tomar empréstimos franceses de maneira a suportar a ruptura com a Grã-Bretanha. Era uma estratégia análoga à adotada pouco antes pelos Estados secessionistas na América do Norte. Embora admitisse o direito de beligerância, Londres não havia reconhecido formalmente a nova nação escravocrata. Frustrados, os secessionistas buscaram a partir de 1862 aproximar-se do imperador francês, possível concorrente da influência econômica britânica nos estados agora desunidos. Seja como for, Christie foi imediatamente repatriado, o *Foreign Office* abriu uma sindicância contra ele, e Thornton, que estava em missão na Argentina, recebeu explícitas instruções para reestabelecer o diálogo com o Rio de Janeiro.[327]

Em setembro de 1865, Thornton foi efetivamente entreter-se com d. Pedro II em Uruguaiana, onde lhe transmitiu as instruções do *Foreign Office*: "não é o desejo do governo de Sua Majestade [a Rainha Vitória] que entrassem no reatamento das relações diplomáticos com o Brasil quaisquer assuntos da antiga controvérsia relacionados à questão servil". Thornton, todavia, aconselhou ao imperador levar adiante medidas emancipacionistas. A imagem do Brasil desgastava-se na Europa. D. Pedro II ponderou que não se esquivaria do assunto, embora não fosse aquele momento oportuno para tanto. Era necessário evitar qualquer agitação que pudesse dividir o país, sobretudo porque a guerra contra o Paraguai acabara de estourar. Nos últimos dias de setembro, Thornton transmitiu ao imperador, após fracassada tentativa de mediação portuguesa, o consentimento britânico ao laudo arbitral belga, e as relações diplomáticas foram reatadas de bom grado por d. Pedro II, que mandou tocar *God save the Queen* nos campos de Uruguaiana.[328]

Tampouco os Estados Unidos, após a derrota do Sul, pressionaram o Brasil no sentido da abolição. Os incidentes consulares que pautaram as relações do Império com Washington durante a década de 1860 não se traduziram em constrangimentos econômicos. Em 1861, espelhando a postura britânica, o Império editou circular que reconhecia aos Estados sulistas o direito de beligerância. Exportações de material bélico para ambas as partes do conflito ficavam proibidas, assim como o aprovisionamento de navios de guerra, que não poderiam permanecer por mais de 24 horas em portos nacionais salvo em caso de arribada forçada. A circular praticamente coincidiu com a chegada à Corte de James Watson Webb, um general de milícias do estado de Nova York que, na visão de Miguel Maria Lisboa, era abolicionista. O novo plenipotenciário não mediu esforços para que o Império apoiasse o governo de Washington e enviou repetidas cartas ao imperador, desmontando a ação diplomática de seu predecessor separatista e escravista. Para Webb, a guerra duraria tão somente até 1862 — e a União sairia vitoriosa contra os Confederados do Sul.[329]

As tensões ganharam nova amplitude em dezembro de 1866, quando a oferta do *State Department* para mediar o conflito contra López foi recusada pelo Império. Para agravar a já tensa situação, Webb exigiu indenizações referentes a supostas perdas sofridas por embarcações norte-americanas no Brasil. O gabinete imperial tergiversou, supondo acertadamente que se tratava de um ato discricionário de Webb, e não de instruções de Washington. Webb tomou então a dianteira e, em maio de 1869, rompeu relações com o Brasil. Novamente, o abolicionismo de Webb pode ter influenciado a decisão, mas não era aquela a posição oficial dos Estados Unidos. Quando a notícia alcançou o então secretário de Estado Hamilton Fish, Webb foi rapidamente substituído, evitando-se assim qualquer alteração no fluxo comercial entre o Brasil e os Estados Unidos, que compravam em torno de 30% das exportações brasileiras.[330]

Outra coisa foram as vozes abolicionistas não governamentais. Essas foram implacáveis ao pressionar o Império para que levasse à frente medidas ora emancipacionistas, ora abolicionistas. Ainda em julho de 1862, a *Société Savante* afirmou não haver dúvidas quanto às intenções emancipacionistas do imperador, cabendo agora que pensasse nas formas de alforriar. Pouco depois, em março de 1864, uma comitiva da *British and Foreign Anti-Slavery Society* também pediu que o Brasil não descuidasse da emancipação dos cativos. Imediatamente após a vitória de Lincoln, foi a vez da *Ladies Negro's Friend Society of Birmingham* engrossar o coro. A sociedade inglesa de mulheres abolicionistas solicitava a Nabuco de Araújo que convocasse mulheres brasileiras para aderir ao movimento antiescravista. "Assim como Lincoln", diziam,

> Acreditamos que se a escravidão não estiver errada, então nada é errado [...]. Não nos surpreende ouvir que os fazendeiros dos Estados do Sul dos Estados Unidos estejam impressionados com a quantidade de trabalho que aqueles lavradores que antes eram seus escravos agora fornecem sob o estímulo de salários [...]. Chegaram-nos notícias da Jamaica, segundo as quais os escravocratas cubanos que recentemente se refugiaram nessa ilha foram surpreendidos com a docilidade dos lavradores e com o trabalho que produzem quando bem remunerados.[331]

Em meados de 1866, as já crescentes pressões da sociedade civil euro-americana ganharam nova dimensão. Agora eram membros do Instituto da França, da Academia Francesa, da Sociedade de Artes do Louvre, redatores de famigerados periódicos como *Débats* e *Revue de Deux Monde*, juristas da Corte Penal de Paris, políticos e abolicionistas franceses, britânicos, espanhóis e estadunidenses que escreviam diretamente a d. Pedro II. "No momento em que os Estados Unidos libertam seus escravos após uma longa guerra", afirmaram eles, "no qual a Espanha parece tomar a via da humanidade e da justiça, Pedro II deveria dar o exemplo e libertar seus escravos da Corte e transformá-los em assalariados". A carta havia sido carimbada pela Junta Francesa de Emancipação e assinada por ninguém menos do que François Guizot, primeiro-ministro durante o reinado de Luís Felipe (1830-48) e muito admirado pelos políticos brasileiros.[332]

Um ano depois, a mesma Junta — agora chamada de Confederação Abolicionista de Paris — voltaria a insistir, elencando explicitamente uma série de razões por trás das pressões abolicionistas. Pelo lado dos argumentos de caráter civilizatório, salientou-se o isolamento do Império, porque somente Espanha, Portugal, Turquia, Egito — entre "os povos civilizados", dizia a nota — ainda eram países escravocratas. Também se afirmou que a escravidão produzia mortalidade entre os cativos, que não povoava e, por isso, não contribuía para o esforço de colonização das terras. Dizia-se que os negros, na condição de escravizados, permaneceriam ignorantes e sujeitos à promiscuidade moral. Havia igualmente um substrato mercantil nas explicações. Sustentou-se que a escravidão era onerosa para os senhores, cujos lucros poderiam ser alocados em projetos mais industriosos. Afirmou-se que a escravidão não gerava riqueza, porque a concentrava, impedindo a dinamização do mercado consumidor. Não sem mencionar os tolhimentos à imigração, concluía a nota que a escravidão era desestímulo ao crédito internacional, porquanto possíveis fugas ou revoltas significariam, em última instância, perda de investimentos estrangeiros.[333]

Se, para alguns, duas cartas eram muitas, para os abolicionistas eram poucas. A Confederação, reunida com suas homólogas na Conferência Internacional Antiescravista realizada em agosto de 1869 em Paris, mandou nova mensagem "ao povo brasileiro". Enquanto houvesse escravidão, diziam, haveria permanente incitação ao ressurgimento do tráfico internacional de escravos. Ratificaram que o Império era em 1869 o último país cristão a possuir escravos, já que Espanha e Portugal homologavam, para suas colônias, suas respectivas medidas emancipacionistas e abolicionistas. Quaisquer que fossem as dificuldades que o Império encontrasse na marcha para a abolição, afirmaram, não poderia d. Pedro II esquecer quão arriscada poderia ser a demora no processo.[334]

As pressões domésticas

Talvez houvesse exagero nas palavras de Miguel Maria Lisboa quando ainda em Washington alertava para as pressões estatais da Europa e dos Estados Unidos, mas o diplomata não se enganou quanto às influências emancipacionistas e abolicionistas oriundas da Guerra da Secessão — ampliadas pelo cenário caribenho. No caso cubano, o cativeiro encontrava-se cada vez mais concentrado em seu ocidente açucareiro, o que diminuiu o apelo da escravidão no restante da ilha e em Porto Rico. Ainda, a situação colonial implicava maior fragilidade do poder açucarocrático, vulnerável que era aos caprichos da situação política metropolitana. A Guerra Civil nos Estados Unidos colocara a abolição na ordem do dia, e as tensões causadas por projetos autonomistas em Cuba e pela instabilidade hispânica após a Revolução de 1868 só faziam aumentar a incerteza. Nesse contexto, os conservadores perderam o controle do debate, e as propostas sobre a resolução da questão servil ganharam espaço. A eclosão de uma revolta independentista em Cuba oriental enfraqueceria ainda mais o escravismo hispânico. Os rebeldes declararam a abolição para garantir o apoio dos escravizados e libertos, que aderiam em massa à causa, numa poderosa mescla de nacionalismo e aparente antirracismo. Apesar da resistência na metrópole e dos senhores nas colônias, o governo espanhol aprovou em junho de 1870 a Lei Moret, que dava liberdade aos escravos nascidos desde a Revolução e aos maiores de 60 anos. A medida não pôs fim aos embates retóricos e armados em curso, porém chamou a atenção dos reformistas no Brasil, sempre interessados no que transcorria na parte setentrional do hemisfério americano.[335]

Assim, a agitação das vozes antiescravistas no Brasil, incluída a da Coroa, não pode ser separada do tempo da desunião norte-americana e da crise cubana. Em 1862, o Senado aprovou um projeto de autoria de Silveira da Mota que proibia a comercialização de escravos em pregões públicos, vedava a separação dos cônjuges escravizados em todas as vendas, estabelecia um limite de idade para a separação de pais e filhos cativos, e concedia alforria a escravos inventariados que lograssem comprar sua própria liberdade. Em 1864, d. Pedro II deu liberdade aos chamados africanos livres, que haviam sido apreendidos pelo Estado após a primeira proibição do tráfico atlântico e mantidos sob responsabilidade pública. Deviam cumprir 14 anos de trabalho compulsório, embora a prática tenha extrapolado o prazo. Em 1865, um decreto imperial acabou com o uso do chicote nos escravos condenados a trabalhos forçados. Em 1866, o imperador alforriou os escravos públicos que combatessem no Paraguai. E em 1869, Pimenta Bueno, futuro marquês de São Vicente, estava à frente de um projeto de lei para alforriar o ventre cativo: uma questão que já havia sido discutida e aprovada no Conselho de Estado em 1867.

Eleito deputado para a legislatura de 1861 e atento ao conflito norte-americano, Tavares Bastos recomendava o estreitamento de relações com Washington e o distanciamento dos Estados Confederados, que teriam na escravidão o maior obstáculo à industrialização, entendida pelo autor como motor da prosperidade econômica. O primeiro passo que o Império deveria tomar com vistas à industrialização era o da emancipação gradual dos cativos, que sairiam das senzalas para as fábricas. Tavares Bastos não estava sozinho. Faziam-lhe eco deputados mineiros, gaúchos e sergipanos, aplaudindo as vitórias de Lincoln no que seria "uma luta gloriosa, porque é a da liberdade contra a escravidão, do progresso contra a barbárie".[336]

Embora em posições radicalmente opostas, Miguel Maria Lisboa e Tavares Bastos entenderam, respectivamente, para incômodo e satisfação, que a guerra civil norte-americana anunciava mudanças na agenda escravista imperial. A abolição nos Estados Unidos geraria "aliados naturais [no Brasil], transformando a questão [...] externa em interna".[337] Um correligionário não pouco importante era d. Pedro II. Embora publicamente silencioso até 1867, o imperador pre-parava desde cedo uma reforma servil nos bastidores. Em janeiro de 1864, alertava ao então chefe de gabinete:

> Os sucessos da União Americana exigem que pensemos no futuro da escravidão no Brasil, para que não nos suceda o mesmo a respeito do tráfico dos africanos. A medida que me tem parecido profícua é a liberdade dos filhos das escravas, que nascerem daqui a certo número de anos. Tenho refletido sobre o modo de executar a medida; porém, é de ordem das que cumpre realizar com firmeza, remediando os ma-les que ela necessariamente originará, conforme as circunstâncias o permitirem.[338]

Conquanto o imperador soubesse que as rivalidades políticas brasileiras não eram as norte-americanas, compreendeu que a po-larização poderia reproduzir-se no Império. Nos primeiros meses de 1865, encarregou ao conselheiro de Estado Pimenta Bueno a formulação de um projeto que desse liberdade ao ventre cativo. A escolha era estratégica, e sobre ela havia longamente refletido o imperador. Furtado poderia ser um bom nome, mas era liberal, e se a reforma emancipacionista viesse dos liberais, a polarização política se acirraria. Era também o problema de Silveira da Mota: liberal, tivera seu projeto de 1860 rejeitado pela Câmara, apesar da aprovação no Senado.[339]

Outras duas opções eram Zacarias e Nabuco de Araújo, homens da situação liberal, porém de formação conservadora. O primeiro não era de fácil lidar, e o segundo, embora infinitamente mais afável, havia-se revelado crítico demais da panela do consistório. Pimenta Bueno tinha 62 anos em 1865 e era gago. Liberal antes de 1848, afi-liou-se ao partido conservador e, em 1857, publicou *Direito público brasileiro*, um manual que forneceu as bases do pensamento jurídico conservador. No início da década de 1860, embora ativo no Conselho de Estado e no Senado, não era mais o homem combativo das décadas anteriores. Atrás dos óculos escondia-se uma figura mais técnica do que política e, sobretudo, comprometida com a agenda emancipacionista. Era o que dava jeito heterodoxo a seu conservadorismo.

Um projeto de lei que alforriasse o ventre das escravas, na visão de d. Pedro II, tinha de ser elaborado fora das instituições imperiais mais agitadas, como a Câmara de Deputados. O preço a se pagar por uma disputa legislativa, que inevitavelmente ocorreria, era alto demais em 1865. A guerra contra López apenas começava, e uma franca desunião interna resultaria em fracassos externos. O projeto, portanto, teria de ser feito nos bastidores por um homem de paixões brandas, um jurisconsulto, e sair do punho dos conservadores. Seria forma, supunha-se, de docilizar liberais e progressistas. Por sua parte, o imperador editaria decretos — logo, sem necessidade de passar pelo crivo legislativo — que preparassem o terreno para o ventre livre. Foi o que fez em 1864, em 1865 e em 1866.

Em janeiro de 1866, valendo-se do recesso legislativo e da calmaria da Corte, visto que como de hábito nos meses quentes esta havia migrado para Petrópolis, Pimenta Bueno remeteu ao imperador o projeto de reforma servil. Era um programa de emancipação que previa o nascimento livre — embora os homens tivessem que trabalhar como escravos até os 20 anos, e as mulheres, até os 16 — e a abolição definitiva em 31 de dezembro de 1899. Rapidamente, d. Pedro II encaminhou o projeto ao marquês de Olinda, que havia assumido novamente o gabinete com a esperança frustrada de apaziguar os ânimos após a demissão de Furtado. Quando a notícia correu, o restante do gabinete endossou-o, especialmente sob os auspícios entusiasmados de Nabuco de Araújo, então na pasta da Justiça. Olinda, contudo, opôs-se rispidamente a submetê-lo ao Legislativo, alegando que a ausência de tropas no Império, devido à guerra no Prata, comprometeria a paz interna no caso provável — segundo ele — de os senhores tomarem as armas. Não seria a Guarda Nacional, pelo resto também mobilizada contra o Paraguai, que se oporia aos proprietários de escravos, sendo ela em boa medida também escravocrata em sua alta hierarquia.

Estrategista, o imperador preferiu esperar o momento oportuno. Era o que o porta-voz da Casa Imperial, Martim Francisco Ribeiro de Andrade, respondeu à Junta Francesa de Emancipação naquele mesmo ano de 1866:

A solicitação foi acolhida com franca simpatia. A emancipação dos escravos, consequência necessária da abolição do tráfico, não é senão uma questão de forma e de oportunidade. Quando as circunstâncias penosas nas quais o país se encontra o permitirem, o governo brasileiro considerará como objeto de primeira importância a realização do que o espírito do cristianismo reivindica há muito do mundo civilizado.[340]

No fundo, o imperador respondia à Junta aquilo que deixara entender ao marquês de Olinda: o momento oportuno era o término da guerra contra o Paraguai, e qualquer tentativa de discutir o ventre livre ainda durante o conflito poderia constranger a tão necessária união entre partidos.

Foi nesse contexto que d. Pedro II decretou a liberdade dos escravos que lutassem no Paraguai. Não era somente uma questão de recrutamento, embora o liberto de guerra bem servisse nos campos de batalha. Antes, era uma forma de acelerar o passo da emancipação. Os escravos públicos não eram muitos, nem poderia o governo adquirir cativos em larga escala, fosse por constrangimento orçamentário ou por não haver, simplesmente, oferta suficiente para o fim. O imperador sabia, pois, não estar no militarmente inexperiente liberto de guerra, que ao fim não compôs mais do que 10% das forças imperiais, a chave para o êxito contra López.[341]

Apenas cinco meses após o decreto que armou ex-escravos para defenderem um país escravocrata, o imperador retomou o projeto de Pimenta Bueno e submeteu-o ao Conselho de Estado — que, assim como no caso da alforria de escravos públicos para o serviço da guerra, também recomendou o ventre livre. D. Pedro II formou então uma comissão composta por Nabuco de Araújo, Torres Homem e

Sousa Franco para desenvolver o projeto de Pimenta Bueno, que seria o supervisor das tarefas. O objetivo era agora preparar-se para o processo legislativo assim que as tropas, no Paraguai, tomassem Assunção. Um mês depois, em maio de 1867, d. Pedro II final e abertamente pedia aos deputados maiores cuidados com a emancipação durante a *Fala do Trono* na abertura da Assembleia Geral do Império.[342]

Sem surpresas, a oposição veio a galope. Um grupo de fazendeiros, que permaneceu anônimo, publicou na imprensa duras críticas ao imperador. Diziam que os valores da propriedade seriam corroídos meramente pela vontade régia e de um punhado de políticos inconsequentes. Assim como na defesa do contrabando, 30 anos antes, o tom era de ameaça, conforme se lia nas últimas linhas do artigo: "a Coroa não conhece o perigo que corre, pondo-se à frente da ideia, como apóstolo". Pior, afirmavam que os escravos teriam pensamentos aventurosos. O próprio Edward Thornton havia alertado o *Foreign Office* sobre os riscos de distúrbios causados por cativos. Em 1867, era a vez do cônsul britânico no Pará informar que "o sentimento prevalecente de que a emancipação dos escravos […] não está muito distante tem tido efeito de impedir que os compradores coloquem qualquer capital importante num investimento tão inseguro".[343]

A agência escrava não escapou aos homens e às mulheres daquele tempo. Ainda em 1853, a intelectual Nísia Floresta referiu-se ao então recém-publicado *best-seller* abolicionista *A cabana do pai Tomás* para criticar os "crimes cometidos pelas gerações presentes sobre a mísera raça africana". Em seguida, imaginou o romance norte-americano em um cenário brasileiro, dispondo em primeiro plano um admirável e sofrido africano escravizado, Domingos. No final da década, Maria Firmina dos Reis, escritora negra e professora como Floresta, foi além e publicou *Úrsula*, em que personagens masculinos e femininos refletiam crítica e longamente sobre os males do cativeiro a que estavam submetidos. A partir de 1868, medalhões literários como Joaquim

Manuel de Macedo seguiram o caminho aberto por essas mulheres, empregando sua ficção antiescravista em prol de uma agenda abolicionista que apenas começava a ocupar o espaço público e atrair mais apoiadores, na Corte como nas províncias.

Essas discussões não passariam ao largo daqueles que ocupavam as mais altas instituições imperiais, quando menos porque muitos de seus conhecidos participavam das nascentes sociedades abolicionistas. Um deles era André Pinto Rebouças, pardo, neto de contrabandista negreiro que denunciara a Revolta dos Malês e filho de um firme defensor da ordem imperial — mesmo que nem sempre compreendido como tal por pares que desconfiavam de sua cor. Engenheiro e empreiteiro de obras públicas, Rebouças usou suas relações pessoais nos altos escalões do governo e no paço imperial para tentar — sem muito sucesso naquele momento — angariar aliados para sua causa.[344]

Os conselheiros de Estado tiveram de aludir ao problema da mobilização subalterna nas sessões em que se discutiu a emancipação. Nelas, tratou-se de saber até que ponto libertar escravos para combater no Paraguai ou alforriar o ventre cativo seriam, por contágio e incitações à insurgência, fatores de distúrbio à ordem pública. Os que se posicionaram a favor da emancipação alegaram que nas medidas contrárias à escravidão estariam os remédios a uma situação progressivamente ingovernável: a aglomeração de escravos, principalmente em centros urbanos, já havia demonstrado ser um risco à tranquilidade social. Nos termos de Nabuco de Araújo:

> No Brasil o perigo é mais sério e mais grave; está conosco; o perigo está dentro do país, pode surpreender-nos, afetar a ordem pública e a sociedade civil. Daí a urgência de conjurá-lo pela previsão, e pela providência; daí a necessidade de tomar a iniciativa desta grande questão; de evitar que ela se torne uma questão política e presa dos demagogos.[345]

Pelo lado dos opositores, ou pelo menos daqueles que advogam maior cautela, usava-se o mesmo argumento, retorcendo-o, contudo.

Libertar escravos para a guerra ou alforriar nascituros seria avolumar os distúrbios, pois as medidas incitariam rebeldias. Nos propósitos do visconde de Itaboraí:

> Não deixará de lembrar ainda a excitação que entre os próprios escravos produziria uma tal medida; as esperanças que ela faria nascer, o incentivo para procurarem libertar-se; e as insurreições e cenas de sangue que daí poderiam provir, às que convém ainda acrescentar a inquietação, os sustos, e meios que a medida causaria à classe dos senhores de escravos, e principalmente aos agricultores, mais expostos do que os outros aos resultados desses tristes acontecimentos.[346]

Não faltou retórica nas ponderações dos conselheiros, tanto de um campo quanto de outro, embora a tensão entre escravos e senhores não fosse um esforço de imaginação. Dois dias após o decreto de 6 de novembro de 1866, o mordomo-mor da Casa Imperial comunicou a formação de quilombos de escravos evadidos da Imperial Fazenda de Santa Cruz. Seriam em torno de 200 quilombolas, que teriam negado o serviço das armas e que estariam consumindo o gado da fazenda imperial e incentivando novas fugas, "sendo o terror da circunvizinhança".[347]

Relatos do gênero chegavam de todas as partes do Império, potencializados pelas guerras americanas a Norte e a Sul: só entre 1860 e 1864 registraram-se 63 rebeliões servis. Em 1861 e 1862, escravizados, quilombolas e livres de cor do Maranhão imaginaram que navios norte-americanos trariam consigo tropas abolicionistas e planejaram insurreições, estimulados também por rumores de que um decreto imperial os livraria do cativeiro. Em 1863, um liberto de Pelotas foi preso por divulgar ideias subversivas, imaginando que os conflitos em torno da Questão Christie poderiam evoluir para uma guerra entre Brasil e Grã-Bretanha, o que abriria espaço para uma revolta negra em aliança com os britânicos, equivocadamente compreendidos como "seus protetores, e contrários à escravidão". Em outubro de 1864, cativos dos sertões mineiros leram os jornais e circularam notícias relacionadas com os progressos da guerra civil norte-americana, o ato de emancipação de Lincoln, a mobilização servil nos Estados Confederados e, na Corte, o apoio liberal à abolição, estimulando uma conspiração de centenas de insurgentes em busca da liberdade, que contaria com o apoio de forros, quilombolas e até da população branca. No ano seguinte, o jovem presidente da província do Pará, José Vieira Couto de Magalhães, provavelmente recordou o caso ocorrido em sua terra natal para relatar a necessidade de mobilizar as tropas contra os cativos de uma fazenda, "visto que com a guerra dos Estados Unidos" estava neles "arraigada a crença de que vão ser todos libertados". Como na rebelião da Cabanagem, contatos entre escravos e quilombolas preocupavam as autoridades. Daí seguia uma inevitável e violenta repressão. Outra união do tipo aconteceu em 1867, novamente no Maranhão, quando revoltosos forçaram o administrador de uma fazenda sitiada a escrever uma carta em que proclamavam: "nos achamos em campo a tratar da liberdade dos cativos, por muito que esperamos por ela". Também os rumores platinos influenciaram a ação subalterna: um rebelde contou ao interrogador ter ouvido no quilombo "que López do Paraguai estava tratando da liberdade deles".[348]

Em São Paulo nada foi muito diferente. A delegacia de polícia de Ubatuba relatou em 1867 o caso de um recruta negro que se imiscuíra nos ânimos dos escravos, dizendo que, por graça imperial, estariam forros. Pouco depois, o episódio de Vespasiano seria particularmente aterrador. O liberto de guerra tornou-se condutor de cargas bélicas após o retorno ao Império. Como quem projeta uma rebelião, arregimentou escravos numa residência no subúrbio de Campinas, onde igualmente guardava parte da carga roubada. Vespasiano sustentava aos cativos que o armamento havia sido enviado pelo marido da princesa Isabel, o conde d'Eu, quem teria dado liberdade ao ventre escravo. Aparentemente por motivos passionais, a insurreição foi desbaratada por um grupo de escravas que entregou Vespasiano à polícia.[349]

Acontecimentos como esses não eram incomuns à época do Império. Casos de escravos que se vingavam violentamente de senhores preenchiam os documentos policiais do Império desde os tempos da independência. No entanto, a tônica rebelde entre os cativos da década de 1860 trouxe uma dimensão insurrecional diferente. Embora ainda sem formar um movimento nacional ou regionalmente organizado, o espocar de seguidos motins liderados por cativos expressou a ruptura de um tempo. Tanto as cisões no mundo escravista americano quanto as próprias tensões nacionais perpassaram a senzala insurgente. Constituíram-na, mas também foram por ela aguçadas — malgrado a imoderada assimetria de poder entre os que andavam descalços e os que tinham seus sapatos diariamente lustrados.

Quando os conselheiros mencionavam a agência escrava, em meados da década de 1860, não traziam à baila um risco inesperado. Falavam das características explosivas das relações de trabalho servil. Contudo, por trás do véu retórico próprio à política parlamentar, viviam uma década disfuncional em relação ao que fora o projeto saquarema de 1850, quando se encerrava um cisma no poder agora reaberto. Apesar de todas as diferenças, em algo os anos de 1860 recordavam os de 1830: não era um acaso a agitação popular coincidir com a crise política — e econômica.

Do outro lado da pirâmide social, todavia, não era tanto o temor às rebeliões cativas o que distinguia a classe dirigente, mas sobremaneira conflitantes projetos de Estado — inevitavelmente relacionais ao desenrolar da questão servil. Para a proa liberal-progressista da década de 1860, interessava a emancipação não apenas por motivos civilizatórios, porém também porque significaria consolidar a frente na disputa por um Império moldado pelas hostes emperradas. Para o bando conservador, sobretudo ortodoxo, um país de cativos não era o melhor dos mundos, porém as circunstâncias assim o requeriam. Danar a escravidão, paradoxalmente, era a melhor forma de mantê-la viva, porque velada. As forças da conservação, especialmente heterodoxas, não se opuseram radicalmente às medidas emancipacionistas em curso, visto que temiam perder o controle do processo: era mais estratégico aceitar para deter a celeridade do processo do que refutar e lidar, posteriormente, com uma lei amplamente desfavorável. Assim fazendo, traziam à tona a agência escrava e seus riscos, como desestímulo aos mais apressados.

A IMPLOSÃO DA ORDEM

Dilacerado pelas tensões intrapartidárias, fossem aquelas próprias à mobilização militar ou à agenda emancipacionista, Olinda não resistiu ao término da legislatura de 1864 a 1866. Caiu em agosto para nunca mais voltar ao poder. Sobrevivente de uma época que os ligueiros julgavam moribunda, Olinda movia-se com lentidão, perdendo o compasso do tempo. Naquelas circunstâncias, d. Pedro II compreendeu que apenas Zacarias teria força para organizar uma nova administração e convocou-o ao poder. Pouco depois, as novas eleições confirmaram o avanço progressista, que alcançou quase 75% das cadeiras na Câmara.

Não sem razão, foi nesse momento que Nabuco de Araújo, desejoso de vê-la submetida ao Legislativo, apresentou ao imperador a mais nova versão do ventre livre. Pelo projeto, o ingênuo — nos termos da época, o nascido livre em berço cativo — deveria servir gratuitamente ao senhor de sua mãe até os 21 anos, quando teria a liberdade assegurada, e o senhor se veria desincumbido da obrigação de alimentá-lo. Caso a mãe fosse vendida, o ingênuo de até sete anos não se desvincularia dela, nem o antigo senhor receberia indenização. Na hipótese de uma alienação posterior aos sete anos, o ingênuo permaneceria com o antigo senhor. Previa-se também a criação de um fundo de emancipação — constituído por doações e impostos — que deveria libertar tantos escravos quantos correspondessem à quota anual estipulada para cada municipalidade do Império. Dava-se igualmente aos cativos a possibilidade de formar pecúlio e de firmar contratos de prestação de serviços futuros, ambos instrumentos para comprar a liberdade. O Estado ficava autorizado a armar a Guarda Nacional nos municípios de grande aglomeração de escravos, a criar estabelecimentos industriais e agrícolas para disciplinar cativos vadios, a proibir o ajuntamento de escravos nas cidades e nas vilas, a fixar o número de cativos que cada fábrica deveria ter, a emprestar capital às companhias que incorporassem escravos e a desapropriar anualmente escravos aptos ao serviço das armas. Por último, todos os escravos deveriam ser matriculados, caso contrário seriam presumidos livres.[350]

Por todas as evidências, não haveria radicalismo qualquer no Império. O principal nome à frente da agenda servil queria a alforria, mas o gradualismo também; os direitos do cativo, porém sem perder o controle da ordem pública. Se o projeto tivesse virado lei em 1867, quem sabe teria havido escravidão no Brasil até 1930: um escravo nascido em 1866, apesar do ódio e da violência, poderia viver até os 60 anos ou mais. Quanto a isso, o projeto assemelhou-se à vindoura Lei do Ventre Livre. Era paliativo. No pouco que apenas margeava a radicalização, todavia, foi dissemelhante à lei posteriormente sancionada, que caracterizou a alforria como desapropriação e concedeu indenização aos senhores nas devidas circunstâncias.

Não estavam somente aí, nesses aspectos que levaram os conservadores ortodoxos aos berros, as razões para segurar um pouco mais, pelo menos no entender da Coroa, as rédeas do movimento. Zacarias vinha-se estranhando amargamente com a diretoria do Banco do Brasil. Tão logo assumiu o poder, o novo chefe de gabinete editou uma lei que privou o Banco de sua faculdade emissora, acusando-o de lucrar com a crise de 1864 e com a guerra contra López. Transferida a função para o Tesouro Imperial, que cuidaria então das emissões para financiar o conflito, o governo compreendeu que os cofres públicos seriam preservados dos juros que pagava ao Banco. Entretanto, dada a centralidade da instituição no sistema financeiro imperial, Zacarias teve de compensá-la em três frentes. Em primeiro lugar, o resgate das notas do Banco seria pago pelo governo com notas do Tesouro a taxas acima das praticadas no mercado. No acerto, o governo emitiu o orçamento da pasta da Guerra para ressarcir o Banco pelo valor do papel-moeda retirado de circulação. Como se não bastasse, o governo regulamentou a carteira hipotecária do Banco, cuja extensão deveria alcançar mais de dois orçamentos da Guerra e cujo objetivo era financiar a longo prazo, assim definido por lei, a Corte, a lavoura do Rio de Janeiro e municípios limítrofes das províncias vizinhas. Em suma, os prédios da capital e o café do Paraíba do Sul. Por último, e não menos eloquente, a presidência do Banco adviria dos votos de seus acionistas, e não de uma indicação do poder Executivo.[351]

As contradições tornaram-se de súbito mais evidentes. Malgrado a espetacular emissão de papel-moeda em 1867, que superou a receita orçamentária, o governo de Zacarias não logrou apaziguar a voracidade das exigências militares do então marquês de Caxias. Após o desastre em Curupaiti e o deslocamento de boa parte das tropas de Mitre para combater as sublevações no interior da Argentina, o imperador havia convocado o militar, também um antigo regressista e senador pelo partido conservador, para assumir o comando contra López. Caxias promoveu uma política de reorganização das Forças Armadas, buscando aperfeiçoar o treinamento, a disciplina dos combatentes e a salubridade dos acampamentos. Encomendou novos equipamentos bélicos e manteve-se fiel ao prestígio militar e ao soerguimento corporativo.

Numa trama de mútuas acusações em que Zacarias acusava Caxias de moroso em suas manobras militares e o marechal culpava o gabinete por equívocos na atribuição de posições do comando e por escassez de suprimentos, esgarçou-se a sustentabilidade do governo. D. Pedro II destituiu o gabinete e manteve Caxias intacto à frente das tropas. Pesou na moderação de Pedro II a rispidez de Zacarias em relação ao Banco do Brasil, instituição da qual o Império não poderia desinteressar-se sob pena de implodir de vez a estabilidade monetária, pelo resto, já em xeque. Não apenas assim ditavam os efeitos inflacionários da política econômica de Zacarias, mas também a situação militar do instante, quando os batalhões se encontravam encastelados sem lograr ultrapassar a barreira de Humaitá. Tampouco serviu bem a Zacarias sua ferrenha oposição à nomeação de Torres Homem para o cargo de senador. Além de presidente do Banco do Brasil — o primeiro eleito, e não nomeado —, Torres Homem havia transmigrado para o campo partidário de Caxias e, sobretudo, era membro da comissão designada para projetar a liberdade do ventre cativo, um interesse especial da Coroa.

Em 16 de julho de 1868, em suma, Pedro II optou por Caxias, pelo Banco do Brasil e pelo enfrentamento da questão servil. Revelando a muito limitada autonomia das vontades individuais sobre as circunstâncias sociais, no entanto, o imperador não pôde senão recorrer ao visconde de Itaboraí — que era tudo, menos favorável à agenda emancipacionista. O novo chefe de gabinete chegou como uma benção para a cafeicultura emperrada, e igualmente para o Banco do Brasil, que teria na ortodoxia monetária do gabinete a recomposição dos lucros perdidos com Zacarias. A contrapartida pelo esforço que o Banco deveria prestar à guerra adviria de empréstimos nacionais e da emissão de apólices, ou títulos da dívida pública. Em boa medida assim ocorreu, porque os nervos das batalhas são as moedas, na expressão de François Rabelais. Em 1868, quando Itaboraí freou drasticamente a emissão de papel-moeda, o Banco do Brasil assumiu a maior parte do empréstimo nacional e das apólices, o que se repetiu nos anos seguintes até o final do conflito.

De maneira intrincada, o mercado de apólices emitidas durante a guerra enredou densamente o Império à praça financeira do Rio de Janeiro. À diferença dos empréstimos nacionais, cotados em libras, as emissões de apólices, mais ordinárias, eram-no em moeda corrente e não previam correção dos juros pela inflação. O risco envolvido na aquisição desses títulos, decorrente do volume acrescido de papel-moeda em circulação durante a guerra, era pelo menos parcialmente dissolvido pela margem entre o valor de compra e o valor de face da apólice, além dos juros anuais que pagavam. Dessa defasagem lastrea-va-se a existência de um duplo mercado de apólices. O primário era o lugar dos homens de cartola inglesa, de colete à moda de Metternich e de óculos *pince-nez*, que concorriam à antiga rua Direita para adqui-rir as apólices em primeira mão. Antes lugar de traficantes de escra-vos, era agora onde atuavam sobremodo os bancos e alguns poucos homens de grande fortuna. Tratava-se de um mercado concentrado, porque apenas um pequeno grupo de credores possuía recursos sufi-cientes para barganhar, com a liquidez necessária, o preço e o volume das apólices a serem emitidas. O mercado secundário era mais dis-perso. Congraçava corretores, comerciantes, advogados, engenheiros, médicos e pequenos produtores. Ali, os bancos repassavam as apólices anteriormente adquiridas, a depender do ritmo e da intensidade de suas cotações, garantindo um duplo lucro: primeiro sobre o valor de compra e, depois, sobre o valor de revenda.[352]

Fato é que nesse ritmo o escravo financeirizou-se, visto que o lastro último dos títulos públicos era a propriedade cativa. Caso a abolição fosse então abrupta, não apenas se comprometeriam o or-çamento imperial e o valor das apólices, mas todos aqueles acorren-tados ao mercado financeiro: na sincera ficção de José de Alencar, a cortesã Lucíola, por exemplo, que após enriquecer recomendou a seu amante Paulo *comprar apólices* com o dinheiro que, desiludida pela vida, não queria mais. Ou nos personagens de Machado de As-sis, como em *Dom Casmurro*, que viam *num certo número de apólices* a garantia para deixar-se estar na casa de Mata-cavalos.[353]

Também relevante para Itaboraí, o Banco do Brasil invariavel-mente atenuaria a marcha emancipacionista. Não apenas por causa do espraiamento financeiro da posse cativa — igualmente via sua carteira hipotecária, que se constituía tomando o escravo como ga-rantia —, mas devido à própria composição diretorial do banco e seus acionistas. Eram homens envolvidos até o pescoço com a escravidão. No final de 1869, Torres Homens foi substituído pelo barão de An-daraí na presidência do Banco, cuja fortuna emergira do tráfico de escravos, do comércio de charque entre o Prata e o Vale do Paraíba e do financiamento da lavoura fluminense. Pouco depois seria a vez do visconde de Tocantins assumir o controle do Banco do Brasil. Irmão de Caxias, Tocantins era casado com Emiliana Umbelina de Moraes, filha do falecido barão do Piraí, cuja fortuna emergira dos laços de família com um dos sobrenomes de maior prestígio econômico do Império, os Breves. Todos, ao fim, conservadores pela espada, pelas finanças e pela política.[354]

Para dizer o mínimo, liberais históricos e progressistas ficaram menos contentes com a virada de poder em 1868. Dos púlpitos do Senado Nabuco de Araújo não cessou de indicar que o imperador desfizera a legitimidade do poder, já que o gabinete conservador chamado a governar fora derrotado nas eleições anteriores. "Vede este sorites fatal", confirmou o senador, "que acaba com a existência do sistema representativo: o Poder Moderador pode chamar a quem quiser para organizar ministérios; esta pessoa faz a eleição, porque há de fazê-la; esta eleição faz a maioria. Eis aí o sistema representativo de nosso país". Tático embora pleno de calores que costumeiramente pouco o caracterizavam, o discurso de Nabuco de Araújo tinha como propósito conclamar a reunião dos liberais históricos e dos progressistas contra o que rotulava de abusos do Poder Moderador. A Câmara foi imediatamente dissolvida, e os derrotados de 1868 abstiveram-se do pleito que deu unanimidade aos conservadores na Câmara.[355]

Nesse intervalo de tempo, uma ampla margem de históricos e progressistas havia-se reunido às pressas na residência de Nabuco de Araújo. Entre um charuto e outro, decidiram fundar por força do congraçamento oposicionista o que se queria um convergente Centro Liberal. Era 3 de outubro de 1868, e malgrado as inevitáveis defecções, o bloco logrou em poucos meses depois lançar um manifesto no qual Itaboraí era execrado, pois ignoraria as reformas judiciárias, policiais e eleitorais que, pelo resto, os ligueiros não realizaram. Itaboraí também as deu de ombros, sustentando-se nas sucessivas vitórias de Caxias, que havia superado a fortaleza de

Humaitá no final de julho e finalmente tomado Assunção após as batalhas da Dezembrada de 1868.

Sem anuência formal da Coroa, o sexagenário marechal deu então a guerra por encerrada e retirou-se para a Corte. D. Pedro II respondeu à situação nomeando o conde d'Eu para o comando das forças imperiais no Paraguai. Sem os riscos dos anos anteriores de combate, o imperador considerou oportuna a nomeação do príncipe consorte: rapidamente vitorioso, o conde traria do Paraguai a popularidade necessária para um terceiro reinado, que se aproximava. A caçada a Solano López ainda se revelaria demorada, porém o momento foi um sopro de esperança para os liberais alijados do poder. A nomeação do conde d'Eu praticamente coincidiu com a emergência do Clube da Reforma a partir do Centro Liberal em 7 de abril de 1869, uma alusão ao término do Primeiro Reinado. Aos olhos dos novos reformistas, o príncipe seria o braço externo do Centro, transformado subsequentemente em novo partido liberal. Sabia-se das inclinações liberais e emancipacionistas do genro do imperador, o que agradava um bloco reformista cioso de promover a união de todos os liberais contra o gabinete de Itaboraí, que viu então invertida a circunstância pretérita de Zacarias. Agora, era um conservador à frente do Rio de Janeiro que deveria lidar com um liberal no comando das tropas no Paraguai.[356]

Em questão de semanas, o partido liberal recorreu a seu órgão predileto, o jornal *A Reforma* — cuja direção era de Francisco Otaviano —, para lançar o programa oficial dos reformistas. Queriam a responsabilidade ministerial, a descentralização política e administrativa, a supressão do Senado vitalício, reformas eleitorais que instituíssem o voto direto, a limitação dos poderes dos chefes de polícia e dos delegados, a reforma judiciária, o fim do recrutamento forçado, a extinção da Guarda Nacional, liberdades de comércio, indústria, consciência e educação e a libertação do ventre cativo. Em que pesem a agenda ampla dos reformistas e todos os esforços para agrupar o bando oposicionista, desenhou-se em meio à recomposição das forças políticas uma ala francamente radical. Alicerçavam-se, e o nome não era um acaso, no Clube Radical, fundado em maio de 1868. Eram sobretudo jovens, alguns filhos de renomados políticos, como Henrique Limpo de Abreu — descendente do visconde de Abaeté — e os irmãos Pedro e Antônio — rebentos de Antônio Ferreira Viana, autor da *Conferência dos divinos*, uma parábola crítica ao Poder Moderador. Quase todos eram profissionais liberais, especialmente advogados, jornalistas e médicos. O caçula era Rui Barbosa, de apenas 20 anos.

A participação na maçonaria era outro laço que os unia, especialmente num tempo em que as divisões entre pedreiros-livres ratificavam as distâncias entre a moderação e o radicalismo. Desde o começo da década de 1860, o Grande Oriente havia-se dividido entre o da rua do Lavradio e o da rua dos Beneditinos. O primeiro, que contaria com a direção do visconde do Rio Branco, seguiu a corrente inglesa e resguardou seus escopos filantrópicos, sem arrogar-se pelo menos explicitamente finalidade políticas. O segundo foi presidido por Saldanha Marinho e queria-se abertamente voltado para os novos projetos de país. "A maçonaria é mais alguma coisa do que uma companhia de socorro mútuo: é uma instituição filantrópica no sentido mais lato da palavra", lia-se no Boletim do Grande Oriente do círculo dos Beneditos. Influenciado pelo Grande Oriente da França, cuja capilaridade estendeu-se à Junta de Emancipação, o da rua dos Beneditinos era mais decididamente abolicionista — ou mais radical, em suma, porque não escamoteava suas ambições republicanas e laicizantes. A ele o jovem Rui submeteria já em 1870 um projeto de abolição da escravidão.[357]

O grupelho radical, em todos os casos, era considerado de posições inflamadas, embora não fossem as defendidas pelos exaltados da década de 1830. Seus colegas amparavam-se no periódico *Opinião Liberal* — que, além de Henrique Limpo de Abreu, era redigido por Francisco Rangel Pestana e Monteiro de Sousa — e queriam mais do que os reformistas, nomeadamente a extinção do Conselho de

Estado e do Poder Moderador, a eleição dos presidentes de província, o sufrágio direto e universal e, sobretudo, a abolição imediata da escravatura. Em março de 1869, já haviam promovido a primeira conferência radical no Rio de Janeiro, estendendo rapidamente a série para as províncias de Pernambuco, Minas Gerais e São Paulo, onde encontraram eco num núcleo campineiro composto por Manuel Ferraz de Campos Sales, Prudente de Morais, Francisco Glicério e Martinho Prado, que tinham na maçônica Loja Independência um de seus espaços privilegiados de sociabilidade.

O palestrante da conferência inaugural em terras paulistas destoava de seus pares por sua cor, classe e ocupação: Luiz Gama, membro do Clube Radical e que em breve se tornaria maçom. Segundo o próprio, nascera da relação entre uma africana livre e um fidalgo baiano, porém havia sido ilegalmente escravizado após ser vendido pelo pai para saldar dívidas de jogo. Conseguira a liberdade em 1848 e o ofício de escrivão da polícia em 1854, aproveitando a oportunidade para adquirir o conhecimento jurídico que empregaria para denunciar a escravidão e o racismo. Poeta, republicano, crítico das oligarquias, defensor intransigente da educação pública, da democracia e da incorporação efetiva da população negra à ordem sociopolítica do país, advogou vigorosamente por suas ideias na imprensa. Após abandonar o pseudônimo e escrever repetidamente em defesa da liberdade de diversos escravizados, foi demitido do cargo de amanuense em finais de 1869, numa polêmica que chegou à Corte e às páginas dos jornais. O caso serviu de estopim para que, por iniciativa própria e apoiado por sua loja maçônica, passasse a se dedicar integralmente à luta jurídica pela liberdade dos africanos ilicitamente mantidos em cativeiro. Em consequência, foi acusado até de agente da Internacional Comunista. Abria-se mais uma frente de combate à escravidão: além das plantações, dos jornais, teatros e gabinetes ministeriais, também os tribunais começavam a se tornar palco para discursos veementes sobre a ilegitimidade da escravidão. Gama questionava a base de todo o edifício imperial constituído desde o Regresso Conservador três décadas antes:

Gravarei nas ombreiras dos parlamentos e dos tribunais subornados esta legenda terrível: Nós temos Leis! [...] Por efeito destas salutares e vigentes disposições são livres, desde 1831, todos os escravos que entraram nos portos do Brasil, vindos de fora. São livres! Repetiremos perante o país inteiro, enquanto a peita [suborno] e a degradação impunemente ousarem afirmar o contrário. Observem-se restritamente as normas invariáveis da justiça; mantenham-se integralmente as prescrições legais; e cumpram os magistrados o seu árduo dever, que, dentro do prazo de um ano, ficará a escravatura no Brasil reduzida a menos de um terço. Cumprida a lei uma única provisão restará: a pronta emancipação dos escravos. A emancipação pronta, e sem indenizações: ela importará a restituição generosa do que os nossos avós roubaram com usura. [...] Lavemos de nossa bandeira política esta pasta de lama que a deturpa. Abaixo a escravidão![358]

Tal contestação ampla e irrestrita ainda era, contudo, incipiente. A parcela mais importante da fração paulista foi mais cautelosa, embora não fosse avessa à emancipação. De formação intelectual jurídica, eram homens de gênese agrária, portanto ligados ao cativeiro. Campos Sales e Prudente de Morais foram companheiros de turma na Faculdade de Direito de São Paulo. Glicério e Martinho Prado interromperam o mesmo curso no início da década de 1860: o primeiro em decorrência da prematura morte de seu pai, e o segundo em razão de seu temperamento revolucionário — pelo menos para sua classe social. Glicério foi apadrinhado pelo pai de Campos Sales, que o levou para a fazenda Santo Inácio, em Rio Claro. Martinho Prado foi para a caserna e lutou no Paraguai, provocando espanto e resistência na tradicional linhagem cafeicultora e escravocrata dos Prado de São Paulo.

Expressão de uma geração radicalizante em suas posições políticas, os então estudantes rapidamente formaram o Clube de Campinas, que tinha claros vínculos com o Clube Radical de São Paulo. Nos últimos dias de 1870, Campos Sales, Prudente de Morais, Glicério e

Martinho Prado fundaram o Clube Republicano de São Paulo, ao que se somaram figuras da grande lavoura, como Américo Brasiliense, João Tibiriçá e Carlos e José Vasconcelos de Almeida Prado. Estavam lançadas as bases do futuro Partido Republicano Paulista quando, no Rio de Janeiro e também em fins de 1870, os radicais da Corte divulgaram sob os auspícios de Quintino Bocaiúva e Saldanha Marinho o *Manifesto republicano*, que daria origem ao partido do mesmo nome.

"Somos da América e queremos ser americanos", reivindicavam os republicanos manifestos,

a nossa forma de governo é, em sua essência e em sua prática, antinô-mica e hostil aos interesses dos Estados americanos. A permanência dessa forma tem de ser forçosamente, além de origem da opressão no interior, a fonte perpétua da hostilidade e das guerras com os povos que nos rodeiam.[359]

Naquela altura, Solano López já havia sido capturado e morto em 1º de março de 1870. A guerra estava concluída, e os republicanos culparam a forma de governo pelas imensas dificuldades decorrentes do longo conflito. Mas não apenas isso. Com os olhos voltados para os Estados Unidos e preconizando a aproximação com os norte-a-mericanos, reconheciam apenas o princípio de soberania popular, verdadeiro antídoto contra a opressão, como fonte única de legitimi-dade política, e queriam a federação. A via para tanto, não obstante, deveria ser a moralização progressiva de uma população tutelada. Cumpria realizar depressa a transformação para prevenir a revolução. Autoproclamados homens do povo e falando em nome dos anseios populares, os radicais queriam que a república se fizesse — ordeira, disciplinada e de gravata lavada — sem o povo. Não à toa, o combate às desigualdades raciais e socioeconômicas passou ao largo de seus projetos. Um mal de origem no qual coube um ruidoso silêncio so-bre a abolição: pregá-la significaria perder o núcleo campineiro, que pedia paciência para contemporizar com uma lavoura contrária à concentração de poder no Rio de Janeiro, porém disposta a seguir Itaboraí, a melhor expressão do tempo saquarema, até o limite da censura à emancipação.

Sinal de uma época esgotada, o gabinete de Itaboraí caiu alguns meses depois da vitória contra o Paraguai. Surdo ao *bando de ideias novas* que esvoaçou sobre o Império, na locução muito posterior de Sílvio Romero, Itaboraí não se moveu um palmo sequer em direção ao mais gradual emancipacionismo. Também fez ouvidos moucos ao médio oficialato que, egresso do Paraguai e dando morras a um gabinete considerado desatento à corporação, acenou energicamente em favor da abolição. Quando o ano legislativo terminou, Pedro II convocou ao poder Pimenta Bueno, a figura por trás do surgimento do ventre livre. Sem força política, o novo gabinete durou apenas o tempo do recesso legislativo. Coube a José Maria da Silva Paranhos, um conservador heterodoxo, conduzir o ventre livre nos limites de seu alcance e com todas as incertezas que a medida traria para uma ordem forçosamente transfigurada.

Anos mais tarde, Joaquim Nabuco diria sobre a Lei do Ventre Livre:

> Reformas dessa natureza não operam matematicamente [...]; não são soluções exatas, precisas, que produzam efeitos de antemão calculados. São sempre a decretação do desconhecido; obram pelo imprevisto, pelo espírito que está nelas; são grandes moldes sociais de que saem novos tipos humanos.[360]

Tímida que foi, a lei teve em sua letra mais as características da preservação do que da renovação. Instituiu a liberdade do ventre escravo, mas previu a permanência do ingênuo até a idade de oito anos sob os cuidados dos senhores. Então, caberia a eles ora entregá-lo ao Estado mediante indenização em títulos e apólices no valor de 600$000 réis — uma soma irrisória em comparação ao preço de mercado —, ora valer-se de seus serviços até que completasse 21 anos. O momento, no entanto, era o avesso das caraterísticas muito paliativas da lei. O Império de Pedro II vivia período de instabilidade política, econômica e social. Dirigir moderadamente o processo de extinção gradual do cativeiro poderia evitar o acirramento de ânimos, o ativismo abolicionista — inclusive entre escravos — ou a perda do apoio cafeeiro ao regime monarquista. O instante falava também do conflito norte-americano, da guerra contra o Paraguai, dos libertos de 1866, da crise de 1868, do Banco do Brasil, do partido da Coroa, da rebeldia escrava, dos reformismos, dos radicalismos e do republicanismo. Exprimia uma época de agitações nacionais e internacionais, e igualmente um tempo de incertezas e de necessárias refundações. Não havia uma causa única que explicasse o ventre livre, nem uma contradição apenas que dela sobreviesse. Paranhos entendeu-a bem, era o começo do fim.[361]

Jean-Baptiste Debret, *Feitores castigando os negros*, 1835.

Arnaud Jullien Pallière,
Pedro de Alcântara, c. 1830.

Jean-Baptiste Debret, Pano de boca executado para a representação extraordinária no Teatro da Corte por ocasião da coroação do Imperador do Brasil D. Pedro I.

Jean-Baptiste Debret, Cabocas (selvagens civilizados) vivendo do ofício de lavadeiras na cidade do Rio de Janeiro, 1835.

Louis Buvelot, *O Rio de Janeiro Pitoresco*. Rio de Janeiro: Lithografia Heaton e Rensburg, 1845.

Jean-Baptiste Debret, *Negros cangueiros*, 1835.

Acima, à esquerda: Paulino José Soares de Souza, o visconde do Uruguai. Litografia de Sébastien Auguste Sisson, Galeria dos Brasileiros Ilustres, 1861. Acima, à direita: Joaquim José Rodrigues Torres, o visconde de Itaboraí. Fotografia de Joaquim Insley Pacheco, 1868. Abaixo: Eusébio de Queirós. Litografia de Sébastien Auguste Sisson, Galeria dos Brasileiros Ilustres, 1861.

Marc Ferrez, Estação da estrada de ferro Central do Brasil, Rio de Janeiro, c. 1899.

Fazenda Santa Genebra, província de São Paulo, c. 1880.

Marc Ferrez, Quitandeiras em rua do Rio de Janeiro,
fotografia colorizada de Marc Ferrez, c. 1875.

Félix Émile Taunay, Rua Direita (atual Primeiro de Março),
Rio de Janeiro, 1823.

Carta do Império do Brasil, Duarte da Ponte Ribeiro, 1873.

O REFORMISMO DO VISCONDE DO RIO BRANCO

José Maria da Silva Paranhos não foi um homem cuja formação retratou o comum da classe dirigente imperial. Nasceu em 1819 na cidade de Salvador e ainda criança tornou-se órfão de pai e mãe. Aos 14 anos, após passar pelos cuidados de seu tio materno, rumou para a capital, onde foi aceito na Academia Real dos Guardas Marinhas. Pouco depois, quando foi incluído no Corpo de Engenheiros, alcançou os postos de professor em escolas militares e, aos 30 anos, o grau de capitão do Estado Maior do Exército. Não era ele — por renda ou títulos — a melhor expressão dos estratos baixos do Império, mas tampouco se parecia com os bacharéis em direito de São Paulo e Pernambuco.

Sua vida política começou cedo, em meados da década de 1840, porém por vias que não o caracterizaram posteriormente. Aproximou-se do partido liberal, preconizando a conciliação das tensões partidárias. O tempo era de constantes mudanças nos gabinetes imperiais, como visto anteriormente. Quando os liberais foram derrotados em 1848, tanto no Rio de Janeiro quanto em

Pernambuco, Paranhos perdeu o bom trânsito que conseguira na política e passou a dedicar-se aos jornais. Foi nesse momento que operou importante virada em sua história. A publicação de reiterados artigos apologéticos da política externa de contenção a Buenos Aires valeu-lhe a simpatia do gabinete conservador. Eram as "Cartas ao amigo ausente", veiculados no *Jornal do Comércio*, que Honório Hermeto Carneiro Leão endossou a ponto de nomear Paranhos seu secretário pessoal na missão em Montevidéu de 1851, ignorando os diplomatas de maior experiência.

Os êxitos no Prata, confirmados pela vitória sobre as forças de Rosas e de Oribe, deram a Paranhos, agora declaradamente conservador, a pasta da Marinha no gabinete de Carneiro Leão. Atento às reivindicações militares, Paranhos disciplinou as promoções em todos os níveis hierárquicos da Marinha, reajustou os soldos, ampliou as vantagens à classe dos imperiais marinheiros e regularizou o alistamento de voluntários e recrutas. Daí em diante, assumiu alguns dos postos ministeriais mais expressivos do Império — os Negócios Estrangeiros em 1858, a Fazenda em 1861, a Guerra e novamente a Fazenda em 1871, quando na presidência do gabinete — para além de conduzir novas missões no Prata.

Após a crise de sua missão sob Furtado, Paranhos apenas reatou sua diplomacia platina quando os conservadores reassumiram o poder. Em 1869, teve a difícil tarefa de refundar o Paraguai, incumbência que lhe coube pouco depois, mas para o Império. Em Assunção, formou-se um triunvirato constituído por figuradas abrasileiradas — e contrárias a Solano López. Seu escopo imediato era estimular a propriedade privada e o livre comércio, de modo a rearticular a economia paraguaia do pós-guerra. No mesmo impulso, aboliu-se a escravidão numa república governada, indiretamente, por um representante de uma monarquia escravista. Fosse apenas por motivos platinos, a contradição teria menos ímpeto. Paranhos tinha conhecimento das tensões brasileiras, marcadas pela crescente oposição da média patente militar aos conservadores, e destes aos reformistas e radicais. Cada grupo, a sua maneira, pautava um movimento de interesses conflitantes em que a manutenção da posse cativa era a causa polarizadora.

A convicção emancipacionista de Paranhos emergiu dessas tensões. Não havia sido o caso em 1867, quando ainda se mostrara hesitante no Conselho de Estado. Em 1869, teve clareza da má impressão que o Império causava no Prata, onde encontrou um Exército politizado e com tendências internas abolicionistas. Em junho de 1871, quando chefe de gabinete e já visconde do Rio Branco por grandeza, Paranhos defendeu-se perante a Câmara de eventual incoerência, alegando que, sobre "a opinião que [havia] manifest[ado] em 1867, [...] cumpria considerar, pelo que respeita à oportunidade da reforma, que a guerra intestina dos Estados Unidos chegava apenas a seu termo; que a Guerra do Paraguai nos assustava e que seu termo não era previsto". A conclusão do conflito, continuava Rio Branco, mudara a ordem dos acontecimentos:

> Eu me achei, porém, [...] entre não menos de 50.000 brasileiros [no Paraguai] que estiveram em contato com os povos dos Estados vizinhos e eu sei por mim, e por confissão de muitos dos mais ilustrados entre eles, quantas vezes a permanência dessa instituição odiosa no Brasil [a escravidão] nos vexava e nos humilhava ante o estrangeiro. [...] Estamos em 1871 e não em 1867. As circunstâncias do país são diversas, os tempos são outros.[362]

Pouco antes, em maio de 1871 e perante um Senado menos apaixonado, Rio Branco também havia defendido a Lei do Ventre Livre, mas justificando-a por questões internas. Resolver a questão da escravatura significaria evitar que o Império caísse futuramente em guerra fratricida, como ocorrera nos Estados Unidos. Endossava em alguma medida a opinião do *New York Herald*, quando ainda em janeiro de 1869 profetizara uma *revolução no Brasil*, o *fim da escravidão* e a *instituição do regime republicano* após a vitória no Paraguai. O artigo havia sido recortado pelo próprio Paranhos e despachado imediatamente para São Cristóvão.[363]

A profissão de fé ocorreu em 1870, quando Rio Branco ainda se encontrava em Assunção. Seu irmão Antônio fora um veterano da guerra, e José Maria acabava de perdê-lo após grave ferimento ocorrido em Cerro Corá, o último combate contra López. Ainda impactado pela situação, Paranhos foi interpelado sobre a emancipação em sessão magna celebrada na loja maçônica Fé, que se organizou em honra ao agora grão-mestre maçom. Perante uma plateia de militares aguerridos, Rio Branco ponderou, com eloquência característica, que a escravidão no Brasil era sustentada pela dura lei da necessidade; mas que a causa da humanidade e a da justiça achavam-se triunfantes na opinião pública, e que os oradores mais convictos e a imprensa nacional pediam com insistência a reforma do estado servil.[364]

A notícia rapidamente correu nos quartéis e não tardou em chegar ao Rio de Janeiro. Paranhos afirmava-se como o homem certo na hora certa, e Pedro II convocou-o às pressas de volta ao Brasil. Tinha a intenção de oferecer-lhe o gabinete: Paranhos era conservador, o que garantiria moderação e êxito, no seio do partido, na aprovação da lei emancipacionista — por extensão, uma medida que poria panos quentes nos incomodados reformistas e nos insubordinados radicais.

Em março de 1871, o projeto de reformas estava concluído, e não apenas se destinava ao regime escravocrata. "Rio Branco está organizando um novo ministério e de acordo perfeito comigo quanto às ideias capitais de reformas, uma das quais é a do elemento servil", assinalou ao conde d'Eu o imperador então envolvido com sua primeira viagem à Europa, que ocorreu em maio de 1871. Politicamente, o instante era conveniente para retirar-se do Império, embora fosse paradoxal à primeira vista. A vocação reformista de São Cristóvão não era supressa para ninguém, e seu encaminhamento pelo ministério conservador traria alguma calmaria ao ainda vibrante terremoto político de 1868. Vasta, a agenda de Paranhos incluía, além da servil, reformas judiciárias, educativas, de infraestrutura, nos registros e na burocracia civil. O plano açambarcou igualmente reformas financeiras e produtivas, tributárias, orçamentárias, militares e urbanas. Condicionando a sobrevida do Segundo Reinado, a dramaticidade do momento exigia uma reformulação institucional com vistas, assim se pretendia, a produzir nova concórdia política, econômica e social.[365]

Paranhos armou-se como pôde, procurando formar um governo nos quadros de uma heterodoxa mocidade conservadora. À moda do que havia feito o marquês de Paraná, eram todos nomes da terceira geração do partido conservador. Moço na forma e nas intenções, o gabinete produziu, não obstante, resultados velhos. A Lei do Ventre Livre passou em 28 de setembro de 1871, mas a um custo altíssimo não apenas para os nascidos livres de mães cativas. Num primeiro movimento de compensações ao bloco escravocrata — dos ramos político, produtivo e financeiro —, a reforma não alforriou imediatamente o ventre cativo. Num segundo, e testemunhando o peso das forças econômicas na direção do governo, Rio Branco investiu na infraestrutura de integração física cafeeira, como as ferrovias e os portos, que atendia majoritariamente a produtores escravistas do Rio de Janeiro. Encaminhou também um projeto de locação de serviços laborais, no intuito de disciplinar — e atrelar à lavoura — a mão de obra livre. Uma imensa contrapartida para as poucas alforrias que viriam do ventre livre. Em termos financeiros, regulamentou quedas nas taxas de juros aplicadas aos cafezais, não sem compensar os bancos com apólices e títulos do governo. Conduziu projetos para remodelar a Corte, que, incompletos, atenderam sobremaneira aos bairros centrais, ali onde também se alocava o capital cafeeiro.

O custo das reformas foi igualmente alto para o conjunto da sociedade imperial. Paranhos uniformizou, em sentido ascendente, as barreiras alfandegárias, na intenção de recompor o orçamento após o conflito no Prata e de azeitar o reformismo que o caracterizou. Com impacto apenas marginal sobre a malha industrial, pois se mitigaram as tarifas a bens de primeira necessidade, a política alfandegária de Rio Branco não aplacou a alta dos preços ao consumidor. Pelo contrário, sua política fiscal expansionista tendeu para o desenvolvimento inflacionário. Fosse com finalidade redistributiva, o modelo quiçá tivesse serenado os ânimos da cidadania, mas não foi o caso. O projeto de desenvolvimento foi polarizador de ganhos e socializador de custos. Não à toa, o tempo das antecipações reformistas de Paranhos coincidiu, aprofundando a agitação da década de 1860, com o da mobilização de cidadãs e cidadãos brasileiros.

Em tendência contrária à regra do Segundo Reinado, Rio Branco financiou suas reformas sobremodo por intermédio do capital externo. Foram praticamente 30.000:000$000 réis contraídos nacionalmente; pouco, comparados aos quase 9 milhões de libras tomadas à casa britânica N. M. Rothschild & Sons. Era o que a situação bancária nacional permitia após uma guerra patrocinada sobretudo pelo capital interno. Em valores convertidos, o empréstimo externo somava o valor de 90.000:000$000 réis, uma cifra meteórica para um gabinete que fechava seu quinquênio com pouco mais de 23.000:000$000 réis inscritos no serviço da dívida, interna e externa. Diluído socialmente, o preço do reformismo de Paranhos deu a tônica de uma modernização conservadora, conduzida pelo alto e de maneira a reacomodar as tensões entre o governo, o capital produtivo e o capital financeiro. Ao todo, e ratificando o que se vislumbrava desde a década de 1860, Rio Branco recunhou a moeda imperial. O governo e a lavoura do Paraíba, especialmente a fluminense, continuaram a agir em simbiose, dependendo, no entanto, da liga que apenas a face bancária da mesma moeda poderia dar. Dito de outra forma, se antes o governo e a lavoura fluminense autorizavam a posse da fator trabalho de produção, tornando-a, como faces complementares de uma mesma moeda, uma política de Estado e uma condição para o desenvolvimento material, no tempo de Rio Branco, o governo e o Banco do Brasil — para onde transmigrava o grande capital cafeeiro fluminense após os empréstimos concedidos durante a guerra — blindaram-se mutuamente contra os efeitos da agenda emancipacionista por intermédio de um recíproco amparo financeiro, com o qual credores e devedores estavam diretamente relacionados.[366]

Resta que São Paulo viria aos gritos denunciar o novo conluio. Desde o término da guerra contra López, os cafezais do Oeste Paulista — em primeira instância, aqueles compreendidos longitudinalmente entre São Paulo e Rio Claro e latitudinalmente de São José dos Campos até Botucatu — tiveram franca expansão, a ponto de alcançar até a Proclamação da República o volume de café exportado pelo porto do Rio de Janeiro. Nesse ritmo, a tendência crescente de exportações cafeeiras pelo porto de Santos não condisse, em volume ou em valor, com o auxílio financeiro que o Banco do Brasil prestava ao Oeste Paulista.

Tolhido pelos bancos do Rio de Janeiro, o Oeste Paulista tampouco logrou acomodar plenamente seus interesses imigrantistas ou ferroviários, visto que a Corte fazia uma desigual partilha do butim orçamentário. Enquanto, ao longo da década de 1860, pouco mais de 53% do total arrecado pelo governo central em São Paulo permaneceu na província, nas de 1870 e de 1880 a proporção foi continuadamente declinante: respectivamente, de 34% para 27% nos últimos anos do Império. De forma igualmente sugestiva, à medida que o café paulista ganhou destaque nacional, tornando a província uma das primeiras entre as que mais contribuíam para o Tesouro Imperial, a proporção entre a receita provincial e a arrecadada pelo governo central na província tendeu a declinar: de 57% na década de 1860 para 47% na de 1870 e, finalmente, 38% na de 1880. Reflexo de um tempo que os paulistas do Oeste queriam deixar para trás, a província de São Paulo tinha apenas nove cadeiras na Câmara de Deputados. O Rio de Janeiro tomava 12; Pernambuco, 13; Bahia, 14; e Minas Gerais, 20. Por todas as evidências, o tamanho das ambições paulistas não coube no Império. Restava-lhes encontrar na espada, igualmente inconformada com a ordem do pós-guerra, o apoio para a república que desejavam.

Levariam 20 anos para travar a luta e quase 30 para ganhar as disputas. Entrementes, tiveram de acomodar-se ao movimento abolicionista, o primeiro de massas, que estouraria na década de 1880. Em São Paulo, as possibilidades de pôr termo à escravidão deram-se por linhas tortuosas, havendo, por um lado, expressivo grupo de cafeicultores que não por acaso a elas resistiam e, por outro, um núcleo que adotou, ganhando força e expressão tardiamente, uma política de ambiguidade deliberada: não se opunha frontalmente à escravidão, mas tampouco condenava abertamente a abolição. Esse projeto, que mais se pareceu a uma paciência estratégica, deu-se como forma de evitar rupturas com os correligionários escravocratas da lavoura paulista — mantendo, inclusive e quanto possível, a unidade do republicanismo — e, sobretudo, como maneira de aguardar a precipitação dos acontecimentos.[367]

Os paulistas tiveram também de lidar com gente nova, francamente abolicionista, como Luiz Gama, o baiano filho de uma africana forra e de um pai, fidalgo inescrupuloso, que o vendeu como escravo. Após um fastidioso périplo pelo Rio de Janeiro e por São Paulo, Gama fugiu, sentou praça e aprendeu a lei. Na fervorosa década de 1860, fundou o *Diabo Coxo* e *O Cabrião*, e, pouco depois, atuou como advogado, defendendo todos os que, como ele, se encontravam ilegalmente escravizados. Líder abolicionista incontestе, deixou volumosos tomos que rivalizam com os de um Rui Barbosa. Fosse outro, mais assemelhado às oligarquias, sua obra quiçá não tivesse permanecido tanto tempo sob o pó dos arquivos. Gama falou de liberdade, de democracia, de igualdade e de fraternidade. Quis um país diferente, pacificado por baixo, e não pelo alto. Faleceu em agosto de 1882, deixando um legado que, malgrado todos os esforços, terminaria soterrado pelas novas disputas pelo poder na década de 1890, que ao fim permaneceram tão oligárquicas quanto as do Império, naquela altura já desaparecido.[368]

AGRADECIMENTOS

Há poucos ofícios mais cooperativos do que o de historiador, e há, portanto, imensa injustiça nos nomes de autores que circundam, sozinhos, o título da obra. Ninguém melhor do que eles sabe que esta empresa é uma engrenagem de muitas mãos. Não poderiam ser apenas praxe estas palavras. Longe disso, nossos agradecimentos são prova de reconhecimento: somos tributários de grande número de pessoas, e o registro de seus nomes é tão somente o mínimo que poderíamos fazer.

Escrito quase integralmente durante a pandemia de Covid-19, com acesso muito limitado a bibliotecas e arquivos, este volume contou com a generosidade inesgotável de amigos e colegas que leram integral ou parcialmente o manuscrito, ofereceram sugestões, responderam a perguntas e enviaram obras de difícil acesso ou inclusive fontes primárias digitalizadas. Nosso muito obrigado a Ricardo Salles — que lamentável e dolorosamente nos deixou em 2021 —, Rafael Marquese, João Fragoso, João Paulo Pimenta, Lúcia Bastos Pereira das Neves, Gladys Sabina Ribeiro, Felipe Loureiro, Alexandre Moreli, Gonçalo Rocha Gonçalves, Leonardo Marques, Tâmis Parron, Waldomiro Lourenço, Ala-in El Youssef, Marcelo Ferraro, Lindener Pareto, João Escosteguy, Pedro Ferreira de Souza, Thales Pereira, Rafael Cariello, Adriano Comissoli, Carla Menegat, Paulo Pachá, José Ernesto Knust, Paulo Eduardo Martins de Araújo, Rogério de Souza Farias, Marcelo Badaró Mattos, André Pagliarini, João Villaverde, Miqueias Mugge e aos membros do Laboratório de Estudos sobre o Brasil e o Sistema Mundial.

Também agradecemos vivamente à Editora da Fundação Getulio Vargas pelo convite, na pessoa de sua diretora executiva Marieta de Moraes Ferreira.

Nenhum trabalho intelectual é possível sem o apoio dos que nos são próximos. Nosso maior agradecimento é também a nossas famílias, sem as quais este livro não existiria, e especialmente a nossas esposas, respectivamente, Mariana e Virgínia, e à filha do Rodrigo, Helena, pois sem seu estímulo intelectual e amor o processo de escrita teria sido muito menos fecundo e prazeroso. A elas dedicamos este livro.

NOTAS

INTRODUÇÃO

1. IHGB — Arquivo Wanderley Pinho — DL1593.026. Fé de ofício de d. Pedro II e carta do ex-imperador ao visconde de Taunay, 23/04/1891 — 27/06/1891.
2. Para uma discussão sobre os marcos cronológicos do século XIX, ver: Osterhammel (2014); Bayly (2003); Hobsbawm (1982); Soboul (1989); Cannadine (2018); Soutou (2007).
3. O conceito de estratos do tempo é de Koselleck (2014).
4. Salles (2013).
5. Sobre as relações de poder na produção da história, ver: Trouillot (2016, principalmente p. 15-62); sobre os discursos ocultos e a ação política subalterna, ver Scott (2013).
6. Para uma genealogia do elusivo conceito de guerra civil, a tênue e permeável fronteira que a separa da rebelião e sua centralidade na Era das Revoluções (e, em menor escala, da formação dos Estado Nacionais no século XIX), ver Armitage (2017: caps. 4 e 5).
7. Malerba (2020:29-153); Fragoso (1998:117-380); Adelman (2006:56-100 e 141-174); Jancsó (1996); Alexandre (1993b:25-89).
8. Alexandre (1993b:147-243 e 261-338); Pedreira e Dores Costa (2008:180-235, 265-296 e 303-333); Mello (2014:25-63); Parron (2021: v. II, p. 438-445).
9. Pedreira e Dores Costa (2008:235-264 e 296-303); Pimenta (2015:39-354).
10. Alexandre (1993b:355-465); Pedreira e Dores Costa (2008:333-386); Neves (2003).
11. Dias (2009:7-37); Alexandre (1993b:465-71)1; Mello (2014:65-112); Berbel (1999).
12. Marcílio (2004:338 e 535); Franchini Neto (2019). Pereira (2018:625-626).
13. Reis (1989:79-88; 2003:68-93); Carvalho (2006:1-30).

14. Neves (2003). Veja-se também Malerba (2020:239-269).

15. Holanda (2003:18).

16. John Adams para James Lloyd, 29/03/1815, *Adams papers*. Disponível em: https://founders.archives.gov/documents/Adams/99-02-02-6443. Acesso em: 20 mar. 2020. No dia seguinte, Adams escreveu que os sul-americanos eram "um povo mais ignorante, mais preconceituoso, mais supersticioso, mais implicitamente crédulo na santidade da realeza, mais cegamente devotado a seus padres, mais submetido em terror abjeto à Inquisição que qualquer povo da Europa, até Espanha, Portugal ou os Países Baixos Austríacos [atual Bélgica], e infinitamente mais que na própria Roma, a residência do chefe da Santa Igreja". John Adams para James Lloyd, 30 de março de 1815, *Adams papers*. Disponível em: https://founders.archives.gov/documents/Adams/99-02-02-6444. Acesso em: 20 mar. 2020. Cinco anos depois, o sucessor de Adams na presidência, Thomas Jefferson, registrou opiniões mais favoráveis ao Brasil, admitindo que poderia ter um "destino orgulhoso", ainda que lamentasse que não tivéssemos as instituições norte-americanas "e seu amor pela liberdade, tolerância e paz". Thomas Jefferson para Francis Walker Gilmer, 24/01/1820, *Papers of Thomas Jefferson*. Disponível em: https://founders.archives.gov/documents/Jefferson/98-01-02-1037. Acesso em: 20 mar. 2020. Meses depois, Jefferson escreveu a outro interlocutor que se "regozijaria em ver as frotas do Brasil e dos EUA navegando em conjunto, como irmãos da mesma família, e perseguindo o mesmo objetivo". Thomas Jefferson para William Short, 4 de agosto de 1820. Disponível em: https://founders.archives.gov/documents/Jefferson/98-01-02-1438. Acesso em: 20 mar. 2020. Talvez o fato de Jefferson ser — diferente de Adams — um escravocrata ajude a entender sua maior simpatia ao Brasil. Veja-se Fitz (2016: caps. 1 e 2).

17. Neves e Neves (2014:59-78).

18. Apud Sousa, O. (2015:175, citação). Sobre Bonifácio, ver Malerba (2020:271-283). Ver também CANECA, Joaquim do Amor Divino, frei. Cartas de Pítia a Damão I: Análise dos cinco primeiros números do *Diário do Governo*, redigidos pelo padre Quintela [17 de março de 1823] e, principalmente, III: sobre os projetos despóticos do ministério do Rio de Janeiro. In: Mello (2001b:169 e 202-208); Slemian (2009:73-81); Pimenta (2015:355-460).

19. Correspondência… (1976:210, citação). Ver também Lustosa (2006: parte 5, cap. 6); Barman (1988:108).

20. Fragoso (1998); Slemian (2009:98-100); Ribeiro (2002a).

21. Sessão de 23 de setembro de 1823. *Diário da Assembleia Geral Constituinte e Legislativa do Império do Brasil*, v. III, p. 90, 2003.

22. Sessão de 24 de setembro. *Diário da Assembleia Geral Constituinte e Legislativa do Império do Brasil*, v. III, p. 106, 2003.

23. Sessão de 30 de setembro. *Diário da Assembleia Geral Constituinte e Legislativa do Império do Brasil*, v. III, p. 133, 2003.

24. Sessão de 30 de setembro. *Diário da Assembleia Geral Constituinte e Legislativa do Império do Brasil*, v. III, p. 133, 2003. Sobre Bonifácio, ver Malerba (2020:293-301); Dolhnikoff (2012: cap. 6). Alencar era aluno do médico carmelita Manuel Arruda Câmara quando este defendeu, em carta de 1810, o fim da discriminação racial e a importância da "gente de cor" para o progresso do Brasil: Nobre (1994:82).

25. Sessão de 30 de setembro. *Diário da Assembleia Geral Constituinte e Legislativa do Império do Brasil*, v. III, p. 137, 2003.

26. Parron (2015:181, citação); Bateman (2018:63-135); Polgar (2019:211-317).

27. Sessão de 30 de setembro. *Diário da Assembleia Geral Constituinte e Legislativa do Império do Brasil*, v. III, p. 138, 2003.

28. Projeto de Constituição para o Império do Brasil. *Diário da Assembleia Geral Constituinte e Legislativa do Império do Brasil*, v. II, p. 699, 2003. Veja-se Costa (1988:9-59), na qual o autor minimiza a brutalidade escravista, mas advoga pela abolição gradual do tráfico transatlântico em razão da ameaça posta pelos africanos à segurança dos brancos, como a Revolução Haitiana havia deixado claro.

29. Andrada e Silva (1988:64, citação); Sessão de 30 de setembro. *Diário da Assembleia Geral Constituinte e Legislativa do Império do Brasil*, v. III, p. 133 (Muniz Tavares), 2003; Berbel, Marquese e Parron (2010:163-171), no qual se baseia toda essa discussão. Veja-se também Grinberg (2002:108-114); Escosteguy Filho (2016:270-293); Rodrigues (2000:51-55).

30. Reis (2000:250-251). Ver, a título de exemplo, Carvalho, Bastos e Basile (2012: panfletos 3 (início de 1821), 16 (fevereiro de 1821), 25 (final de 1822/início de 1823) e 32 (1822)); Sessão de 3 de maio. *Diário da Assembleia Geral Constituinte e Legislativa do Império do Brasil*, v. I (D. Pedro I); Sessão de 10 de julho, v. II (o padre pernambucano Venâncio Henriques de Resende); Sessão de 21 de julho (projeto de lei proposto pelo coimbrão mineiro Cândido José de Araújo Viana); Sessão de 28 de julho (o coimbrão e fazendeiro luso-paulista Nicolau Pereira de Campos Vergueiro); Sessão de 28 de agosto (o coimbrão baiano Antônio Luís Pereira da Cunha); Sessão

de 16 de setembro, v. III (os coimbrões baianos Luís José de Carvalho e Melo e Clemente Ferreira França); Sessão de 24 de outubro (o diácono José Martiniano de Alencar) e Sessão de 11 de novembro (Andrada Machado, o irmão de Bonifácio), 2003. Para uma análise da permanência desse discurso ainda por alguns anos, ver Silva (2009:230-233).

31. Americus (1825:55, primeira citação); Sessão de 26 de maio. *Diário da Assembleia Geral Constituinte e Legislativa do Império do Brasil*, v. I (segunda) e Sessão de 18 de setembro, v. III, p. 47 (terceira), 2003. O padre Diogo Feijó desenvolve raciocínio análogo em "Causas da tranquilidade do Brasil" [4/12/1834]. In: Caldeira (1999:135-137). Para o paralelo com os EUA, ver Morgan (2000:121-150). Para um esboço de contextualização, ver Lynch (2013:149-163).

32. Sessão de 30 de setembro. *Diário da Assembleia Geral Constituinte e Legislativa do Império do Brasil*, v. III, p. 139 (citação), 2003; Parron e Marquese (2012); Lustosa (2006:parte IV, cap. 8).

33. Wolf (2006:1-84); Polgar (2019:1-210); Foner (1998:3-12).

34. Pereira (2010:95); Ribeiro (2002b:39); Reis (1989:88-98); Carvalho (2006:18-23); Blanchard (2002:499-523); Chaves (2011:81-104); Nash (2006:17-50).

35. Malerba (2020:301-305); Sposito (2012:33-41). Ver Guardino (2005:156-274). Para um contraponto andino, ver Larson (2004).

36. Silva (1973:412-414, citações); Moreira (2010:133-134; 2017:130-177); Bieber (2014:227-254); Sposito (2012:191-233).

37. Dantas (2010:31-32); Slemian (2009:131-132).

38. Rosanvallon (1992: segunda parte, cap. 2); Piketty (2020:153-192); Bateman (2018:207-273).

39. Bateman (2018:136-159); Sabato (2018:53-55); Miki (2021:474-490); Arendt (1989:330).

40. Sessão de 3 de maio. *Diário da Assembleia Geral Constituinte e Legislativa do Império do Brasil*, v. I, p. 18, 2003.

41. Lynch (2005:624); Paquette (2013:167).

42. CANECA, Joaquim do Amor Divino, frei. III: sobre os projetos despóticos do ministério do Rio de Janeiro. In: Mello (2001b:206, citação); Sessão de 6 de maio. *Diário da Assembleia Geral Constituinte e Legislativa do Império do Brasil*, v. I, p. 27-35, 2003; sobre Andrade Lima, ver Silva (2018:88, 104 e 216).

43. Jancsó e Pimenta (2000:166-167).

44. Sessão de 26 de maio. *Diário da Assembleia Geral Constituinte e Legislativa do Império do Brasil*, v. I, p. 129 (citação), 2003. Ver Pereira (2016:159-166); Slemian (2009:111-125); Morel (2001:188-189); Mello (2014:117-120).

45. Safford (2004:346). Ver também Carvalho (1998:162-163).

46. Sessão de 26 de junho. *Diário da Assembleia Geral Constituinte e Legislativa do Império do Brasil*, v. I, p. 302-303 (citações), 2003. Ver Slemian (2009:87-97 e 100-103).

47. Sessão de 26 de junho. *Diário da Assembleia Geral Constituinte e Legislativa do Império do Brasil*, v. I, p. 302 (citação), 2003; Lynch (2014c); Schmitt (2007:195).

48. Sessão de 9 de junho. *Diário da Assembleia Geral Constituinte e Legislativa do Império do Brasil*, v. I, p. 188 (citação), 2003; Leandro (2019:70). Sobre a relação entre imprensa, assembleia e governo em 1823, ver Lustosa (2000:279-316).

49. Lustosa (2000:330-407); Macaulay (1993:172-182); Barman (1988:115-119); Dolhnikoff (2012: cap. 7); Prutsch (2013).

50. CANECA, Joaquim do Amor Divino, frei. *Typhys Pernambucano*, I: 25 dez. 1823. In: Mello (2001b:304); Slemian (2009:127-139); Pereira (2010:98) e Dantas (2010).

51. Maier (2010).

52. A narrativa que se segue é baseada em MELLO (2014:113-237; 2001a:69-90).

53. Chacon (1983:15-47); Mello (2001b:11-47).

54. CANECA, Joaquim do Amor Divino, frei. Voto sobre o juramento do projeto de Constituição oferecido por d. Pedro I [6 de junho de 1824]. In: Mello (2001b:561).

55. CANECA, Joaquim do Amor Divino, frei. *Typhys Pernambucano*, v. XX, 3 de junho de 1824. In: Mello (2001b:456).

56. Brandão (1924:207, primeira citação); CANECA, Joaquim do Amor Divino, frei. *Typhys Pernambucano*, vol. IV, 26 de fevereiro de 1824. In: Mello (2001b:373-374, segunda). Para uma contextualização, ver Fitz (2016: cap. 5).

57. Brandão (1924:215). Dois dias antes, Caneca publicou em seu jornal as "Bases para a formação do pacto social" que lhe teriam sido entregues por Pais de Andrade, entre as quais constava: "todo o homem pode entrar no serviço de outro pelo tempo que quiser porém não pode vender-se, nem ser vendido. A sua pessoa não é uma propriedade alienável". CANECA, Joaquim do Amor Divino, frei. *Typhis Pernambucano*, v. XXIV, 1º jul. 1824. In: Mello (2001b:495). 1824 foi o ano em que menos africanos escravizados adentraram o porto de Recife entre 1812 e 1830: cerca de 4 mil, contra uma média de 7.300 nos três anos anteriores e 8.200 nos três seguintes, de acordo com o Banco de Dados do Tráfico Transatlântico de Escravos. Disponível em: www.slavevoyages.org.

58. CANECA, Joaquim do Amor Divino, frei. O *Caçador* atirando à *Arara Pernambucana* em que se transformou o rei dos ratos José Fernandes Gama. In: Mello (2001b:158, citação). Posteriormente, porém, o frade minimizou a discriminação sofrida pelos pardos: CANECA, Joaquim do Amor Divino, frei. Cartas de Pítia a Damão: IX. Sobre as sociedades secretas em Pernambuco. In: Mello (2001b:283-284). Ver também Souza (2008:138-160); Belton (2018:62-82); Chalhoub (1990:192-193); Fitz (2016: cap. 2).

59. Reis e Kraay (2017:313-358).

60. Brandão (1924:226, citação); Dantas (2018:101-136); Taylor (2016: cap. 7); Echeverrí (2016: caps. 4 e 6); Bernardes (2003:247-249).

61. Gould (2012:2): "os Estados Unidos não podiam se tornar a nação que os americanos desejavam sem o consentimento de outros povos e nações".

62. Instruções de José Bonifácio a Brant [Rio, 12/8/1822]. In: Ministério das Relações Exteriores (2018:10).

63. Ver, entre muitos outros, Eltis (1987:82-101); Holt (1990:371-378); Davis (2006:231-249); Tomich (2016:1-24); Wright (2020:363-366).

64. Mason (2009:809-832). No mesmo sentido, Ver Moreno Fraginals (2005:215).

65. CIRCULAR do Conde de Porto Santo aos representantes de Portugal nas Cortes Estrangeiras (22/6/1825). In: Biker (1880: t. 23, p. 179, primeira citação); DO futuro marquez de Inhambuque a A. Telles da Silva (depois Marquês de Resende) (Rio, 27 de abril de 1825). In: CORRESPONDENCIA do Marquez de Resende (1916:163, segunda). Ver Ferreira (2012:203-241).

66. Pereira (2021a:311-342).

67. Bethell (2002:49-84); Alexandre (1993a:309-341); Parron (2015:187-189).

68. Elliott (1992:48-71); Sperber (2017:279-283). A ideia não era, porém, desconhecida no Rio de Janeiro por esses anos: "Governo composto é aquele onde dois ou mais estados diferentes se unem estreitamente por algum tratado, de maneira que pareçam formar o mesmo corpo", dando-se como exemplo a união relativamente recente (1800) entre Grã-Bretanha e Irlanda (BN. *O Exaltado*, n. 14, 15/12/1831).

69. Pedro I, d. 1826: Fala do Trono na abertura da assembleia geral em 6 de maio. In: FALAS do Trono (2019:120).

70. Paquette (2013:198-234); Bonifácio (2004:519-524)

71. Pedro I, d. 1826. FALAS do Trono (2019:121). Ver também Ferrer Gomez (2020:276-288).

72. Oliveira e Dantas (2016:77-116); Barman (1988:136-138).

73. Sessão de 6 de julho. *Annaes do Parlamento Brasileiro*: Câmara dos Deputados, v. IV, p. 62, 1829.

74. Pedro I, d. 1826. FALAS do Trono (2019:121); Sessão de 12 de maio. *Annaes do Parlamento Brasileiro*: Câmara dos Deputados, v. I, p. 61-62, 1826; Carvalho (2011:65-88); Engerman e Sokoloff (2012:28-29).

75. Sessão de 15 de junho. *Annaes do Parlamento Brasileiro*: Câmara dos Deputados, v. II, p. 149, 1826. Nossa discussão sobre o tema está largamente baseada nos trabalhos de Parron (2011:64-79; 2015:191-194); e de Marquese, Berbel e Parron (2010:185-191). Para o debate paralelo na imprensa carioca, ver Youssef (2016:93-110).

76. Sessão de 14 de maio. *Annaes do Parlamento Brasileiro*: Câmara dos Deputados, v. I, p. 85, 1827. Ver Cadena (2018:46-104).

77. Sessão de 22 de maio. *Annaes do Parlamento Brasileiro*: Câmara dos Deputados, v. I, p. 154, 1827, primeira citação); Sessão de 2 de julho. *ACD*, v. III, p. 11-18, 1827, seguintes).

78. Sessão de 3 de julho. *Annaes do Parlamento Brasileiro*: Câmara dos Deputados, v. III, p. 21, 1827.

79. Sessão de 3 de julho. *Annaes do Parlamento Brasileiro*: Câmara dos Deputados, v. III, p. 26, 1827.

80. Jefferson (2006:162-163). Antes deles, o médico português Antônio Ribeiro Sanches (1922:89-90) já havia produzido reflexões similares. Lino Coutinho provavelmente teve contato com as ideias de Ribeiro Sanches em Coimbra e possuía outro livro de Jefferson em sua biblioteca: Magalhães e Junqueira (2017:218).

81. Sessão de 3 de julho. *Annaes do Parlamento Brasileiro*: Câmara dos Deputados v. III, p. 28, 1827. Vasconcelos também elogiou publicamente a Grã-Bretanha como "nação benfeitora do gênero humano, que tem procurado plantar a liberdade em todo o mundo" no final do mesmo ano, embora tenha passado a criticá-la no ano seguinte: Carta aos senhores eleitores da província de Minas Gerais. [30/12/1827]. In: Carvalho (1999:143); no mesmo livro, Carvalho (1999:19). Entretanto, um ano antes o mesmo deputado havia afirmado que "a presunção é que um homem de cor preta é sempre escravo": Sessão de 19 de junho de 1826. *Annaes do Parlamento Brasileiro*: Câmara dos Deputados, v. II, p. 203, 1826.

82. Sessão de 3 de julho. *Annaes do Parlamento Brasileiro*: Câmara dos Deputados, v. III, p. 31-32, 1827.

83. *Papers of Thomas Jefferson*, James Monroe para Thomas Jefferson, 11/6/1802. Disponível em: https://founders.archives.gov/?q=emancipation&s=1111311113&sa=&r=149&sr. Acesso em: 14 ago. 2021, tradução nossa.

84. Sessão de 4 de julho. *Annaes do Parlamento Brasileiro*: Câmara dos Deputados, v. III, p. 50, 1827 (citação). Valencia Villa e Florentino (2016:1-20).

85. Seckinger (1984:65-79 e 108-153); Barman (1988:139-140 e 143).

86. Sessão de 18 de maio de 1827. *Annaes do Parlamento Brasileiro*: Câmara dos Deputados, v. I, p. 120-128, 1827; Sessão de 25 de agosto de 1828. *Annaes do Parlamento Brasileiro*: Câmara dos Deputados, IV, p. 136-142, 1828; Mcbeth (1972:120-131); Pereira (2010:205); Leitman (1979:105-107).

87. BN. *Aurora Fluminense*, n. 12, 28 jan. 1828. p. 1; n. 4, 5 abr. 1828. p. 1; n. 195, 27 maio 1829. p. 3; Sessão de 13 de maio. *Annaes do Parlamento Brasileiro*: Câmara dos Deputados, v. II, p. 63, 1829; VASCONCELOS, Bernardo Pereira de. Carta aos senhores eleitores. In: Carvalho (1999:146). Ver também Mcbeth (1972:156-163); Barman (1988:150-151); Macaulay (1993:235-239); Lustosa (2006: parte 8, cap. 2). Sobre a importância do controle do orçamento na política imperial, ver Carvalho (2011:263-289).

88. Baylin (2003:62-64, 74-78, 116-124, 302-306, 315-317); Pocock (2003:410-482); Halperin Donghi (2015: Conclusão) Thibaud (2003: Conclusão).

89. Flory (1981: caps. 4 e 7); Barman (1988:149); Slemian (2009:186-191); Pereira (2010:165-168 e 210-216).

90. *Honra do Brasil Desafrontada de Insultos da Astréa Expadaxina*, n. 10, 13 maio 1828 apud Basile (2011b:179).

91. Fragoso (1998:276-277); Pereira (2017:64); Lobo et al. (1971:246); Pereira (2010:129); Gambi (2015:75-77); Braudel (2009:72-73).

92. Cartas de João Loureiro... (1914:282, 15/12/1828, primeira citação); BN. *Nova Luz Brazileira*, n. 11, 15 jan. 1830. p. 1-2 (segunda). Ver Basile (2001:91-130); Morel (2003:99-114).

93. Hilton (2003:209-210 e 220-221); Linebaugh e Rediker (2008). A revolta de 1381 foi citada positivamente pelo mesmo jornal no ano seguinte: BN. *Nova Luz Brazileira*, n. 160, 17 ago. 1831.

94. BN. *O Brasileiro Imparcial*, n. 25, 27 mar. 1830. p. 4. Ver Kraay (2013:55-58).

95. Carvalho (2002a:169-173); Mosher (2008: cap. 2).

96. Sessão de 17 de julho. *Annaes do Parlamento Brasileiro*: Câmara dos Deputados, v. IV, p. 145, 1829; Pereira (2010:236-237); Rechdan (2016:290-389).

97. Sperber (2017:311-319); Aprile (2010: cap. 2); principalmente Lustosa (2015:84), artigo que serve de base para a discussão a seguir.

98. BN. *Aurora Fluminense*, n. 392, 27 set. 1830. p. 2 (primeira citação); BN. *Nova Luz Brazileira*, n. 86, 19 out. 1830. p. 1-2 (segunda). O jornal exaltado estava citando um sermão de 1792 do radical abolicionista Henri Grégoire: Sepinwall (2005:117).

99. Pandolfi (2016:35-55).

100. Paquette (2013:285-291); Barman (1988:156-157); Instruções 1822-1840 (2008:127). A diplomacia imperial estava bem-informada, pois França e Espanha discutiram a ideia até março de 1830: ver Robertson (1939:517-520). As repúblicas hispânicas temiam essa aliança monárquica transatlântica desde 1825: Seckinger (1984:34-37).

101. Ribeiro (2002a); Kraay (2013:59-71).

102. Mcbeth (1978:117-129); Souza (2008:48-182); Pandolfi (2014:307-329); Hofstader (1965:3-40).

103. Ver, por exemplo, Cevalhos (1812:43). Sobre a concepção "pós-política" de exercício do poder em nome do povo, mas sem sua participação, em larga medida baseado no carisma do governante, ver Englund (2005:163-171, 219-226, 274-278, 415-421). Sobre a carta de Constant, ver Morel (2003:47-48).

104. BN. *Aurora Fluminense*, n. 470, 11 abr. 1831. p. 1-2. Ver Basile (2013a). Sobre a importância das revoluções inglesas para Constant, que inclusive utilizou 1688 para pensar 1830, ver Cubbitt (2007:21-47).

CAPÍTULO 2. LABORATÓRIO DA NAÇÃO (1831-37)

105. Aprile (2010: cap. 2); Barman (1988:160).

106. Duby (1994:144). Ver também Basile (2009:53-119), o melhor tratamento sintético do período, de quem tomamos emprestado o título do capítulo.

107. Koselleck (2006:305-327); Pimenta e Fanni (2019:12-13).

108. Sobre as correntes políticas do Rio de Janeiro regencial, ver Basile (2004a). O jornal *Caramuru* teve 67 números entre 1832 e 1833, sendo redigido por um português naturalizado brasileiro, David da Fonseca Pinto.

109. Morel (2003:209).

110. Citações respectivamente em BN. *Nova Luz Brasileira*, n. 174, 24 set. 1831. p. 5-6; *O Tribuno do Povo*, n. 48, 28 fev. 1832. p. 4. Ver Basile (1998:95-117; 2004a:158-161). Para a comparação com os Estados Unidos, ver Earle (2004: principalmente p. 27-36).

111. Citações respectivamente em: Sessão de 19 de junho [Honório Hermeto Carneiro Leão], *Annaes do Parlamento Brasileiro*: Câmara dos Deputados, v. I, p. 800, 1840 (seu espectro ainda aparece de forma oblíqua nas discussões iniciais sobre a Lei de Terras: ver Sessões de 21 e 23 de agosto. *Annaes do*

Parlamento Brasileiro: Câmara dos Deputados, tomo II, p. 836 e 871, 1843) e BN. *Aurora Fluminense*, n. 540, 7 out. 1831. p. 2.

112. BN. *O Tribuno do Povo*, n. 44, 14 fev. 1832 (primeira citação); *A Malagueta*, n. 150, 13 mar. 1832. p. 3 (segunda). Para as condições de possibilidade de organização subalterna, ver Thompson (1987); Sewell (1980:195-218).

113. BARATA, Cipriano. Sentinela da Liberdade na Guarita do Quartel-general de Pirajá Hoje Presa na Guarita da Ilha das Cobras no Rio de Janeiro. Alerta!! [22/10/1832]; Desengano ao Público ou Exposição dos Motivos da Minha Arbitrária Prisão na Província da Bahia [7/1831]. In: Barata (2008:801 e 714, primeira e segunda citações, respectivamente); Basile (2004a:180-184); Ribeiro (2010:78-79). Sobre o vigor e os limites da produção têxtil doméstica, ver Libby (2002:268-278). Para a comparação com os Estados Unidos, ver Brekke (2005:111-139).

114. Citações, respectivamente, em BN. *O Jurujuba dos Farroupilhas*, n. 9, 6 out. 1831. p. 1; *Nova Luz Brasileira*, n. 174, 24 set. 1831. p. 5 e *O Jurujuba dos Farroupilhas*, n. 4, 19 set. 1831. p. 6.

115. Citações, respectivamente, em: Sessão de 16 de maio. *Annaes do Parlamento Brasileiro*: Câmara dos Deputados, tomo I, p. 78, 1835 e Sessão de 12 de maio. *Annaes do Parlamento Brasileiro*: Câmara dos Deputados, tomo I, p. 160, 1832. Ver também Basile (2011c:17-45; 2013b:21-24); Fonseca (2016); Pilbeam (1995:95-128).

116. Barata (2008:730). Ver também Basile (2004a:211-215); Fonseca (2016:264-274, 285-312).

117. FLORESTA, Nísia. Direitos das mulheres e injustiça dos homens [1832]. In: Duarte (2010:100). Ver também Basile (2004a:167-171); Delap (2011:330-334). O livro apresentava-se como tradução livre do já famoso *Reivindicação dos direitos da mulher* (1792), de Mary Wollstonecraft, um equívoco inocente provocado por ter utilizado como fonte uma edição francesa de 1826 que em verdade vertia uma obra anterior mais radical, *Woman not inferior to man*, a qual por sua vez plagiara passagens de um texto de 1673: Botting e Matthews (2014:64-71).

118. Morel (2003:204-296, citação à p. 255); Morel e Souza (2008:131-143); Basile (2004a:228-250, 370-387; 2006:349-383); Barata (2009:60-65); Bullock (1996:277-308).

119. Basile (2007:56, citação); ver também Basile (2004b:259-298); Carvalho (2009:130-150); Irffi (2017:200-224); Gonçalves (2008:57-78); Reis (2003:56-67); Harris (2017:248-255); Seckinger (1975:400-401); Martone (2013:123-148).

120. Citações respectivamente em: Sessão de 25 de maio. *Annaes do Parlamento Brasileiro*: Câmara dos Deputados, v. I, p. 96, 1831; FEIJÓ, Diogo Antônio. A capital tomada [16/7/1831] In: Caldeira (1999:82); VASCONCELOS, Bernardo Pereira de. Exposição dos princípios do ministério da Regência [23/7/1831]. In: Carvalho (1999:201). Sobre Carneiro Leão, ver Estefanes (2013:88-92); sobre a movimentação nas ruas, ver Basile (2004a:251-277, 293-336, 415-447).

121. Sessão de 1º de novembro. *Annaes do Parlamento Brasileiro*: Câmara dos Deputados, v. II, p. 252, 1831 (citação); Holloway (1997: cap. 3); Souza (2008:183-240); Helg (2004:230-236).

122. FEIJÓ, Diogo Antônio. Relatório do Ministro da Justiça [10/5/1832]. In: Caldeira (1999:92); VASCONCELOS, Bernardo Pereira de. Discurso na Câmara dos Deputados [4/7/1833]. In: Carvalho (1999:206).

123. Sessão de 30 de julho. *Annaes do Parlamento Brasileiro*: Câmara dos Deputados, v. II, p. 128, 1832.

124. Carvalho (2011:254); ver também Barman (1988:172-178); Flory (1981: caps. 4, 6, 7, 9); Slemian (2009:232-303); Needell (2006:46-54); Silva (2009:209-227, 277-319); Dolhnikoff (2005:55-98); Basile (2011a:87-121); Hilton (2006:420-437).

125. CARTAS de João Loureiro... [20/9/1834] (2014:426).

126. Carta-circular pedindo votos para o Senador Diogo Antônio Feijó candidato a regente do Império, apud Bragança (2018:40 (citação); ver também Sessões de 5 a 9 de outubro, *Annaes do Parlamento Brasileiro*: Câmara dos Deputados, v. II, p. 355-369, 1835; Castro (1972:29-31); Cruz (2002:1-15); Needell (2006:59-60).

127. FEIJÓ. Fala do Trono [3 maio 1836]. In: Caldeira (1999:181). Ver também Barman (1988:166-167 e 183-188).

128. Sessão de 5 de agosto. *Annaes do Parlamento Brasileiro*: Câmara dos Deputados, v. II, p. 307, 1830, mas também as sessões de 15 e 18 de maio (p. 144-145 e 169). Ver Grinberg (2002:119-124).

129. Sessão de 31 de maio. *AS*, 1831, Livro 1, p. 254. Ver também Basile (2013b:29); Youssef (2016:111-121).

130. Sessões de 15 e 16 de junho. *AS*, Livro 1, p. 365 e 378, 1831 (primeira e segunda citações); BN. *O Sete d'Abril*, n. 365, p. 4, 27 jul. 1836 (terceira, citado em Youssef, 2016:199). A discussão sobre a política parlamentar da escravidão baseia-se em Parron (2011:81-90); Mamigonian (2017:58-89); mas ver também Peixoto (2013).

131. Sessão de 15 de junho. *AS*, Livro 1, p. 373, 1831. Os números do tráfico negreiro são retirados de www.slavevoyages.org. Ver Marques (2016:147-149). A expressão "para inglês ver" se justificaria pela ideia — equivocada — de que a lei não pretendera ter eficácia prática. Ela já estava em uso ao menos desde 1869, quando provocou hilaridade no debate parlamentar: Sessão de 21 de julho. *Annaes do Parlamento Brasileiro*: Câmara dos Deputados, v. 3, p. 234, 1869. Pouco antes, aparecera em BN. *Diário do Rio de Janeiro*, n. 131, 13 maio 1869, p. 1 e ainda antes em *Diário de Belém*, n. 90, 23 nov. 1868, sempre no sentido de uma lei instituída apenas para manter as aparências.

132. Sessão de 13 de maio. *AS*, Livro 1, p. 108, 1831. Ver também Sposito (2012:91-96).

133. Sessão de 20 de junho. *AS*, Livro 1, p. 407, 1831.

134. Sessões de 13 de maio e 15 de junho. *AS*, Livro 1, p. 110 e 366, 1831.

135. Cunha (1992:148-150); Moreira (2017:23, 51, 118-119, 125-126, 158-159 e 185-186); Mamigonian (2017); Miki (2018:53).

136. Apud Reis (2012:279-320); ver também Basile (2011c:41).

137. Ribeiro (2002a:281-294); Basile (2004a:48, 171-175, 342, 346 e 361-362); Silva (2009:244-250); Azevedo (2005:297-320); Tomich (1990:87).

138. Sessão de 25 de agosto. *Annaes do Parlamento Brasileiro*: Câmara dos Deputados, v. II, p. 200, 1832 (citação). Ver também Grinberg (2002:101-108 e 117-119); Mattos (2009:360). Os argumentos de Rebouças foram reproduzidos sem menção ao autor e radicalizados pelos exaltados em BN. *O Clarim da Liberdade*, n. 23, 12 set. 1832, retirando-se qualquer referência a critérios censitários.

139. Kraay (2011:325-333); Moreira (2017:158-159).

140. BN. *O Sentinella da Liberdade no Rio de Janeiro*, n. 9, 27 dez. 1832, p. 2; ver também o n. 8, 20 dez. 1832. O anônimo autor do periódico era o proeminente cirurgião pardo Joaquim Cândido Soares Meireles: Morel e Souza (2008:148-149). Ver também Godoi (2016:81-96); Yingling (2013:321-328).

141. Andrews (2007:124-143); Lasso (2007:129-150); Gomes (2002:209-246); Youssef (2016:141-153).

142. BN. *Imperial e Constitucional Senhor*. Rio de Janeiro: Typographia de Torres, 12 jul. 1831. p. 1. Dias depois, um vigário foi acusado de incitar os cativos à revolta em Minas, dizendo que d. Pedro fora deposto porque queria abolir a escravidão: Andrade (2021:295 e 300). Ver também Reis (2003:94-121).

143. Sharples (2020); Lewis (2017:59-102); Parron (2015:247 e 312).

144. Citações respectivamente apud Pirola (2015:69); Transcrição do Processo Crime de 1832. In: Pirola (2011:268, 272 e 264). Ver também Marcílio (2006:127); Maestri (2021:471-474); Reis (2000:255); Tomich (1990:89-91); Paquette (2017:292); Klooster (2014:401-424).

145. Andrade (2021); Sharples (2020:87-88).

146. Sessão de 27 de agosto. *Annaes do Parlamento Brasileiro*: Câmara dos Deputados, v. II, p. 193, 1833 (citação); Parron (2015:314-315); Pirola (2015:31-45); Ferretti (2014:12-18); Ribeiro (2005:62).

147. Reis (2003:125-157); Grinberg (2002:142-144); Verger (1987:339-340, 365, 422-423, 438, 446, 459, 547 e 589-590).

148. Reis (2003:158-417, citação à p. 477, na petição por perdão do escravo Aprígio em 1849). A expressão *"magick word liberty"* é encontrada, por exemplo, na Jamaica de 1799, atemorizada pelo que ocorria em Saint-Domingue: Scott (2018:204).

149. Pirola (2011:161-236); Reis (2003:283-304); Breen (2015).

150. Craton (2009:291-321); Taylor (2020: caps. 12-17).

151. Basile (2013b:37-39); Parron (2011:97-101); Reis (2003:421-518, 528-536 e 546); Youssef (2016:178); Ribeiro (2005:72-124); Chalhoub (2012:56-61 e 161).

152. Carvalho, M. (2018:169-200).

153. Moreira (2017:200-205); Rego (2009); Dantas (2018:137-178). Para uma perspectiva comparada, ver Hart (1988:249-268), Ferreira (2002); Griffin (2010:149-180); Tilly (1986:383-384).

154. FEIJÓ, Diogo. 1836: Fala do trono na abertura da Assembleia Geral em 3 de maio. In: FALAS do Trono (2019:215).

155. Harris (2017:248-321, citação à p. 353); Machado, A. (2016:281-317); Pinheiro (2017:203-228).

156. A temática da desagregação nacional na década de 1830 merece mais estudos para combater a teleologia unitária, mas veja-se Torget (2015:137-176); Pinto Soria (1994:119-136); Marteel (2018:270-290); Calderón e Thibaud (2010:195-228).

157. Apud Morel (2011:153).

158. Apud Guazzelli (2013:130, ver também p. 45-74, 98-104, 115-134 e 139-143); Leitman (1979:23-40, 51-77 e 100-164); Dolhnikoff (2005:206-214); Vidaurreta (1987:417-432); Costa (2020); Pereira (2021b:522-545).

159. Klafke (2014).

160. Sessão de 13 de maio. *Annaes do Parlamento Brasileiro*: Câmara dos Deputados, v. I, p. 55-56, 1837.

161. Nesse sentido, a ordem imperial-escravista era a manifestação brasileira da dinâmica identificada por Karl Marx (2013: Livro I: o processo de produção do capital, capítulo 8): "o capital é trabalho morto, que, como um vampiro, vive apenas da sucção do trabalho vivo, e vive tanto mais quanto mais trabalho vivo suga".

162. Mattos (2004:139-141). Escosteguy Filho (2016:218-315) chamou-me a atenção para a relevância dessa passagem.

163. Salles (2017:17-19, 30-32 e 75-76). Ver também dois artigos já clássicos de Daron Acemoglu e James Robinson que propõem modelos formais a partir do Oitocentos europeu: Acemoglu e Robinson (2000:1167-1199; 2006:115-131).

164. Para a ênfase nas dinâmicas socioeconômicas internas, veja-se Fragoso (1998:117-380); Fragoso e Florentino (2001:93-94, 125-126 e 223-237). Para perspectivas que enfatizam o mercado mundial, ver Salles (2008:153-157); Marquese e Tomich (2009:341-359); Marquese e Salles (2016:116-117 e 132-137); Moreno (2013:220-233). Ver também Marcondes (1998). Para Cuba, ver Tomich (2011a:101-122). Para os Estados Unidos, ver Oakes (2016:200, primeira citação, tradução nossa; 1990: cap. 3); Follet (2005). A conhecida citação de John Maynard Keynes está em Keynes (2012:65, ênfase no original, tradução nossa).

165. Parron (2017:224-247); Absell (2020:964-990).

166. BN. *Correio Oficial*, n. 122, 3 jun. 1834. p. 4 (citação); Parron (2015:328); Motta e Nozoe (1994:299); Moreno (2013:29, 103, 250 e 253).

167. FEIJÓ, Diogo Antônio. O tráfico dos pretos africanos [25 dez. 1834]. In: Caldeira (1999:151-154, citações); Parron (2011:130-133); Hirschman (1992:18-24 e 63-66).

168. Parron (2011:97-101 e 133-134; 2015: 317 e 330-333); Mello (1977:50, 52, 56, 65-66 e 68-69); Salles (2008:164). Thales Pereira nota que os preços continuaram a subir em outras províncias: Pereira (2018:650), mas parece-nos provável que tenha havido uma divergência entre o Centro-Sul e o restante do Império, porque a excepcional concentração (83%) dos desembarques de africanos sequestrados no Centro-Sul nesse quinquênio para atender à demanda do Vale do Paraíba pode ter prejudicado a integração do mercado nacional nesse momento de estruturação do contrabando.

169. BN. *O Sete d'Abril*, n. 266, 1º ago. 1835. p. 1 (primeira citação); Hirschman (1992:65-70, segunda); Youssef (2016:183-191).

170. BN. *O Sete d'Abril*, n. 293, 11 nov. 1835. p. 4 (ênfase no original); Salles (2017:42-43); Parron (2015:260-266). O termo Regresso começou a ser utilizado de forma depreciativa pelo moderado Evaristo Ferreira da Veiga (BN. *Aurora Fluminense*, n. 1063, 1º jul. 1835. p. 2; n. 1069, 15 jul. 1835, p. 1 e n. 1077, 3 ago. 1835, p. 3), acabando por ser incorporado ao debate parlamentar (Sessão de 7 de julho. *Annaes do Parlamento Brasileiro*: Câmara dos Deputados, v. II, p. 54, 1835). Vasconcelos primeiro fez troça do termo (BN. *O Sete d'Abril*, n. 268, 8 ago. 1835. p. 4; n. 272, 25 ago. 1835. p. 4), mas logo abraçou-o com orgulho (n. 285, 13 out. 1835).

171. Sessão de 25 de junho. *Annaes do Parlamento Brasileiro*: Câmara dos Deputados, v. I, p. 224, 1836 (primeira citação); BN. *O Sete d'Abril*, n. 361, 13 jul. 1836. p. 4 (segunda). Ver Parron (2011:136-145; 2015:335-338); Youssef (2016:192-200); Mattos (2004:264-267); Needell (2006:45-48 e 53-68); Pang (1988:126-128); Valencia Villa e Florentino (2016:1-20).

172. Youssef, Estefanes e Parron (2015:144, citação); Salles (2008:158-166); Fragoso (2013:145-149); Marques (2016:148-150); Pessoa (2018b:423-30); Carvalho (2012:253-257). Para os efeitos multiplicadores da escravidão, ver Huston (2003:32-33) (embora a visão do autor nos pareça excessivamente positiva).

173. Sessão de 30 de junho. *AS*, 1837, p. 177 (citações); Needell (2006:68-71); Parron (2011:146-148); Youssef (2016:204-205).

174. Ver, entre outros, BN. *O Sete d'Abril*, n. 315, 30 jan. 1836. p. 3; n. 322, 24 fev. 1836. p. 3; n. 323, 27 fev. 1836. p. 2; n. 324, 2 mar. 1836. p. 3; Sessão de 14 de maio (Calmon) e Sessão de 26 de maio (Souza Martins). *Annaes do Parlamento Brasileiro*: Câmara dos Deputados, 1836, v. I, p. 53 e 97.

175. Cadena (2018:160-172 e 191-198).

176. Vasconcelos, Bernardo Pereira de. Circular aos presidentes de província [20 set. 1837]. In: Carvalho (1999:242, citação). Ver Parron (2011:149-153); Youssef (2016:208-220); Flory (1981: cap. 8); Needell (2006:80-81); Chalhoub (2012:66-67).

177. Kraay (2018:73 e 68, citações, respectivamente); Barman (2012:103-105); Guimarães (2011:68-75, 87-93, 99-111, 125-134, 230-232, 238-239 e 258).

178. Von Martius (1973:401-402).

179. Mattos (2004:274-284); Colistete (2017:7-8, 17-18 e 28-31); Souza (2008:278-280); Carreira (1889:214-222).

180. Mattos (2004:152-166); Kraay (2017a:152, 154-155 e 158-161); Harris (2017:317-333, 337-340, 344-345); Machado (2012:152-164).

181. Sessão extraordinária [da Câmara Municipal de Salvador] de 7/11/1837 (primeira citação) e Manifesto [7/11/1837, segunda]. In: A REVOLUÇÃO...

(1937: v. I, p. 59-60 e 121); Santos (2014:110-117); Souza (2009:30-42, 138-147 e 173-198); Kraay (2017b:271-274); Lopes (2013:60-77).

182. Criação do Batalhão "Libertos da Pátria" [3/1/1838]. A REVOLUÇÃO... (1937: v. II, p. 84, primeira citação); Sessão em 18 de maio. *Annaes do Parlamento Brasileiro*: Câmara dos Deputados, v. I, p. 139-140, 1838 (segunda citação; Vasconcelos seguiu na mesma toada no dia seguinte, enquanto Ottoni enunciou uma tímida crítica à repressão: p. 169 e 177). Ver Souza (2009:58-60, 65-72, 88-102, 154-167 e 198-199); Kraay (2017b:274-278); Lopes (2013:170-204).

183. Souza (2009:108-122); Kraay (2017b:278-284); Lopes (2013:204-212); Araújo (2009: caps. 1-3); Mattoso (1992:282 e 288-289).

184. *Relatório do presidente da província do Rio de Janeiro o conselheiro Paulino José Soares de Sousa na abertura da 2ª sessão da 2ª legislatura da Assembleia Provincial.* 2. ed. Niterói: Typographia de Amaral & Irmão, 1851. p. 1 (citação). *Brazilian Government Documents*. Disponível em: http://ddsnext.crl.edu/brazil; Gomes (2006:144-232); Parron (2011:101-102 e 155-156); Youssef (2016:220-225).

185. Assunção (2018:306, 312 e 322, citações); Pereira (2021b:522-545).

186. Exposição feita ao Dr. João Antonio de Miranda pelo coronel Luiz Alves de Lima na ocasião de entregar-lhe a presidência da província [13/5/1841]. In: Gonçalves de Magalhães (1858:163, citação). Ver também Souza (2008:280-320).

187. Vidaurreta (1987:438-446); Guazzelli (2013:77, 125-126, 141-145, 163-168 e 176; 2005:57-61); Ribeiro (2013:33-49, 80, 216 e 245); Gonçalves e Almeida (1838).

188. Barman (1988:196-201; 2012:108-110); Cadena (2018:172-188).

189. Sousa, Paulino José Soares de Sousa. *Relatório da Repartição dos Negócios da Justiça apresentado à Assembleia Geral Legislativa na sessão ordinária de 1841.* Rio de Janeiro: Typographia Nacional, 1841. p. 20 (citação). *Brazilian Government Documents*. Disponível em: http://ddsnext.crl.edu/brazil. Ver Flory (1981: cap. 9); Parron (2015:346). A inconstitucionalidade da Interpretação do Ato Adicional foi apontada repetidas vezes no Parlamento, por exemplo pelo paulista Álvares Machado, pelo mineiro Ottoni e pelo cearense Alencar: Sessões de 6 e 10 de junho, *Annaes do Parlamento Brasileiro*: Câmara dos Deputados, v. I, p. 300 e 339, 1839 e Sessão de 12 de julho. *AS*, v. II, p. 175-180, 1839, entre outros.

190. BN. *O Carapuceiro*, n. 1, 17 jan. 1838. p. 1 (primeira citação) e A classe conservadora. *O Sete de Abril*, n. 636, 19 nov. 1838. p. 2 (segunda); Flory (1981: cap. 8); Salles (2017:45-49).

191. Barman (2012:110-117); Needell (2006:83-95); Carvalho (2007:37-40); Hörner (2014:95-113).

192. Barman (1988:209-212); Saba (2011:132-146).

193. Barman (1988:212-213); Flory (1981: cap. 9); Dantas (2020b:112-119).

194. Cunha, José Feliciano Pinto Coelho da [presidente interino da província de Minas Gerais]. Manifesto [10 jun. 1842]. In: Marinho (2015:133, primeira citação) e FEIJÓ, Diogo Antônio. Defesa do senador Diogo Antônio Feijó [13 maio 1843]. In: Caldeira (1999:231, segunda).

195. Hörner (2014:116-336); Souza (2008:347-392); Morel e Souza (2008:164-167); Estefanes (2013:127-128).

196. Guazelli (2005:62; 2013:178-187).

197. Dumas (1999:121, citação). Ver Leitman (1997:61-74); Guazzelli (2013:85-88, 198-201 e 219-220); Carvalho (2013:68-95).

198. Guazzelli (2013:184-196 e 202-238); Souza (2008:404-542); Gandia (2019:78-85); Carvalho (2013:206-257); Mamigonian (2017:90-164); Ribeiro (2013:245); Vargas e Farinatti (2017:123-147).

199. Needell (2006:104-111); Barman (1988: 222-229); Estefanes (2013:170-180); Saba (2010b:152-196); Salles (2017:56-57).

200. BN. *Diário Novo*, n. 199, 13 set. 1844. p. 3 (primeira e terceira citações) e n. 272, 9 dez. 1845 (segunda); Mosher (2008: caps. 5-7); Marson (1987:189-289); Salles (2017:55).

201. BORGES DA FONSECA, Antônio et al. Manifesto ao mundo [1º jan. 1849]. In: Mello (1979:107-108, citação); Needell (2006:115-132); Mosher (2008: cap. 8); Marzon (1987:365-411); Carvalho (2003:209-238); Dantas (2018:192-220); Oliveira (2018a:25).

202. Assembleia Provincial [26 abr. 1849]. In: BN. *Diário de Pernambuco*, n. 97, 1º maio 1849. p. 1 (primeira citação); *O Brasil*, n. 1559, 8 jan. 1850. p. 1 (segunda, ênfases no original). Ver também Mello (1849:7); Marzon (1987:23); Oliveira (2015:123-124). A referência ao caráter redistributivo da dita "lei agrária" deriva das discussões sobre a Lei de Terras em 1843 (especialmente polêmicas em Pernambuco) e, talvez, da lembrança da proposta exaltada de reforma agrária em 1832.

203. BN. SILVEIRA, Pedro Velloso da; SILVA, Caetano Alves da. Pernambuco [Manifesto]. *O Século*, n. 185, 22 dez. 1849. p. 3 (primeira e segunda citações); Mosher (2008: Conclusion, terceira citação, tradução nossa). Ver ainda Oliveira (2018a); Estefanes (2013:201-210); Marzon (1987:427-435).

204. Bethell (2002:181-216); Youssef (2016:226-236).

205. Sessão de 21 de agosto (Álvares Machado). *Annaes do Parlamento Brasileiro*: Câmara dos Deputados, v. II, p. 672, 1840 (primeira e segunda citações) Sessão de 22 de setembro. *Annaes do Parlamento Brasileiro*: Câmara dos Deputados, v. III, p. 284, 1841 (terceira). Ver Parron (2011:159-163 e 195-201); Bethell (2002:251-253).

206. Pryor (1965:166-280); Parron (2011:201-204); Bethell (2002:244 e 254-273).

207. O MINISTÉRIO e o enviado britânico. *O Maiorista*, n. 10, 19 jun. 1841. p. 2 (citação); Youssef (2016:242-246).

208. Sessão de 27 de abril. *AS*, v. IV, p. 393, 1843 (citação); Parron (2011:208-219); Youssef (2016:254-257); Grinberg (2002:171-175).

209. Sessão de 25 de abril. *AS*, v. IV, p. 355-356, 1843 (citação); Parron (2015:419-426); Bethell (2002:244 e 254-273).

210. ALVES BRANCO, Manuel. *Proposta e Relatório do Anno de 1844 apresentados à Assembleia Geral Legislativa na 1ª sessão da 6ª legislatura do ministro e secretário d'Estado dos Negócios da Fazenda*. Rio de Janeiro: Typographia Nacional, 1845. p. 38 (citação). *Brazilian Government Documents*. Disponível em: http://ddsnext.crl.edu/brazil. Ver também: Sessão de 17 de abril. *Annaes do Parlamento Brasileiro*: Câmara dos Deputados, v. II, p. 669-681, 1845 (intervenções do bacharel piauiense Francisco de Souza Martins e do coimbrão baiano João José de Oliveira Junqueira); Pryor (1965:297-335); Pereira (2021a:311-342); Chalhoub (2012:101-102).

211. Parron (2015:429-438); Bethell (2002:277-284); Karp (2016:70-96); Marques (2016:128-165).

212. Sessão de 1º de abril. *Annaes do Parlamento Brasileiro*: Câmara dos Deputados, tomo II, p. 373, 1845, a ser comparada com Andrada e Silva (1988: esp. p. 64): "Se os negros são homens como nós e não formam uma espécie de brutos animais, se sentem e pensam como nós, que quadro de dor e de miséria não apresentam eles à imaginação de qualquer homem sensível e cristão?". Meses antes, uma petição mais ousada havia sido enviada à Câmara pedindo a abolição da escravidão até 7 de setembro de 1870 "em nome de Deus, da justiça e da humanidade", mas dormiu nos escaninhos parlamentares sem jamais ser levada a debate (Saba, 2010b:44). Ver também Bethell (2002:285-289).

213. Sessões de 2 e 3 de julho. *AS*, v. III, p. 210 e 217, 1845 (primeira e segunda citações, respectivamente). Ver Parron (2011:203-205).

214. Freeman (2018: cap. 4). O mais destacado *bully* escravocrata era o virginiano Henry Wise, que em 1844 renunciou ao cargo de deputado para

ocupar o cargo de ministro plenipotenciário no Rio de Janeiro (ver nota 51).

215. Bethell (2002:290-317); Parron (2011:220-231); Youssef (2016:259-269).

216. REPORT of Select Committee of the Provincial Assembly of Rio de Janeiro, translation, secret, 8 jul. 1848. in: Great Britain (1851:1851, p. 89, primeira e segunda citações, tradução nossa); Ofício de 11 de abril de 1848 dirigido ao vice-presidente da província [de São Paulo, José Pinto Gavião Peixoto] pelo juiz municipal de Lorena [José Rodrigues de Souza]. In: Gonçalves (2005:68, terceira e quarta citações). Nos primeiros dias de setembro de 1848, as autoridades policiais de São Paulo manifestaram preocupações similares, e nos dois anos seguintes a esperança servil de auxílio britânico manifestou-se em áreas rurais do Espírito Santo e no Rio de Janeiro. Ver Eltis (1987:114); Slenes (2007:301-305); Mamigonian (2017:209-283); Graden (2014:134-136); Maestri (2021:477-482); Mota (2021a:312-317); Almada (1984:168-172).

217. Carvalho (2004:331-334, citações; 2002b:203-207).

218. Parron (2011:231-234; 2018:24-27); Youssef (2016:272-276); Chalhoub (2012:111-117).

219. Sessão de 10 de junho. *Annaes do Parlamento Brasileiro*: Câmara dos Deputados, v. I, p. 340, 1839 (citação); Lynch (2015:314-334); Sperber (2017:261-263).

220. Fernandes (2006:52-93); Mattos (2004:162-164 e 293-296); Bosi (1992:194-221); Salles (2017:15-26); Oakes (1990: cap. 2); Bell (2011:864-885).

221. Sessão de 7 de fevereiro. *Annaes do Parlamento Brasileiro*: Câmara dos Deputados, v. I, p. 568, 1843 (citação). Ver também Lynch (2014b:330-334).

222. Sessão de 6 de julho. *AS*, v. III, p. 132, 1841 (citação). Ver ainda Lynch (2010:25-53); Muller (2019: v. I: the nineteenth century, p. 232-251); De Dijn (2020:251-264).

223. Sivasundaram (2021:39, citação, tradução nossa); Sabato (2018:197-199); Salles (2017:29-31 e 58); Ross (2019).

224. Marx (2011:59-61); Aprile (2010: cap. 7); Lynch (2007:227-232); Safford (2004:374-375 e 383-388); Salles (2017:60); Wallerstein (2011:99); Ramos (2010:491-519); Jaksic e Serrano (2010:74-79).

225. Sessão de 25 de maio. *AS*, v. I, p. 197, 1839 (citação); Ver também Lynch (2015:325). Para o contexto dessa intervenção (a recriação do Conselho de Estado), ver Martins (2007:262-272).

226. Para a ênfase na direção da Corte, ver Salles (2012:5-45); já Graham (1997) e Martins (2007:101-106 e 185-204) destacam os interesses comuns e

as conexões entre Corte e províncias, enquanto Dolhnikoff (2005:155-199, 262-276 e 292-293) sublinha a autonomia provincial. Um dos melhores estudos sobre a política imperial nos sertões do país ainda é Bieber (1999, principalmente p. 52-89).

CAPÍTULO 4. PAX ESCRAVOCRATA (1848-62)

227. Embora insuficientes, considerada a inexistência de um registro oficial da população imperial até 1872, as estimativas demográficas podem ser encontradas em: Souza e Silva (1870). Os dados referentes ao tráfico de escravos foram obtidos da base de dados virtual www.slavevoyages.org.

228. Para os dados estatísticos, ver: Instituto Brasileiro de Geografia e Estatística (1939-1940:1381).

229. A expressão "fiduciário organizado" é emprestada de Pierre Bourdieu (2014).

230. Há franca inspiração na obra de Antonio Gramsci na caracterização da *Pax escravocrata* proposta. Para uma discussão sobre o conceito de hegemonia e de bloco histórico, tal qual formulados por Gramsci, ver: Portelli (1977) e Piotte (2010). Para uma muito pertinente análise teórica e histórica de Gramsci e do Estado imperial, ver: Salles (2008); Youssef, Estefanes e Parron (2015:130-156).

231. Para uma discussão sobre a formação monetária e bancária do Brasil, ver: Villela (2020).

232. Mattos (2004); antes, já Joaquim Nabuco (1945: v. I, p. 56) os tratara como triunvirato.

233. A respeito do ritmo das pressões britânicas e da consequentemente cadenciada resistência imperial, ver: Marquese, Berbel e Parron (2010:230-267).

234. Schmit (2011).

235. Sobre os dados estatísticos, ver: Great Britain (1848). Ver também: www.slavevoyages.org. A respeito da política interna uruguaia, ver: Maiztegui Casas (2004).

236. Carta citada em Ferreira (2006:96). Ver também: Sousa (1944:205-227 e 243-276).

237. Sobre as cifras do tráfico, ver: www.slavevoyages.com e, também, Parron (2011). A respeito do surto de febre amarela no verão de 1849-50, no Brasil, ver: Chalhoub (1996:60-78). Para o cenário norte-americano, ver: Olivarius (2019:425).

238. Sobre a correspondência diplomática com a representação em Montevidéu, ver: Ferreira (2006). Para as hesitações parlamentares no Reino Unido, ver: Parron (2011).

239. Para o cenário orçamentário do triênio 1848-1850, ver: Carreira (1889:260-270).

240. Para muito pertinente análise sobre o discurso de Eusébio de Queirós, ver: Parron (2011:246-252).

241. Sessão de 16 de julho. *Annaes do Parlamento Brasileiro*: Câmara dos Deputados, tomo II, p. 244, 1852.

242. Ver: BRASIL. *Relatório do Ministério dos Negócios Estrangeiros de 1852. Anexos. Brazilian Government Documents*. Disponível em: http://ddsnext.crl.edu/brazil Acesso em: 16 jun. 2020. Embora por outras vias, Jeffrey Needell também recomenda a leitura cruzada entre a bacia do Prata e as pressões britânicas para apreender o término do tráfico de escravos no Império do Brasil. Ver: Needell (2006:138-155). Para uma discussão acerca das posições britânicas contrárias ao tráfico em chave global, ver: Parron (2018:28-36).

243. Para importante discussão sobre a situação dos africanos escravizados e encaminhados ao Brasil após a lei de 1831, ver: Mamigonian (2017).

244. Ver: Dean (1977); Mello e Slenes (1990).

245. Holanda (2015:117-161). Para uma discussão sobre os estratos profissionais e a composição salarial do Império na década de 1870, ver: Goyena Soares (2019:446-489). Para o contexto global, ver Osterhammel (2014:706-709).

246. Polanyi (2011).

247. Dye (2006:196-203) (apesar de o autor ter uma visão mais negativa sobre o sucesso das reformas brasileiras do que a aqui apresentada); Salvatore (1999:30-38).

248. Silva (1996).

249. Ver, especialmente: Torrens (1965); Wakefield (1829; 1967; 1969); Smith (2008).

250. A expressão *preço suficiente* é do próprio Wakefield (1969). Para uma muito pertinente discussão a esse respeito, ver: Martins (2010: cap. 1). A citação no parágrafo é de Marx (2017, ver especialmente o cap. 25).

251. Silva (1996).

252. Cunha (1992:139-146); Secreto (2012: cap. 2); Treece (2008:197-212).

253. Para os preços da terra em diferentes províncias, ver: Lago (2020). Ver igualmente Stein (1990); Christillino (2012:223-245); Machado e Darossi (2016:104).

254. Ver: Relatório da Repartição Geral das Terras Públicas, de 1856, citado em Motta (1998). Ver também: Bacellar (1997).

255. Davatz (1972). Sobre o sistema de parcerias, ver: Costa (2010:107-149); Dean (1977). Para a referida revolta, ver: Mota (2021a:291-326).

256. Sobre o lavrador livre nacional, ver: Franco (1997); Kowarick (2019); Martins (2010). Para salários e custos de manutenção do escravo, ver: Dean (1977); Stein (1990); Mello e Slenes (1980); Goyena Soares (2020:1-30); para uma comparação com a Argentina e os Estados Unidos, ver, respectivamente: Secreto (2012); Merritt (2017); Earle (1978:51-65).

257. Mattos (2013:49-63 e 101-111); Foner (1988:33-45 e 173-175); Holt (2005:89-129). Para os números do tráfico interprovincial, ver: Slenes (2004:325-370). Para uma discussão sobre a racionalidade econômica do cativeiro, ver: Martins (2010); Goyena Soares (2020). Para a atuação financeira dos comissários na lavoura cafeeira, ver: Sweigart (1987).

258. Para a citação e sobre a Guerra dos Marimbondos, ver: Palacios (2006:9-39). Ver também Loveman (2007:5-39); Oliveira (2018c:391-427). Movimentos similares já haviam acontecido anteriormente: Cavalcanti Júnior (2021:221-245).

259. Lago (2020). Ver, igualmente: Christillino (2012); Machado e Darossi (2016); Sanches (2016:125-156).

260. Jackson (1997); Souza, A. (2015:109-130); Oliveira (2018b:259-260).

261. Motta (1998); Graham (1997).

262. Villela (2020); Sweigart (1987).

263. Carvalho (2011).

264. Para a avaliação de Luiz Aranha Correa do Lago sobre o *veto dos barões*, ver: Lago (2020). Para uma interpretação, embora posteriormente reavaliada, que opõe os fazendeiros pelo prisma do progressismo ou do arcaísmo, ver: Costa (1999:169-193). Para aqueles que salientam a aspiração ora patrimonial, ora aristocrática e antirrepublicana da Lei de Terras, ver: Paula (2012:195-199); Dean (1971:606-624).

265. Para uma estimativa sobre os capitais diretamente liberados pelo fim do tráfico, ver: RELATÓRIO do Ministério da Fazenda de 1859, especialmente o Relatório da Comissão de Inquérito nomeada por aviso do Ministério da Fazenda. *Brazilian Government Documents*. Disponível em: http://ddsnext.crl. edu/brazil. Para as despesas ministeriais de 1849-1850, ver: Carreira (1889:270-281). A respeito da aprovação do Código Comercial, ver: Saba (2010a:77-96).

266. Adelman (1999:228-250); Ridings (1994:286); Swartz (1975:347-356); Cavieres (2001:39-66).

267. Para uma análise da atuação dos comissários na lavoura cafeeira, ver: Sweigart (1987).

268. A esse respeito, ver: Summerhill (2015).

269. Sobre o cenário financeiro imediatamente posterior ao fim do tráfico, ver: Gambi (2015); Villela (2020). Para muito instigante discussão sobre o mercado privado, e não institucional, de crédito na cidade do Rio de Janeiro entre os anos de 1820 e 1860, ver: Penna (2019).

270. Para as posições de Guimarães e Gambi, ver: Guimarães (2012:57-220); Gambi (2015). Em sentido argumentativo semelhante, ver também: Levy (1985:17-48); Schulz (2013:57-86). Para a integração entre alta política e o mundo das finanças, ver Martins (2007:127-144 e 171-185). Sobre a Argentina, ver Adelman (1999:251-277) e, para o contexto latino-americano, ver Marichal (1997:339-358).

271. Para uma leitura que, como esta, vislumbra continuidade no Ministério da Conciliação, ver: Mattos (2004). Para interpretações que destacam maior ruptura entre Paraná e os saquaremas, ver: Needell (2006:169-200); Estefanes (2013:239-281).

272. Sobre o Segundo Império, ver Aprile (2010: cap. 8).

273. Timandro [Francisco de Sales Torres Homem]. O libelo do povo. [1849]. In: Magalhães Júnior (2009:119-120).

274. Para o processo eleitoral em base local e para as tramas da política provincial, ver: Graham (1997); Gouvêa (2008); Dolhnikoff (2005). Para interpretações que vislumbram maior concentração do poder nas mãos do Imperador do que aqui se propõe, ver: Holanda (2012); Barman (2012); Needell (2006).

275. Para o processo eleitoral do Império, ver: Ferreira (2001).

276. Para as taxas de renovação da Câmara, ver: Santos (2013:9-37). Ver também: Lynch (2014a:61-64). Para uma perspectiva comparada, ver Posada-Carbó (2000:611-644); Winock e Berstein (2002); Merritt (2017:164-177); Sabato (2018:60-88).

277. Graham (1997:103-194).

278. Sobre o processo de reforma do Código do Processo Criminal, ver: Nabuco (1945). Ver também Parron (2011:278).

279. A respeito da trajetória de Justiniano José da Rocha e seu panfleto, ver: Parron (2016); Guimarães (2007:71-91); Janotti (1982:3-17); Marson (2008).

280. A respeito do cenário político e econômico na Europa e nos Estados Unidos nas décadas de 1840 e de 1850, ver: Berstein e Milza (1996).

281. Sobre a política monetária de Sousa Franco, ver especialmente: Gambi (2015); Villela (2020:26-39).

282. Para os saques e os créditos, ver: Relatórios da Ministério da Fazenda de 1858 e 1859; e Gambi (2015). Sobre a epidemia, ver Cooper (1986:467-488).

283. Sobre a greve de 1857, ver: Reis (2019). Sobre o processo inflacionário da década de 1850 no Brasil e na Bahia, ver: Buescu (1973); Mattoso (1987).

284. *Jornal dos Typographos*, n. 14, 23 jan. 1858. p. 2 apud Vitorino (2000:92, citação); Reis e Aguiar (1996:133-159); Souza, R. (2015:172-184); Mattos (2008); Pessoa (2018a:173-197).

285. A respeito dos impactos da crise de 1857 no Brasil e das medidas decorrentes, ver: Relatórios da Ministério da Fazenda de 1858 e 1859. Ver também Summerhill (2015:60, 133-134 e 187).

286. Para o processo legislativo a respeito do projeto de Torres Homem, ver especialmente: Sessões de 22 e 30 de junho. *Annaes do Parlamento Brasileiro*: Câmara dos Deputados, v. II, p. 195-201 e 231-239 (citação à p. 198).

287. Ainda a esse respeito, ver: Gambi (2015); Villela (2020:42-46).

288. Sobre o processo político posterior à queda do gabinete de Olinda, o relato de Joaquim Nabuco ainda é um dos mais completos. Ver: Nabuco (1945).

289. Para uma posição historiográfica que se assemelha a esta, ver: Mattos (2004). As biografias de d. Pedro II escritas por Roderick Barman, José Murilo de Carvalho e Heitor Lyra, embora em chave interpretativa diferente, são de imensa importância para assimilar a vida política do imperador. Ver: Barman (2012); Lyra (1977); Carvalho (2007).

290. Sobre as tensões entre lideranças gaúchas e *blancas* na fronteira do Império com o Uruguai, ver: Guazzelli (2010:119-120); Franco (2006).

291. Para as relações diplomáticas do imediato pré-guerra e a situação militar, ver: Ferreira (2006); Schmit (2011); Maiztegui Casas (2004); Ramos (2016); Lynch (2009:625-692).

292. Para uma interpretação sobre a questão servil e as relações internacionais na fronteira sulina do Império, ver: Grinberg (2019:693-742).

293. Para a situação política no Uruguai do pós-guerra, ver: Caetano e Frega (2015). Para o ponto de vista charqueador e pelotense, ver Vargas (2016:178-184 e 197-202).

294. Para a situação política na Argentina do pós-guerra, ver: Halperin Donghi (1995).

295. Sobre as expedições norte-americanas e a formulação de uma política externa escravista, ver: Smith (2010:2-3 e 23-26); Maury (2019); Hill (1932:214-239); Karp (2016:141-146). Sobre as expedições francesas e britânicas, ver: Manchester (1933); Goes Filho (2015).

296. Wright (1992:191-231).

297. Para a situação platina na segunda metade da década de 1850, ver: Lynch (2009); Yegros e Brezzo (2013); Sabato e Lettieri (2003); Schmit (2008); Batalla (2005); Díaz (2003).

298. Para uma biografia do visconde do Uruguai, ver: Sousa (1944).

CAPÍTULO 5. CRISE DA ORDEM IMPERIAL (1862-70)

299. A respeito da ordem internacional posterior à Primavera dos Povos, ver: Wallerstein (2011).

300. Para o cenário chinês e indiano, ver, respectivamente: Fairbank e Goldman (2006:206-216); Chandra et al. (2016). Ver também Bayly (2003:148-155 e 421-422).

301. Ver a esse respeito Arrighi (1996:163-182); Wallerstein (1979); Barnett (1988); Gallagher e Robinson (1953).

302. Sperber (2013:88-110).

303. Sobre a produção algodoeira e as dinâmicas internacionais dos Estados Unidos, ver: Beckert (2014: caps. 8 e 9); Bender (2006: cap. 3). Sobre a Guerra de Secessão, ver Gallagher (2011); Faust (2008).

304. Para a distribuição das tropas por províncias e sobre o equipamento militar, ver: BRASIL. *Relatórios do Ministério da Guerra* de 1862 a 1864. Disponíveis em: http://ddsnext.crl.edu/brazil. Acesso em: 22 jul. 2020.

305. Ver especialmente BRASIL. *Relatórios do Ministério da Fazenda* de 1864 a 1871; Carreira (1889).

306. Os conceitos de ética da responsabilidade e de ética da convicção são, naturalmente, de Max Weber (1982; 1998).

307. Sessão de 27 de maio. *Annaes do Parlamento Brasileiro*: Câmara dos Deputados, v. I, p. 80, 1862.

308. Sobre a política imperial no início da década de 1860, ver especialmente Nabuco (1945:77-103); Oliveira (2002); Iglésias (2004:107-127); Graham (2009:812-813).

309. Para o programa do Partido Progressista, ver: Brasiliense (1878:15-22).

310. Para a discussão sobre as diferenças e as semelhanças entre os partidos imperiais, uma das melhores análises ainda é a de José Murilo de Carvalho. Ver a esse respeito: Carvalho (2011:199-229). Para discussões mais antigas examinadas por Carvalho, ver: Prado Jr. (1994:90-100); Amaral (1938); Arinos (1948); Sodré (1964); Duarte (1966); Queiroz (1956-1957); Faoro (1975:339-396).

311. Para o processo legislativo relativo à legislação hipotecária, ver: Pacheco (1979:196-209). Sobre as causas imediatas da queda do segundo gabinete de Zacarias, ver: Sessões de 29 de agosto e 1º de setembro. *Annaes do Parlamento Brasileiro*: Câmara dos Deputados, v. IV, p. 251-292, 1864.

312. Para a vida política interna em 1864, ver: Nabuco (1945: v. II, p. 105-138). Para a crise financeira de 1864, ver: Gambi (2015:437-470); Villela (2020:71-83). Para a situação financeira do Banco do Brasil em 1864, ver: *Relatórios do Ministério da Fazenda* de 1865 e 1866; Banco do Brasil (1865).

313. A respeito da posição defensiva de Carlos Antonio López, ver: Cardozo (1996:204). Sobre a economia paraguaia no início da década de 1860, ver: Lynch (2009:683-686); Pastore (1994:295-324).

314. Anais da Câmara de Deputados, 11 de julho de 1862. Brasília: Câmara de Deputados. Disponível em: www2.camara.leg.br. Acesso em: 6 ago. 2020.

315. Para o cenário político e econômico do pré-guerra no Uruguai, ver: Maiztegui Casas (2004); Caetano e Frega (2015).

316. Para a posição de Elizalde, ver: Arquivo Rufino de Elizalde (Buenos Aires). Elizalde para Saraiva, Buenos Aires, 11/10/1864, t. IV, p. 395.

317. As expressões "comunidade imaginada" e "plebiscito de todos os dias" são, respectivamente, de Benedict Anderson (2008) e de Ernest Renan (1882). Para uma visão mais recente, ver Miller (2006:201-221).

318. Goyena Soares (2015b:131-164).

319. Para a posição de Tamandaré, ver especialmente Doratioto (2002:76). Para a citação, ver: Pereira (1931:12).

320. Sobre a aliança ideológica, ver: Tjarks (1977:129-171). Para a melhor e mais ponderada análise sobre o início e o desenrolar da guerra, ver: Doratioto (2002); ver também Salles (1990). Para uma muito pertinente análise da política externa imperial nesse período, ver: Ricupero (2017:191-206).

321. Centurión (1944-45).

322. Para um debate sobre a complementaridade entre a escravidão e a ordem capitalista no século XIX, ver: Tomich (2011b); Marquese e Salles (2016). Para os valores do comércio de bens primários no século XIX, ver: Mulhall (1899:130).

323. Arquivo Histórico do Itamaraty (AHI) — 233/2/10, Ofícios, julho-dezembro de 1862. Legação do Brasil em Washington para ministério dos Negócios Estrangeiros, Washington, 15 set. 1862. Ver também: AHI — 233/3/10, Ofícios, janeiro-junho de 1861. Ofício reservado. Legação do Brasil em Washington para Ministério das Negócios Estrangeiros, 7 abr. 1861.

324. Arquivo Histórico do Museu Imperial (AHMI) — Maço 134, doc. 6570. Proposta de projeto de lei, 12 ago. 1864, Miguel Maria Lisboa.

325. Para o cenário político e econômico norte-americano da década de 1850 e a eleição de 1860, ver Bender (2006: cap. 3); Hahn (2016: caps. 5 e 6).

326. Para uma discussão sobre as alianças escravistas internacionais, ver Marquese e Parron (2011:97-117). Sobre os dados comerciais, ver Almeida (2005); Abreu e Lago (2010).

327. Especificamente sobre a dimensão abolicionista da questão Christie, ver: Youssef (2018b:1-26); Mamigonian (2017:360-399). A documentação diplomática britânica sobre a questão Christie encontra-se em *The National Arquives*, em Londres (NAUK). A correspondência indiretamente citada é a seguinte: — FO 13/414, Londres, 14 maio 1863, Christie para Russell; — FO 13/414, Rio de Janeiro, 24 maio 1863, Cornwallis Elliot para Russell; — FO 13/413, Londres, Bramley Moore para W. D. Christie, 19 abr. 1863 e 24 abr. 1863; — FO 13/413, Rio de Janeiro, 12 maio 1863, Christie para Russell e — FO 13/412, Rio de Janeiro, 10 mar. 1863, Christie para Russell. Sobre a Confederação e a França, ver Doyle (2015:185-209).

328. NAUK — FO, 84/1244, Carta do Foreign Office para Thornton, 5 set. 1865; — FO, 881/1423, Rio Uruguai, 26 set. 1865, Thornton para Russell FO, 84/1244, Carta de Thornton para o conde de Clarendon, Rio de Janeiro, 6 dez. 1865.

329. *New York Public Library* (NYPL) — Sc. Micro R — 2102, Reel 29. Circular imperial de 1º ago. 1861; e NYPL — Sc. Micro R — 2102, Reel 29. Carta de Webb para Pedro II, Rio de Janeiro, 28 out. 1861.

330. Para densa análise sobre os impactos da Guerra de Secessão na emancipação brasileira, ver Youssef (2018a); Marquese (2015:31-71).

331. Youssef (2018a); AHMI — Maço 131, doc. 6449, Carta de Anatole Ferrus para dom Pedro II, oferecendo propostas sobre a abolição da escravatura no Brasil, Saint-Quentin, 12 jul. 1862; Instituto Histórico Geográfico Brasileiro (IHGB) — Armário 3, gaveta 2, n. 16, 1861-1880; *Address of the members of the Ladies Negro's Friend Society of Birmingham*, England, to the ladies of Brazil, tradução nossa. O original em inglês lê da seguinte maneira: *"We are of the mind of President Lincoln that if slavery be not wrong then nothing is wrong. [...] We are not surprised to hear that planters in the Southern States of the United States are astonished at the amount of work which those labourers who were formerly their slaves now perform under the stimulus of wages. [...] News have just reached us from Jamaica that the Cuban slave-holders who have recently taken refuge in that island have been surprised at the tractability of the labourers and the work they perform when fairly paid"*.

332. Arquivo Nacional (AN — Rio de Janeiro). Diversos cód. 953, Carta da Junta Francesa de Emancipação para Pedro II, Paris, 1866.

333. IHGB — DL, 347.15, Mensagem da Confederação Abolicionista de Paris para dom Pedro II, Paris, 26-27 ago. 1867.

334. IHGB — Armário 3, gaveta 3, n. 16, Mensagem ao povo brasileiro da Conferência Internacional Antiescravista de Paris, Paris, ago. 1869.

335. Schmidt-Nowara (1999:100-160); Ferrer (1999:3-54); Castilho (2008:128-138).

336. Bastos (1862:136). Ver também Parron (2011:321).

337. AHI — cód. 233/3/12, Ofícios, julho-dezembro de 1863, Legação do Brasil em Washington para Ministério dos Negócios Estrangeiros. Miguel Maria Lisboa para marquês de Abrantes, Washington, 9 nov. 1863.

338. Nota reproduzida por Lyra (1977:162).

339. Goyena Soares (2015a:166-175).

340. AHMI — Maço 138, doc. 6794, Martim Ribeiro de Andrade à Junta Francesa de Emancipação. Rio de Janeiro, 22 ago. 1866, tradução nossa. O original está em francês e lê da seguinte maneira: "*La demande a été accueillie d'une juste sympathie. L'émancipation des esclaves, conséquence nécessaire de l'abolition de la traite, n'est plus qu'une question de forme et d'opportunité. Lorsque les circonstances pénibles dans lesquelles se trouve le pays le permettront, le gouvernement brésilien considérera comme un objet de première importance la réalisation de ce que l'esprit du christianisme réclama depuis longtemps du monde civilisé*".

341. Salles (2010); Goyena Soares (2017a); Sousa (1996); Silva (2016).

342. Para maior discussão sobre a posição do Conselho de Estado sobre a alforria de escravos para a guerra, ver Goyena Soares (2017a); para a posição sobre o projeto de Pimenta Bueno, ver Salles (2010:125-155).

343. Para a contrariedade dos fazendeiros, ver Miranda (2018). Sobre a percepção britânica, ver Conrad (1978:99).

344. Floresta (2019:40 (citação); Castilho (2019:77-106; 2016:41-45); Machado (2020:344-358); Alonso (2015:23-50 e 85-11).

345. Rodrigues (1973-1977).

346. Rodrigues (1866).

347. AN — OO Casa Real, Mordomia-mor, cód. 1, v. 44, Paulo Barbosa da Silva para Ministério da Justiça, conselheiro Martim Francisco Ribeiro de Andrada, Rio de Janeiro, 8 nov. 1866.

348. Sobre o Maranhão, ver Mota (2020:35-62); Gomes (2005:209-226, citações às p. 211-212); para o Pará, ver Mota (2017:175-185); *Relatório do Ministério da Justiça de 1867*, p. 8 (citação). Disponível em http://ddsnext.crl.edu/brazil. Acesso em: 22 out. 2020. Em perspectiva comparada sobre Brasil e Cuba, ver Payne (2021). Sobre Pelotas e Minas Gerais, ver Moreira (2021); Mota (2021b:423-425 e 325-363).

349. AN — B5 Marinha, M685. Ofício da Delegacia de Política de Ubatuba, 19 set. 1867 e BN. *A República*, 10 jan. 1872. O caso também é retratado em Soares (1994:230).

350. O projeto de Nabuco de Araújo encontra-se em AHMI — Maço 141, doc. 6911.

351. Ver especialmente: BRASIL. *Relatório do Ministério da Fazenda de 1867*. Disponível em: http://ddsnext.crl.edu/brazil. Acesso em: 1º set. 2020. *Brazilian Government Documents*. Disponível em: http://ddsnext.crl.edu/brazil. Ver ainda sessões de 19 de junho de 1867 e 20 de agosto de 1867. *Annaes do Parlamento Brasileiro*: Câmara dos Deputados, v. II, p. 235-258, 1867e v. IV, p. 184-195, 1867.

352. Para uma análise muito oportuna e aprofundada sobre o mercado financeiro imperial no Segundo Reinado, ver Summerhill (2015). Ver também: Fragoso e Martins (2003:143-164).

353. Para uma discussão sobre a economia imperial na obra de Machado de Assis, ver Franco (2007).

354. Para um retrato das principais famílias cafeeiras do Império, ver: Muaze (2008); Pessoa (2018a).

355. Sessão de 17 de julho. *AS*, v. III, p. 115, 1868.

356. Sobre os efeitos da participação do conde d'Eu na guerra, ver: Goyena Soares (2017b:15-58).

357. Para uma oportuna discussão sobre os radicalismos da década de 1860, ver Carvalho, J. (2018). Ainda, sobre a maçonaria ver: Barata (1999); Morel e Souza (2008:157-158; 172-173). Para a citação, ver: *Boletim do Grande Oriente Unido e Supremo Conselho do Brasil* (1873:104).

358. GAMA, Luiz. Carta ao comendador José Vergueiro. *O Ipiranga*, 21 fev. 1869. In: Ferreira (2020). Ver também Azevedo (1999:35-138 e 189-225); Lima (2021:15-47); Carneiro (2020:317-318 e 322).

359. BN. *A República*, 3 dez. 1870.

360. Nabuco (1945: v. III, p. 213).

361. Para uma muito pertinente análise sobre a Lei do Ventre Livre, ver: Salles (2009:39-82).

EPÍLOGO: O REFORMISMO DO VISCONDE DO RIO BRANCO

362. Sessão de 14 de julho. *Annaes do Parlamento Brasileiro*: Câmara dos Deputados, v. II, p. 146, 1871.

363. Sessão de 23 de maio. *AS*, v. I, p. 147-158, 1871; Arquivo Histórico do Museu Imperial (AHMI) — Maço 151, doc. 7225. Paranhos para Pedro II, Corte, 2/1/1869.

364. Besouchet (1945:135).

365. Sobre a nota de Pedro II, ver: AHMI — Maço XXXVIII doc. 2. Pedro II para o conde d'Eu, Rio de Janeiro, 5/3/1871.

366. A respeito dos dados financeiros, ver especialmente Carreira (1889).

367. Ver: Love (1982); Kugelmas (1986); Goyena Soares (2020:1-30).

368. Lima (2021:15-47).

REFERÊNCIAS

FONTES

Arquivo Histórico do Itamaraty (Brasil)

233/2/10, Ofícios, julho-dezembro de 1862. Legação do Brasil em Washington para Ministério dos Negócios Estrangeiros, Washington, 15/9/1862.

233/3/10, Ofícios, janeiro-junho de 1861. Ofício reservado. Legação do Brasil em Washington para Ministério das Negócios Estrangeiros, 7/4/1861.

233/3/12, Ofícios, julho-dezembro de 1863, Legação do Brasil em Washington para Ministério dos Negócios Estrangeiros. Miguel Maria Lisboa para marquês de Abrantes, Washington, 9/11/1863.

Arquivo Histórico do Museu Imperial (Brasil)

Maço 131, doc. 6449, Anatole Ferrus para dom Pedro II, Saint-Quentin, 12/7/1862.

Maço 134, doc. 6570. Proposta de projeto de lei, 12/8/1864, Miguel Maria Lisboa.

Maço 138, doc. 6794, Martim Ribeiro de Andrade à Junta Francesa de Emancipação. Rio de Janeiro, 22/8/1866.

Maço 141, doc. 6911. Projetos de Nabuco de Araújo para o ventre livre.

Maço XXXVIII, doc. 2. Pedro II para o conde d'Eu, Rio de Janeiro, 5/3/1871.

Arquivo Nacional (Brasil)

B5 Marinha, M685. Ofício da Delegacia de Política de Ubatuba, 19/09/1867.

Coleção Caxias, códice 924, v. 4.

Diversos cód. 953, Carta da Junta Francesa de Emancipação para Pedro II, Paris, 1866.

Fundo OG, Ministério da Guerra, códice 924, v. 5.

OO Casa Real, Mordomia-mor, cód. 1, v. 44, Paulo Barbosa da Silva para Ministério da Justiça, conselheiro Martim Francisco Ribeiro de Andrada, Rio de Janeiro, 8/11/1866.

Arquivo Rufino de Elizalde (Argentina)

Elizalde para Saraiva, Buenos Aires, 11/10/1864, t. IV, p. 395.

Instituto Histórico e Geográfico Brasileiro (Brasil)

Armário 3, gaveta 2, n. 16, 1861-1880; *Address of the members of the Ladies Negro's Friend Society of Birmingham*, England, to the ladies of Brazil.

Armário 3, gaveta 3, n. 16, Mensagem ao povo brasileiro da Conferência Internacional Antiescravista de Paris, Paris, agosto de 1869.

Arquivo Wanderley Pinho — DL1593.026. Fé de ofício de d. Pedro II e carta do ex-imperador ao visconde de Taunay, 23 de abril de 1891 — 27 de junho de 1891.

DL, 347.15, Mensagem da Confederação Abolicionista de Paris para dom Pedro II, Paris, 26 e 27 de agosto de 1867.

The National Arquives, em Londres (Grã-Bretanha)

FO 13/412, Rio de Janeiro, 10/3/1863, Christie para Russell.

FO 13/413, Londres, Bramley Moore para W. D. Christie, 19/4/1863 e 24/4/1863.

FO 13/413, Rio de Janeiro, 12/5/1863, Christie para Russell.

FO, 84/1244, Londres, 5/9/1865 Foreign Office para Thornton.

FO, 881/1423, Rio Uruguai, 26/9/1865, Thornton para Russell.

FO, 84/1244, Rio de Janeiro, 6/12/1865, Thornton para o conde de Clarendon.

FO 13/414, Londres, 14/5/63, Christie para Russell.

FO 13/414, Rio de Janeiro, 24/5/63, Cornwallis Elliot para Russell.

New York Public Library

Sc. Micro R — 2102, Reel 29. Circular imperial de 1/8/1861.

Sc. Micro R — 2102, Reel 29. Carta de Webb para Pedro II, Rio de Janeiro, 28/10/1861.

Biblioteca Nacional (periódicos)

A Malagueta, n. 150, 13 mar. 1832.

A República, 3/12/1870; 10 jan. 1872

Annaes do Parlamento Brasileiro: Câmara dos Deputados, 1826-1871 (também disponível em: www2.camara.leg.br).

Aurora Fluminense, n. 4, 5 abr. 1828; n. 12, 28 jan. 1828; n. 195, 27 maio 1829; n. 392, 27/ set. 1830; n. 470, 11 abr. 1831; n. 540, 7 out. 1831; n. 1063, 1º jul. 1835; n. 1069, 15 jul. 1835; n. 1077, 3 ago. 1835.

Correio Official, n. 122, 3 jun. 1834.

Diário de Belém, n. 90, 23 nov. 1868.

Diário de Pernambuco, n. 97, 1º maio 1849.

Diário do Rio de Janeiro, n. 131, 13 maio 1869.

Diário Novo, n. 199, 13 set. 1844; n. 272, 9 dez. 1845.

Imperial e Constitucional Senhor. Rio de Janeiro: Typographia de Torres, 12/7/1831.

Nova Luz Brazileira, n. 11, 15 jan. 1830; n. 86, 19 out. 1830; n. 174, 24 set. 1831.

O Brasil, n. 1559, 8 jan. 1850.

O Brasileiro Imparcial, n. 25, 27 mar. 1830.

O Carapuceiro, n. 1, 17 jan. 1838.

O Clarim da Liberdade, n. 23, 12 set. 1832.

O Exaltado, n. 14, 15 dez. 1831.

O Jurujuba dos Farroupilhas, n. 4, 19 set. 1831; n. 9, 6 out. 1831.

O Maiorista, n. 10, 19 jun. 1841.

O Século, n. 185, 22 dez. 1849.

O Sentinella da Liberdade no Rio de Janeiro, n. 8, 20 dez. 1832; n. 9, 27 dez. 1832.

O Sete d'Abril, n. 266, 1º ago. 1835; n. 268, 8 ago. 1835; n. 272, 25 ago. 1835; n. 285, 13 out. 1835; n. 293, 11/ nov. 1835; n. 315, 30 jan. 1836; n. 322, 24 fev. 1836; n. 323, 27 fev. 1836; n. 324, 2 mar. 1836; n. 361, 13 jul. 1836; n. 636, 19 jul. 1838.

O Tribuno do Povo, n. 44, 14 fev. 1832; n. 48, 28 fev. 1832.

Bases de dados online

Anais do Império (digitalizados): www.senado.leg.br/publicacoes/anais/asp/ IP_AnaisImperio_digitalizados.asp

Brazilian Government Documents: http://ddsnext.crl.edu/brazil (Relatórios ministeriais e de presidentes de província)

Founders Online: https://founders.archives.gov/

SlaveVoyages: www.slavevoyages.org/

FONTES IMPRESSAS

A REVOLUÇÃO de 7 de novembro de 1837 (Sabinada). Salvador: Escola Typographica Salesiana, 1937. (Publicações do Archivo do Estado da Bahia, vols. I-II).

AMERICUS (Miguel Calmon du Pin e Almeida). *Cartas políticas extrahidas do padre Amaro*. Londres: Greenlaw, 1825.

ANDRADA E SILVA, José Bonifácio de. Representação à Assembleia Geral Constituinte e Legislativa do Império do Brasil sobre a escravatura. In: SALGADO, Graça (Org.). *Memórias sobre a escravidão*. Rio de Janeiro: Arquivo Nacional, 1988. p. 61-77.

BANCO DO BRASIL. *Relatório apresentado à Assembleia Geral dos acionistas do Banco do Brasil na sua reunião de 1865*. Rio de Janeiro: Tipografia do Correio Mercantil, 1865.

BARATA, Cipriano. *Sentinela da Liberdade e outros escritos (1821-1835)*. Organização e edição de Marco Morel. São Paulo: EDUSP, 2008.

BASTOS, Tavares. *Cartas do solitário*. Estudos sobre reforma administrativa, ensino religioso, africanos livres, tráfico de escravos, liberdade de cabotagem, abertura do Amazonas, comunicações com os Estados Unidos, etc. Rio de Janeiro: Tipografia da atualidade, 1862.

BIKER, Julio F. J. (Ed.). *Suplemento à Colleção dos Tratados, Convenções, Contratos e Actos* Públicos celebrados entre a *Corôa de Portugal e as mais potências desde 1640*. Lisboa: Imprensa Nacional, 1880. t. 23.

Boletim do Grande Oriente Unido e Supremo Conselho do Brasil, Rio de Janeiro, v. 2, n. 2-3, p. 104, fev./mar. 1873.

BRASILIENSE, Américo. *Os programas dos partidos e o Segundo Império*, v. 1: Exposição de princípios. São Paulo: Tipografia de Jorge Seckler, 1878.

CALDEIRA, Jorge (Org.). *Diogo Antônio Feijó*. São Paulo: Ed. 34, 1999.

CARTAS de João Loureiro escriptas do Rio de Janeiro ao conselheiro Manuel José Maria da Costa de Sá. *Revista do Instituto Histórico e Geográfico Brasileiro*, tomo 76, parte II, p. 273-470, 1914.

CARVALHO, José Murilo de (Org.). *Bernardo Pereira de Vasconcelos*. São Paulo: Ed. 34, 1999.

_____; BASTOS, Lúcia & BASILE, Marcello (Org.). Às *armas, cidadãos*: panfletos manuscritos da independência do Brasil (1820-1823). São Paulo: Companhia das Letras, 2012.

CARVALHO, Marcus. "Fácil é serem sujeitos de quem já foram senhores": o ABC do Divino Mestre. *Afro-Ásia*, v. 31, p. 327-334, 2004.

CENTURIÓN, Juan Crisóstomo. *Memorias o reminiscencias históricas sobre la guerra del Paraguay*. Assunção: Editorial Guarania, 1944-45.

CEVALHOS, D. Pedro. *Política particular de Bonaparte quanto à religião catholica*. Lisboa: Impressão Régia, 1812 [1811].

CORRESPONDÊNCIA do barão Wensel de Mareschal com o príncipe de Metternich. *Revista do Instituto Histórico e Geográfico Brasileiro*, v. 313, p. 159-231, 1976.

CORRESPONDENCIA do Marquez de Resende. *Revista do Instituto Histórico e Geográfico Brasileiro*, tomo 80, p. 153-506, 1916.

COSTA, João Severiano Maciel da. Memória sobre a necessidade de abolir a introdução dos escravos africanos no Brasil, sobre o modo e condições com que esta abolição se deve fazer e sobre os meios de remediar a falta de braços que ela pode ocasionar [1821]. In: SALGADO, Graça (Org.). *Memórias sobre a escravidão*. Rio de Janeiro: Arquivo Nacional, 1988. p. 9-59.

DAVATZ, Thomas. *Memórias de um colono no Brasil*. São Paulo: Livraria Martins Editora, 1972 [1858].

DIÁRIO da Assembleia Geral Constituinte e Legislativa do Império do Brasil. Brasília: Senado Federal, 2003 [1973]. 3 v. ed. fac-similar.

DUARTE, Constância (Ed.). *Nísia Floresta*. Recife: Massangana, 2010.

DUMAS, Alexandre. *Memórias de Garibaldi*. Porto Alegre: L&PM, 1999 [1861].

FALAS do Trono: desde o ano de 1823 até o ano de 1889. Brasília: Senado Federal, 2019.

FERREIRA, Lígia (Org.). *Lições de resistência*: artigos de Luiz Gama na imprensa de São Paulo e do Rio de Janeiro. São Paulo: Sesc, 2020.

FLORESTA, Nísia. *Opúsculo humanitário*. Brasília: Senado Federal, 2019 [1853].

GONÇALVES DE MAGALHÃES, Domingos. *A revolução da província do Maranhão*. São Luís: Typographia do Progresso, 1858.

GONÇALVES, Bento; ALMEIDA, Domingos José de. *Manifesto do presidente da República Rio-Grandense em nome de seus constituintes*. Piratini: s.n., 29 de agosto de 1838.

GONÇALVES, Marco. Papéis avulsos: a insurreição dos escravos no Vale do Paraíba. *Acervo Histórico*, n. 3, p. 54-70, 2005.

GREAT BRITAIN. *Correspondence with British ministers and agents in Foreign Countries, and with foreign ministers in England, relating to the slave trade*, from April 1 to March 31, 1851. Londres: Harrison & Son, 1851.

GREAT BRITAIN. *Hansard's Parliamentary debates*. Third series, commencing with the accession of William IV. Londres: G. Woodfall and Son, 1848. v. C.

INSTITUTO BRASILEIRO DE GEOGRAFIA E ESTATÍSTICA. *Anuário Estatístico do Brasil*, ano 5, 1939-1940.

_____. *Repertório estatístico do Brasil*: quadros retrospectivos, n. 1 (separata do *Anuário Estatístico do Brasil*, ano 5, 1939/1940). Rio de Janeiro: Serviço Gráfico do IBGE, 1941.

INSTRUÇÕES 1822-1840. *Cadernos do CHDD*, ano 7, n. 12, p. 9-252, 2008.

JEFFERSON, Thomas. *Notes on the state of Virginia*. Chapel Hill: the University of North Carolina Press, 2006 [1785].

LIMA, Bruno Rodrigues de (Org.); GAMA, Luiz. *Obras completas*, v. IV: Democracia (1866-1869). São Paulo: Hedra, 2021.

MARINHO, José Antônio. *História da Revolução Liberal de 1842*. Belo Horizonte: Assembleia Legislativa do Estado de Minas Gerais, 2015 [1844].

MAURY, Mathew Fontaine. *The Amazon, and the Atlantic slopes of South America*. Londres: Forgotten Books, 2019 [1853].

MELLO, Evaldo Cabral de (Org.). *Frei Joaquim do Amor Divino Caneca*. Rio de Janeiro: Ed. 34, 2001b.

MELLO, Jerônimo Martiniano. *Autos do Inquérito da Revolução Praieira*. Brasília: Ed.UnB/Senado Federal, 1979.

MELLO, Urbano Sabino. *Apreciação da Revolta Praieira em Pernambuco*. Rio de Janeiro: Typographia do Correio Mercantil, 1849.

MINISTÉRIO DAS RELAÇÕES EXTERIORES. *Arquivo diplomático da Independência*. Brasília: Fundação Alexandre de Gusmão, 2018 [1922]. v. VI (Portugal, 1822-1827). ed. fac-similar.

MULHALL, Michael G. *The dictionary of statistics*. Londres: Routledge & Sons, 1899.

OLIVEIRA, Cecília Helena de Salles (Org.). *Zacarias de Goés e Vasconcelos*. São Paulo: Editora 34, 2002.

RIBEIRO SANCHES, Antônio. *Cartas sobre a educação da mocidade*. Coimbra: Imprensa da Universidade, 1922 [1760].

RODRIGUES, José Honório (Org.). *Atas do Conselho de Estado*. Brasília: Senado Federal, 1973-1977. v. 6. Disponível em: www.senadofederal. gov.br. Acesso em: 30 jul. 2020.

SILVA, Joaquim Norberto de Souza. Memória histórica e documentada das aldeias de índios da província do Rio de Janeiro, etc. — parte documentada. *Revista do Instituto Histórico e Geográfico Brasileiro*, t. 17, p. 109-552, 1973 [1854].

_____. *Investigações sobre os recenseamentos da população geral do Império e de cada província de per si tentados desde os tempos coloniais até hoje*. Relatório do Ministério dos Negócios do Império, Anexo D. Rio de Janeiro: Tipografia Nacional, 1870.

TIMANDRO [Francisco de Sales Torres Homem]. O Libelo do Povo [1849]. In: MAGALHÃES JÚNIOR, Raimundo (Ed.). *Três panfletários do Segundo Reinado*. Rio de Janeiro: Academia Brasileira de Letras, 2009 [1956]. p. 53-121.

TORRENS, Robert. *An essay on the production of wealth*. Reprints of Economic Classics. Nova York: Augustus M. Kelley Publishers, 1965 [1821].

VON MARTIUS, Carl. Como se deve escrever a História do Brasil [10/I/1843]. *Revista do Instituto Histórico e Geográfico Brasileiro*, v. 6, n. 24, p. 381-403, 1973 [1844].

WAKEFIELD, Edward Gibbon. *A letter from Sydney*, the principal town of Australasia. Londres: Robert Gouger, 1829.

_____. *A view of the art of colonization*. Reprints of Economic Classics. Nova York: Augustus M. Kelley Publishers, 1969 [1849].

_____. *England & America*: a comparison of the social and political state of both nations. Reprints of Economic Classics. Nova York: Augustus M. Kelley Publishers, 1967 [1843].

BIBLIOGRAFIA

ABREU, Marcelo de Paiva; LAGO, Luiz Aranha Correa do. A economia brasileira no Império, 1822-1889. *Texto para discussão n. 584*. Rio de Janeiro: PUC-RIO, Departamento de Economia, 2010.

ABSELL, Christopher. The rise of coffee in the Brazilian south-east: tariffs and foreign market potential, 1827-1840. *The Economic History Review*, v. 73, n. 4, p. 964-990, 2020.

ACEMOGLU, Daron; ROBINSON, James. Why did the West extend the franchise? Democracy, inequality, and growth in historical perspective. *Quarterly Journal of Economics*, v. 115, n. 4, p. 1167-1199, 2000.

_____; ROBINSON, James. Economic backwardness in political perspective. *The American Political Science Review*, v. 100, n. 1, p. 115-131, 2006.

ADELMAN, Jeremy. *Republic of capital*: Buenos Aires and the legal transformations of the Atlantic world. Stanford: Stanford University Press, 1999.

_____. *Sovereignty and revolution in the Iberian Atlantic*. Princeton: Princeton University Press, 2006.

ALDEN, Dauril. O período final do Brasil colônia, 1750-1808. In: BETHELL, Leslie (Org.). *História da América Latina*, v. II: América Latina Colonial. São Paulo; Brasília: Edusp; Funag, 2004 [1985]. p. 527-592.

ALEXANDRE, Valentim. A desagregação do império: Portugal e o reconhecimento do Estado brasileiro. *Análise Social*, v. 28, n. 121, p. 309-341, 1993a.

_____. *Os sentidos do Império*: questão nacional e questão colonial na crise do Antigo Regime português. Porto: Afrontamento, 1993b.

ALMADA, Vilma. *Escravismo e transição*: o Espírito Santo, 1850-1888. Rio de Janeiro: Graal, 1984.

ALMEIDA, Paulo Roberto de. *Formação da diplomacia econômica do Brasil*. As relações econômicas internacionais do Império. São Paulo: Senac, 2005.

ALONSO, Angela. *Flores, votos e balas*: o movimento abolicionista brasileiro (1868-1888). São Paulo: Companhia das Letras, 2015.

AMARAL, Azevedo. *O Estado autoritário e a realidade nacional*. Rio de Janeiro: José Olympio, 1938.

ANDERSON, Benedict. *Comunidades imaginadas*. Reflexões sobre a origem e a difusão do nacionalismo. São Paulo: Companhias das Letras, 2008 [1983].

ANDRADE, Marcos. "Nós somos os caramurus e vamos arrasar tudo": a história da Revolta dos escravos de Carrancas, Minas Gerais (1833). In: REIS,

João José; GOMES, Flávio (Org.). *Revoltas escravas no Brasil*. São Paulo: Companhia das Letras, 2021. p. 262-324.

ANDREWS, George Reid. *América afro-latina*: 1800-2000. São Carlos: Edufscar, 2007;

APRILE, Sylvie. *La révolution inachevée*: 1815-1870. Paris: Belin, 2010.

ARAÚJO, Dilton. *O tutu da Bahia*: transição conservadora e formação da nação, 1838-1850. Salvador: Edufba, 2009.

ARENDT, Hannah. *Origens do totalitarismo*. São Paulo: Companhia das Letras, 1989 [1949].

ARINOS, Afonso. *História e teoria do partido político no direito constitucional brasileiro*. Rio de Janeiro: s.n., 1948.

ARMITAGE, David. *Civil wars*: a history in ideas. Nova York: Knopf, 2017.

ARRIGHI, Giovanni. *O longo século XIX*. Rio de Janeiro: Contraponto, 1996 [1994].

ASSUNÇÃO, Matthias Röhrig. "Sustentar a Constituição e a Santa Religião Católica, amar a pátria e o imperador". Liberalismo popular e o ideário da Balaiada no Maranhão. In: DANTAS, Mônica (Org.). *Revoltas, motins, revoluções*: homens livres pobres e libertos no Brasil do século XIX. 2. ed. São Paulo: Alameda, 2018 [2011]. p. 295-327.

AZEVEDO, Célia. A recusa da "raça": antirracismo e cidadania no Brasil dos anos 1830. *Horizontes Antropológicos*, ano II, n. 24, p. 297-320, 2005.

AZEVEDO, Elciene. *Orfeu da carapinha*: a trajetória de Luiz Gama na imperial cidade de São Paulo. Campinas: Ed. Unicamp, 1999.

BACELLAR, Carlos de Almeida Prado. *Os senhores da terra*: família e sistema sucessório entre os senhores de engenho do Oeste Paulista, 1765-1855. Campinas: Centro de Memória/Unicamp, 1997.

BARATA, Alexandre. Do secreto ao público: espaços de sociabilidade na província de Minas Gerais (1822-1840). In: CARVALHO, José Murilo; NEVES, Lúcia Bastos Pereira das (Org.). *Repensando o Brasil do Oitocentos*: cidadania, política e liberdade. Rio de Janeiro: Civilização Brasileira, 2009. p. 49-70.

_____. *Luzes e sombras*: a ação da maçonaria brasileira (1870-1910). Campinas: Unicamp, 1999.

BARMAN, Roderick. *Brazil*: the forging of a nation, 1798-1852. Stanford: Stanford University Press, 1988.

_____. *Imperador cidadão e a construção do Brasil*. São Paulo: Edunesp; Imprensa Oficial, 2012 [1999].

BARNETT, Vincent. *Kondratiev and the dynamics of economic development*: long cycles and industrial growth in historical context. Londres: Macmillan, 1988.

BASILE, Marcello. A reforma agrária cidadã: o Plano do Grande Fautesim Nacional. *Estudos Sociedade e Agricultura*, n. 10, p. 95-117, 1998.

_____. A *Revolução do 7 de Abril de 1831*: disputas políticas e lutas de representações. In: SIMPÓSIO NACIONAL DE HISTÓRIA, XVII, Fortaleza, 2013a.

_____. Deputados da Regência: perfil socioprofissional, trajetórias e tendências políticas. In: CARVALHO, José Murilo de; CAMPOS, Adriana Pereira (Org.). *Perspectivas da cidadania no Brasil Império*. Rio de Janeiro: Civilização Brasileira, 2011a. p. 87-121.

_____. Governo, nação e soberania no Primeiro Reinado: a imprensa áulica do Rio de Janeiro. In: CARVALHO, José Murilo de et al. (Org.). *Linguagens e fronteiras do poder*. Rio de Janeiro: FGV Editora, 2011b. p. 171-183.

_____. *Luzes a quem está nas trevas*: a linguagem política radical nos primórdios do Império. *Topoi*, v. 2, n. 3, p. 91-130, 2001.

_____. O bom exemplo de Washington: o republicanismo no Rio de Janeiro (c. 1830 a 1835). *Varia História*, v. 27, n. 45, p. 17-45, 2011c.

_____. *O Império em construção*: projetos de Brasil e ação política na Corte regencial. Tese (doutorado) — Programa de Pós-Graduação em História, Universidade Federal do Rio de Janeiro, Rio de Janeiro, 2004a.

_____. O laboratório da nação: a era regencial (1831-1840). In: GRINBERG, Keila; SALLES, Ricardo (Org.). *O Brasil Imperial*, v. II: 1831-1870. Rio de Janeiro: Civilização Brasileira, 2009. p. 53-119.

_____. Propostas radicais no parlamento regencial: república, religião e escravidão. *Revista do Instituto Histórico e Geográfico Brasileiro*, ano 174, n. 459, p. 13-42, 2013b.

_____. Revolta e cidadania e Corte regencial. *Tempo*, v. 22, p. 41-67, 2007.

_____. Revoltas regenciais na Corte: o movimento de 17 de abril de 1832. *Anos 90*, v. 11, ns. 19/20, p. 259-298, 2004b.

_____. Sociabilidade e ação política na Corte regencial: a Sociedade Defensora da Liberdade e Independência Nacional. *Dimensões*, v. 18, p. 349-383, 2006.

BATALLA, Isabel Clemente. Política exterior del Uruguay, 1830-1895. Tendencias, problemas, actores y agenda. Montevideo: Facultad de Ciencias Sociales, Documento de Trabajo n. 69, 2005.

BATEMAN, David. *Disenfranchising democracy*: constructing the electorate in the United States, the United Kingdom, and France. Cambridge: Cambridge University Press, 2018.

BAYLIN, Bernard. *As origens ideológicas da revolução americana*. Bauru: Edusc, 2003 [1967].

BAYLY, Christopher. *The birth of modern world*, 1780-1914. Oxford: Blackwell, 2003.

BECKERT, Sven. *Empire of cotton*. A global history. Nova York: Knopf, 2014.

BELL, Duncan. Empire and imperialism. In: JONES, Gareth Stedman; CLAYES, Gregory (Ed.). *The Cambridge history of nineteenth-century political thought*. Cambridge: Cambridge University Press, 2011. p. 864-885.

BELTON, Lloyd. Emiliano F. B. Mundrucu: inter-American revolutionary and abolitionist (1791-1863). *Atlantic Studies*, v. 15, n. 1, p. 62-82, 2018.

BENDER, Thomas. *A nation among nations*. America's place in world history. Nova York: Hill and Wang, 2006.

BERBEL, Márcia. *A nação como artefato*: deputados do Brasil nas cortes portuguesas (1821-1822). São Paulo: Hucitec; Fapesp, 1999.

_____; MARQUESE, Rafael; PARRON, Tâmis. *Escravidão e política*: Brasil e Cuba, c. 1790-1840. São Paulo: Hucitec, 2010.

BERNARDES, Dênis. Pernambuco e o Império (1822-1824): sem Constituição soberana não há união. In: JANCSÓ, István (Org.). *Brasil*: Formação do Estado e da nação. São Paulo: Hucitec, 2003. p. 219-249.

BESOUCHET, Lídia. *José Maria Paranhos, o visconde do Rio Branco*. Rio de Janeiro: Zelio Valverde, 1945.

BETHELL, Leslie. *A abolição do comércio brasileiro de escravos*: a Grã-Bretanha, o Brasil e a questão do comércio de escravos, 1807-1869. Brasília: Senado Federal, 2002 [1970].

BIEBER, Judy. Mediation through militarization: indigenous soldier and transcultural middlemen of the Rio Doce divisions, Minas Gerais, Brazil, 1808-1850". *The Americas*, v. 71, n. 2, p. 227-254, 2014.

_____. *Power, patronage, and political violence*: State building on a Brazilian frontier, 1822-1889. Lincoln: University of Nebraska Press, 1999.

BLANCHARD, Peter. The language of liberation: slave voices in the wars of independence. *Hispanic American Historical Review*, v. 83, n. 2, p. 499-523, 2002.

BONIFÁCIO, Fátima. A "causa" de d. Maria II (1826-1834). *Análise Social*, v. 39, n. 172, p. 519-545, 2004.

BOSI, Alfredo. A escravidão entre dois liberalismos [1988]. In: _____. *A dialética da colonização*. São Paulo: Companhia das Letras, 1992. p. 192-245.

BOTTING, Eileen; MATTHEWS, Charlotte. Overthrowing the Floresta-Wollstonecraft myth for Latin American feminism. *Gender & History*, v. 26, n. 1, p. 64-83, 2014.

BOURDIEU, Pierre. Curso de 25 de janeiro de 1990. In: _____. *Sobre o Estado*: Cursos no Collège de France (1989-92). São Paulo: Companhia das Letras, 2014.

BRAGANÇA, Rafael. *Um padre na monarquia sem Rei*: a trajetória política de Diogo Antônio Feijó (1831-1835). Dissertação (mestrado) — Programa de Pós-Graduação em História, Universidade Federal Fluminense, Niterói, 2018.

BRANDÃO, Ulysses. *Pernambuco de outr'óra*: Confederação do Equador. Recife: Officinas Graphicas da Repartição de Publicações Officiaes, 1924.

BRAUDEL, Fernand. *Civilização material, economia e capitalismo*: séculos XV-XVIII. V. 3: O tempo do mundo. 2. ed. São Paulo: Martins Fontes, 2009 [1979].

BREEN, Patrick. *The land shall be deluged in blood*: a new history of the Nat Turner Revolt. Oxford: Oxford University Press, 2015.

BREKKE, Linzy. The "scourge of fashion": political economy and the politics of consumption in the early republic. *Early American Studies*, v. 3, n. 1, p. 111-139, 2005.

BUESCU, Mircea. *300 anos de inflação*. Rio de Janeiro: Apec, 1973.

BULLOCK, Steven. *Revolutionary brotherhood*: freemasonry and the transformation of the American social order, 1730-1840. Chapel Hill: The University of North Carolina Press, 1996.

CADENA, Paulo Henrique. *O vice-rei*: Pedro de Araújo Lima e a governança do Brasil no século XIX. Tese (doutorado) —Programa de Pós-Graduação em História, Universidade Federal de Pernambuco, Recife, 2018.

CAETANO, Gerardo; FREGA, Ana (Org.). *Uruguay*. Revolución, independencia y construcción de un Estado. Tomo I: 1808-1880. Madri: Fundación Mapfre, 2015.

CALDERÓN, María Teresa; THIBAUD, Clément. *La majestad de los pueblos en la Nueva Granada y Venezuela (1780-1832)*. Bogotá: Taurus; Universidad Externado de Colombia, 2010.

CANNADINE, David. *Victorious century*. The United Kingdom, 1800-1906. Londres: Penguin, 2018.

CARDOZO, Efraím. *El Paraguay independiente*. Assunção: El Lector, 1996.

CARNEIRO, Luaê. Das lojas ao partido: a maçonaria e a formação do Partido Republicano Paulista. In: DANTAS, Monica (Org.). *Da corte ao confronto*: capítulos de história do Brasil oitocentista. Belo Horizonte: Fino Traço, 2020. p. 311-332.

CARREIRA, Liberato. *História financeira e orçamentária do Império do Brazil desde a sua fundação*. Rio de Janeiro: Imprensa Nacional, 1889.

CARVALHO, Daniela. *Fronteiras da liberdade*: experiências escravas de recrutamento, guerra e escravidão (Rio Grande de São Pedro, c. 1835-1850). Tese (doutorado) — Programa de Pós-Graduação em História, Universidade Federal do Rio de Janeiro, Rio de Janeiro, 2013.

CARVALHO, José Murilo de. *A construção da ordem*: a elite política imperial/ *Teatro das sombras*: a política imperial. 6. ed. Rio de Janeiro: Civilização Brasileira, 2011 [1980/1988].

____. *Clamar e agitar sempre*: os radicais da década de 1860. Rio de Janeiro: Topbooks, 2018.

____. *D. Pedro II*. São Paulo: Companhia das Letras, 2007.

____. Federalismo e centralização no império brasileiro: história e argumento [1993]. In: ____ *Pontos e bordados*: escritos de história e política. Belo Horizonte: Ed. UFMG, 1998. p. 155-231.

CARVALHO, Marcus. "Aí vem o capitão-mor": as eleições de 1828-30 e a questão do poder local no Brasil Imperial. *Tempo*, n. 13, p. 157-187, 2002a.

____. *Liberdade*: rotinas e rupturas do escravismo no Recife, 1822-1850. 2. ed. Recife: Edufpe, 2002b [1998].

____. Movimentos sociais: Pernambuco (1831-1848). In: GRINBERG, Keila; SALLES, Ricardo (Org.). *O Brasil Imperial*: v. II, 1831-1870. Rio de Janeiro: Civilização Brasileira, 2009. p. 121-183.

____. O desembarque nas praias: o funcionamento do tráfico de escravos depois de 1831. *Revista de História*, n. 167, p. 223-260, 2012.

____. O outro lado da independência: quilombolas, negros e pardos em Pernambuco (Brasil), 1817-1823. *Luso-Brazilian Review*, v. 43, n. 1, p. 1-30, 2006.

____. Os nomes da *Revolução*: lideranças populares na Insurreição Praieira, Recife, 1844-1848". *Revista Brasileira de História*, v. 23, n. 45, p. 209-238, 2003.

____. Um exército de índios, quilombolas e senhores de engenho contra os "jacobinos": a Cabanada, 1832-1835. In: DANTAS, Mônica (Org.). *Revoltas, motins, revoluções*: homens livres pobres e libertos no Brasil do século XIX. 2. ed. São Paulo: Alameda, 2018 [2011]. p. 169-200.

CASTILHO, Celso. Brisas atlánticas: la abolición gradual y la conexión brasileña-cubana. In: CÁCERES, Rita; LOVEJOY, Paul (Ed.). *Haití*: revolución y emancipación. San José: Ed. UCR, 2008. p. 128-138.

____. *Slave emancipation and transformations in Brazilian political citizenship*. Pittsburgh: University of Pittsburgh Press, 2016.

____. The press and Brazilian narratives of *Uncle Tom's Cabin*: slavery and the public sphere in Rio de Janeiro, ca. 1855. *The Americas*, v. 76, n. 1, p. 77-106, 2019.

CASTRO, Paulo Pereira de. A "experiência republicana", 1831-1840. In: HOLANDA, Sérgio Buarque de (Dir.). *História geral da civilização brasileira*, tomo II: O Brasil Monárquico, v. II (Dispersão e unidade). 3. ed. São Paulo: Difusão Europeia do Livro, 1972 [1967]. p. 9-67.

CAVALCANTI JÚNIOR, Manoel. A Revolta dos Matutos: entre o medo da escravização e a ameaça dos "republiqueiros" (Pernambuco-1838). *Clio*, v. 39, p. 221-245, 2021.

CAVIERES, Eduardo. Anverso y reverso del liberalismo en Chile, 1840-1930. *História*, Santiago, v. 34, p. 39-66, 2001.

CHACON, Vamireh. Natividade Saldanha: poeta e revolucionário. In: _____ (Ed.). *Da Confederação do Equador à Grã-Colômbia*. Brasília: Senado Federal, 1983. p. 15-47.

CHALHOUB, Sidney. *A força da escravidão*: ilegalidade e costume no Brasil oitocentista. São Paulo: Companhia das Letras, 2012.

_____. *Cidade febril*. cortiços e epidemias na Corte imperial. São Paulo: Companhia das Letras, 1996.

_____. *Visões da Liberdade*: uma história das últimas décadas da escravidão na Corte. São Paulo: Companhia das Letras, 1990.

CHANDRA, Bipan et al. *India's struggle for independence*. Nova Delhi: Penguin Books, 2016.

CHAVES, Maria Eugénia. Esclavos, libertades y república. Tesis sobre la polisemia de la libertad en la primera república antioqueña. *E.I.A.L.*, v. 22, n. 1, p. 81-104, 2011.

CHRISTILLINO, Christiano. Sob a pena presidencial: a Lei de Terras de 1850 no Rio Grande do Sul e a negociação política. *Tempo*, v. 16, p. 223-245, 2012.

COLISTETE, Renato. Iniciativas locais e mobilização por escolas primárias em São Paulo, 1830-1889. *Revista de História*, São Paulo, n. 176, p. 1-33, 2017.

CONRAD, Robert. *Os últimos anos da escravatura no Brasil*. Rio de Janeiro: Civilização Brasileira, 1978.

COOPER, Donald. The new "Black death": Cholera in Brazil, 1855-1856. *Social Science History*, v. 10, n. 4, p. 467-488, 1986.

COSTA, Emília Viotti da. *Da senzala à colônia*. 5. ed. São Paulo: Unesp, 2010 [1966].

_____. Política de terras no Brasil e nos Estados Unidos. In: _____. *Da Monarquia à República*: momentos decisivos. São Paulo: Unesp, 1999. p. 169-193.

COSTA, Wilma Peres. Repensando a centralização no Império. In: _____. *Cidadãos e contribuintes no Brasil do Século XIX*: estudos de história fiscal. São Paulo: Alameda, 2020.

CRATON, Michael. *Testing the chains*: resistance to slavery in the British West Indies. Ithaca: Cornell University Press, 2009 [1982].

CRUZ, Fábio Santa. Moderados em disputa: considerações sobre o pleito de 1835 para a escolha do Regente Uno do Império do Brasil. *Em Tempo de Histórias*, n. 6, p. 1-15, 2002.

CUBBITT, Geoffrey. Revolution, reaction, restoration: the meanings and uses of seventeenth-century English history in the political thinking of Benjamin Constant, c. 1797-1830. *European Review of History/Revue Européene d'Histoire*, v. 14, n. 1, p. 21-47, 2007.

CUNHA, Manuela Carneiro da."Política indigenista no século XIX. In: _____ (Org.). *História dos índios no Brasil*. São Paulo: Companhia das Letras; Secretaria Municipal de Cultura; Fapesp, 1992. p. 133-154.

DANTAS, Mariana. *Dimensões da participação política indígena*: Estado nacional e revoltas em Pernambuco e Alagoas, 1817-1848. Rio de Janeiro: Arquivo Nacional, 2018.

DANTAS, Monica (Org.). *Da corte ao confronto*: capítulos de história do Brasil oitocentista. Belo Horizonte: Fino Traço, 2020a.

_____. Constituição, poderes e cidadania na formação do Estado-Nacional brasileiro. In: SOUZA, Maria das Graças de et al. (Org.). *Rumos da cidadania*: a crise da representação e a perda do espaço público. São Paulo: Instituto Prometheus, 2010. p. 19-58.

_____. O Código de Processo Criminal e a Reforma de 1841: dois modelos de organização dos poderes". *História do Direito*, v. 1, n. 1, p. 96-121, 2020b.

DAVIS, David Brion. *Inhuman bondage*: the rise and fall of slavery in the New World. Oxford: Oxford University Press, 2006.

DE DIJN, Annelien. *Freedom*: an unruly history. Cambridge: Harvard University Press, 2020.

DEAN, Warren. Latifundia and land policy in nineteenth-century Brazil. *The Hispanic American Historical Review*, v. 51, n. 4, p. 606-624, 1971.

_____. *Rio Claro*: um sistema brasileiro de grande lavoura, 1820-1920. Rio de Janeiro: Paz & Terra, 1977 [1976].

DELAP, Lucy. The "woman question" and the origins of feminism. In: JONES, Gareth Stedman; CLAYES, Gregory (Ed.). *The Cambridge history of nineteenth-century political thought*. Cambridge: Cambridge University Press, 2011. p. 319-348.

DIAS, Maria Odila. A interiorização da metrópole [1972]. In: _____. *A interiorização da metrópole e outros estudos*. 2. ed. São Paulo: Alameda, 2009 [2005]. p. 7-37.

DÍAZ, Ramón. *Historia económica del Uruguay*. Montevidéu: Taurus, 2003.

DOLHNIKOFF, Miriam. *José Bonifácio*. São Paulo: Companhia das Letras, 2012.

DOLHNIKOFF, Miriam. *O pacto imperial*: origens do federalismo no Brasil do século XIX. São Paulo: Globo, 2005.

DORATIOTO, Francisco. *Maldita guerra*. Nova história sobre a Guerra do Paraguai. São Paulo: Companhia das Letras, 2002.

DOYLE, Don. *The cause of all nations*: an international history of the American Civil War. Nova York: Basic Book, 2015.

DUARTE, Nestor. *A ordem privada e a organização política nacional*. São Paulo: Brasiliense, 1966.

DUBY, Georges. *As três ordens ou o imaginário do feudalismo*. 2. ed. Lisboa: Estampa, 1994 [1978].

DYE, Alan. The institutional framework. In: BULMER-THOMAS, Victor; COATSWORTH, John; CORTÉS CONDE, Roberto (Ed.). *The Cambridge economic history of Latin America*: v. 2 — the long twentieth century. Cambridge: Cambridge University Press, 2006. p. 167-208.

EARLE, Carville V. A staple interpretation of slavery and free labor. *Geographical Review*, v. 68, n. 1, p. 51-65, 1978.

EARLE, Jonathan. *Jacksonian antislavery and the politics of free soil*, 1824-1854. Chapel Hill: The University of North Carolina Press, 2004.

ECHEVERRÍ, Marcela. *Indians and slave royalists in the age of revolution*: reform, revolution, and royalism in the Northern Andes, 1780-1825. Cambridge: Cambridge University Press, 2016.

ELLIOTT, John. A Europe of composite monarchies. *Past & Present*, v. 137, n. 1, p. 48-71, 1992.

ELTIS, David. *Economic growth and the ending of the transatlantic slave trade*. Oxford: Oxford University Press, 1987.

ENGERMAN, Stanley; SOKOLOFF, Kenneth. *Economic development in the Americas since 1500*: endowments and institutions. Cambridge: Cambridge University Press, 2012.

ENGLUND, Steven. *Napoleão*: uma biografia política. Rio de Janeiro: Zahar, 2005 [2004].

ESCOSTEGUY FILHO, João Carlos. *Olhos na Europa, pés na América*: interpretações do presente, exemplos passados e perspectivas de futuro na construção de uma experiência histórica no Primeiro Reinado. Tese (doutorado) — Programa de Pós-Graduação em História, Universidade Federal Fluminense, 2016.

ESTEFANES, Bruno Fabris. *Conciliar o Império*: o marquês do Paraná e a política imperial, 1842-1856. São Paulo: Annablume, 2013.

FAIRBANK, John King; GOLDMAN, Merle. *China*: a new history. Cambridge; Londres: Belknap Press, 2006.

FAORO, Raimundo. *Os donos do poder*: formação do patronato político brasileiro. 6. ed. Porto Alegre; Globo, 1975 [1958]. v. I.

FAUST, Drew Gilpin. *The republic of suffering*: death and the American Civil War. Nova York: Vintage Civil War Library, 2008.

FERNANDES, Florestan. *A revolução burguesa no Brasil*: ensaio de interpretação sociológica. 5. ed. São Paulo: Globo, 2006 [1975].

FERREIRA, Fátima de Sá e Melo. *Rebeldes e insubmissos*: resistências populares ao liberalismo, 1834-1844. Porto: Afrontamento, 2002.

FERREIRA, Gabriela Nunes. *O Rio da Prata e a consolidação do Estado imperial*. São Paulo: Hucitec, 2006.

FERREIRA, Manoel Rodrigues. *A evolução do sistema eleitoral brasileiro*. Brasília: Senado Federal, 2001.

FERREIRA, Roquinaldo. *Cross-cultural exchange in the Atlantic world*: Angola and Brazil during the era of the slave trade. Cambridge: Cambridge University Press, 2012.

FERRER, Ada. *Insurgent Cuba*: race, nation, and revolution, 1868-1898. Chapel Hill: The University of North Carolina Press, 1999.

FERRER GOMEZ, Pilar. A "vigilância da pátria": a maçonaria brasileira e sua atuação na década de 1820. In: DANTAS, Monica (Org.). *Da corte ao confronto*: capítulos de história do Brasil oitocentista. Belo Horizonte: Fino Traço, 2020. p. 269-288.

FERRETTI, Danilo. Entre profecias e prognósticos: Januário da Cunha Barbosa, a escravidão e o futuro da nação (1830-1836). *Tempo*, v. 20, p. 1-22, 2014.

FITZ, Caitlin. *Our sister republics*: the United States in an age of American revolutions. Nova York: Liveright, 2016.

FLORY, Thomas. *Judge and jury in imperial Brazil*, 1808-1871: social control and political stability in the new State. Austin: University of Texas Press, 1981.

FOLLET, Richard. *The sugar masters*: planters and slaves in Louisiana's cane world, 1820-1860. Baton Rouge: Louisiana State University Press, 2005.

FONER, ERIC. *Nada além da liberdade*: a emancipação e seu legado. Rio de Janeiro, Paz & Terra, 1988 [1983].

_____. *The story of American freedom*. Nova York: W. W. Norton & Company, 1998.

FONSECA, Silvia. *A ideia de república no Império do Brasil*: Rio de Janeiro e Pernambuco (1824-1834). Jundiaí: Paco Editorial, 2016.

FRAGOSO, João. *Barões do café e sistema agrário escravista*: Paraíba do Sul/Rio de Janeiro (1830-1888). Rio de Janeiro: 7Letras, 2013.

_____. *Homens de grossa aventura*: acumulação e hierarquia na praça mercantil do Rio de Janeiro (1790-1830). 2. ed. Rio de Janeiro: Civilização Brasileira, 1998 [1993].

_____; FLORENTINO, Manolo. *O arcaísmo como projeto*: mercado atlântico, sociedade agrária e elite mercantil em uma economia colonial tardia, Rio de Janeiro, c. 1790-1840. 4. ed. rev. Rio de Janeiro: Civilização Brasileira, 2001 [1993].

_____; MARTINS, Maria Fernanda Vieira. Grandes negociantes e elite política nas últimas décadas da escravidão, 1850-1888. In: FLORENTINO, Manolo; MACHADO, Cacilda (Org.). *Ensaios sobre a escravidão*. Belo Horizonte: UFMG, 2003. p. 143-164.

FRANCHINI NETO, Hélio. Independência ou Morte. Política e Guerra na Emancipação do Brasil, 1821-1823. Rio de Janeiro: Topbooks, 2019.

FRANCO, Gustavo. *A economia em Machado de Assis*: o olhar oblíquo do acionista. Rio de Janeiro: Jorge Zahar, 2007.

FRANCO, Maria Sylvia de Carvalho. *Homens livres na ordem escravocrata*. 4. ed. São Paulo: Fundação Editora da Unesp, 1997 [1969].

FRANCO, Sérgio da Costa. *As califórnias do Chico Pedro*. Porto Alegre: Martins Livreiro, 2006.

FREEMAN, Joanne. *The field of blood*: violence in Congress and the road to Civil War. Nova York: Farrar, Strauss and Giroux, 2018.

GALLAGHER, Gary. *The Union War*. Cambridge: Harvard University Press, 2011.

GALLAGHER, John; ROBINSON, Ronald. The imperialism of free trade. *The Economic History Review*, v. 6, n. 1, p. 1-15, 1953.

GAMBI, Thiago. *O banco da ordem*: política e finanças do Império brasileiro (1853-1866). São Paulo: Alameda, 2015.

GANDIA, Leonardo. *A política no fio da espada*: Caxias e a consolidação dos interesses brasileiros no Rio da Prata (1842-1852). São Paulo: Intermeios; Fapesp, 2019.

GODOI, Rodrigo Camargo de. *Um editor no Império*: Francisco de Paula Brito (1809-1861). São Paulo: Edusp; Fapesp, 2016.

GOES FILHO, Synesio Sampaio. *Navegantes, bandeirantes, diplomatas*: um ensaio sobre a formação das fronteiras do Brasil. Brasília: Funag, 2015.

GOMES, Flávio. *A hidra e os pântanos*: mocambos, quilombos e comunidades de fugitivos no Brasil (séculos XVII-XIX). São Paulo: Edunesp; Polis, 2005.

_____. Experiências atlânticas e significados locais: ideias, temores e narrativas em torno do Haiti no Brasil Escravista. *Tempo*, n. 13, p. 209-246, 2002.

_____. *Histórias de quilombolas*: mocambos e comunidades de senzalas no Rio de Janeiro, século XIX. ed. rev. e ampl. São Paulo: Companhia das Letras, 2006 [1995].

GONÇALVES, Andréa. *Estratificação social e mobilizações políticas no processo de formação do Estado nacional brasileiro*: Minas Gerais, 1831-1835. São Paulo: Hucitec, 2008.

GOULD, Eliga. *Among the powers of the earth*: the American Revolution and the making of a New World empire. Cambridge: Harvard University Press, 2012.

GOUVÊA, Maria de Fátima. *O Império das províncias*. Rio de Janeiro: Civilização Brasileira, 2008.

GOYENA SOARES, Rodrigo. Estratificação profissional, desigualdade econômica e classes sociais na crise do Império. Notas preliminares sobre as classes imperiais. *Topoi*, v. 20, n. 41, p. 446-489, 2019.

_____. *Expectativa & frustração*: história dos veteranos da Guerra do Paraguai. Tese (doutorado) — Programa de Pós-Graduação em História, Universidade Federal do Estado do Rio de Janeiro, Rio de Janeiro, 2017a.

_____. Nem arrancada, nem outorgada: agência, estrutura e os porquês da Lei do Ventre Livre. *Almanack*, n. 9, p. 166-175, 2015a.

_____. Promessas da campanha do Paraguai e recompensas do regresso. In: RODRIGUES, Fernando da Silva, FERRAS, Francisco; PINTO, Surama Conde Sá (Org.). *História militar*. Novos caminhos e novas abordagens. Jundiaí: Paco Editorial, 2015b. p. 131-164.

_____. Racionalidade econômica, transição para o trabalho livre e economia política da abolição — a estratégia campineira (1870-1889). *História*, São Paulo, v. 39, p. 1-30, 2020.

_____. Razões e sentidos do conde d'Eu na Guerra do Paraguai. In: _____ (Org.). *Diário do conde d'Eu*, comandante em chefe das tropas brasileiros em operação na República do Paraguai. Rio de Janeiro/São Paulo: Paz & Terra, 2017b. p. 15-58.

GRADEN, Dale. *Disease, resistance, and lies*: the demise of the transatlantic slave trade to Brazil and Cuba. Baton Rouge: Louisiana State University Press, 2014.

GRAHAM, Richard. O Brasil de meados do século XIX à Guerra do Paraguai. In: BETHELL, Leslie. *História da América Latina*. V. III: Da Independência a 1870. São Paulo; Brasília: Edusp; Funag, 2009 [1987]. p. 771-825.

_____. *Clientelismo e política no Brasil do século XIX*. Rio de Janeiro: Ed. UFRJ, 1997 [1990].

GRIFFIN, Carl. The violent Captain Swing?. *Past & Present*, n. 209, p. 149-180, 2010.

GRINBERG, Keila. Emancipación y guerra en el Río de la Plata, 1840-1865: hacia una historia social de las relaciones internacionales. *História Mexicana*, v. LXIX, n. 2, p. 693-742, 2019.

_____. *O fiador dos brasileiros*: cidadania, escravidão e direito civil no tempo de Antônio Pereira Rebouças. Rio de Janeiro: Civilização Brasileira, 2002.

GUARDINO, Peter. *The time of liberty*: popular political culture in Oaxaca, 1750-1850. Durham: Duke University Press, 2005.

GUAZZELLI, Cesar. Fronteiras em conflito no espaço platino: da Guerra dos Farrapos à Guerra Grande. In: NEUMANN, Eduardo Santos; GRIJÓ, Luiz Alberto (Org.). *O continente em armas*: uma história da guerra no sul do Brasil. Rio de Janeiro: Apicuri, 2010. p. 95-114.

_____. *O horizonte da província*: a república rio-grandense e os caudilhos do Rio da Prata (1835-1845). Porto Alegre: Linus, 2013.

_____. Textos e lenços: representações de federalismo na república rio-grandense (1836-1845). *Almanack Braziliense*, n. 1, p. 54-66, 2005.

GUIMARÃES, Carlos Gabriel. *A presença inglesa nas finanças e no comércio no Brasil imperial*: os casos da sociedade bancária Mauá, MacGregor & Cia. (1854-1866) e da firma inglesa Samuel Phillips & Cia. (1808-1840). São Paulo: Alameda, 2012.

GUIMARÃES, Lucia Maria Paschoal. Ação, reação e transação: a pena de aluguel e a historiografia. In: CARVALHO, José Murilo (Org.). *Nação e cidadania no Império*: novos horizontes. Rio de Janeiro: Civilização Brasileira, 2007. p. 71-91.

GUIMARÃES, Manoel Salgado. *Historiografia e nação no Brasil* (1838-57). Rio de Janeiro: EdUERJ, 2011.

HAHN, Steven. *A nation without borders*: the United States and its world in an age of Civil Wars, 1830-1910. Nova York: Penguin, 2016.

HALPERIN DONGHI, Tulio. *Revolução e guerra*: formação de uma elite dirigente na Argentina *criolla*. São Paulo: Hucitec, 2015 [1973].

_____. *Proyecto y construcción de una nación*. Argentina, 1846-1880. Buenos Aires: Ariel, 1995.

HARRIS, Mark. *Rebelião na Amazônia*: Cabanagem, raça e cultura popular no Norte do Brasil, 1798-1840. Campinas: Ed. Unicamp, 2017 [2010].

HART, John. The 1840s Southwestern Mexico Peasants' War: conflict in a transitional society. in: KATZ, Friedrich (Ed.). *Riot, rebellion, and revolution*. Princeton: Princeton University Press, 1988. p. 249-268.

HELG, Aline. *Liberty and equality in Caribbean Colombia*, 1770-1835. Chapel Hill: the University of North Carolina Press, 2004.

HILL, Lawrence. *Diplomatic relations between the United States and Brazil*. Durham: Duke University Press, 1932.

HILTON, Boyd. *A mad, bad, and dangerous people?* England, 1783-1846. Oxford: Oxford University Press, 2006.

HILTON, Rodney. *Bond men made free*: medieval peasant movements and the English Rising of 1381. 2. ed. Nova York: Routledge, 2003 [1973].

HIRSCHMAN, Albert. *A retórica da intransigência*: perversidade, futilidade, ameaça. São Paulo: Companhia das Letras, 1992 [1991].

HOBSBAWM, Eric. *A era das revoluções*, 1789-1848. Rio de Janeiro: Paz & Terra, 1982 [1961].

HOFSTADER, Richard. The paranoid style in American politics. In: _____. *The paranoid style in American politics and other essays*. Cambridge: Harvard University Press, 1965. p. 3-40.

HOLANDA, Sérgio Buarque de. A herança colonial — sua desagregação. In: _____ (Org.). *História geral da civilização brasileira*, tomo II: O Brasil monárquico, v. II (o processo de emancipação). 9. ed. Rio de Janeiro: Bertrand Brasil, 2003 [1962]. p. 13-47.

_____. *História geral da civilização brasileira*. O Brasil monárquico, v. 7: do Império à República. Rio de Janeiro: Bertrand Brasil, 2012 [1970].

_____. *Raízes do Brasil*. São Paulo: Companhia das Letras, 2015 [1936].

HOLLOWAY, Thomas. *Polícia no Rio de Janeiro*: repressão e resistência numa cidade do século XIX. Rio de Janeiro: Ed. FGV, 1997 [1993].

HOLT, Thomas. A essência do contrato: a articulação entre raça, gênero sexual e economia política no programa britânico de emancipação, 1838-1866. In: _____; COOPER, Frederick; SCOTT, Rebecca. *Além da escravidão*: investigações sobre raça, trabalho e cidadania em sociedades pós-emancipação. Rio de Janeiro: Civilização Brasileira, 2005 [2000]. p. 89-129.

_____. Explaining abolitionism. *Journal of Social History*, v. 24, n. 2, p. 371-378, 1990.

HÖRNER, Erik. *Até os limites da política*: a "revolução liberal" de 1842 em São Paulo e Minas Gerais. São Paulo: Alameda, 2014.

HUSTON, James. *Calculating the value of the Union*: slavery, property rights, and the economic origins of the Civil War. Chapel Hill: the University of North Carolina University Press, 2003.

IGLÉSIAS, Francisco. A vida política, 1848-1866. In: HOLANDA, Sérgio Buarque (Org.). *História geral da civilização brasileira*. O Brasil monárquico, v. 5: Reações e transações. 8. ed. Rio de Janeiro: Bertrand Brasil, 2004 [1967]. p. 107-127.

IRFFI, Ana. Pinto Madeira e seu "exército de cabras": conflitos políticos e sociais no Cariri cearense pós-independência. *Clio*, n. 35, p. 200-224, 2017.

JACKSON, Robert (ed.). *Liberals, the Church, and Indian peasants*: corporate lands and the challenge of reform in nineteenth-century Spanish America. Albuquerque: University of New Mexico Press, 1997.

JAKSIC, Iván; SERRANO, Sol. El gobierno y las libertades: la ruta del liberalismo chileno en el siglo XIX. *Estudios Publicos*, n. 118, p. 69-105, 2010.

JANCSÓ, István. *Na Bahia, contra o império*: história do ensaio de sedição de 1798. São Paulo: Hucitec, 1996.

_____; PIMENTA, João Paulo. Peças de um mosaico (ou apontamentos para o estudo da emergência da identidade nacional brasileira). In: MOTA, Carlos Guilherme (Ed.). *Viagem incompleta*: a experiência brasileira (1500-2000). São Paulo: Senac, 2000. p. 127-185.

JANOTTI, Maria de Lourdes. A falsa dialética: Justiniano José da Rocha. *Revista Brasileira de História*, v. 2, n. 3, p. 3-17, 1982.

KARP, Matthew. *This vast Southern Empire*. slaveholders at the helm of American Foreign Policy. Cambridge: Harvard University Press, 2016.

KEYNES, John. *A tract of monetary reform*. Cambridge: Cambridge University Press, 2012 [1924].

KLAFKE, Álvaro. *Antecipar essa idade de paz, esse império do bem*: imprensa periódica e discurso de construção do Estado unificado (São Pedro do Rio Grande do Sul, 1831-1845). Porto Alegre: Ed. PUC-RS, 2014.

KLOOSTER, Wim. Slave revolts, royal justice, and a ubiquitous rumor in the age of revolutions. *The William & Mary Quarterly*, v. 71, n. 3, p. 401-424, 2014.

KOSELLECK, Reinhart. "Espaço de experiência" e "horizonte de expectativa": duas categorias históricas [1975]. In: _____. *Futuro passado*: contribuição à semântica dos tempos históricos. Rio de Janeiro: Contraponto; Ed. PUC-Rio, 2006 [1979]. p. 305-327.

_____. *Estratos do tempo*. Estudos sobre história. Rio de Janeiro: Contraponto/PUC-Rio, 2014 [2000].

KOWARICK, Lúcio. *Trabalho e vadiagem*: a origem do trabalho livre no Brasil. São Paulo: Editora 34, 2019 [1987].

KRAAY, Hendrik. *Days of national festivity in Rio de Janeiro, Brazil, 1823-1889*. Stanford: Stanford University Press, 2013.

_____. Pacificação e política, 1835-1846. In: SOUZA, Adriana Barreto de et al. (Org.). *Pacificar o Brasil*: das guerras justas às UPPS. São Paulo: Alameda, 2017a. p. 151-174.

_____. *Política racial, Estado e forças armadas na época da independência*: Bahia, 1790-1850. São Paulo: Hucitec, 2011 [2001].

_____. "Tão assustadora quanto inesperada": a Sabinada baiana, 1837-1838 [1992]. In: DANTAS, Monica. *Revoltas, motins, revoluções*: homens livres pobres e libertos no Brasil do século XIX. 2. ed. São Paulo: Alameda, 2017b [2010]. p. 263-294.

_____. Ritual cívico e política na reação monárquica: Rio de Janeiro e Salvador, 1837-1841. *Almanack*, n. 20, p. 66-84, 2018.

KUGELMAS, Eduardo. *Difícil hegemonia*: um estudo sobre São Paulo na Primeira República. Tese (doutorado em ciência política) — Programa de Pós-Graduação em Ciência Política, Universidade de São Paulo, São Paulo, 1986.

LAGO, Luiz Aranha Correa do. *Latifúndio e pequena propriedade*. Estrutura fundiária e economia no Brasil da Colônia ao Império. Texto para discussão. Rio de Janeiro: Departamento de Economia da PUC-RIO, 2020.

LARSON, Brooke. *Trials of nation making*: liberalism, race, and ethnicity in the Andes, 1810-1910. Cambridge: Cambridge University Press, 2004.

LASSO, Marixa. *Myths of harmony*: race and republicanism during the Age of Revolution, Colombia, 1795-1831. Pittsburgh: Pittsburgh University Press, 2007.

LEANDRO, Wesley. *A atuação dos deputados da Paraíba na Constituinte do Império* — 1823. Dissertação (mestrado) — Programa de Pós-Graduação em História, Universidade Federal da Paraíba, João Pessoa, 2019.

LEITMAN, Spencer. Negros farrapos: hipocrisia racial no sul do Brasil no séc. XIX [1977]. In: DUCANAL, José Hildebrando (Org.). *A Revolução Farroupilha*: história e interpretação. 2. ed. Porto Alegre: Mercado Aberto, 1997 [1985]. p. 61-74.

_____. *Raízes socioeconômicas da Guerra dos Farrapos*: um capítulo da história do Brasil no século XIX. Rio de Janeiro: Graal, 1979.

LEVY, Maria Bárbara. Fundamentos do sistema bancário no Brasil: 1834-1860. *Estudos Econômicos*, v. 15, n. especial, p. 17-48, 1985.

LEWIS, Kay. *A curse upon the Nation*: race, freedom, and extermination in America and the Atlantic World. Athens: the University of Georgia Press, 2017.

LIBBY, Douglas. Protoindustrialização em uma sociedade escravista: o caso de Minas Gerais. In: SZMRECSÁNYI, Tamás; LAPA, José Roberto do Amaral (Org.). *História econômica da Independência e do Império*. São Paulo: Hucitec; Edusp; Imprensa Oficial, 2002 [1996]. p. 237-280.

LIMA, Bruno Rodrigues de. Introdução. In: ____ (Org.); GAMA, Luiz. *Obras completas*. São Paulo: Hedra, 2021. p. 15-47.

LINEBAUGH, Peter; REDIKER, Marcus. *A hidra de muitas cabeças*: marinheiros, escravos, plebeus e a história oculta do Atlântico revolucionário. São Paulo: Companhia das Letras, 2008 [2000].

LOBO, Eulália et al. Evolução dos preços e do padrão de vida no Rio de Janeiro, 1820-1930 — resultados preliminares. *Revista Brasileira de Economia*, v. 25, n. 4, p. 235-265, 1971.

LOPES, Juliana. *Identidades políticas e raciais na Sabinada* (Bahia, 1837-1838). São Paulo: Alameda, 2013.

LOVE, Joseph. *A locomotiva*: São Paulo na Federação brasileira, 1889-1937. São Paulo: Paz & Terra, 1982 [1980].

LOVEMAN, Mara. Blinded like a State: the revolt against Civil Registration in nineteenth-century Brazil. *Comparative Studies in History and Society*, v. 49, n. 1, p. 5-39, 2007.

LUSTOSA, Isabel. *D. Pedro I*: um herói sem nenhum caráter. São Paulo: Companhia das Letras, 2006.

_____. *Insultos impressos*: a guerra dos jornalistas na Independência (1821-1823). São Paulo: Companhia das Letras, 2000.

_____. Notícias de Paris: a abdicação de Carlos X e o Brasil. *Revista do Instituto Histórico e Geográfico Brasileiro*, ano 176, n. 466, p. 61-86, 2015.

LYNCH, Christian. Alforriar o branco, alforriar o negro: algumas notas sobre o conceito de liberdade no Brasil (1770-1870). *Cadernos de História*, ano 8, n. 1, p. 149-163, 2013.

_____. *Da monarquia à oligarquia*. História institucional e pensamento política brasileiro (1822-1930). São Paulo: Alameda, 2014a.

_____. Liberdade. In: FERES JÚNIOR, João (Org.). *Léxico da história dos conceitos políticos do Brasil*. 2. ed. rev. e ampl. Belo Horizonte: Ed. UFMG, 2014b [2009]. p. 323-339.

_____. Modulando o tempo histórico: Bernardo Pereira de Vasconcelos e o conceito de "regresso" no debate parlamentar brasileiro (1838-1840). *Almanack*, n. 10, p. 314-334, 2015.

_____. *Monarquia sem despotismo e liberdade sem anarquia*: o pensamento político do marquês de Caravelas (1821-1836). Belo Horizonte: Ed. UFMG, 2014c.

_____. O conceito de liberalismo no Brasil (1750-1850). *Araucaria*, v. 9, n. 17, p. 212-234, 2007.

_____. O discurso político monarquiano e a recepção do conceito de Poder Moderador no Brasil (1822-1824). *Dados* — Revista de Ciências Sociais, Rio de Janeiro, v. 48, n. 3, p. 611-654, 2005.

_____. Quando o regresso é progresso: a formação do pensamento conservador saquarema e seu modelo político (1834-1851). In: BOTELHO, André; FERREIRA, Gabriela (Org.). *Revisão do pensamento conservador*: ideias e política no Brasil. São Paulo: Hucitec, 2010. p. 25-53.

LYNCH, John. As Repúblicas do Prata da Independência à Guerra do Paraguai. In: BETHELL, Leslie (Org.). *História da América Latina*: da Independência a 1870, v. III. São Paulo; Brasília: Edusp; Funag, 2009 [1987]. p. 625-692.

LYRA, Heitor. *História de dom Pedro II*, 1825-1891. Belo Horizonte; São Paulo: Itatiaia; Edusp, 1977.

MACAULAY, Neill. *Dom Pedro*: a luta pela liberdade no Brasil e em Portugal, 1798-1834. Rio de Janeiro: Record, 1993 [1986].

MACHADO, André. As interpretações dos contemporâneos sobre as causas da Cabanagem e o papel do Parlamento. *Revista de História*, São Paulo, n. 175, p. 281-317, 2016.

_____. O direito e o arbítrio em tempos de guerra: os debates no Parlamento em torno das garantias constitucionais durante a repressão à Cabanagem (1835-1840). In: NEVES, Lucia Bastos Pereira das; FERREIRA, Tânia Bessone (Org.). *Dimensões políticas do Império do Brasil*. Rio de Janeiro: Contracapa, 2012. p. 135-164.

MACHADO, Maria Helena. Maria Firmina dos Reis, nineteenth-century Maranhão (Brazil). In: BALL, Erica; SEIJAS, Tatiana; SNYDER, Terri (Ed.). *As if she were free*: a collective biography of women and emancipation in the Americas. Cambridge: Cambridge University Press, 2020. p. 344-356.

MACHADO, Paulo Pinheiro; DAROSSI, Flávia Paula. A política do acesso à terra no Brasil Imperial e a compra de terras devolutas no planalto da província de Santa Catarina. *Clio, Revista de Pesquisa Histórica*, n. 34.2, p. 86-101, 2016.

MAESTRI, Mário. Insurreições escravas no Rio Grande do Sul (século XIX). In: REIS, João José; GOMES, Flávio (Org.). *Revoltas escravas no Brasil*. São Paulo: Companhia das Letras, 2021. p. 458-511.

MAGALHÃES, Pablo; JUNQUEIRA, Lucas. A biblioteca de um estadista do Império: o inventário dos livros de José Lino Coutinho (1836). *Almanack*, n. 16, p. 206-257, 2017.

MAIER, Pauline. *Ratification*: the people debate the Constitution, 1787-1788. Nova York: Simon & Schuster, 2010.

MAIZTEGUI CASAS, Lincoln R. *Orientales*. Una historia política del Uruguay. V. 1: De los Orígenes a 1865. Buenos Aires: Grupo Planeta, 2004.

MALERBA, Jurandir. *Brasil em projetos*: história dos sucessos políticos e planos de melhoramento do reino. Da ilustração portuguesa à independência do Brasil. Rio de Janeiro: FGV Editora, 2020.

MAMIGONIAN, Beatriz. *Africanos livres*: a abolição do tráfico de escravos no Brasil. São Paulo: Companhia das Letras, 2017.

MANCHESTER, Alan K. *British pre-eminence in Brasil*: its rise and decline. Chapel Hill: University of North Carolina Press, 1933.

MARCÍLIO, Maria Luiza. A população no Brasil colonial. In: BETHELL, Leslie (Org.). *História da América Latina*, v. II: América Latina colonial. São Paulo/Brasília: EDUSP/FUNAG, 2004 [1985]. p. 311-338.

_____. *Caiçara, terra e população*: estudo da demografia histórica e da história social de Ubatuba. 2. ed. São Paulo: Edusp, 2006 [1986].

MARCONDES, Renato Leite. *A arte de acumular na economia cafeeira*: Vale do Paraíba, século XIX. Lorena: Stiliano, 1998.

MARICHAL, Carlos. Nation building and the origins of banking in Latin America, 1850-1930. In: TEICHOVA, Alice; HENTENRYK, Ginette; ZIEGLER, Dieter (Ed.). *Banking, trade, and industry*: Europe, America, and Asia from the thirteenth to the twentieth century. Cambridge: Cambridge University Press, 1997. p. 339-358.

MARQUES, Leonardo. *The United States and the transatlantic slave trade to the Americas*, 1776-1867. New Haven: Yale University Press, 2016.

MARQUESE, Rafael de Bivar. A Guerra Civil dos Estados Unidos e a crise da escravidão no Brasil. *Afro-Ásia*, v. 51, p. 31-71, 2015.

_____; PARRON, Tâmis. Internacional escravista: a política da Segunda Escravidão. *Topoi*, v. 12, n. 23, p. 97-117, 2011.

_____; SALLES, Ricardo. A escravidão no Brasil oitocentista: história e historiografia. In: _____; _____(Org.). *Escravidão e capitalismo histórico no século XIX*: Cuba, Brasil e Estados Unidos. Rio de Janeiro: Civilização Brasileira, 2016. p. 99-162.

_____; TOMICH, Dale. O Vale do Paraíba escravista e a formação do mercado mundial do café no século XIX. In: GRINBERG, Keila; SALLES, Ricardo (Org.). *O Brasil Imperial*, v. II: 1831-1870. Rio de Janeiro: Civilização Brasileira, 2009. p. 339-383.

MARSON, Izabel Andrade. *O império do progresso*: a Revolução Praieira em Pernambuco (1842-1855). São Paulo: Brasiliense, 1987.

_____. *Política, história e método em Joaquim Nabuco*: tessituras da revolução e da escravidão. Uberlândia: Edufu, 2008.

MARTEEL, Stefaan. *The intellectual origins of the Belgian Revolution*: political thought and disunity in the Kingdom of the Netherlands, 1815-1830. Londres: Palgrave Macmillan, 2018.

MARTINS, José de Souza. *O cativeiro da terra*. 9. ed. rev. e ampl. São Paulo: Contexto, 2010 [1979].

MARTINS, Maria Fernanda Vieira. *A velha arte de governar*: um estudo sobre política e elites a partir do Conselho (1842-1889). Rio de Janeiro: Arquivo Nacional, 2007.

MARTONE, Eric. Not just the uprising of *Les misérables*: the legacy of the June Revolution of 1832 in Paris. In: _____ (Ed.). *Royalists, radicals, and les misérables*: France in 1832. Newcastle upon Tyne: Cambridge Scholars Publishing, 2013. p. 123-148.

MARX, Karl. *O capital*: crítica à economia política. São Paulo: Boitempo, 2013 [1867].

_____. *O 18 Brumário de Luís Bonaparte*. São Paulo: Boitempo, 2011 [1851/1852].

MASON, Matthew. Keeping up appearances: the international politics of slave trade abolition in the nineteenth-century Atlantic world. *The William & Mary Quarterly*, v. 66, n. 4, p. 809-832, 2009.

MATTOS, Hebe. *Das cores do silêncio*: os significados da liberdade no Sudeste escravista (Brasil, século XIX). 3. ed. Campinas: Ed. Unicamp, 2013 [1995].

_____. Racialização e cidadania no Império do Brasil. In: CARVALHO, José Murilo; NEVES, Lúcia Bastos Pereira das (Org.). *Repensando o Brasil do Oitocentos*: cidadania, política e liberdade. Rio de Janeiro: Civilização Brasileira, 2009. p. 349-391.

MATTOS, Ilmar de. *O Tempo Saquarema*: a formação do Estado imperial. São Paulo: Hucitec, 2004 [1986].

MATTOS, Marcelo Badaró. *Escravizados e livres*: experiências comuns na formação da classe trabalhadora carioca. Rio de Janeiro: Bom Texto, 2008.

MATTOSO, Kátia de Queirós. *Bahia*: a cidade de Salvador e seu mercado no século XIX. São Paulo: Hucitec; Prefeitura Municipal de Salvador, 1987.

_____. *Bahia, Século XIX*: uma província no império. Rio de Janeiro: Nova Fronteira, 1992.

MCBETH, Michael. The Brazilian Army and its role in the Abdication of Pedro I. *Luso-Brazilian Review*, v. 15, n. 1, p. 117-129, 1978.

_____. *The politicians vs the generals*: the decline of the Brazilian Army during the First Empire, 1822-1831. Tese (doutorado) — University of Washington, Seattle, 1972.

MELLO, Evaldo Cabral de. *A ferida de Narciso*: ensaio de história regional. São Paulo: Ed. Senac, 2001a.

_____. *A outra Independência*: o federalismo pernambucano de 1817 e 1824. 2. ed. São Paulo: Ed. 34, 2014 [2004].

MELLO, Pedro Carvalho de. *The economics of labor in Brazilian coffee plantations, 1850-1888*. Tese (doutorado) —Departamento de Economia, Universidade de Chicago, Chicago, 1977.

_____; SLENES, Robert W. Análise econômica da escravidão no Brasil. In: NEUHAUS, Paulo (Coord.). *Economia brasileira*: uma visão histórica. Rio de Janeiro: Editora Campus, 1980. p. 89-122.

MERRITT, Keri Leigh. *Masterless men*. Poor Whites and slavery in the Antebellum South. Cambridge: Cambridge University Press, 2017.

MIKI, Yuko. Citizens of nowhere: illegal slavery and racial silence in the African and Indigenous histories of postcolonial Brazil. *Citizenship Studies*, v. 25, n. 4, p. 474-490, 2021.

_____. *Frontiers of citizenship*: a Black and indigenous history of postcolonial Brazil. Cambridge: Cambridge University Press, 2018.

MILLER, Nicola. The historiography of nationalism and national identity in Latin America. *Nations and Nationalism*, v. 12, n. 2, p. 201-221, 2006.

MIRANDA, Bruno da Fonseca. *O Vale do Paraíba contra a Lei do Ventre Livre*, 1865-1871. Dissertação (mestrado) — Programa de Pós-Graduação em História, Universidade de São Paulo, São Paulo, 2018.

MOREIRA, Paulo. "Porque os brancos eram uns pelos outros, os negros também deviam fazer o mesmo": revoltas escravas no Rio Grande do Sul na segunda metade do Oitocentos. In: REIS, João José; GOMES, Flávio (Org.). *Revoltas escravas no Brasil*. São Paulo: Companhia das Letras, 2021. p. 413-457.

MOREIRA, Vânia. De índio a guarda nacional: cidadania e direitos indígenas no Império (Vila de Itaguaí, 1822-1836). *Topoi*, v. 11, n. 21, p. 427-142, 2010.

_____. *Espírito Santo indígena*: conquista, trabalho, territorialidade e autogoverno dos índios, 1798-1860. Vitória: Arquivo Público do Estado do Espírito Santo, 2017.

MOREL, Marco. *As transformações dos espaços públicos*: imprensa, atores políticos e sociabilidades na cidade imperial, 1820-1840. São Paulo: Hucitec, 2003.

MOREL, Marco. *Cipriano Barata na Sentinela da Liberdade*. Salvador: Academia de Letras da Bahia/Assembleia Legislativa da Bahia, 2001.

MOREL, Marco. "O Brasil separado em reinos? A Confederação Caramuru no início dos anos 1830. In: CARVALHO, José Murilo de; CAMPOS, Adriana Pereira (Org.). *Perspectivas da cidadania no Brasil Império*. Rio de Janeiro: Civilização Brasileira, 2011. p. 149-171.

_____; SOUZA, Françoise. *O poder da Maçonaria*: a história de uma sociedade secreta no Brasil. Rio de Janeiro: Nova Fronteira, 2008.

MORENO FRAGINALS, Manoel. *Cuba/Espanha, Espanha/Cuba*: uma história comum. Bauru: Edusc, 2005 [1995].

MORENO, Breno. *Demografia e trabalho escravo nas propriedades rurais cafeeiras de Bananal*, 1830-1860. Dissertação (mestrado) — Programa de Pós-Graduação em História, Universidade de São Paulo, São Paulo, 2013.

MORGAN, Edmund. Escravidão e liberdade: o paradoxo americano [1972]. *Estudos Avançados*, v. 14, n. 38, p. 121-150, 2000.

MOSHER, Jeffrey. *Political Struggle, Ideology, and State building*: Pernambuco and the Construction of Brazil, 1817-1850. Lincoln: University of Nebraska Press, 2008.

MOTA, Isadora. Cruzando caminhos em Ibicaba: escravizados, imigrantes suíços e abolicionismo durante a Revolta dos Parceiros (São Paulo, 1856-1857). *Afro-Ásia*, n. 63, p. 291-326, 2021a.

_____. Escravos abolicionistas nas terras diamantinas (Minas Gerais, 1864). In: REIS, João José; GOMES, Flávio (Org.). *Revoltas escravas no Brasil*. São Paulo: Companhia das Letras, 2021b. p. 325-363.

_____. *On the imminence of emancipation*: Black geopolitical literacy and Anglo-American abolitionism in nineteenth-century Brazil. Tese (doutorado) — Department of History, Brown University, Providence, 2017.

_____. Other geographies of struggle: Afro-Brazilians and the American Civil War. *The Hispanic American Historical Review*, v. 100, n. 1, p. 35-62, 2020.

MOTTA, José Flávio; NOZOE, Nelson. Cafeicultura e acumulação. *Estudos Econômicos*, v. 24, n. 2, p. 253-320, 1994.

MOTTA, Márcia Maria Menendes. *Nas fronteiras do poder*: conflito e direito à terra no Brasil do século XIX. Rio de Janeiro: Vício de Leitura; Arquivo Público do Estado do Rio de Janeiro, 1998.

MUAZE, Mariana. *As memórias da viscondessa*. Família e poder no Brasil Império. Rio de Janeiro: Jorge Zahar, 2008.

MULLER, Jerry. Conservatism: the utility of history and the case against rationalist radicalism. In: BRECKMAN, Warren; GORDEN, Peter (Ed.). *The Cambridge history of modern European thought*. Cambridge: Cambridge University Press, 2019. v. I: the nineteenth century, p. 232-251.

NABUCO, Joaquim. *Um estadista do Império*. Nabuco de Araújo. 2. ed. São Paulo: Instituto Progresso Editorial, 1945 [1898].

NASH, Gary. *The forgotten fifth*: African Americans and the age of revolution. Cambridge: Harvard University Press, 2006.

NEEDELL, Jeffrey. *The party of order*: the conservatives, the State, and slavery in the Brazilian monarchy, 1831-1871. Stanford: Stanford University Press, 2006.

NEVES, Lucia Bastos Pereira das. *Corcundas e constitucionais*: a cultura política da independência (1820-1822). Rio de Janeiro: Revan, 2003.

_____; NEVES, Guilherme Pereira das. Constituição. In: FERES JR, João (Org.). *Léxico da história dos conceitos políticos no Brasil*. 2. ed. rev. e ampl. Belo Horizonte: Ed. UFMG, 2014 [2009]. p. 59-78.

NOBRE, Geraldo. *O senador Alencar*: um estudo sobre a sua personalidade. Fortaleza: Gráfica Editorial Cearense, 1994.

OAKES, James. Capitalism and slavery and the Civil War. *International Labor and Working-Class History*, n. 89, p. 195-220, 2016.

_____. *Slavery and freedom*: an interpretation of the Old South. Nova York: Knopf, 1990.

OLIVARIUS, Kathryn. Immunity, capital, and power in Antebellum New Orleans. *The American Historical Review*, v. 124, n. 2, p. 425-455, 2019.

OLIVEIRA, Maria Luiza Ferreira de. A prisão de Pedro Ivo e o debate político após a Praieira, 1849-1854. *Revista de História*, São Paulo, n. 177, p. 1-35, 2018a.

_____. As guerras nas matas de Jacuípe. *Clio*, n. 33.2, p. 100-138, 2015.

_____. Circulação de saberes e de práticas governativas: caminhos de articulação da política no Brasil, 1845-1860. *Almanack*, n. 18, p. 259-260, 2018b.

_____. Resistência popular contra o Decreto 798 ou a "lei do cativeiro": Pernambuco, Paraíba, Alagoas, Sergipe, Ceará, 1851-1852. In: DANTAS, Monica. *Revoltas, motins, revoluções*: homens livres pobres e libertos no Brasil do século XIX. 2. ed. São Paulo: Alameda, 2018c [2010]. p. 391-427.

OLIVEIRA, Marina; DANTAS, Monica. A "mal-aventurada escolha": d. Pedro I e a nomeação dos senadores em 1826. Estratégias políticas na formação do Legislativo brasileiro. *Revista do Instituto Histórico e Geográfico Brasileiro*, ano 177, n. 472, p. 77-116, 2016.

OSTERHAMMEL, Jürgen. *The transformation of the world*. a global history of the nineteenth century. Princeton: Princeton University Press, 2014 [2009].

PACHECO, Cláudio. *História do Banco do Brasil*. Rio de Janeiro: Banco do Brasil, 1979. v. II.

PALACIOS, Guillermo. Revoltas camponesas no Brasil escravista: a Guerra dos Marimbondos (Pernambuco, 1851-1852). *Almanack Braziliense*, n. 3, p. 9-39, maio 2006.

PANDOLFI, Fernanda. A viagem de d. Pedro I a Minas Gerais em 1831: embates políticos na formação da monarquia constitucional no Brasil. *Revista Brasileira de História*, v. 36, n. 71, p. 35-55, 2016.

_____. Rumores e política no Rio de Janeiro e em Minas Gerais no final do Primeiro Reinado. *História*, São Paulo, v. 33, n. 2, p. 307-329, 2014.

PANG, Eul-Soo. *In pursuit of honor and power*: noblemen of the Southern cross in nineteenth-century Brazil. Tuscaloosa: University of Alabama Press, 1988.

PAQUETTE, Gabriel. *Imperial Portugal in the age of Atlantic revolutions*: the Luso-Brazilian world, c. 1770-1850. Baltimore: Johns Hopkins University Press, 2013.

PAQUETTE, Robert. Slave resistance. In: ELTIS, David et al. (Ed.). *The Cambridge world history of slavery*, v. 4: 1804-2016. Cambridge: Cambridge University Press, 2017. p. 272-295.

PARRON, Tâmis. *A política da escravidão na era da liberdade*: Estados Unidos, Brasil e Cuba, 1787-1846. Tese (doutorado) — Programa de Pós-Graduação em História, Universidade de São Paulo, São Paulo, 2015.

_____. *A política da escravidão no Império do Brasil*, 1826-1865. Rio de Janeiro: Civilização Brasileira, 2011.

_____ (Org.). *Ação; reação; transação*: duas palavras acerca da atualidade política do Brasil. São Paulo: Edusp, 2016.

_____. Oikoumenê de la segunda esclavitud: crisis de la nulidad e integración de mercados entre Estados Unidos, Cuba y Brasil. In: PIQUERAS, José (Ed.). *Plantación, espacios agrarios y esclavitud en la Cuba colonial*. Castelló de la Plana: Publicacions de la Universitat Jaume I, 2017. p. 224-247.

_____. The British Empire and the suppression of the slave trade to Brazil: a global history analysis. *Journal of World History*, v. 29, n. 1, p. 1-36, 2018.

_____. Tratados de comércio e tráfico negreiro. In: AIDAR, Bruno; SLEMIAN, Andréa; LOPES, José Reinaldo de Lima (Org.). *Dicionário histórico de conceitos jurídico-econômicos* (Brasil, séculos XVIII-XIX). São Paulo: Alameda, 2021. v. II, p. 423-469.

_____; MARQUESE, Rafael. Constitucionalismo atlântico e ideologia da escravidão: a experiência de Cádiz em perspectiva comparada. *Bulletin for Spanish and Portuguese Historical Studies*, v. 37, n. 2, art. 2, 2012.

PASTORE, Mario. State-led industrialisation: the evidence on Paraguay, 1852-1870. *Journal of Latin American Studies*, v. 26, n. 2, p. 295-324, 1994.

PAULA, João Antônio de. O processo econômico. In: CARVALHO, José Murilo (Coord.). *A construção nacional, 1830-1889*, v. 2. Rio de Janeiro: Objetiva, 2012. p. 179-223.

PAYNE, Samantha. "A general insurrection in the countries with slaves": the US Civil War and the origins of an Atlantic Revolution. *Past & Present*, 2021. advance article.

PEDREIRA, Jorge; DORES COSTA, Fernando. *D. João VI*: um príncipe entre dois continentes. São Paulo: Companhia das Letras, 2008 [2006].

PEIXOTO, Rafael. *O poder e a lei*: o jogo político no processo de elaboração da "lei para inglês ver" (1826-1831). Dissertação (mestrado) — Programa de Pós-Graduação em História, Universidade Federal Fluminense, Niterói, 2013.

PELÁEZ, Carlos Manuel; SUZIGAN, Wilson. *História monetária do Brasil*. Brasília: Editora Universidade de Brasília, 1976.

PENNA, Clemente Gentil. *Economias urbanas*: capital, créditos e escravidão na cidade do Rio de Janeiro, c. 1820-1860. Tese (doutorado) — Programa de Pós-Graduação em História, Universidade Federal do Rio de Janeiro, Rio de Janeiro, 2019.

PEREIRA, Baptista. *Figuras do Império e outros ensaios*. São Paulo: Companhia Editora Nacional, 1931.

PEREIRA, Luísa. *O povo na história do Brasil*: linguagem e historicidade no debate político (1750-1870). São Paulo: Paco, 2016.

PEREIRA, Thales. Poor man's crop? Slavery in Brazilian cotton regions (1800-1850). *Estudos Econômicos*, v. 48, n. 4, p. 623-655, 2018.

_____. Tariffs and the textile trade between Brazil and Britain (1808-1860). *Estudos Econômicos*, v. 51, n. 2, p. 311-342, 2021a.

_____. Taxation and the stagnation of cotton exports in Brazil, 1800-1860. *The Economic History Review*, v. 74, n. 2, p. 522-545, 2021b.

_____. *The cotton trade and Brazilian foreign commerce during the Industrial Revolution*. Tese (doutorado) — Programa de Pós-Graduação em Economia, Universidade de São Paulo, São Paulo, 2017.

_____. Trades and the textile trade between Brazil and Britain (1808-1860). *Estudos Econômicos*, v. 51, n. 2, p. 311-342, 2021c.

PEREIRA, Vantuil. *Ao soberano Congresso*: direitos do cidadão na formação do Estado imperial brasileiro (1822-1831). São Paulo: Alameda, 2010.

PESSOA, Thiago. *O império da escravidão*: o complexo Breves no vale do café (Rio de Janeiro, c. 1850 — c. 1888). Rio de Janeiro: Arquivo Nacional, 2018a.

_____. Sob o signo da ilegalidade: o tráfico de africanos na montagem do complexo cafeeiro (Rio de Janeiro, c. 1831-1850). *Tempo*, v. 24, n. 3, p. 422-449, 2018b.

PIKETTY, Thomas. *Capital e ideologia*. São Paulo: Intrínseca, 2020 [2019].

PILBEAM, Pamela. *Republicanism in nineteenth-century France, 1814-1871*. Londres: Macmillan, 1995.

PIMENTA, João Paulo. *A Independência do Brasil e a experiência hispano-americana (1808-1822)*. São Paulo: Hucitec, 2015.

_____; FANNI, Rafael. Revolução no Brasil, séculos XVIII a XXI: história de um conceito, um conceito na história. *Revista de História*, São Paulo, n. 178, p. 1-25, 2019.

PINHEIRO, Luís Balkar. Cabanagem: percursos históricos e historiográficos. In: DANTAS, Monica. *Revoltas, motins, revoluções*: homens livres pobres e libertos no Brasil do século XIX. 2. ed. São Paulo: Alameda, 2017 [2010]. p. 203-228.

PINTO SORIA, Julio Cesar. La independencia y la federación (1810-1840). In: PÉREZ BRIGNOLI, Héctor (Ed.). *Historia general de Centroamérica*, tomo III: de la ilustración al liberalismo (1750-1870). 2. ed. San José: Flacso, 1994 [1993]. p. 73-140.

PIOTTE, Jean-Marie. *La pensée politique de Gramsci*. Québec: Lux Éditeur, 2010.

PIROLA, Ricardo. *Escravos e rebeldes nos tribunais do Império*: uma história social da lei de 10 de junho de 1835. Rio de Janeiro: Arquivo Nacional, 2015.

_____. *Senzala insurgente*: malungos, parentes e rebeldes nas fazendas de Campinas (1832). Campinas: Ed. Unicamp, 2011.

POCOCK, J. G. A. *The Machiavellian moment*: Florentine political thought and the Atlantic republican tradition. Princeton: Princeton University Press, 2003 [1975].

POLANYI, Karl. *A grande transformação*. As origens de nossa época. São Paulo: Elsevier, 2011 [1944].

POLGAR, Paul. *Standard-bearers of equality*: America's first abolitionist movement. Chapel Hill: University of North Carolina Press, 2019.

PORTELLI, Hugues. *Gramsci e o bloco histórico*. Rio de Janeiro: Paz & Terra, 1977.

POSADA-CARBÓ, Eduardo. Electoral juggling: a comparative history of the corruption of suffrage in Latin America, 1830-1930. *Journal of Latin American Studies*, v. 32, n. 3, p. 611-644, 2000.

PRADO JR., Caio. *Evolução política do Brasil*. 21. ed. São Paulo: Brasiliense, 1994 [1933].

PRUTSCH, Markus. *Making sense of constitutional monarchism in post-Napoleonic France and Germany*. Nova York: Palgrave Macmillan, 2013.

PRYOR, Arthur. *Anglo-Brazilian commercial relations and the evolution of Brazilian tariff policy*, 1822-1850. Tese (doutorado) — Universidade de Cambridge, Cambridge, 1965.

QUEIROZ, Maria Isaura Pereira. O mandonismo local na vida política brasileira. *Anhembi*, v. 24, n. 26, 1956-1957.

RAMOS, Antonio R. *La independencia del Paraguay y el Imperio del Brasil*. Brasília: Funag, 2016.

RAMOS, Rui. A Revolução Liberal (1834-1851). In: ____; MONTEIRO, Nuno Gonçalo; VASCONCELOS E SOUSA, Bernardo. *História de Portugal*. 4. ed. Lisboa: Esfera dos Livros, 2010 [2009]. p. 491-519.

RECHDAN, Luís. *Constituição e responsabilidade*: a articulação dos mecanismos para controlar os atos ministeriais pela Assembleia Geral Legislativa do Império do Brasil (1826-1829). Tese (doutorado) — Programa de Pós-Graduação em História, Universidade de São Paulo, São Paulo, 2016.

REGO, André. *Cabilda de facinorosos moradores*: uma reflexão sobre a revolta dos índios da Pedra Branca de 1834. Dissertação (mestrado) — Programa de Pós-Graduação em História, Universidade Federal da Bahia, Salvador, 2009.

REIS, João José. *Rebelião escrava no Brasil*: a história do levante dos malês em 1835. São Paulo: Companhia das Letras, 2003 [1986], ed. rev. e amp.

_____. Cor, classe, ocupação etc.: o perfil social (às vezes pessoal) dos rebeldes baianos, 1823-1833. In: _____: AZEVEDO, Elciene (Org.). *Escravidão e suas sombras*. Salvador: Edufba, 2012. p. 279-320.

_____. *Ganhadores*: a greve negra de 1857 na Bahia. São Paulo: Companhia das Letras, 2019.

_____. "Nos achamos em campo a tratar da liberdade": a resistência negra no Brasil oitocentista. In: MOTA, Carlos Guilherme (Org.). *Viagem incompleta*: a experiência brasileira (1500-2000). 2. ed. São Paulo: Senac, 2000 [1999]. p. 241-263.

_____. O jogo duro do Dois de Julho: o "Partido Negro" na Independência da Bahia. In: _____; SILVA, Eduardo. *Negociação e conflito*: a resistência negra no Brasil escravista. São Paulo: Companhia das Letras, 1989. p. 79-88.

_____: AGUIAR, Márcia. "Carne sem osso e farinha sem caroço": o motim de 1858 contra a carestia na Bahia. *Revista de História*, n. 135, p. 133-159, 1996.

_____; KRAAY, Hendrik. O tirano está morto: a revolta dos Periquitos na Bahia (1824) [2009]. In: LEAL, Maria; SOUSA, Avanete (Org.). *Capítulos de história da Bahia*: independência. Salvador: Eduneb, 2017. p. 313-358.

RENAN, Ernest. *Qu'est-ce qu'une nation?* Conférence faite à la Sorbonne, le 11 mars 1882. Paris: Calmann Lévy Éditeur, 1882.

RIBEIRO, Gladys. *A liberdade em construção*: identidade nacional e conflitos lusitanos no Primeiro Reinado. Rio de Janeiro: Relume Dumará, 2002a.

_____. A radicalidade dos exaltados em questão: jornais e panfletos no período de 1831-1834. In: _____; FERREIRA, Tânia Bessone (Org.). *Linguagens e práticas de cidadania no século XIX*. São Paulo: Alameda, 2010. p. 75-106.

_____. O desejo da liberdade e a participação de homens livres pobres e "de cor" na independência do Brasil. *Cadernos Cedes*, v. 22, n. 58, p. 21-45, 2002b.

RIBEIRO, João Luiz. *No meio das galinhas as baratas não têm razão*: a lei de junho de 1835. Rio de Janeiro: Renovar, 2005.

RIBEIRO, José Iran. *O Império e as revoltas*: Estado e nação nas trajetórias militares do Exército imperial no contexto da Guerra dos Farrapos. Rio de Janeiro: Arquivo Nacional, 2013.

RICUPERO, Rubens. *A diplomacia na construção do Brasil* (1750-2016). Rio de Janeiro: Versal, 2017.

RIDINGS, Eugene. *Business interest groups in nineteenth-century Brazil*. Cambridge: Cambridge University Press, 1994.

ROBERTSON, William. *France and Latin American independence*. Baltimore: Johns Hopkins, 1939.

RODRIGUES, Jaime. *O infame comércio*: propostas e experiências no final do tráfico de africanos para o Brasil (1800-1850). Campinas: Editora da Unicamp, 2000.

ROSANVALLON, Pierre. *Le sacre du citoyen*: histoire du suffrage universel en France. Paris: Gallimard, 1992.

ROSS, Anna. *Beyond the barricades*: government and State-building in post-revolutionary Prussia, 1848-1858. Oxford: Oxford University Press, 2019.

SABA, Roberto. As "eleições do cacete" e o problema da manipulação eleitoral no Brasil monárquico. *Almanack*, n. 2, p. 126-145, 2011.

_____. As praças comerciais do Império e a aprovação do Código Comercial Brasileiro na Câmara dos Deputados. *Revista Angelus Novus*, ano I, n. 1, p. 77-96, 2010a.

_____. *As vozes da nação*: a atividade peticionária e a política do início do Segundo Reinado. Dissertação (mestrado) — Programa de Pós-Graduação em História, Universidade de São Paulo, São Paulo, 2010b.

SABATO, Hilda. *Republics of the New World*: the revolutionary political experiment in nineteenth-century Latin America. New Haven: Princeton University Press, 2018.

_____; LETTIERI, Alberto (Org.). *La vida política en la Argentina del siglo XIX*. Armas, votos y voces. Buenos Aires: Fondo de Cultura Económica, 2003.

SAFFORD, Frank. Política, ideologia e sociedade na América Espanhola do Pós-Independência. In: BETHELL, Leslie (Org.). *História da América Latina*, v. III: da independência até 1870. São Paulo; Brasília: Edusp; Fundag, 2004 [1984]. p. 329-412.

SALLES, Ricardo. A Guerra do Paraguai, a "questão servil" e a questão nacional no Brasil (1866-1871). In: PAMPLONA, Marco; STUVEN, Ana Maria (Org.). *Estado e nação no Brasil e no Chile ao longo do século XIX*. Rio de Janeiro: Garamond, 2010. p. 125-155.

_____. As águas do Niágara. 1871: crise da escravidão e o ocaso saquarema In: _____; GRINBERG, Keila (Org.). *O Brasil Imperial*. V. III: 1870-1889. Rio de Janeiro: Civilização Brasileira, 2009. p. 39-82.

_____. *E o Vale era o escravo*: Vassouras, século XIX. Senhores e escravos no coração do império. Rio de Janeiro: Civilização Brasileira, 2008.

_____. *Guerra do Paraguai*: escravidão e cidadania na formação do Exército. Rio de Janeiro: Paz & Terra, 1990.

_____. *Nostalgia imperial*: escravidão e formação da identidade nacional no Brasil do Segundo Reinado. 2. ed. Rio de Janeiro: Ponteio, 2013 [1996].

_____. O Império do Brasil no contexto do século XIX: escravidão nacional, classe senhorial e intelectuais na formação do Estado. *Almanack*, n. 4, p. 5-45, 2012.

_____. Segunda escravidão, liberalismo de classe e a matriz política imperial, c. 1815-1860. In: _____ (Org.). *Ensaios gramscianos*: política, escravidão e hegemonia no Brasil Imperial. Curitiba: Prismas, 2017. p. 15-82.

SALVATORE, Ricardo. The strength of markets in Latin America's sociopolitical discourse, 1750-1850: some preliminary observations. *Latin American Perspectives*, n. 104, v. 26, p. 22-43, 1999.

SANCHES, Marcos. O Registro do Vigário nas terras do café. *Revista do Instituto Histórico e Geográfico Brasileiro*, Rio de Janeiro, ano 177, v. 471, p. 125-156, 2016.

SANTOS, Israel. *D. Romualdo Antônio de Seixas e a reforma da Igreja Católica na Bahia* (1828-1860). Tese (doutorado) — Programa de Pós-Graduação em História, Universidade Federal da Bahia, Salvador, 2014.

SANTOS, Wanderley Guilherme dos. O sistema oligárquico representativo da Primeira República. *Dados* — Revista de Ciências Sociais, Rio de Janeiro, v. 56, n. 1, p. 9-37, 2013.

SCHMIDT-NOWARA, Christopher. *Empire and antislavery*: Spain, Cuba, and Puerto Rico, 1833-1874. Pittsburgh: University of Pittsburgh Press, 1999.

SCHMIT, Roberto. Argentina en el mundo. In: GELMAN, Jorge; FRADKIN, Raúl O.; GARAVAGLIA, Juan Carlos (Org.). *Argentina*. La construcción nacional. Madri: Fundación Mapfre; Santillana Ediciones Generales, 2011.

_____. *Historia del capitalismo agrario pampeano*. Tom. 5: Los limites del progreso: expansión rural en los orígenes del capitalismo rioplatense. Buenos Aires: Siglo XXI; Universidad de Belgrano, 2008.

SCHMITT, Carl. *O guardião da Constituição*. Belo Horizonte: Del Rey, 2007 [1931].

SCHULZ, John. *A crise financeira da abolição*. São Paulo: Edusp, 2013 [1993].

SCOTT, James C. *A dominação e a arte da resistência*. Lisboa: Letra Livre, 2013 [1990].

SCOTT, Julius. *The common wind*: Afro-American currents in the age of the Haitian Revolution. Londres: Verso, 2018.

SECKINGER, Ron. *The Brazilian monarchy and the South American republics*, 1822-1831: diplomacy and State building. Baton Rouge: Louisiana University Press, 1984.

_____. The politics of nativism: ethnic prejudice and political power in Mato Grosso, 1831-1834. *The Americas*, v. 31, n. 4, p. 393-416, 1975.

SECRETO, María Verônica. *Fronteiras em movimento*. História comparada — Argentina e Brasil no século XIX. Niterói: Eduff, 2012.

SEPINWALL, Alyssa. *The Abbé Grégoire and the French Revolution*: the making of modern universalism. Berkeley: University of California Press, 2005.

SEWELL, William. *Work and revolution in France*: the language of labor from the old regime to 1848. Cambridge: Cambridge University Press, 1980

SHARPLES, Jason. *The world that fear made*: slave revolts and conspiracy scares in early America. Filadélfia: University of Pennsylvania Press, 2020.

SILVA, Denise Moraes Gouveia da. *Compram-se soldados!* Os libertos da província da Bahia na Guerra do Paraguai. Dissertação (mestrado) — Programa de Pós-Graduação em História, Universidade Federal do Estado do Rio de Janeiro, Rio de Janeiro, 2016.

SILVA, Joelma. *Entre a política e a religião*: os padres deputados na formação do Estado Nacional Brasileiro. Tese (doutorado) — Programa de Pós-Graduação em Ciências Cociais, Universidade Federal do Maranhão, São Luís, 2018.

SILVA, Lígia Osório. *Terras devolutas e latifúndio*. Efeitos da lei de 1850. Campinas: Editora da Unicamp, 1996.

SILVA, Wlamir. *Liberais e povo*: a construção da hegemonia liberal-moderada na província de Minas Gerais (1830-1834). São Paulo: Hucitec, 2009.

SIVASUNDARAM, Sujit. *Waves across the South*: a new history of revolution and empire. Chicago: Chicago University Press, 2021.

SLEMIAN, Andréa. *Sob o império das leis*: Constituição e unidade nacional na formação do Brasil (1822-1834). São Paulo: Hucitec, 2009.

SLENES, Robert. A árvore de *Nsanda* transplantada. Cultos *kongo* de aflição e identidade escrava no Sudeste brasileiro (século XIX). In: LIBBY, Douglas; FURTADO, Júnia (Org.). *Trabalho livre, trabalho escravo*: Brasil e Europa, séculos XVIII e XIX. São Paulo: Annablume, 2007. p. 273-314.

_____. The Brazilian internal slave trade, 1850-1888: regional economies, slave experience, and the politics of a peculiar market. In: JOHNSON, Walter (Org.). *The chattel principle*. Internal slave trades in the Americas. New Haven; London: Yale University Press, 2004. p. 325-370.

SMITH, Joseph. *Brazil and the United States*: convergence and divergence. Athens: University of Georgia Press, 2010.

SMITH, Roberto. *Propriedade da terra & transição*. Estudo da formação da propriedade privada da terra e transição para o capitalismo no Brasil. São Paulo: Brasiliense, 2008 [1990].

SOARES, Carlos Eugênio Líbano. *A negregada instituição*: os capoeiras no Rio de Janeiro. Rio de Janeiro: Divisão de Editoração Municipal de Cultura, 1994.

SOBOUL, Albert. *A Revolução Francesa*. Rio de Janeiro: Bertrand Brasil, 1989 [1962].

SODRÉ, Nelson Werneck. *História da burguesia brasileira*. Rio de Janeiro: Civilização Brasileira, 1964.

SOUSA, Jorge Prata. *Escravidão ou morte*. Os escravos brasileiros na Guerra do Paraguai. Rio de Janeiro: Mauad, 1996.

SOUSA, José Antônio Soares de. *A vida do visconde do Uruguai*. São Paulo: Companhia Editora Nacional, 1944.

SOUSA, Octávio Tarquínio de Sousa. *História dos fundadores do Brasil*, v. 1: José Bonifácio. Brasília: Senado Federal, 2015 [1957].

SOUTOU, Georges-Henri. *L'Europe de 1815 à nos jours*. Paris: PUF, 2007.

SOUZA, Adriana Barreto de. *Duque de Caxias*: o homem por trás do monumento. Rio de Janeiro: Civilização Brasileira, 2008.

SOUZA, Almir Antônio. A Lei de Terras no Brasil Império e os índios do Planalto Meridional: a luta política e diplomática do Kaingang Vitorino Condá (1845-1870). *Revista Brasileira de História*. São Paulo, v. 35, n. 70, p. 109-130, 2015.

SOUZA, Paulo César de. *A Sabinada*: a revolta separatista da Bahia, 1837. 2. ed. São Paulo: Companhia das Letras, 2009 [1987].

SOUZA, Robério. *Trabalhadores dos trilhos*: imigrantes e nacionais livres, libertos e escravos na construção da primeira ferrovia baiana (1858-1863). Campinas: Ed. Unicamp, 2015.

SPERBER, Jonathan. *Revolutionary Europe*, 1780-1850. 2. ed. Nova York: Routledge, 2017 [2000].

_____. *Europe*, 1850-1914: progress, participation, and apprehension. 2. ed. Nova York: Routledge, 2013 [2009].

SPOSITO, Fernanda. *Nem cidadãos, nem brasileiros*: indígenas na formação do Estado nacional brasileiro e conflitos na província de São Paulo (1822-1845). São Paulo: Alameda, 2012.

STEIN, Stanley J. *Vassouras*: um município brasileiro do café, 1850-1900. Rio de Janeiro: Nova Fronteira, 1990 [1957].

SUMMERHILL, William R. *Inglorious revolution*. Political institutions, sovereign debt, and financial underdevelopment in Imperial Brazil. New Haven: Yale University Press, 2015.

SWARTZ, W. R. Codification in Latin America: the Brazilian Commercial Code of 1850. *Texas International Law Journal*, v. 10, n. 2, p. 347-356, 1975.

SWEIGART, Joseph E. *Coffee factorage and the emergence of a Brazilian capital market*, 1850-1888. Nova York; Londres: Garland, 1987.

TAYLOR, Alan. *American revolutions*: a continental history, 1750-1804. Nova York: W. W. Norton & Company, 2016.

TAYLOR, Michael. *The interest*: how the British establishment resisted the abolition of slavery. Nova York: Vintage, 2020.

THÉRY, Hervé; VELUT, Sébastien. Élisée Reclus e a Guerra do Paraguai. *Terra Brasilis (Nova Série)*, n. 7, 2016.

THIBAUD, Clément. *Repúblicas en armas*: los ejércitos bolivarianos en la guerra de Independencia en Colombia y Venezuela. Bogotá: Institut Français d'Études Andines, 2003.

THOMPSON, E. P. *A formação da classe operária inglesa*. São Paulo: Paz & Terra, 1987 [1963]. 3 v.

TILLY, Charles. *The contentious French*: four centuries of popular struggle. Cambridge: Harvard University Press, 1986.

TJARKS, Germán. Nueva luz sobre el origen de la Triple Alianza. *Revista Histórica*, Buenos Aires, ano I, n. 1, p. 129-171, 1977.

TOMICH, Dale. Civilizing America's shore: British world-economy hegemony and the Abolition of the international slave trade (1814-1867). In: _____ (Ed.). *The politics of second slavery*. Albany: SUNY Press, 2016. p. 1-24.

_____. Escravidão mundial e capitalismo caribenho [1991]. In: _____. *Pelo prisma da escravidão*: trabalho, capital e a economia mundial. São Paulo: Edusp, 2011a [2004]. p. 101-122.

_____. "Liberté ou mort": republicanism and slave revolt in Martinique, February 1831. *History Workshop*, n. 29, p. 85-91, 1990.

_____. *Pelo prisma da escravidão*: trabalho, capital e economia mundial. São Paulo: EDUSP, 2011b [2004].

TORGET, Andrew. *Seeds of empire*: cotton, slavery, and the transformation of the Texas borderlands, 1800-1850. Chapel Hill: the University of North Carolina Press, 2015.

TREECE, David. *Exilados, aliados, rebeldes*. O movimento indianista, a política indigenista e o Estado-nação imperial. São Paulo: Nankin; Edusp, 2008 [2000].

TROUILLOT, Michel-Rolph. *Silenciando o passado*: poder e a produção da história. Curitiba: huya, 2016 [1995].

VALENCIA VILLA, Carlos; FLORENTINO, Manolo. Abolicionismo inglês e tráfico de crianças escravizadas para o Brasil, 1810-1850. *História*, São Paulo, v. 35, n. 78, p. 1-20, 2016.

VARGAS, Jonas. *"Os barões do charque e suas fortunas"*: um estudo sobre as elites regionais brasileiras a partir da análise dos charqueadores de Pelotas (Rio Grande do Sul, século XIX). São Leopoldo: Oikos, 2016.

_____; FARINATTI, Luís. "Alargados horizontes": estratégias familiares da elite política regional entre a fronteira, a Corte e a Europa (Rio Grande do Sul, c. 1830 — c. 1855). *Locus*, v. 23, n. 1, p. 123-147, 2017.

VERGER, Pierre. *Fluxo e refluxo do tráfico de escravos entre o golfo do Benin e a Bahia de Todos os Santos*: dos séculos XVII a XIX. São Paulo: Corrupio, 1987 [1968].

VIDAURRETA, Alicia, Los farrapos y el Río de la Plata. *Jahrbuch für Geschichte Lateinamerikas*, n. 24, p. 417-454, 1987.

VILLELA, André A. *The political economy of money and banking in Imperial Brazil, 1850-1889*. Londres: Palgrave Macmillan, 2020.

VITORINO, Arthur. *Máquinas e operários*: mudança técnica e sindicalismo gráfico (São Paulo e Rio de Janeiro, 1858-1929). São Paulo: Annablume, 2000.

WALLERSTEIN, Immanuel. *The capitalist world-economy*. Cambridge: Cambridge University Press, 1979.

_____. *The modern world-system*, v. IV: Centrist liberalism triumphant, 1789-1914. Berkeley: University of California Press, 2011.

WEBER, Max. *Ciência e política*: duas vocações. São Paulo: Cultrix, 1998 [1920].

_____. *Conceitos básicos de sociologia*. São Paulo: Moraes, 1982 [1922].

WINOCK, Michel; BERSTEIN, Serge (Org.). *L'invention de la démocratie, 1789-1914*. Histoire de la France politique, v. 3. Paris: Éditions du Seuil, 2002.

WOLF, Eva. *Race and liberty in the new nation*: emancipation in Virginia from the Revolution to Nat Turner's Rebellion. Baton Rouge: Louisiana State University Press, 2006.

WRIGHT, Gavin. Slavery and Anglo-American capitalism revisited. *Economic History Review*, v. 73, n. 2, p. 353-383, 2020.

WRIGHT, Robin. "Uma conspiração contra os civilizados": história, política e ideologias dos movimentos milenaristas dos Arawak e Tukano do noroeste da Amazônia. *Anuário Antropológico*, n. 89, p. 191-231, 1992.

YEGROS, Ricardo Scavone; BREZZO, Liliana M. *História das relações internacionais do Paraguai*. Brasília: Funag, 2013.

YINGLING, Charlton. No one who reads the history of Hayti can doubt the capacity of colored men: racial formation and Atlantic rehabilitation in New York City's early Black press, 1827-1841. *Early American Studies*, v. 11, n. 2, p. 314-348, 2013.

YOUSSEF, Alain el. *Imprensa e escravidão*: política e tráfico negreiro no Império do Brasil. São Paulo: Intermeios, 2016.

_____. *O Império do Brasil na segunda era da abolição, 1861-1880*. Tese (doutorado) — Programa de Pós-Graduação em História, Universidade de São Paulo, São Paulo, 2018a.

_____. Questão Christie em perspectiva global: pressão britânica, guerra civil norte-americana e o início da crise da escravidão brasileira (1860-1864). *Revista de História*, São Paulo, n. 177, p. 1-26, 2018b.

_____; ESTEFANES, Bruno Fabris; PARRON, Tâmis. Vale expandido: contrabando negreiro, consenso e regime representativo no Império do Brasil [2014]. In: MUAZE, Mariana; SALLES, Ricardo (Org.). *O Vale do Paraíba e o Império do Brasil nos quadros da segunda escravidão*. Rio de Janeiro: 7Letras, 2015. p. 127-156.

SOBRE OS AUTORES

Thiago Krause é mestre em história pela UFF e doutor pela UFRJ. Pesquisou a formação das elites escravocratas na América Portuguesa e prepara um livro sobre a história global de Salvador da Bahia com Christopher Ebert (City University of New York). É professor de História do Brasil e das Américas Coloniais na Unirio e, em 2022-2023, membro do *Institute for Advanced Study* (Princeton). É autor de *Em busca da honra* (Annablume), *A América Portuguesa e os Sistemas Atlânticos na Época Moderna* (FGV, em coautoria com João Fragoso e Roberto Guedes) e *1640* (Tinta-da-China, em coautoria com Joana Fraga).

Rodrigo Goyena Soares é mestre em relações internacionais pelo Instituto de Estudos Políticos de Paris (Sciences Po) e em história pela Unirio, onde igualmente obteve seu doutorado em história. Foi pesquisador visitante na Universidade de Nova York e realizou seu pós-doutorado em história na USP. É professor de História do Brasil na USP e autor de *Diário do Conde d'Eu* (Paz & Terra), além de diversos artigos acadêmicos sobre o Segundo Reinado. Atualmente, pesquisa a Proclamação da República em perspectiva política, econômica e social.